20वीं सदी का भारतीय इतिहास लेखन और उसमें बिहार के इतिहासकारों का योगदान

(मध्यकालीन इतिहास के संदर्भ में)

20वीं सदी का भारतीय इतिहास लेखन और उसमें बिहार के इतिहासकारों का योगदान

(मध्यकालीन इतिहास के संदर्भ में)

डॉ. कृष्णा कुमारी

P.P.H
प्रशांत पब्लिशिंग हाउस

प्रथम प्रकाशन–2020

प्रकाशक

प्रशांत पब्लिशिंग हाउस

सी–34, 28 फुटा रोड़ गली न. 3
वेस्ट करावल नगर
दिल्ली–110094
मो : 9810396373, 8826258746
email : prashantpublishinghouse@gmail.com
www.pphbooks.co.in

ISBN : 978-93-88526-32-6

मुद्रक

रोशन आफसेट प्रिंटर्स दिल्ली

भूमिका

बिहार में इतिहास–लेखन की अपनी परम्परा रही है। बिहार की धरती हमेशा गौरवशाली एवं साधन संपन्न रही है। बिहार अपनी साधन सम्पन्नता के कारण भारत में ही नहीं विश्व के इतिहास में महत्वपूर्ण स्थान रखता है। विश्व के देशों में खासकर एशियाई देश बिहार की धरती पर आकर इसकी प्रचुर साधन सम्पन्नता से फायदा उठाने का प्रयास करते रहे हैं। जहाँ प्राचीनकाल में अनेक देश यहाँ के बौद्धिक आध्यात्मिक ज्ञान के प्रकाश से प्रकाशमान हुए वहीं मध्यकाल में राजनीतिक–धार्मिक कारणों की पूर्ति हेतु विदेशियों को बिहार की धरती पर आने के लिए प्रेरित किया।

बिहार यद्यपि बंगाल और उत्तर प्रदेश के बीच दबा रहा, परन्तु बिहार हमेशा से अपना स्वतंत्र अस्तित्व कायम रखने में सफल रहा है। मुसलमानों के शासनकाल में भी बिहार का अपना एक अलग अस्तित्व रहा और यह पूर्वी हिन्दुस्तान की कुंजी माना जाता था। बंगाल और बिहार प्रान्त चूँकि मुगल काल तथा उसके बाद भी भारतीय राजनीति में अपना सक्रिया भूमिका अदा करते रहे हैं। इसलिए बंगाल और बिहार के ऐतिहासिक साहित्य की काफी आवश्यकता है। लेकिन बंगाल क्रमिक इतिहास पर्सिअन में रियाज उस सलातीन के पहले नहीं था। यहाँ तक कि हम लोगों के पास कुछ ही ऐतिहासिक जीवनियाँ या स्मारक हैं। जहांगीर के शासनकाल के दौरान बंगाल का इतिहास बहारिस्तान–ए–गाइबी में मिलता है जो शाहजहां के शासनकाल के दौरान लिखा गया। जदुनाथ सरकार ने भी इस ऐतिहासिक उपेक्षा का वर्णन किया है।

–लेखक

अनुक्रम

1

इतिहास लेखन दर्शन के आधुनिक संदर्भ

इतिहास लेखन दर्शन आधुनिक काल की देन है जिसका मुख्य विकास योरोप में हुआ। यूँ तो इतिहास एक विशिष्ट विधा के रूप में यूनान में उदित हुआ, परन्तु उसका विकास कई चरण और प्रक्रियाओं से गुजरता हुआ प्राचीन, मध्य और आधुनिक कालक्रमों और संदर्भो से अपने को चिन्हित करते हुए आज की अवस्था में पहुँचा। आधुनिक इतिहास लेखन का प्रारम्भ जर्मनी में हुआ क्योंकि अंग्रेजों तथा फ्रांसीसियों की अपेक्षा जर्मन अधिक ऐतिहासिक चिन्तन की ओर अभिमुख थे। कभी इतिहास का अर्थ किस्सा–कहानी तथा निर्जीव अतीत से लिया जाता है तो कभी ऐतिहासिक स्त्रोतों, अभिलेखों, संस्मरणों में वर्णित घटनाओं के विवरण मात्र को इतिहास माना जाता है। वास्तव में इतिहास एक प्रकार का ज्ञान प्रदान करता है। इतिहास दर्शन शब्द का प्रयोग वाल्तेयर के द्वारा किया गया और तब से विभिन्न अर्थों में इसका प्रयोग होता आया है। कालिंगवुड के अनुसार वाल्तेयर का इससे आशय 'आलोचनात्मक एवं वैज्ञानिक इतिहास' से था।

इतिहास–दर्शन में दो बातें सम्मिलित हैं। एक इतिहास में इसका अर्थ खोजना, इस आशय से कि जो कुछ हो चुका है अथवा हो रहा है, किसी अदृश्य हाथ द्वारा पूर्वनिर्धारित अथवा इच्छित है और दूसरा वर्त्तमान एवं भविष्य के लिए इतिहास के नियम या मॉडल यानि इतिहासवाद की खोज करना।

इतिहास में दर्शन का प्रयोग वैज्ञानिक इतिहास लेखन में माना जाता है। इतिहास दर्शन एक प्रकार की ऐतिहासिक सोच है जिसमें इतिहासकार स्वयं अपने विचार व्यक्त करता है बजाय इसके कि प्राचीन पुस्तकों में वर्णित कहानियों की पुनर्रावृत्ति करे। हीगल एवं अन्य विचार को द्वारा भी 18वीं शताब्दी के अन्त में इस शब्द का प्रयोग किया गया। लेकिन उनका तात्पर्य मात्र सार्वलौकिक विश्व इतिहास से था। समय के साथ–साथ इतिहास का दायरा बढ़ता गया। ट्रेवेलियन के अनुसार इतिहासकार के तीन भिन्न कार्य होते हैं–वैज्ञानिक,कल्पनात्मक एवं साहित्यिक। इतिहास दर्शन को मुख्य रूप से चार भागों में विभाजित किया गया है जो व्यक्ति,स्थान,युग और घटना से सम्बन्धित है। इनके सभी अंगों में व्यक्ति सबसे अधिक महत्वपूर्ण है एवं शेष तीनों का सम्बन्ध ा भी व्यक्ति से है।

इतिहास का उश्य–अतीत की यथार्थता को प्रकट करना,अतीत का उसी रूप में पुनर्निर्माण करना जैसा वह था तथा अतीत के लिए ऐसे दर्पण की भाँति कार्य करना कि उसका सत्य प्रतिबिम्बित हो सकें। ''इतिहास–लेखन के उद्देश्य और उपयोग एक समय से दूसरे समय और एक क्षेत्र से दूसरे क्षेत्र में अलग–अलग रहे हैं। ''[1] मार्क ब्लाख ने अपनी पुस्तक इतिहासकार का शिल्प की शुरूआत अपने पुत्र के मुख से इस प्रश्न के द्वारा की है कि''इतिहास की उपयोगिता क्या है?''[2]आज यह प्रश्न समाज के समक्ष एक ज्वलंत एवं विचारणीय बिन्दु है। सिसरो ने कहा था कि ''अपने जन्म से पहले के इतिहास को न जानना हमेशा बच्चा बने रह जाने के समान है।''[3]बिस्मार्क के विचार में ''ये बेवकूफ कहते हैं कि स्वयं के अनुभवों से सीखते हैं, मैं दूसरों के अनुभवों से सीखना पसन्द करता हूँ। कोई भी समाज अपने इतिहास के माध्यम से ही स्वयं अपने को जान पाता है।''[4]

इतिहास में कोई भी उपलब्धि अंतित नहीं होती कोई भी इतिहासकार कितने भी दीर्धकाल तक तथा लगन से कार्य क्यों न करे, वह यह कभी नहीं कह सकता कि इस विषय पर उसका कार्य अन्तिम है। इतिहासकार कभी भी किसी वास्तविक घटना को संपूर्णतः में प्रस्तुत नहीं कर सकता। 19वीं सदी के इतिहासकार इस भ्रामक धारणा से ओतप्रोत थे कि वे ''

सभी तथ्यो को प्रस्तुत कर उन्हें ही अपने विषय में बोलने को बाध्य करेंगे।''[5] अपने आप में कोई भी तथ्य वस्तुनिष्ठ नहीं हो सकता बल्कि तथ्य को विषय से पृथक कर वस्तुनिष्ठता थोपी जाती है। क्योंकि इतिहास लेखक एक सामाजिक प्राणी है, उसका लगाव किसी समाज, जाति, धर्म और वातावरण से होता है। इस कारण वह अपने लेखन में किसी अवधारणा, दृष्टिकोण, संस्कृति, व्यक्तिगत ईर्ष्या, भ्रांति तथा द्वेष का शिकार हो सकता है। इतिहास का प्रत्येक–विद्यार्थी इस तथ्य से भलीभाँति परिचित है कि इतिहासकार तथ्यों के चयन में अपने वातावरण, परिवेश एवं धार्मिक विचारों से प्रभावित रहा है।'' इतिहासकार तथ्यों के चयन में अपने राजनैतिक,सामाजिक,आर्थिक व धार्मिक विचार इतिहासकारों से प्रभावित रहता है। ''[6]प्रो० पाल्श की स्पष्ट धारणा यह है कि ''इतिहास का अध्ययन विशेष दृष्टिकोण से करना चाहिए।''[7]कार्ल बेकर ने भी पाल्श को बातों का समर्धन करते हुए लिखा है,''इसिहास की रचना प्रत्येक मनुष्य की भावना के अनुकूल होनी चाहिए।''[8]

अगर इन विद्वानों के विचारों को स्वीकार कर लिया जाए तो यह तात्पर्य होगा कि इतिहास में वस्तुनिष्ठता का समावेश अत्यन्त दुष्कर कार्य है। जबकि अधिकांश वैज्ञानि इतिहासकारों ने इतिहास में वस्तुनिष्ठता की आवश्यकता को स्वीकार किया है। इतिहास में वस्तुनिष्ठता का समावेश उसें समय अत्यधिक सरल हो जाएगा, जब विभिन्न विद्वानों, सिद्धान्तों, अवधारणाओं तथा दृष्टिकोण को सार्वभौमिक मान्यता प्रदान की जा सकेगी। वर्तमान समाज इतिहासकारों से वस्तुनिष्ठ रचना की अपेक्षा करता है। रेनियर न इतिहास के नियमों एवं विधाओं को प्रध ाानता दी है। क्योंकि इतिहास–लेखन की आचार संहिता इतिहास में निहित है इतिहासकार में नहीं। चालर्स ओमन के अनुसार इतिहास में तथ्यों को प्रधानता देकर उसके वस्तुनिष्ठ स्वरूप को सुरक्षित रखा जा सकता है। लुई बोनापार्ट की 18वीं बूमेर की उद्धृत उक्ति इस पर प्रकाश डालती है कि ''मानव जन अपना इतिहास स्वयं बनाते है, पर अपने मनचाहे ढंग से नहीं।

किसी विषय के गूढ तत्वों के आत्मप्रकाशन को दर्शन कहते हैं। इतिहासकार तथ्यों में से सत्य की खोज करता है। उसका उद्देश्य उस

सत्य का अन्वेषण द्वारा समसामधिक समाज के लिए इतिहास को कल्याणकारी बनाना। इसी कारण से इतिहास दर्शन को सत्यम् शिवम् सुन्दरम् कहा गया है।''वाल्श के अनुसार इतिहास के दर्शक में दो प्रकार की दार्शनिक समस्याएं जन्म लेती हैं प्रथम परिकल्पनाप्मक तथा दूसरी विश्लेषणात्मक दोनों का लक्ष्य इतिहास–दर्शन के माध्यम से सत्य की खोज एवं विवेचना करना है। इसी को इतिहास दर्शन कहा जा सकता है।''

19वीं सदी के इतिहासकार इतिहास दर्शन के प्रति सजग रहे। इतिहास क्या है? इस प्रश्न का उत्तर देने वाला प्रथम व्यक्ति बेकन था। उसने कहा कि केवल स्त्रोतों का अध्ययन से इतिहास नहीं है। इतिहासकार तथ्यों का विस्तार कर सकता है। इतिहास से तथ्यों की प्रमुखता और एकछत्रता को पहली चुनौती 19वीं शताब्दी के नवे और अंतिम दशक में जर्मनी से मिली। इसे चुनौती देने वाले दार्शनिकों में एक थे डिल्थे। इतिहास क्या है? इस प्रश्न के उत्तर में ई. एच. कार का कहना है कि ''इतिहास इतिहासकार और उसके तथ्यों की क्रिया–प्रतिक्रिया की एक अनवरत् प्रक्रिया है, अतीत और वर्तमान के बीच एक अंतहीन संवाद है''[11] रांके का विश्वास था कि ''अगर इतिहासकार तथ्यों की देखभाल कर सके तो इतिहास का अर्थ भगवत् कृपा पर छोड़ दिया जाना चाहिए।''[12] इतिहासकार तथा इतिहास के तथ्य एक–दूसरे के लिए महत्वपूर्ण है। जिस प्रकार बिना तथ्य के इतिहासकार आध ार–विहीन है उसी प्रकार इतिहासकार के बिना तथ्य महत्त्वहीन एवं निरर्थ है। ''तथ्य कितने ही वस्तुगत और निरपेक्ष लगे उनके माध्यम से इतिहासकार भी बोलता है।''[13] इतिहासकार तथा तथ्यों के बीच आदान–प्रदान प्रक्रिया के द्वारा ही वर्तमान तथा अतीत के बीच संवाद संभव है। ''वर्तमान बिना अतीत से जुड़े अनाम, अस्वीकृत, अज्ञान और अज्ञेय बना रहेगा।''[14] मनुष्य को अतीतकालिक समाज से परिचित कराना एवं वर्तमानकालिक समाज के उपर उसके नियंत्रण की वृद्धि करना इतिहास का वह द्विविध कर्त्तव्य है। ''हेरोडोटस ने पहले ही इस बात को यों कहा था, जो कुछ घटित हुआ, उसे सुना देना।''[15] तथ्यों से विहीन इतिहासकार बिना जड़ का और व्यर्थ होता है। ''इसीलिए कुल

मिलाकर साक्ष्य की आलोचना समरूप और भिन्नरूप एक और अनेक के सहजबोध से लब्ध दर्शन पर आधारित होती है।''[16] लेकिन इतिहासकार हाब्सबाम तथ्यों के प्रति सेचेत दृष्टिकोण रखने की चेतावनी देते हैं।'' इतिहास के तथ्यों के प्रति हमारी सामान्य जिम्मेदारी है और इसके राजनैतिक वैचारिक दुरूपयोग के खंडन के लिए हमारी विशेष जिम्मेदारी है।''[17]

इतिहास की अवधारणा और दर्शन के इतिहास को प्रारम्भ करने का श्रेय इतिहासकारों को जाता है ऐतिहासिक रचनाओं में हेरोडोटस का योगदान अत्यन्त ही महत्वपूर्ण है। उसे इतिहास का जनक माना जाता है। हेरोडोटस की रचनाओं का गम्भीर अध्ययन करने के बाद यह पता चलता है कि उसके लेखन में इतिहास दर्शन का समावेश था। वह किसी योजना विशेष से प्रभावित था और यह योजना विशेष अमानवीय शक्तियां थी जिन्होने घटनाओं का मार्ग–दर्शन किया। डेरोडोटस इतिहास की देवी योजना से प्रभावित था जिसे उसने रचनाओं में दर्शाया है।''हीगल और रांक शैली के इतिहासकार भी इतिहास को एक दैवकृत प्रक्रिया के रूप में देखने की बात पर सहमत थे।''[18]

डेरोडोट्स ने 'इतिहास' शब्द का प्रयोग सर्वप्रथम अपनी पुस्तक 'हिस्ट्री' में किया। उसका इतिहास में अभिप्राय खोज एवं अनुसंधान से था। यूनानी जाति की अदम्य ज्ञान पिपासा और अतृप्त गवेषणा इतिहास की परिभाषा के रूप में प्रस्फुरित हुई। डेरोडोट्स घटनाओं के ढेर को इतिहास का सुव्यवस्थित रूप देने में सिद्धहस्त था। उसके अनुसार इतिहास में एकता और अक्षुणता का सूत्र गतिमान रहता है। वह अभिलेखों के महत्व को भी अच्छी तरह समझता था।

डेरोडोट्स के अनुसार इतिहास के चार प्रमुख लक्षण हैं। यह वैज्ञानिक विधा है अर्थात् इसकी पद्धति आलोचनात्मक है। 2. यह मानवीय विद्या है अर्थात् मानव कार्य–कलाप का अध्ययन करना है। 3. यह तर्क संगत विद्या है, अर्थात् इसके निष्कर्ष और तथ्य साक्ष्य पर आध ाारित होते हैं। 4. यह शिक्षाप्रद विद्या है अर्थात् इसका कार्य अतीत के आलोक में भविष्य की खोज करना और मनुष्य को मार्ग दिखाना है।

डायोनिसियस ने डेरोडोट्स की महानता को प्रशंसा करते हुए लिखा है कि उसकी कृति के द्वारा ही हमें यूनान और फारस के गौरवशाली इतिहास के बारे में जानकारी प्राप्त होती है। उनकी रचना कोई किस्स कहानी नहीं बल्कि यह विशुद्ध विज्ञान है। यह सही है कि रीति–रिवाज, विश्वास धर्म प्रवृत्तियाँ आदि इतिहास–लेखन को प्रभावित करती हैं। फिर भी डेरोडोट्स की रचना काफी वैज्ञानिक है। उसका कहना था कि इतिहास का काम केवल यह पता लगाना नहीं है कि आदमी ने क्या किया बल्कि यह भी पता लगाना कि उसने ऐसा क्यों किया।''आज इतिहास के नाम से हमारे सामने जो कुछ भी प्रस्तुत किया जाता है उसकी प्रत्येक बात पर डेरोडोट्स की स्पष्ट छाप दिखाई देती है।''[19]

डेरोडोट्स की रचनाओं को इतिहासकारों ने पूर्णतः दोषमुक्त नहीं माना जाता है। सिसेरो उसे इतिहास के जनक के साथ–साथ झुठा इतिहासकार कहता है। सिसेरो ने एक बार कहा था कि ''इतिहासकार के लिए पहला नियम कभी झूठ कहने की हिम्मत न करना और दूसरा नियम है, जो सच है उसे किसी कीमत पर कह देना।''[20] अरस्तू ने उसे गल्पकार कहा है। डरोडोट्स ने युनान और फारस के युद्ध का वर्णन करते समय फारस की महानता की उपेश तो नहीं की फिर भी एथैंस के प्रति उसका झुकाव वह सिद्ध करता है कि उसकी लेखनों पूर्वाग्रह में ग्रसित है। दुसरे उसकी रचना में प्रवाह नहीं है। कहीं–कहीं असंगतिपूर्ण घटनाओं का उल्लेख है। इतिहास के साथ–साथ भूगोल भी मिला हुआ है। ऐतिहासिक आलोचना का आभाव एवं कारण और संयोग के बीच अंतर नहीं है।

यह सही है कि इतिहास में सच और झुठ का निर्धारण बड़ा जटिल होता है और सत्य एक सीमा तक ही कहा जा सकता है पर सिसरों की बात इतिहासकार की चेतना, उसके उत्तरदायित्व और इसके नैतिक साहस की ओर संकेत करती है तथा सिसरो की ये बातें हर काल हर समय में महत्वपूर्ण मानी जाएँगी।

इतिहास का उेद्दश्य है– अतीत की यथाथर्ता को प्रकट करना,

अतीत का उसी स्वरूप में पुनर्निर्माण करना जैसा वह था तथा अतीत के लिए ऐसे दर्पण की भाँति कार्य करना की उसका सत्य प्रतिबिम्बित हो सके।''निश्चय ही हम अतीत में इसलिए झांकते हैं क्योंकि हम आशा करते हैं कि वह आज हमारे लिए उपयोगी हो सकते हैं।''[21] यूनानी इतिहास–लेखन दर्शन के क्षेत्र में थूसीडायडीस का महत्वपूर्ण योगदान रहा है। उसकी लेखन प्रणाली विज्ञान है एवं वह अपना ध्यान मुख्य विषय पर केन्द्रित रखता है। जो विषय में सम्बंधित नहीं है उसे त्याग देता है। जे० बी० ब्यूरी ने भी कैम्ब्रीज में अपने उद्घाटन भाषण में कहा था कि इतिहास विज्ञान है न कम न ज्यादा।''[22] थूसीडायडीस की कृति 'हिस्ट्री ऑफ पेलोपोलेशियन वार' मे दैवी व अमानवीय तथ्यों के बदले मानवीय तथ्यों का उल्लेख है। एक राजनीतिक इतिहासकार के रूप में वह राजनीति को दार्शनिक दृष्टिकोण से देखता था। तथ्यों पर जोर देने के कारण उसका विवरण नीरस जान पड़ता है। उसने इतिहास–लेखन में विश्लेषणात्मक शैली को जन्म दिया एवं आलोचनात्मक दर्शन का उपयोग किया। उसकी रचना का इतिहास की एक मौलिक विचारधारा पर आधारित है यद्यपि ''थूसीडायडीस पर भी यह आरोप लगाया जाता है कि उसे कारणों की स्पष्ट धारण नहीं थी।''[23]

ग्रीक इतिहासकारों के बाद इतिहास लेखन मध्ययुगीन सामंतवाद और चर्च के प्रभाव में रहा। ईश्वर इतिहास में निवास करता है, यह देवकृत है। इसलिये सारा इतिहास राजा या बादशाहों के इर्द गिर्द घूमता रहा। पुर्नजागरण के बाद फिर इतिहास में तर्क और मानवतावाद जैसे तत्व आये।

18वीं सदी के प्रारम्भ में जियाम्बतिस्ता विको (1668–1744) ने आधुनिक इतिहास दर्शन का निर्माण करने के उद्देश्य से अति प्राचीन इतिहास का अध्ययन शुरू किया। वह एक प्रतिभासम्पन्न व्यक्ति था। उसने गल्प ओर अख्यान को ऐतिहासिक स्त्रोत माननें से इनकार कर दिया। उसने दो मौलिक विचारों को जन्म दिया जो आधुनिक इतिहास–लेखन में अत्यन्त महत्वपूर्ण है। प्रथम तो यह की ''विको का यह विचार था कि वह किसी ऐसी वस्तु का प्रतिपादन कर रहा है जो नई है, चुनौती देने वाली है अथवा कम से कम भौतिक विज्ञान के दावों

की पूर्ति करनेवाली है।"[24] उसने कहा कि इतिहास का रचयिता मनुष्य स्वयं है इसलिए मनुष्य प्रकृति की अपेक्षा इतिहास को अधिक स्पष्ट रुप से जान सकता है। उसका दूसरा सिद्धान्तों के आधार पर इतिहास का अध्ययन करता है।

1725 ई० में विको ने 'नवीन विज्ञान' (Science Nouva) नामक पुस्तक की रचना की। विको का नाम इतिहास के 'चक्रीय सिद्धान्त' से सम्बन्धित है। उसके अनुसार प्रत्येक राष्ट्र विकास के निश्चित चरणों से गुजरता है। उसकी रचनाओं के अध्ययन के बाद उसके इतिहास–दर्शन का पता चलता है। वह इतिहास को न केवल पूर्वाग्रहों से बचने की चेतावनी देता है बल्कि कहता है कि इतिहासकार अपने ज्ञान के लिए अटूट परम्परा पर निर्भर नहीं है वह वैज्ञानिक पद्धति के द्वारा अतीत के इतिहास की सरंचना कर सकता है।

18वीं सदी में वाल्तेयर ने सर्वप्रथम सामाजिक और आर्थिक इतिहास के लिए इतिहास–दर्शन शब्द का प्रयोग किया।"इतिहास अपनी सभी पहलुओं में सभ्यता और संस्कृति का इतिहास है।"[25] इस में विज्ञान से प्रेरित विश्वास लोकप्रिय हुए एवं इनका व्यापक प्रचार भी हुआ। न्यूटन का मत इस नये विज्ञान की एक प्रमुख अभिव्यक्ति था।" वाल्तेयर का मानना था कि इतिहास में जो बात सबसे ज्यादा गूढ़ होती है वही सबसे ज्यादा निश्चित भी हो सकती है।"[26] वाल्तेयर पहला यूरोपिय है जिसने एशआई संस्कृति को गम्भीर रूप से लिया है। उन्होंने अपनी खोजों द्वारा प्राचीन भारत और चीन की महान संस्कृतियों की ओर यूरोप का ध्यान आकृष्ट किया। वह एक सुसम्बद्ध सार्वभौमिक इतिहास लिखने की अपेक्षा अपने देशवासियों को यह बताने के लिए अधिक तत्पर था कि एशिया यूरोप के समान ही सभ्य था। उसने भावी इतिहासकारों के लिए एक प्रतिमान स्थापित किया। इतिहास के तत्व का विस्तार किया एवं यह बताया कि अब केवल यूरोप पर केन्द्रित इतिहास को पूर्ण नहीं माना जा सकता। वाल्तेयर की इतिहास के संबंध में यह उक्ति ध्यान देने योग्य है," इतिहास उन चालों का समूह है जिन्हे हम मृत लोगों के विरूद्ध चलते हैं।"[27]

इतिहास दर्शन के विकास की दो धारायें आगे चलकर प्रवृत हुई–एक परिकल्पनात्मक (Speculative philosophy) और दूसरी आलोचनात्मक (Cricitical philosophy)। परिकल्पनात्मक रोमान्तिक (Romanticism) युग की देन है जिसमें विचार ही इतिहास है, पर जोर दिया गया। आलोचनात्मक दर्शन में मुख्यतः स्रोत या तथ्य यानि (Matter) ही इतिहास विश्लेषण का मुख्य आधार बना यह मुख्यतः प्रत्यक्षदर्शी युग (Positivism) का परिणाम था जिसमें तथ्य, प्रमाणों और प्रत्यक्ष स्त्रोतों से ही इतिहास लेखन एवं व्याख्या पर बल दिया गया।

परिकल्पनात्मक या मीमांसात्मक दर्शन में अतीत में पैटर्न यानि ऐतिहासिक विकास के नियम ढूंढने का प्रयास किया गया। जर्मन आदर्शवादी इतिहासकार जैसे कान्त, हर्डर, शेलिंग, फिश्ते, हीगल ने इतिहास के विकास में विश्वव्यापी पैटर्न ढूंढे जो कि हर समाज पर लागू होते। साथ ही एक सार्वभौमिक दैवीय योजना भी बताई जिसमें परिवर्तन की इकाई एक सामूहिक इकाई थी। हीगल, मार्क्स, स्पेन्गलर, क्रोसे, टॉयनबी, कॉलिंगवुड इसी वर्ग के इतिहासकार हैं।

प्रत्यक्षदर्शियों में पहला महत्वपूर्ण इतिहासकार फ्रांस का आगस्त काम्ते (1798–1857) रहा जिसने अपनी पुस्तक 'कोर्स ऑफ पोजिटिव फिलोसफी (6 खंड) में सोशियोलॉजी शब्द को गढ़ा और इतिहास को 'Social Physics' कहा। आगस्त काम्ते के अनुसार इतिहास एक सामाजिक विज्ञान है जिससे वत्तमान को समझा जा सके और भविष्य को उपायों के जरिये सुधारने की समझ पैदा हो सके। काम्ते के अनुयायी प्रत्यक्षदर्शी कहलाये जिन्होने वैज्ञानिक पद्धति यानि प्रत्यक्ष प्रमाणों और तथ्यों के बल से इतिहास को विज्ञान के नजदीक ले जाने पर जोर दिया। काम्ते के विचारों का अप्रत्यक्ष प्रभाव 19वीं सदी के तथ्यपरक इतिहास लेखन पर पड़ा।''इतिहास–दर्शन केवल एक मानव–प्रक्रिया ही नहीं है, अपितु एक समस्त विश्व की प्रक्रिया है जिसके द्वारा विश्व प्रकृति आध्यात्मिक स्तर पर पहुँचकर आत्म चेतन में परिणत हो उठती है।''[28] इतिहास दर्शन इतिहास के अर्थ की लालसा है।

18वीं और 19वीं सदी में इतिहास के बारे में अनेक सिद्धान्तों का निरूपण हूआ और इन्होने 17वीं शताब्दी के दार्शनिक विचारों को परावर्तित किया। इतिहास–दशर्न के विकास में हेगल का योगदान उल्लेखनीय है। उसका विचार है कि प्रत्येक राष्ट्र की अपनी कुछ विशेषताएं होती हैं जो उसके धर्म राजनीतिक संस्थाओं, इसकी नैतिक संहिताओं आदि में परिलक्षित होती हैं एवं प्रत्येक राष्ट्र मानव सभ्यता के विकास में योगदान देता है।'' हेगल ने मानव विकास कम में राज्य के राजनीतिक रूप का महत्व बताया।''[29]

''हेगल का इतिहास–दर्शन पैमाने पर हर तरह के जातीय उत्पीड़न और सामाजिक अन्याय को इतिहास की अनिवार्यता बना देता है।''[30] हेगल के इतिहास–दर्शन की एक दूसरी विशेषता ऐतिहासिक परिवर्त्तन संभव है। हेगल की संक्षिप्त अवधारणा वह अवधारणा है जिसमें उसने संसार के अदृश्य चरित्र को स्पष्ट किया है। वह विचारों को जैसे तर्क विकास प्रक्रिया और स्वतंत्रता की गणितीय एवं संख्यात्मक अवधारणा की उपयोगिता की सीमा लांघकर सर्वश्रेष्ठ स्थिति सौंपती है। इस प्रकार ऐतिहासिक और प्राकृतिक घटनाओं के मध्य स्पष्ट रेखा खिंचती है।

हेगल की सर्वाधिक ख्याति उसके द्वन्द्वात्मक विचारों के कारण है। मानव निरन्तर एक नया विचार स्वीकार करता है और एक नये कार्य की योजना बनाता है, जो सम्भवतः पूर्ण सत्य नहीं है तथापि उसको उसे क्रियान्वित करना चाहिए और नव–संश्लेषण का मुकाबला करने के लिए तैयार रहना चाहिए। ''इतिहास के परिप्रेक्ष्य देखने पर किसी भी विवाद में दोनों पक्षों की भूमिका का मूल्यांकन होना चाहिए।''[31] यहाँ हेगल इतिहासवाद के अति निकट आ जाता है।

हेगल का इतिहास–दर्शन तात्कालिक विचारों का सुन्दर समन्वय है। उसका इतिहास विवेचन ऐतिहासिक भाववाद एवं एकान्तवादी है। हेगल ने तीन तरह के इतिहास–लेखन की चर्चा की है। मौलिक तथ्यपरक इतिहास घटनाओं का विवरण प्रस्तुत करता है। चिंतन प्रधान इतिहास तथ्यों और घटनाओं की व्याख्या करता हैं। दार्शनिक इतिहास यह सिद्ध करता है कि मानव इतिहास निरपेक्ष विवेक का प्रतिफल है।

हेगल अपना संबंध इस तीसरी तरह के इतिहास से जोड़ता है। दर्शनशास्त्र मनुष्य को स्वतंत्रता की ओर ले जाता है। पृथ्वी के उत्तरी और दक्षिणी भागों के भेद की तरह हेगल के लिए पुरानी एवं नई दुनिया में भेद है। ''हेगल का भाववाद' यांत्रिक भौतिकवाद का दोस्त है। भौगोलिक परिस्थितियाँ मानव चरित्र की निर्माता है, यह हुआ भौगोलिक नियतिवाद। हेगल इसकी नींव पर अपने ऐतिहासिक नियतिवाद की इमारत खड़ी करते हैं।''[34]

हेगल की सबसे बड़ी देन उनका द्वन्द्ववाद ही है किन्तु दर्शन के क्षेत्र में ही वह इस द्वन्द्ववाद को सुसंगत रूप से लागू नहीं कर पाये। ''किसी एक बिन्दु तक पहुँचकर हेगल का द्वन्द्ववाद उसका साथ छोड़ देता है। यह बिन्दु वह था जहाँ से आगे भौतिकवाद की जमीन पर कदम रखना था। भूत से गति की ओर भूत से चेतना की ओर जो संक्रमण होता है वह द्वंद्वात्मक ही होता है।''[33] हेगल ने इतिहास से सीख की बात की है लेकिन ''इतिहास की सबसे बड़ी बात यही है कि इतिहास से कोई सीख नहीं लेता। न स्वयं हीगल ने कोई सीख ली न उसके देश जर्मनी ने न उसके विचारों के अनुयायियों ने।''[34]

इतिहास दर्शन का महत्वपूर्ण चरण वैज्ञानिक इतिहास लेखन से माना जाता है। लियोपोल्ड रांके (1795–1885) का कहना था कि ''इतिहास में भगवान निवास करता है, जीवित रहता है और उसे देखा जा सकता है। प्रत्येक कार्य उसका साक्ष्य देता है, प्रत्येक क्षण उसके नाम का गुणगान करता है और ऐतिहासिक अक्षुण्णता उसका सबसे पुष्ट प्रमाण प्रस्तुत करती है।''[35] उन्होंने इतिहास–लेखन का जो आदर्श प्रस्तुत किया वह समस्त इतिहास जगत की प्रमुख लिपि बन गया।

रांके को आधुनिक आलोचनात्मक इतिहास का जन्मदाता माना जाता है। नाइबुर ने जिन सिद्धान्तों को अपने प्राचीन इतिहास में अपनाया था, उनको ही रांके ने अपने आधुनिक इतिहास में अपनाया। उसने इस सिद्धान्त को अपनाया कि ऐतिहासिक घटनाओं में सर्वोत्तम स्त्रोत अभिनेताओं के साक्ष्य हैं, न कि इतिहासकारों के उपाख्यान। उसने लिखित दस्तावेजो के महत्व को मानने एवं उनका मूल्यांकन करने पर

बल दिया। उसके लेखक के व्यक्तित्व का अध्ययन करने की सलाह दी एवं लेखक ने किन स्रोतों के आधार पर इतिहास लिखा इसका भी परीक्षण करना चाहिए। ''जर्मन इतिहासकार रांके का मत है कि भाषाई समालोचना के नियमों को कड़ाई से लागू करके सूचना स्त्रोतों के अध्ययन से और समकालीनता पर बल देकर व्यक्ति यह जान सकता है कि स्थिति क्या थी।''[36]

19वीं शताब्दी के पश्चिमी इतिहास–लेखन के क्षेत्र में, विशेषकर इतिहास–लेखन पद्धति में रांके का महत्व उतना ही है जितना इतिहास–चिन्तन के क्षेत्र में हेगल था। रांके की दृष्टि में विश्व का इतिहास केवल कई विच्छिन्न घटनाओं का समष्टिमात्र नहीं है। रांके लिख चुका है ''सर्वव्यापी इतिहास का अर्थ है मनुष्य जाति का अतीत अपने विशेष संबंधों और प्रवृत्तियों के रूप में नहीं बल्कि अपनी संपूर्णता में।''[37] उसका मानना था कि अतित जैसा था उसका उसी रूप में वर्णन किया जाना चाहिए। ''रांके का यह सूत्र बड़ा ही मशहूर है कि इतिहासकार का एक और एक मात्र कम है घटनाओं का ठीक जैसे वे घटित हुई हो वर्णन करना (वी० एस आइगेन्टलिश गैवेसन)।''[38]

रांके की अनेक विद्वानों ने आलोचना भी की है जैसे ड्यूहरिंग, ड्रायसन, लोरेंत्स, और लैप्रेख्ट उन्नीसवीं सदी के प्रमुख जर्मन इतिहासकार रांके के आलोचक थे। जान गुस्टाव ड्रायसन जो बर्लिन में इतिहास के प्रोफेसर का कहना था कि ''रांके की वस्तुगतता एक 'हिजड़े की वस्तुगतता' है।''[39]

कार्ल मार्क्स (1818–1883) 19वीं सदी के प्रमुख विचारकों में हैं, जिन्होंने न केवल इतिहास के विकास का एक नया पैटर्न दिया जिसका आधार भौतिकवाद था बल्कि समाजवाद का सिद्धान्त भी दिया। उनका दर्शन एक वाद बन गया जो आज भी इतिहास लेखन, विचारों एवं व्यवस्था को प्रभावित कर रहा है। मार्क्स के दर्शन में वे तत्त्व मौजूद हैं जिनके द्वारा इतिहास की सर्वांगपूर्ण व्याख्या हो सकती है। मार्क्स ने इस अवधारणा से कार्य आरम्भ किया कि यह विश्व प्रकृति तार्किक नियमों द्वारा परिचालित है। उनके अनुसार '' यह विश्व उन नियमों द्वारा

व्यवस्थित है जिनका विकास मनुष्य क्रान्तिकारी पहल शक्ति की अनुक्रियास्वरूप एक तार्किक प्रक्रिया द्वारा होता है। ''[40] बीसवीं शताब्दी में रूसी क्रान्ति के बाद माक्सवादी इतिहास–लेखन और द्वन्द्वात्मक भौतिकवाद महत्वपूर्ण हो गया। ''हेगल के द्वन्द्वात्मक की सीमाएं पार करके मार्क्स और एंगेल्स ने इतिहास विज्ञान का विकास किया।''[41]

मार्क्स के अनुसार इतिहास उन समाजों के निरंतर विकास की कहानी है जिनमें परिवर्तन का शक्ति स्त्रोत उत्पादन से संबंद्ध भौतिक परिस्थितियाँ रहीं हैं। उसने इतिहास की आर्थिक व्याख्या की। उसका तर्क था इतिहास के निर्माण में आर्थिक तथ्यों का बड़ा प्रभाव रहा है। ''मार्क्स के समय से ही इतिहास में आर्थिक पहलू को भी उचित प्रतिष्ठा प्राप्त हुई।''[42] मानव जीवन के सामाजिक, राजनीतिक एवं आध्यात्मिक तत्व भौतिक जीवन के उत्पादन साधन से निर्धारित होते हैं। मार्क्स ने भी इतिहास को द्वन्द्वात्मक विकास के रूप में देखा और इसका उद्देश्य वर्गहीन साम्यवादी समाज की स्थापना बतलाया।

एक बार जब आवश्यकता से अधिक उत्पादन शुरू हो गया तो समाज वर्गों में विभक्त हो गया और तब से ही वर्ग–संघर्ष इतिहास की मूल विषय–वस्तु बन गया। मार्क्स के इतिहास ने अध्ययन को वर्ग संघर्षों का इतिहास कहा है। ''सारा इतिहास वास्तव में वर्ग–संघर्ष का इतिहास है।''[43] कार्ल मार्क्स ने पतन के कारणों की व्याख्या की तो उसने आर्थिक कारणों की महत्वपूर्ण भूमिका को स्वीकार किया। कारणों की क्रमबद्धता इतिहासकार सामाजिक, राजनैतिक, धार्मिक, नैतिक, आर्थिक मूल्यों को अपनी व्यक्तिगत रूचि के अनुसार प्रधानता देता है।

''मार्क्स ने सामाजिक विकास को समझने की प्रयोगशाला के रूप में इतिहास को लिया था और उसने इतिहास की जिस भौतिकवादी व्याख्या को स्थापित किया था, उसका आधार था इतिहास को गतिदायिनी शक्तियों और प्रवृत्तियों की पहचान।''[44] मार्क्स ने एक वैज्ञानिक पद्धति प्रस्तुत की जिसमें स्वयं और उनके अनुयायियों ने अतित को सही ढंग से पहचानने का दावा किया है। ''इतिहास–लेखन में तथ्य ही नहीं तथ्यों की पहचान और चुनाव और उसके बीच प्रवाहित सूक्ष्म या स्पष्ट

मूलधारा की समझ के लिए वैज्ञानिक दृष्टि और पद्धति आवश्यक है।''[45]

मार्क्स ने अतीत की व्याख्या द्वन्द्वात्मक भौतिकवाद के रूप में शुरू की। मार्क्स के अनुसार द्वन्द्वात्मक दो पदार्थों के बीच द्वन्द्व का परिणाम है। मार्क्स की द्वन्द्वात्मक भौतिक है। समाज को इसी द्वन्द्वात्मक भौतिकवाद से गति मिलती है। समाज में जो प्रगति होती है वह इस द्वन्द्व का परिणाम है। यही मार्क्स का द्वन्द्वात्मक भौतिकवाद है और इतिहास के अध्ययन में इसे ऐतिहासिक भौतिकवाद के रूप में रेखांकित किया जाता है। मार्क्स के अनुसार वर्गहीन समाज की स्थापना के बाद द्वन्द्वात्मक भौतिकवाद का अन्त हो जाता है। प्रो० मेयो का मानना है कि मार्क्स ने गैर–आर्थिक कारकों पर जोर नहीं दिया। यद्यपि इतिहास–दर्शन के क्षेत्र में उनकी कोई महत्त्वपूर्ण देन नहीं है फिर भी आर्थिक व्याख्या करके इतिहास–लेखन के क्षेत्र में एक बिल्कुल नए अध्याय का सूत्रपात किया है।

20वीं सदी के आरम्भ में क्रोसे (7866–1952) जो कि अपने पूर्ववर्ती जर्मन दार्शनिकों से प्रभावित था ने इतिहास–दर्शन की बात की। क्रोसे की उक्ति है कि इतिहास के तथ्य किसी भी इतिहासकार के लिए तब तक अस्तित्व में नहीं आ सकती जब तक उसका निर्माण वह खुद नहीं करता। इतिहास को तथ्यों की परिधि में लाकर उसमें अतीत और भविष्य के अंतसंबंध को समेटने का प्रयास करता है। ई० एच कार के शब्दों में ''तथ्य और दस्तावेज निश्चय ही इतिहासकार के लिए जरूरी होते हैं मगर वे उनके लिए अंधश्रद्धा की वस्तु नहीं होते।''[46]

क्रोसे ने 'फिलोसफी ऑफ स्पिरिट' लिखी इसमें हेगल के आदर्शवाद से भिन्न सिद्धान्त दिया। इतिहास को दर्शन के नियंत्रण से मुक्त किया। उसके अनुसार इतिहास इतिहासकार के मस्तिष्क में उसके विचारों की उपज है। समकालीन समस्याओं और परिदृश्य के आलोक में ही इतिहासकार अतीत से सम्बन्ध स्थापित करता है। इसलिये इतिहासकार के वर्त्तमान की आँखों से अतीत का परिदृश्य लिखा जाता है, उसकी प्रासंगिकता सिद्ध होती है। इसलिए क्रोसे ने कहा कि ''सभी इतिहास समकालीन इतिहास हैं।''[47]

कालिंगवुड 20वी शताब्दी का अकेला अंग्रेज विचारक है जिसने इतिहास–दर्शन को महत्वपूर्ण योगदान दिया। आक्सफोर्ड में शिक्षा प्राप्त करने के पश्चात् वहीं तत्व मीमांसा दर्शन का प्रोफेसर बन गया। प्रारम्भ में उसने ग्रीन और ब्रेडले की भाँति आदर्शवादी दृष्टिकोण अपनाया तथापि बाद में उसने स्वतंत्र इतिहास दर्शन का अवलम्बन किया। उसका मानना था कि ऐतिहासिक सिद्धान्त उस चरण पर पहुँच गया है जहाँ दर्शन की उपेक्षा नहीं की जा सकती है।

कालिंगवुड के अनेक प्रकाशित एवं अप्रकाशित निबंधों का संग्रह 'दि आइडिया आफ हिस्ट्री' नामक पुस्तक में मरणोपरान्त प्रकाशित हुआ। उसने इतिहास–दर्शन के प्रति अपना विचार प्रस्तुत करते हुए कहा है कि ''इतिहास–दर्शन का संबंध न तो 'अपने आप से अतीत से होता है न ही अपने–आप में अतीत के बारे में इतिहासकार के विचारों से बल्कि उसका संबंध इन दोनों के पारस्परिक संबंध में होता है।''[48] अतीत जी सका इतिहासकार द्वारा अध्ययन किया जाता है वह मृत नहीं होता बल्कि ऐसा अतीत होता है जो किन्हीं अर्षों में वर्तमान में भी जीवित रहता है। लेकिन इतिहासकार के लिए अतीत में घटित घटनाएँ तब तक महत्वपूर्ण नहीं होता है जबतक वह उनके पीछे कार्यरत् विचार को नहीं समझ लेता है। इस प्रकार ''प्रत्येक इतिहास विचार का इतिहास होता है और इतिहास इतिहासकार के मन में उन विचारों का पुनर्निर्माण होता है जिसे जिनका का इतिहास वह अध्ययन कर रहा होता है।''[49]

कालिंगवुड का विचार था कि विज्ञान दर्शन और इतिहास स्वतंत्र विषय है परन्तु इतिहास विज्ञान की अपेक्षा दर्शन के अधिक निकट है। उसका मानना था कि इतिहास और दर्शनशास्त्र में गहरे संबंध हैं। उनके मतानुसार ''इतिहास–दर्शन न तो ऐकान्तिकरूपेण अतीत से और न ही ऐकान्तिकरूपेण इतिहासकार के चिन्तन से सम्बद्ध है अपितु यह अपने पारस्परिक सम्बन्धों में दोनों से ही संबद्ध है।''[50] जिस अतीत का इतिहासकार के द्वारा अध्ययन किया जाता है, वह मूर्त अतीत नहीं है अपित ऐसा अतीत है जो कुछ अर्थों में वर्तमान में मौजूद होता है। कालिंगवुड का मत इस बात पर जोर देता है कि ''इतिहासकार को अपने तथ्य विशुद्ध तथ्य के रूप में नहीं प्राप्त होते हैं, अपितु स्वयं तथ्यों

का प्रतिस्थापक इतिहासकार होता है।''[51] इतिहास में व्याख्या का महत्व होता है। इस प्रकार उसने वैचारिक इतिहास का समर्थन किया।

उसके इतिहास–दर्शन की मुख्य विशेषता यह है कि इतिहास वैज्ञानिक ढंग से तभी लिखा जा सकता है जब इतिहासकार ईमानदारी से लोगों के अनुभवों तथा कार्यों को प्रस्तुत करे। ''किसी व्यक्ति की किसी और से तुलना कर उसकी अच्छाई या बुराई को रेखांकित और बोधगम्य बनाते हैं।''[52] वे कैंची और गोंद पद्धति को अपनाने वाले इतिहासकार को सही मानने में इतिहासकार नहीं मानते क्योंकि वह दूसरों के विचारों को रखता है। वह इतिहास को दुहराता है। एक सच्चा इतिहासकार केवल एक व्यक्ति को नहीं बल्कि पूरे युग के विचार को प्रस्तुत करता है। 'इतिहास दर्शन' नामक पुस्तक जिसमें उन व्याख्यानों को संकलित किया है, 1936 में प्रकाशित हुई।

इतिहास को अपनी संपूर्णता में सर्वेक्षण करने एवं इसके विकास की प्रवृत्तियों को खोजने के प्रयास का कार्य प्रोफेसर टॉयनबी ने किया। टॉयनबी ने अपनी रचनाओं में विभिन्न सभ्यताओं का एक तुलनात्मक अध्ययन के आधार पर इतिहास के विषय में सामान्य अवधारणायें बनाने की कोशिश की है। उसका मानना था कि ''इतिहास की वास्तविक इकाईयाँ राज्य न होकर सभ्यताएं है।''[53] वाल्टेयंर ने पहले ही कहा था ''इतिहास अपने सभी पहलुओं में सभ्यता और संस्कृति का इतिहास है।''[54]

सभ्यताओं के विकास के लिए टॉयनबी ने 'चुनौती एवं समाधान' (Challenges and Response) को उत्त्दायी बताया अर्थात् जब तक कोई सभ्यता चुनौतियों का मुकाबला और समाधान करती है वह जीवित रहती है, नहीं तो उसका अवसान हो जाता है। उसने ''सभ्यता और धर्म को एक रथ के रूप में देखा जिसमें पहियों की गति सभ्यता की गति है और रथ धर्म का स्वरूप है, जैसे प्रकट रूप में पहिए घूमते हैं और रथ आगे बढ़ता जाता है वैसे ही समय की गति के साथ–साथ सभ्यताओं का उत्थान और पतन होता है, पहिये धूमते जाते हैं, लेकिन धर्म का रथ आगे बढ़ता जाता है।''[55]

इस प्रकार टॉयनबी ने यहाँ पर विको के समान इतिहास–दर्शन

के सर्पिल सिद्धान्त का प्रतिपादन किया है। प्रारम्भ में टॉयनबी सभी सभ्यताओं को दार्शनिक रूप में एक मानता था। इससे स्पष्ट है कि टॉयनबी का इतिहास दर्शन सापेक्षतावदी है। टॉयनबी का दर्शन इतना जटिल और विस्तृत है कि उसमें वह राजनीति को प्रमुखता न देकर संस्कृति और धर्म को प्रधानता देता है। टॉयनबी ने सिद्धान्तों पर स्पैंग्लर के दर्शन की छाप स्पष्ट रूप से दिखाई पड़ता है। स्पैंग्लर ने इतिहास को एक सूत्रीय माना है एवं प्राचीन काल, मध्यकाल और आधुनिक काल का विभाजन को भ्रोमक कहा है। टॉयनबी ने भी इस सिद्धान्त को स्वीकार किया है। उनका सभ्यता का विभाजन स्पैंग्लर की विचार–धारा पर आधारित है।

इस प्रकार 20वीं सदी में जे० बी० बरी के 'इतिहास–विज्ञान है' से लेकर इतिहासवाद, नियतिवाद, 'इतिहास में संयोग', अनाल इतिहास दृष्टि, उत्तर–सरंचनावाद जैसे विचार बिन्दुओं के इर्द–गिर्द इतिहास की व्याख्यायें घूमती रही हैं। कार्ल पॉपर ने पॉवर्टी ऑफ हिस्टोरिसिज्म (1957 ई.) में इतिहासवाद की आलोचना की और हेगल एवं कार्ल मार्क्स के नियतिवाद की आलोचना की।

1954 ई. में सर इसाइया बर्लिन ने ऐतिहासिक अनिवार्यता पर एक लेख लिखा और हेगल एवं मार्क्स के इतिहासवाद को नकारते हुए इतिहास में मानवीय स्वतंत्र इच्छा की भूमिका को मान्यता दी। साथ ही इसाइया बर्लिन ने इतिहास में संयोग को ऐतिहासिक विकास का कारण बतलाया। इ. एच. कार ने इसकी व्याख्या करते हुए कहा इतिहास में कुछ भी अनिवार्य नहीं होता सिवाय एक औपचारिक अर्थ में कि अगर यह घटना किसी और तरह से घटी होती तो उसके कारणों को निश्चय ही भिन्न होना चाहिये था।' 'किलयोपेट्रा की नाक' के उदाहरण से इतिहास में संयोग को इतिहास की धारा में निर्णायक बतलाया गया। "यदि क्लियोपेट्रा की नाक थोड़ी छोटी होती तो पृथ्वी का चेहरा ही बदला हुआ हो।' यह वह सिद्धांत है जिसके अनुसार इतिहास कमोवेश संयोगों का एक अध्याय है, घटनाओं का एक ऐसा क्रम जिसका निर्णय संयोग करते हैं और जिनके कारण बेहद सामान्य होते हैं।"[56]

इतिहास लेखन की एक नई धारा 'अनाल' दृष्टिकोण था जब इतिहास के प्रति नये और व्यापक दृष्टिकोण की दिशा में ठोस प्रगाति फ्रांस में हुई। इसके प्रणेता थे आरी बेर्र (1863–1954)। इन्होंने अपनी पुस्तक मानवता का विकास के माध्यम से समाजशास्त्र एवं अन्य समाजशास्त्र एवं अन्य समाजविज्ञानों की पद्धति और अर्न्तदृष्टि की मदद से समाज में मनुष्य के सभी कार्यों राजनीतिक, सामाजिक, आर्थिक, भौगोलिक, सांस्कृतिक को संश्लेषित करना चाहा।''[57] लूसिआं फेबर्व और मार्क ब्लाख (1856–1944) इसी धारा के प्रमुख प्रवक्ता थे। इनके द्वारा सम्मिलित रूप से शुरू की गई प्रसिद्ध पत्रिका ''अनाल दिस्तुआर इकोनोमिक ए सोसल' व्यापक इतिहास की वाहक थी और उसे अनाल के नाम से ही जाना जाता है।''[58] इन्होंने 'अटोल हिस्ट्री' यानि सम्पूर्ण इतिहास की बात कही। वे कहते थे कि इतिहास एक समग्र चीज है और किसी खास काल या विषय को अन्य कालों या विषयों से काटकर समझना ही संभव नहीं। मार्क ब्लाख ने कहा मानव ''काल कभी भी घड़ी के समय की कठोर समरूपता अथवा बंध–बंधार्थ विभाजनों के अनुरूप नहीं होगा। यथार्थाता माँग करती हैं कि उसकी मापजोख की उसकी लय की परिवर्तनशीलता के अनुरूप होना होगा और यह कि उसकी सीमा रेखाओं पर चौड़े सीमांत क्षेत्र रहते हैं।''[59]

ब्लाख और फेबर्व ने ऐतिहासिक और सामाजिक अध्ययन के बीच की खाई की बात की और कहा, ''इन्हीं बँटवारों के विरूद्ध हम झन्डा बुलंद करना चाहते हैं– पद्धतियाँ और विवेचनों पर लेख के माध्यम से ही नहीं उदाहरण और उपलब्धि के द्वारा भी। एक ही बात वस्तुकारता से ही प्रेरित होकर विभिन्न विषयों और विशेष अध्ययन क्षेत्रों के विद्वान एक ही मंच पर आकर अपने चुने हुए विषय पर जिसके वे अधिकारिक विद्वान हैं, अपने शोध के परिणाम प्रस्तुत करेंगे।''[60] 'व्यापक और गहरा' इतिहास लिखा जाये यह अनाल इतिहासकारों का मंत्र था।

20वीं सदी में इटली का अन्तोनियो ग्रामसी (1891–1937) एक मार्क्सवादी इतिहासकार था जिसने 'प्रिजन नोट ब्रक' में मार्क्स से भिन्न ऐतिहासिक भौतिकवाद की व्याख्या दी और इसे लचीला एवं मानवीय बनाया। मार्क्स के आधार और अधिरचना को उसने चक्रीय बतलाते हुए

कहा कि जैसा आधार होगा अधिरचना भी वैसी ही होगी। परंतु अधिरचना आगे के आधार का स्वरूप भी निर्धारित करेगी। इसमें ग्रामसी ने प्रमुख वर्ग की सांस्कृतिक प्रभु सत्ता की बात कही। प्रभु सत्ता यानि राजनीतिक, बौद्धिक और नैतिक नेतृत्व। सामाजिक अधिरचना यानि राजनीति, कानून, संस्कृति, धर्म, कला, विज्ञान को परम्परागत मार्क्सवाद में कम जगह दी गयी थी और मुख्य केन्द्र बिन्द्र आर्थिक रहा, इसलिए इसका पुर्नमूल्यांकन और सामंजस्य किया जाना चाहिए।' इसलिए प्रभुसत्ता यानि नेतृत्व में लोक इच्छा और सांस्कृतिक को समाहित करने की शक्ति होनी चाहिए। ''ग्रामसी के विचारों ने लोक धर्म और लोक चेतना की गहन अध्ययन की और इतिहासकारों को अग्रसर किया।''[61] सबसे अधिक प्रभाव ई. पी. थॉमसन पर पड़ा। भारत में भी मार्क्सवादी इतिहासकार जैसे बिपन चन्द्र और सुमित सरकार एवं रणजीत गुहा जैसे सबाल्टर्न इतिहासकार प्रभावित हुए।

इस प्रकार आधुनिक इतिहास दर्शन अपने विभिन्न व्याख्याओं, धाराओं और वादों में विभाजित होकर, एक–दूसरे को काटते हुए कभी स्वीकार कभी खंडित करते हुए आगे बढ़ रहा।

संदर्भ

1 सतीश चन्द्र, मध्यकालीन भारत में इतिहास–लेखन, धर्म और राज्य का स्वरूप, ग्रंथ शिल्पी नई दिल्ली 1999, पृष्ठ–59

2 मार्क ब्लाख, इतिहासकार का शिल्प, ग्रंथ शिल्पी, नई दिल्ली–2005 पृष्ठ–21

3 आर्थर मारविक, इतिहास का स्वरूप, ग्रंथ शिल्पी, नई दिल्ली–2006 पृष्ठ–13

4 वही,

5 इतिहास का स्वरूप विवेचन (समीक्षा), गिरिजा शंकर प्रसाद मिश्र, इतिहास स्वरूप एवं सिद्धांत में संकलित (संपा.)

गोविदं चन्द्र पाण्डेय, राजस्थान हिन्दी ग्रंथ अकादमी, जयपुर–1998, पृष्ठ–183

6 नारायण सिंह चूण्डावत, इतिहास दर्शन, 1990, पृष्ठ–173

7 वही

8 वही

9 मार्क्स सं. र. चार खण्डों में, भाग 1, पृष्ठ–133, इतिहास लेखन की समस्याएं, नीलकांत (संपा.) हाथ प्रकाशन–1995, पृष्ठ 255

10 आर्थर मारविक, पूर्वोदधृत, पृष्ठ–16–17

11 ई. एच.कार, इतिहास क्या है, मैकमिलन प्रकाशन 2001, पृष्ठ–21

12 वही पृष्ठ–11–12

13 लाल बहादुर वर्मा, इतिहास के बारे में, प्रकाशन संस्थान, नई दिल्ली 1988, पृष्ठ 88

14 वहीं पृष्ठ 12–13

15 मार्क ब्लाख, पूर्वादृधृत, पृष्ठ 128

16 वहीं, पृष्ठ 111

17 रामजी राय, इतिहास की राजनीति, समकालीन प्रकाशन पटना 2003, पृष्ठ 13

18 आर्थर मारविक, पूर्वोद्धृत, पृष्ठ 36

19 ई. एच. डान्स, इतिहास एक प्रवंचना–पूर्वाग्रह परीक्षण, हिन्दी समिति सूचना विभाग, यू.पी. लखनऊ, पृष्ठ 21

20 लाल बहादुर वर्मा, इतिहास के बारे में, पूर्वोद्धृत, पृष्ठ 60

21 इरफान हबीब, भारतीय इतिहास की प्रमुख व्याख्याएं, ग्रंथ

शिल्पी, नई दिल्ली 1999, पृष्ठ–13

22 E Shreedharan, A text Book of Historiography Orient Longman 2004, p-4

23 ई. एच. कार, पूर्वोदधृत, पृष्ठ 74

24 फ्रैंकवेन आलस्ट, ऐतिहासिक चिन्तन के उद्‌गम, यूनानी, ईसाई, आधुनिक, इतिहास का स्वरूप एवं सिद्धांत, में संकलित संपा.–गोविन्द चन्द्र पाण्डेय, पूर्वोदधृत, पृष्ठ 7–8

25 आर्थर मारविक, पूर्वोदधृत, पृष्ठ 37

26 मार्क ब्लाख, पूर्वोद्‌धृत, पृष्ठ 103

27 आर्थर मारविक, पूर्वोदृधृत, पृष्ठ 75

28 मानिक लाल गुप्त, इतिहास लेखन, धारणायें एवं पद्धतियाँ, अमित पब्लिकेशन्स कानपुर, पृष्ठ 122

29 आर्थर मारविक, पूर्वोदधृत, पृष्ठ 36

30 राम विलास शर्मा, पाश्चात्य दर्शन और सामाजिक अंतविरोध थलेस से मार्क्स तक, राजकमल प्रकाशन नई दिल्ली पटना, पृष्ठ 242

31 फ्रैंक वैन आलस्ट, 19वीं शताब्दी योरोपीय मानस का इतिहासीकरण, इतिहास स्वरूप एवं सिद्धांत, में संकलित, पूर्वोदधृत, पृष्ठ 21

32 राम विलास शर्मा, मार्क्स और पिछडे हुए समाज, राजकमल प्रकाशन, नई दिल्ली पटना 1986, पृष्ठ 250

33 वही, पृष्ठ 288–289

34 लाल बहादुर वर्मा, पूर्वोदधृत, पृष्ठ 13–14

35 मानिक लाल गुप्त, पूर्वोद्‌धृत, पृष्ठ 124

36 इरफान हबीब, भारतीय इतिहास की प्रमुख व्याख्याएं, पूर्वोद्धृत, पृष्ठ 11

37 आर्थर मारविक, पूर्वोदधृत, पृष्ठ 37

38 मार्क ब्लाख, पूर्वोदधृत, पृष्ठ 128

39 आर्थर मारविक, पूर्वोदधृत, पृष्ठ 37

40 ई. एच. कार, पूर्वोदधृत, पृष्ठ 119

41 राम विलास शर्मा, मार्क्स और पिछड़े हुए समाज, पूर्वोदधृत, पृष्ठ 295

42 ई. एच. डान्स, पूर्वोद्धृत, पृष्ठ 17–18

43 देवेश विजय, आधुनिक भारत के इतिहास–लेखन का पुनरावलोकन, आधुनिक भारत का इतिहास, में संकलित, संपा. – रामलखन शुक्ल हिन्दी माध्यम कार्यान्वय निदेशालय दिल्ली विश्वविद्यालय–2001, पृष्ठ 29 इतिहास लेखन एक दृष्टिकोणः परिमल कुमार दास, बायस इन इंडियन हिस्टॉरियोग्राफी, में संकलित, संपा.–देवाहुति, डी. के. पब्लिकेशन 1980, पृष्ठ 60–61

44 लाल बहादुर वर्मा, पूर्वोदधृत, पृष्ठ 69

45 वहीं

46 ई. एच. कार, पूर्वोदधृत, पृष्ठ 11–12

47 आर्थर मारविक, पूर्वोद्धृत, पृष्ठ 76

48 ई.एच.कार, पूर्वोदधृत, पृष्ठ 13

49 वही, पृष्ठ 14

50 गिरिजा शंकर प्रसाद, इतिहास का स्वरूप विवेचना, इतिहास स्वरूप एवं सिद्धांत, गोविंद चन्द पाण्डेय (सं.) में संकलित, पूर्वोद्धृत, पृष्ठ 171

51 वहीं, पृष्ठ 171

52 लाल बहादुर वर्मा, पूर्वादधृत, पृष्ठ 12–13

53 पीटर गेल, इतिहासकारों के साथ परिसंवाद, इतिहास स्वरूप एवं सिद्धांत, गोविंद चन्द्र पाण्डेय (सं.) में संकलित, पूर्वोद्धृत, पृष्ठ 215

54 आर्थर मारविक, इतिहास का स्वरूप, पूर्वोदधृत, पृष्ठ 37

55 गुरूदेव सिंह, टायनबी की इतिहास मीमांसा, इतिहास स्वरूप एवं सिद्धांत, गोविंद चन्द्र पाण्डेय (सं.) में संकलित, पूर्वोदधृत, पृष्ठ 63

56 ई. एच. कार, पूर्वोदधृत, पृष्ठ 82

57 आर्थर मारविक, पूर्वोदधृत, पृष्ठ 69

58 वहीं पृष्ठ 71

59 मार्क ब्लाख, पूर्वोदधृत, पृष्ठ 168

60 आर्थर मारविक, पूर्वोदधृत, पृष्ठ 71–72

61 E.Shreedharan, op.cit, p- 278-79

2

भारतीय इतिहास लेखन के विभिन्न चरण एवं आयाम

भारत में इतिहास–लेखन का एक लम्बा इतिहास रहा है जो विभिन्न चरणों और धाराओं में समाहित हुआ है।

प्राचीन भारत में इतिहास की एक विशद् परिभाषा थी। कौटिल्य के अनुसार "पुराणमितिवृतयाख्यापिकोदाहरण धर्मशास्त्रमर्थशास्त्रम् चेतिहास।"[1] अर्थात् पुराण, इतिवृत आख्यायिका, उदाहरण, धर्मशास्त्र एवं अर्थशास्त्र इतिहास है। इसका निहितार्थ है कि इतिहास सिर्फ राजनीतिक घटनाक्रमों का विवरण नहीं वरन् समस्त मानवीय, धार्मिक, सामाजिक, आर्थिक क्रियाकलापों का विवरण था। इसलिए इतिहास के स्त्रोत प्राचीन काल में विविध थे जिनमें श्रुति और स्मृति साहित्य के अलावा, विदेशी वृतान्त, साहित्य ग्रन्थ इतिहास के मुख्य स्त्रोत थे। इतिहास ग्रन्थ के विशिष्ट उदाहरण में कल्हण की राजतरंगिणी की गणना की जाती है, जो कश्मीर का राजनीतिक वृत है।यह रचना 12वीं सदी की है।

तुर्क अफगान काल से भारतीय इतिहास लेखन में संख्यात्मक और गुणात्मक परिवर्तन हुए। तुर्क अपने साथ इल्म–अल–तारीख (इतिहास लेखन कला) लेकर आये और भारत में 12वीं सदी के हसन निजामी की ताजुल मासिर से 18वीं सदी में मुन्नालाल की तारीखे शाह आलम तक एक अनवरत् इतिहास–लेखन की श्रृंखला बनी। यह सभी ग्रंथ फारसी में थे और 17वीं सदी में तो हिन्दुओं जैसे सुजनराय, भीमसेन और इस्सरदास नागर ने फारसी भाषा में इतिहास ग्रन्थों की रचना की।

जियाउद्दीन बरनी और अबुल फजल मध्यकालीन भारत के दो प्रसिद्ध इतिहासकार हैं जिन्होंने इतिहास–दर्शन के विकास में योगदान दिया।

औपनिवेशिक भारत में इतिहास लेखन में तेजी आयी और आधुनिक भारतीय इतिहास–लेखन का प्रारम्भ हुआ। इसके कई चरण और आयाम हैं:

औपनिवेशिक इतिहास लेखन

भारत में इतिहास लेखन की आधुनिक परम्परा की शुरूआत यूरोपीय शक्तियों के आगमन तथा औपनिवेशिक विस्तार के साथ मानी जाती है। औपनिवेशिक शासन का प्रभाव उस समय के इतिहास लेखन पर भी पड़ा। साम्राज्यवादी शासनों के भारत में अपने उपनिवेश को नैतिक प्रधान के लिए अपने अनुरूप इतिहास–लेखन की जरूरत पड़ी। क्योंकि माना जाता है कि,''इतिहास समाज को समझने और बदलने का अनिवार्य उपकरण है।''[2] जातियों धार्मिक सम्प्रदायों, भाषाई सांस्कृतिक समूहों आदि की दृष्टि से इतिहास के पुर्नलेखन की कोशिश उपनिवेशवादी इतिहासकारों ने शुरू की। वारेन हेस्टिंग्स तथा एलफिन्सटन जैसे अंग्रेज प्रशासकों ने राजनीतिक फायदे के लिए इतिहासकारा के लेखन के लिए प्रेरित किया एवं स्वयं भी गैर–पेशेवराना इतिहास लिखा। अठारहवीं शताब्दी में यूरोप से भारत आने वाले यात्रियों, व्यापारियों एवं सैनिकों ने अपने अनुभवों के आधार पर भारत के बारे में लिखा। मनूची, अलेक्सांद्र तथा हैमिलटन जैसे यात्रियों ने अपने भ्रमण की गाथाओं का वर्णन किया। लेकिन दूसरी ओर कुछ अन्य लेखक थे जिन्होंने ऐतिहासिक परिपेक्ष्य में अपनी–अपनी व्यापारिक कंपनियों की आर्थिक एवं कूटनीतिक गतिविधि ायों के बारे में लिखा। आमतौर पर ''इतिहासकार घटनाओं की अपने–अपने देश के हितों की दृष्टि से व्याख्या करते हैं। ''[3]इन सारे लेखकों का दृष्टिकोण भी काफी संकुचित था तथा इनकी लेखनी धर्मान्धता एवं चाटुकारिता से ओत प्रोत होती थी।

इतिहासकार अंग्रेजों की विजयों, वायसरायों का अध्ययन, अंग्रेज प्रशासन के गुणगान और उनके प्रशासन को ही केन्द्र बिन्दु बनाकर लिखा करते थे। ''इससे लगता है कि इतिहास केवल विशिष्ट लोगों के लिए है''[4] इस लेखन के अधिकांश का आधार प्रकाशित गौण स्त्रोत थे।

इस प्रकार राजनीतिक उद्देश्यों को मूल से रखकर अंग्रेज प्रशासकों ने इतिहासकारों को आधुनिक परिवर्त्तनों के बारे में लिखने के लिए प्रेरित किया। राबर्ट ओर्मो की पुस्तक ए हिस्ट्री ऑफ दि मिलिटरी ट्रान्जैक्शन्स ऑफ दि ब्रिटिश इन हिन्दोस्तान (1763) तथा गुलाम हुसैन खान तबातबाई की किताब सियर–उल–मुताखरीन (1763) उल्लेखनीय हैं। ये दोनों ही ग्रंथ विदेशियों की गतिविधियों को केन्द्र बिन्दु बनाकर तथा उनकी प्रेरणा से ही लिखे गये हैं। ऐसे लेखन की छाया आज भी कई किताबों में दिखने को मिलती है।

औपनिवेशिक युग में इतिहास के महत्व और उसकी पहुँच में अभूतपूर्व वृद्धि हुई। ''इतिहास पिछड़े, स्थिर, पूर्व और उसके विपरीत गतिशील ईसाई अथवा वैज्ञानिक पश्चिम के रूढ़िबद्ध द्विभाजन को मन में बैठाने और साथ ही ब्रिटिश आत्मविश्वास को सहारा देने तथा संसार की वस्तुओं की आयोजन पद्धति में भारतीयों के उनके निम्नतम स्थान स्मरण कराने का एकमात्र मुख्य औजार बन गया।''[5] यूरोपीय इस बात से अच्छी तरह अवगत थे कि ''इतिहास परिवर्तन की पृष्ठभूमि बना सकता है।''[6] औपनिवेशिक इतिहासकारों का पहला कर्त्तव्य था भारत में अंग्रेजी शासन को सही ठहराना। अपने लेखन द्वारा समाज को यह बताना कि अंग्रेजी शासन हिन्दुस्तान में अमन बनाए रखने के लिए जरूरी है। ''किसी भी समाज की मानसिकता को गढ़ने में इतिहास की भी भूमिका होती है। जागरूकता, चेतना और ज्ञान के अभाव में पूरें के पूरें समाज को पूर्वाग्रहों से ग्रस्त इतिहास अतीतोन्मुखी बना देता है।''[7] ये इतिहासकार जातीय दुराग्रह से ग्रसित थे।

इतिहास लेखन की प्रक्रिया पर कई तरह के दबाव भूमिका निभाते रहे हैं। औपनिवेशिक काल के इतिहासकारों के साथ भी यही हुआ। इतिहासकार दो प्रकार के होते हैं एक तो वे जो ऐतिहासिक तथ्यों से सत्य को उजाकर करते हैं दूसरे वे जो तथ्यों को तोड़ मरोड़ कर सत्य छिपाते हैं तथा प्रशासकों को खुश करने के उद्देश्य से इतिहास–लेखन करते हैं। जिसके बदले में उन्हें शासक वर्ग द्वारा पुरस्कृत किया जाता है। अंग्रेज इतिहासकार भी यही नियम अपनाते रहे। क्योंकि निरंकुश शासक सत्य से घृणा करते हैं और यह चाहते हैं कि सत्य का तथ्य

लोगों तक न पहुँच पाये। ''इतिहास अपूर्ण साक्ष्य पर आधारित होता है। साक्ष्य जितना ही अपूर्ण होगा उतनी ही उसकी व्याख्या पर असहमति होगी।''[8]

औपनिवेशिक काल के इतिहासकार इतिहास को झुठलाने में अधिक और सत्य को प्रकाश में लाने में कम सहयोगी रहे हैं। ''व्यक्ति समाज में जीता है और समाज इतिहास में। इसलिए व्यक्ति और समाज का अतीत के प्रति नैसर्गिक लगाव होता है।''[9] इसमें कोई संदेह नहीं कि अंग्रेजों ने हमारे इतिहास के तथ्यों को तोड़ा मरोड़ा उसे साम्राज्यवादी दृष्टिकोण से देखते हुए फूट की ताकतों को अधिक उजाकर किया। ''आज संपूर्ण संसार जानता है कि राजनीतिक प्रचार के लिए इतिहास मनमाने ढंग से तोड़ा–मरोड़ा जाता है।''[10] उनके लेखन में सांप्रदायिकता का स्वर प्रबल दिखाई देता है।

इसी उद्देश्य को लेकर मेकाले ने नई शिक्षा नीति बनाई। इस शिक्षा का मकसद था ऐसे हिन्दुस्तानी को जन्म देना जो रंग रूप में भारतीय हो लेकिन विचारों और वेशभूषा में अंग्रेज। 19वीं सदी के पूर्वार्द्ध में उपयोगितावादियों का प्रभाव अंग्रेजी हुकूमत तथा कंपनी की विभिन्न नीतियों पर काफी रहा। इतिहास लेखन का भी खुले तौर पर इसी प्रक्रिया के लिए इस्तेमाल किया गया।

औपनिवेशिक इतिहासकारों के द्वारा बहुधा संकीर्ण दृष्टिकोण अपनाये जाने के कारण ही पूर्व की सभ्यताओं का समुचित मूल्यांकन यूरोप तथा अमरीका में नहीं हो पाया। हेगल ने भारतवासियों के बारे में लिखते समय एक अदृश्य घृणा का परिचय दिया है। उसने माना था कि भारतवासी स्वप्नलोक में जीते हैं। ''भारत कल्पना और संवेदनशीलता का देश है।''[11] हेगल ने भारतवासियों की खासतौर से इस बात के लिए आलोचना की है कि उन्होंने इतिहास नहीं लिखा। उसने कहा ''भारतीय संस्कृति का प्रसार मूक क्रियाहीन प्रसार है अर्थात् उसमें कोई राजनीतिक कर्म दिखाई नहीं देता। भारत के लोगों ने विदेश में कहीं विजय प्राप्त नहीं की वरन् हर अवसर पर स्वंय विजित हुए हैं।''[12] हेगल ने स्वंय भारत को फैंटेसी के माध्यम में देखा है। हेगल इस बात पर जोर देते

हैं कि मनुष्य को विवेकशील होना चाहिए, विवेकशील होकर ही मनुष्य इतिहास का निर्माण करता है। लेकिन भारतीयों के प्रति उनका दृष्टिकोण यह सिद्ध करता है कि वे कितने विवेकशील थे। ''उन्होंने भारत को आत्मचेतन विवेक के अभाव में, वास्तविक इतिहास से बाहर रखा है किन्तु वे स्वंय अपनी आत्मगत भावनाओं के अनुरूप भारत पर एक विशेष रूप आरोपित करते हैं यह प्रत्यक्ष है।''[13]

19वीं सदी के पूर्वार्द्ध में उपयोगितावादियों का प्रभाव अंग्रेजी हुकूमत तथा कंपनी की विभिन्न नीतियों पर काफी रहा। इनका विश्वास था कि भारत में अंग्रेजों का आगमन एक दैवी सुयोग है क्योंकि ब्रिटिश प्रशासन और कानून से भारत का पिछड़ापन खत्म हो जायेगा। इतिहास–लेखन का भी खुले तौर पर इसी प्रक्रिया के लिए इस्तमाल किया गया। इसमें जेम्स मिल, टी० वी० मेकालो जैसे विद्वानों की भूमिका प्रमुख रही। ''इसकी वजह संसार पर यूरोपीय प्रभुत्व को न्यायसंगत और तर्क संगत ठहराना था।''[14]

उपयोगितावादियों में सबसे प्रमुख नाम जेम्स मिल का आता है। मिल ने ब्रिटिश भारत का इतिहास (हिस्ट्री ऑफ ब्रिटिश इंडिया) (1806–8) नामक पुस्तक की (छः खंडों में) रचना की।

वे पहले इतिहासकार हैं जिसने भारतीय इतिहास को तीन कालों में विभाजित किया ''हिन्दू, मुस्लिम और ब्रिटिश काल''[15] मिल का इतिहास भारतीय प्रशासकों के लिए मूल ग्रन्थ बन गया। मिल ने हिन्दू संस्कृति की कटु आलोचना की थी और उसे पिछड़ी हुई, प्रगति के प्रति शत्रुभाव रखनेवाली और विवेक विरोधी बताया था। मिल का इतिहास ''भारत का पहला मानव इतिहास था और इसका ऐसा प्रभाव पड़ा कि उसकी मान्यताओं को अभी भी कुछ हलकों में स्वीकार किया जाता है।''[16] मिल ने साम्प्रदायिकता के आधार पर इतिहास का विभाजन किया। उसने ईसाई काल की जगह ब्रिटिश शासन काल कहा तथा यह बताने का प्रयास किया कि ब्रिटिश शासकों ने भारत को मुसलमानों के साम्प्रदायिक शासन से न केवल निजात दिलाई बल्कि एक शान्तिमय एवं धार्मिक सहिष्णुता पर आधरित साम्राज्य की

स्थापना की। ''ब्रिटिश धारणा थी कि भारत कभी एकता की भावना के साथ एक राष्ट्र नहीं बल्कि नस्लों, धर्मों, जातियों इत्यादि का एक समूह था''[17]

1857 के विद्रोह की घटना का भारतीय इतिहास–लेखन पर भी गहरा प्रभाव पड़ा। 1857 के विद्रोह के बाद सरकार का रवैया भारतीय समाज के प्रति काफी सर्तकतापूर्ण हो गया खासकर सामंतों के प्रति। अंग्रेज प्रशासकों ने 'फूट डालो और राज करो' को अपना मूलमंत्र बनाया। अंग्रेज इतिहासकारों के लेखन मे यह प्रवृतियाँ प्रखर रूप से देखी जा सकती हैं।

19वीं के अंत और 20वीं शताब्दी के प्रारम्भ में औपनिवेशिक इतिहास–लेखन का वास्तविक रूप से और अधिक उभर कर सामने आया। साम्राज्यवादी इतिहास लेखकों में वी० ए० स्मिथ और एलिफिस्टन का नाम प्रमुख हैं। इन इतिहासकारों ने भी पुराने लेखकों का ही अनुसरण किया। वे लेखक यह साबित करने की कोशिश करते हैं कि भारतीय स्वयं शासन करने के योग्य नहीं थे। अशोक, सिकन्दर, चन्द्रगुप्त मौर्य और अकबर जैसे शासक जो इतिहास में अपनी सहिष्णुता और नीतियों के लिए प्रसिद्ध हैं, उन्हें वे क्रूर शासक के रूप में चिन्हित करते हैं।

ब्रिटिश इतिहासकारों ने न केवल पश्चिमी विज्ञान और प्रौद्योगिकी की श्रेष्ठता बल्कि सभ्यता की श्रेष्ठता को भी अपने लेखन द्वारा श्रेष्ठ साबित करने की चेष्टा की। ''जब इतिहासकार व्याख्या करता है तो वह यह दिखलाता है कि पात्रों के अमुक विश्वासों और प्रेरणाओं की स्थिति में अमुक कृत्य ही उपयुक्त है।''[18] इन इतिहासकारों ने लिखा ''अंग्रेजों से पहले की सभी सरकारें निरंकुश, असहिष्णु तथा दानवी रूप से क्रूर और विदेशी आक्रांताओं के हाथों भारतीय जनता (जो हमेशा आपस में बँटी) का विजित होना उसकी नियति थी।''[19] इन इतिहासकारों ने मध्यकाल के संदर्भ में शासकों एवं दरबारों की राजनीतिक गतिविधियों पर ही अपना ध्यान केन्द्रित रखा तथा मुस्लिम शासकों द्वारा हिन्दुओं पर किए गए सख्त व्यवहार को रेखांकित किया एवं यह साबित करने की

कोशिश की गई कि ब्रिटिश शासन में हिन्दू बेहतर हैं। ये इतिहासकार यह वर्णन करते थे कि विदेशी हमलावारों के सामने भारतीयों में साहस की कमी एवं प्रशासनिक योग्यता की भी कमी रही है। विदेशियों से विजित होना इनकी नियति है। प्रसिद्ध इतिहासकार बिपन चन्द्रा की यह टिप्पणी औपनिवेशिक इतिहास लेखन के प्रभाव को इस तरह चिन्हित करती है, ''भारतीय राष्ट्रीय चरित्र अवमानित करने और भारत को स्वाध ीनता एवं जनतंत्र के लिए अपात्र 'सिद्ध करने' के लिए अंग्रेजो ने भारतीय इतिहास का जो इस्तेमाल किया, उसने भारतीय इतिहास–लेखन और राजनीति में एक और विकृति पैदा कर दी।''[20]

हमारा जो इतिहास लिखा गया वह अंग्रेजों की अवधारणाओं पर ही अबलम्बित है। इतिहास के प्रति अंग्रजों का दृष्टिकोण उपनिवेशवादी था अतः इतिहास विषयक जानकारी उपरंगी और दिग्भ्रमित करने वाली ही अधिक है। इतिहास का विकास जिन आन्तरिक सच्चाईयों से शक्ति पाता है, उन आन्तरिक सच्चाईयों से हमारा इतिहासकार रूबरू नहीं हो पाता है। प्रो० डब्ल्यू० एच० वाल्श ने कहा है कि ''इतिहास का एक प्रमुख कार्य यह है कि वह मनुष्य को अपने समय के चरित्र के प्रति जागरूक करे, उसे दूसरे किसी काल की तुलना और विरोध में रखकर।''[21] आधुनिक शोधों ने पुराणों को पुनः प्रतिष्ठापित किया है एवं स्मिथ जैसे इतिहासकारों जो भारतीय इतिहास के प्रति सहानुभूतिपूरक दृष्टिकोण रखनेवाले इतिहासकारों की श्रेणी में नहीं आते उनका यह कथन महत्त्वपूर्ण है, ''आधुनिक यूरोपिय इतिहासकारों ने गलती से पौराणिक सूचियों के प्रति अविश्वास की प्रवृत्ति अपनाई है, किन्तु सूक्ष्म अध्ययन से उनमें पर्याप्त विशुद्ध तथा मूल्यवान परम्परा प्राप्त होती है।''[22]

राष्ट्रवादी इतिहास लेखन

भारत में राष्ट्रवादी इतिहास लेखन का उद्देश्य भारत के अतीत के प्रति गर्व की भावना उत्पन्न करना था ताकि औपनिवेशिक शासकों द्वारा देश और उसकी संस्कृति की जो धुंधली तस्वीर पेश की गई उसे सही ढंग से पेश किया जा सके। भारतीय राष्ट्रवादियों ने अंग्रेजी शासन के

कुप्रभावों और इसके विरूद्ध लड़नेवाले स्वतंत्रता सैनिकों को अपने इतिहास लेखन का मुख्य पात्र बनाया। स्वतंत्रता संग्राम के समय विभिन्न राजनीतिक दलों के बीच चलने वाली बहस का भी इतिहास–लेखन पर गहरा असर पड़ा। मार्क्सवादी, गाँधीवादी आदि विचारधाराओं ने इतिहासकारों को प्रभावित किया। 18वीं शताब्दी के अंतिम दशकों में बंगाल की एशियाटिक सोसायटी के जन्म के साथ ही भारतीय इतिहास–लेखन में महत्वपूर्ण विकास हुआ। इस संस्था से जुड़े विद्वानों ने भारत की प्राचीन संस्कृति को लेकर महत्वपूर्ण खोजें की तथा इस काल को स्वर्ण युग के रूप में दर्शाने का प्रयत्न किया।

उन्नीसवी शताब्दी के पूर्वार्द्ध में अंग्रेजी हुकूमत तथा कंपनी का विभिन्न नीतियों पर काफी प्रभाव रहा जो इतिहास–लेखन पर भी देखा जा सकता है। लेकिन उन्नीसवीं शताब्दी के मध्य तक आते–आते आधुनिक भारतीय इतिहास न केवल अपने पैरों पर खड़ा होने लगा था बल्कि उपनिवेशवाद के खिलाफ आवाज भी उठानी शुरू कर दी थी। अट्ठारह सौ सत्तावन के विद्रोह ने भारत के बुद्धिजीवियों पर काफी प्रभाव डाला तथा उनकी साम्राज्य विरोधी भावना और तीव्र हुई। "महाराष्ट्र में के.बी.फड़के, बंगाल में केदारनाथ दत्त एवं रजनीकांत गुप्त तथा उत्तर में भारत में सर सैयद अहमद खाँ ने हिन्दुस्तान के प्रथम स्वतंत्रता संग्राम को केन्द्र बिन्दु बनाकर अलग–अलग ग्रंथ लिखा।"[23] राष्ट्रीय इतिहासकारों ने अंग्रेज इतिहासकारों जैसे जेम्स मिल, टामस मेकाले आदि इतिहासकारों के दुराग्रहों का पर्दाफाश किया तथा स्वयं स्वतंत्र इतिहास–लेखन पर जोर दिया।

19वीं शताब्दी भारतीय इतिहास लेखन के लिए बड़ा ही महत्वपूर्ण समय था। जर्मन इतिहासकार मैक्सम्यूलर, थियोसौफिकल सोसायटी तथा एशियाटिक सोसायटी के इतिहासकारों ने भारत के ऐतिहासिक गौरव को पुनरेंखांकित कर जनमानस में एक नया उत्साह एवं रूचि पैदा की जिसका असर इतिहासलेखन पर भी पड़ा। कई नई ऐतिहासिक पत्रिकाओं का प्रकाशन आरंभ हुआ तथा ऐतिहासिक शोध के लिए अलग से संस्थाएं खोली गयी। इन सबसे भारतीय इतिहास लेखन की गुणवत्ता एवं प्राथमिकता के विकास में महत्वपूर्ण योगदान मिला। मूल स्त्रोतों पर

आधारित प्रमाणिक इतिहास लेखन सर्वाधिक प्रयास इन दिनों भारत के इतिहासकारों ने किया। इसी दौरान भारत के इतिहास–लेखन में एक अत्यंत महत्वपूर्ण प्रयोग हुआ। आर्थिक शोषण का इतिहास जो आगे चलकर केवल ऐतिहासिक ही नहीं बल्कि राजनीतिक दृष्टिकोण से भी महत्वपूर्ण साबित हुआ। ''इतिहास की प्रयोगशाला में ही रास्तों की खोज होती है इतिहास एक विषय नहीं एक पहचान है।''[24] भारत में साम्राज्यवादी शोषण के आर्थिक पहलू का ब्यौरा तथा विशेषकर भारत के राष्ट्रीय पूंजी के लगातार पलायन का विस्तृत ब्यौरा दादा भाई नौरोजी की पुस्तक पावर्टी एंड इकोनोमिक हिस्ट्री ऑफ इंडिया (दो खंड 1901, 1903)[25] में देखने को मिलता है।

राष्ट्रवादी इतिहासकार भारत को आजाद देखना चाहते थे। अतः इस नजरिए के लेखक यह मानते थे कि भारतीय संस्कृति में राष्ट्रीयता का आधार हमेशा से था। राष्ट्रवादी इतिहासकारों ने उपनिवेशवादी इतिहासकारों द्वारा तैयार किये गये इतिहास के सिद्धांत को ध्वस्त करने में सफलता पायी है। अशोक के अभिलेखों का उदाहरण उन्होंने प्रस्तुत किया जो पूरे देश में बिखरे हुए मिलते हैं तथा जिनका समय 250 ई. पू. है। शिलालेख 1 में भारत के प्रारंभिक नामों में से एक नाम जंबूद्वीप मिलता है। यह नाम सम्पूर्ण देश के लिए ही इस्तेमाल किया गया है। अलबरूनी की पुस्तक 'किताबुल–हिंद' को इतिहासकारों ने अत्यंत महत्वपूर्ण माना है और उसे भारत की सांस्कृतिक एकता की अवधारणा के विकास के संदर्भ में मील का पत्थर कहा है। आर.सी. मजूमदार, पट्टाभि सीतारमैया, सुंदरलाल आदि लेखक राष्ट्रवादी लेखन के महत्वपूर्ण प्रतिनिधि रहे हैं।

काशी प्रसाद जायसवाल की पुस्तक 'हिन्दू पोलिटी' में उन्होंने भारतीय शासनतंत्र के बारे में विस्तार से लिखा तथा यह बात प्रमाणित की कि भारत में प्राचीन काल से ही एक उन्नत शासन प्रबंध की परंपरा रही है, रमेशचंद्र मजुमदार ने यूरोपीय इतिहासकारों की इस धारणा का खंडन किया कि भारतीय परलौकिकता में विश्वास करते थे। अनेक राष्ट्रवादी विद्वानों ने कौटिल्य के अर्थशास्त्र आदि ग्रंथों को सामने भारतीय संस्कृति, शासनतंत्र एवं आर्थिक जीवन के गौरवपूर्ण अतीत को

अपने लेखन द्वारा दर्शाने की चेष्टा की। उन्होंने अर्थशास्त्र के मंत्रिपरिषद् की तुलना ब्रिटेन की प्रिवी कौंसिल से और कौटिल्य के राजतंत्र की तुलना ब्रिटेन के संवैधानिक राजतंत्र से की।

19वीं सदी के अंत में राष्ट्रवादी आन्दोलन ने भारतीय राष्ट्रवादी इतिहासकारों को काफी प्रभावित किया। इन इतिहासकारों ने ब्रिटिश इतिहासकारों के बहुत से अस्पष्ट रवैये के विरूद्ध प्रतिक्रिया व्यक्त की। भारतीय संस्कृति की अद्वितीयता और प्राचीनता तथा स्वंतत्र अस्तित्व पर विस्तार से लिखकर भारतवासियों को गर्व का अनुभव कराया। इन रचनाओं में भारतीय संस्कृति की अद्‌भुत समृद्धि पर बल दिया गया। मैक्समूलर जैसे यूरोपीय विद्वानों द्वारा पहले प्रस्तुत किए गए इस विचार को भी व्यापक समर्थन मिला कि भारतीय संस्कृति अपनी प्रकृति के निहित रूप से आध्यात्मिक थी। इस विचार ने भारतीय दर्शन और धर्म का गहराई से अध्ययन करने के लिए बहुत से भारतीय विद्वानों को प्रेरित किया। ''निश्चय ही हम अतीत में इसलिए झांकते हैं क्योंकि हम आशा करते हैं कि वह आज हमारे लिए उपयोगी होगा।''[26] यद्यपि इसका परिणाम यह हुआ कि आगे चलकर कुछ गलत एवं संकीर्ण विचारधारा का विकास हुआ। ''भारत के सामाजिक और संस्कृतिक विकास का पता लगाने के लिए संकीर्ण रवैया अपनाया गया। सभी प्रकार के विदेशी प्रभाव को संदेह की दृष्टि से देखा गया।''[27] सांप्रदायिक दृष्टिकोण भी इतिहास–लेखन में इस समय अधिक झलकने लगा। ''अनेक विद्वानों की दृष्टि में इस्लाम के आगमन से देश जैसे दो परस्पर संघर्षरत् शिविरों में स्थायी रूप से विभाजित हो गया।''[28]

राष्ट्रवादी इतिहासकारों ने मध्यकाल के संदर्भ में सांप्रदायिक संघर्ष के विचार का खंडन किया। उन्होंने मध्यकालीन भारत में सांप्रदायिक सद्‌भाव दिखाने के लिए साक्ष्य प्रस्तुत किए तथा विगत शताब्दियों में विचारों की संस्कृति तथा जीवनशैली के क्षेत्रों में दोनों संप्रदायों के बीच पर्याप्त आपसी अंतः क्रिया पर जोर दिया। इलाहाबाद संप्रदाय समूह और विचारधारो के प्रो० आर० पी० त्रिपाठी और प्रो० बी० पी० सक्सेना जैसे इतिहासकारों ने समन्वित संस्कृति की धारणा के विकास पर जोर दिया। हरबंस मुखिया ने कहा है, ''मध्यकालीन भारतीय इतिहास के

अध्ययन को धर्मनिरपेक्ष स्वरूप देने में राष्ट्रवादी इतिहासकारों का योगदान किसी भी पैमाने पर नापें, अप्यंत महत्वपूर्ण था।''[29]

बीसवी शताब्दी के शुरू के भारतीय इतिहासकार राष्ट्रीय आन्दोलन से काफी प्रभावित थे। यद्यपि वे स्वंय को राष्ट्रवादी इतिहासकार की श्रेणी का नहीं मानते थे। लेकिन वे भारतीय इतिहास की जो व्याख्या करते थे वह आम तौर से राष्ट्रवादी दृष्टिकोण से ही प्रेरित होती थी। ''इतिहासकार अपने स्त्रोतों को जिस तरह प्रभावित देता है और इन स्त्रोतों के प्रति वह जिस हद तक आलोचनात्मक और विश्लेषणात्मक रूख अपनाने को तैयार होता है, उससे उसकी भी व्याख्या प्रभावित होती है।''[30] इन इतिहासकारों के प्रयास के फलस्वरूप भारतीय संस्कृति के अतीत की नये सिरे से खोज की गई और अतीत के प्रति राष्ट्रवादी दिलचस्पी पैदा हुई। ''तथ्य कितने ही वस्तुगत और निरपेक्ष लगे, उनके माध्यम से इतिहासकार ही बोलता है।''[31]

ब्रिटिश इतिहासकारों और प्रशासकों ने भारतीय इतिहास के प्रति संकीर्ण दृष्टिकोण अपनाते हुए 'हिन्दु मुसलमान' दृष्टिकोण को सूत्रपात किया। साम्प्रदायिक रूझानवाले इतिहासकार जहां यह मानते हैं कि हिन्दू और मुसलमान गाँव, क्षेत्रीय या अन्य किसी स्तर पर आपस में एकजुट नहीं थे। भारतीय इतिहासकारों के बीच जो 'विपथगामी' राष्ट्रवादी थे, उनका राष्ट्रवाद ब्रिटिश शासन की आलोचना के रूप नहीं बल्कि 18वीं और 19वीं शताब्दियों के तथा और पहले की शताब्दियों के भारतीय शासकों की प्रशंसा के रूप में अभिव्यक्त होता था। ''राष्ट्रीय आन्दोलन के किसी पक्ष पर किसी शिक्षा क्षेत्र के इतिहासकार ने कुछ नहीं लिखा उल्टे 'विपथगामी' राष्ट्रवाद के फलस्वरूप ऐसी तोड़ मरोड़ अवश्य की गयी जिससे भारतीय इतिहास लेखन और भारतीय राजनीति को गहरी क्षति पहुँची है।''[32]

भारतीय इतिहास लेखन की अवधारणाएँ एवं परम्परा विवादास्पद रही हैं। कुछ लेखकों के विचार में जिनमें भारतीय तथा यूरोपीय दोनों सम्मिलित हैं, प्राचीन भारतीयों की इतिहास–लेखन में अभिरूचि नहीं थी क्योंकि एक तो वे दैवी शक्तियों के समक्ष स्वयं को सर्वथा नगण्य

समझते थे। इसलिए हीनता जीवन की व्यर्थता की भावना का कोई इतिहास नहीं हो सकता। दूसरे मोक्ष प्राप्त के लक्ष्य में उन्हें नैतिक जगत से विमुख कर दिया। यह ठीक है कि प्राचीन भारतीयों ने इस प्रकार का इतिहास नहीं लिखा जैसा कि वर्तमान काल में लिखा जाता है परन्तु उसका अर्थ यह नहीं है कि उनकी इतिहास लेखन में रूचि नहीं थी। वास्तव में भारतीय इतिहास–लेखन की उनकी विशिष्ट अवधारणा थी। इसके अतिरिक्त राष्ट्रवादी इतिहासकारों द्वारा प्राचीन इतिहास का गुणगान काफी बढ़ चढ़कर करने के दुहरे परिणाम हुए एक तो उनके कारण भारत के अतीत की नये सिरे से खोज की गई और अतीत के प्रति राष्ट्रवादी दिलचस्पी पैदा हो गई साथ ही उन्होंने भारतीय संस्कृति के अपने समर्थन से इन लोगों को जितना अतीत के प्रति दृष्टिकोण गैर आलोचनात्मक था अपने प्रचार कार्य के लिए सैद्धान्तिक आधार प्रदान कर दिया। ''इतिहासकार अपने श्रोताओं की मनः स्थिति को ध्यान में रखकर उसी के अनरूप इतिहास पर दृष्टिपात करता है।''[33] राष्ट्रवादी इतिहास लेखन की अपनी सीमा रही है। इसके बावजूद इसने हमारे राष्ट्रीय आन्दोलन को एक दिशा निर्देश का कार्य किया है उस समय की महत्वपूर्ण जरूरत थी। ''इतिहासकार घटनाओं की अपने–अपने देश के हितों की दृष्टि से व्याख्या करते हैं।''[34]

राष्ट्रवादी इतिहासकार जदुनाथ सरकार का मानना था कि राष्ट्रीय इतिहास दूसरे इतिहास की तरह हो जिसमें सच्चाई पूर्णरूप से एवं निष्पक्ष हो, सच एवं उचित हो ताकि समझने में आसानी हो। ''इतिहास का प्रायोजन एवं अध्ययन से मनुष्य को उदार एवं शिक्षाप्रद ज्ञान प्राप्त होता है''[35] उन्होंने भारत में पहलीबार वैज्ञानिक इतिहास लेखन का सूत्रपात किया। राष्ट्रीय इतिहास–लेखन को पूर्वाग्रह से ऊपर उठकर निरपेक्ष भाव से तथ्यों पर आधरित इतिहास लेखन को समाज के लिए उपयोगी माना।

यद्यपि भारतीय इतिहास लेखन ने अभी अपनी पुरानी लीक को नहीं छोड़ा है फिर भी उसने नई–नई प्रेरणाओं के लिए अपने दरवाजे बंद नहीं किए हैं और ऐसी संभावना है कि इन नई प्रेरणाओं का प्रभाव भविष्य में अधिक बढ़ेगा।

मार्क्सवादी इतिहास लेखन

मार्क्सवादी मूलतः कार्ल मार्क्स तथा फ्रेडरिक एंगल्स के दर्शन पर आधरित विचारधारा का नाम है। इस विचारधारा का प्रभाव केवल सामाजिक विज्ञानों की विभिन्न शाखओं जैसे इतिहास, राजनीतिशास्त्र, अर्थशास्त्र इत्यादि पर ही नहीं पड़ा बल्कि विश्व की नई महत्त्वपूर्ण घटनाओं एवं राज्य व्यवस्थाओं पर भी सीधे रूप से पड़ा है। जैसे–जैसे इतिहास का दायरा बढ़ता गया पूंजीवाद के हावी होने के साथ–साथ सामाजिक अंतर्विरोधों के प्रति नई चेतना भी पैदा हुई कामगार वर्ग उभरने से इतिहास के प्रति नया दृष्टिकोण बना। उन्नीसवी सदी के अन्तिम दिनों के बाद से प्रकाशित इतिहास के किसी महत्वपूर्ण, लेखन पर मार्क्स के किसी न किसी प्रकार के प्रभाव को देखा जा सकता है। कार्ल मार्क्स ने अपने लेखों में पूंजीवाद की समालोचना के साथ–साथ ऐतिहासिक विकास के सामान्य सिद्धान्त को प्रस्तुत किया। मार्क्स के अन्तिम आकंलन के अनुसार "इतिहास में तीन तत्त्व होते हैं जो एक दूसरे से अविभाज्य हैं और तीनों मिलकर एक तार्किक तथा संबद्ध आकार ग्रहण करते हैं।"[36]

मार्क्स के अनुसार इतिहास उन समाजों के निरंतर विकास की कहानी है जिनमें परिवर्तन का शक्ति–स्त्रोत उत्पादन से संबंद्ध 'भौतिक परिस्थितियां' रही हैं। "मार्क्स के समय ही इतिहास में आर्थिक पहलू को भी उचित प्रतिष्ठा प्राप्त हुई।"[37] यही कानूनी और राजनीतिक संस्थाओं का आधार तैयार करती है और यह बौद्धिक जीवन को भी अनुकूलित करती हैं क्योंकि मनुष्य की चेतना उसके अस्तित्व का निर्धारण नहीं करती बल्कि उसका सामाजिक अस्तित्व चेतना का निर्धारण करता है। "जिस प्रकार हम किसी व्यक्ति के गुणों का विवेचन इस आधार पर नहीं करते कि वह स्वयं अपने आप को क्या समझता है, ठीक उसी प्रकार हम किसी परिवर्त्तन के युग को उसकी चेतना से नहीं आंक सकते।"[38] एक बार जब आवश्यकता से अधिक उत्पादन शुरू हो गया तो समाज वर्गों में विभक्त हो गया और तब से ही वर्ग–संघर्ष इतिहास की मूल विषय वस्तु बन गया। "सारा इतिहास वास्तव में वर्ग संघर्ष का इतिहास है"[39] जैसे–जैसे विकसित हो रहे आर्थिक संबंधों तथा कानूनी और राजनीतिक

ढाँचे के बीच विरोधाभास उभरे, हर नई सामाजिक सरंचना ने पुरानी का स्थान ले लिया। इन दबावों ने सामाजिक क्रान्तियों को जन्म दिया जो इतिहास का निहित अंग है। मार्क्स का तर्क था कि ''इतिहास कुछ नहीं करता, इसके पास कारू का खजाना नहीं होता, यह कोई युद्ध नहीं करता। दरअसल मनुष्य वास्तविक और जीवित मनुष्य ही संपत्ति का स्वामित्व प्राप्त करता है और युद्ध करता है।''[40]

बीसवीं शताब्दी में रूसी क्रान्ति के बाद मार्कसवादी इतिहास लेखन और द्वन्द्वात्मक भौतिकवाद को काफी प्रतिष्ठा हासिल हुई। "हेगल के द्वन्द्वा की सीमाएँ पार करके मार्क्स और एंगेल्स ने इतिहास विज्ञान का विकास किया।" इसके बाद अतीत की व्याख्या मार्क्स के द्वन्द्वात्मक भौतिकवाद के रूप में शुरू हुई। मार्क्स के अनुसार द्न्द्वात्मकता दो पदार्थों के बीच द्वन्द्व का परिणाम है। मार्क्स की द्वन्द्वात्मक भौतिक है, समाज को इसी द्वन्द्वात्मक भौतिकवाद से गति मिलती है। समाज में जो प्रगति होती है वह इस द्वन्द्व का परिणाम है। यही मार्क्स का द्वन्द्वात्मक भौतिकवाद है और इतिहास के अध्ययन को वर्ग संघर्षों का इतिहास कहा है। "मार्क्स के अनुसार इतिहास वर्ग संघर्ष का इतिहास रहा है जो इतिहास का सरलीकरण मात्र है।"[42] मार्क्स की उत्पादन संबंधों एवं वर्गभेद की अवधारणाओं का अभुप्राय रचनात्मक तरीके से लेना आवश्यक है। "समाज की भौतिक उत्पादन शक्तियों और तत्कालीन उत्पादक संबंध ाों में विरोध पैदा हो जाता है तो मार्क्स के अनुसार सामाजिक क्रान्ति का काल शुरु हो जाता है।"[43]

मार्क्सवादी इतिहासकार अपने को वैचारिक दृष्टि से अधिक परिपक्व और आधुनिक समझते हैं। मार्क्स ने सामाजिक विकास को समझने की प्रयोगशाला के रूप में इतिहास को लिया था और उसने इतिहास की जिस भौतिकवादी व्याख्या को स्थापित किया था उसका आधार था इतिहास की गतिदायिनी शक्तियों और प्रवृत्तियों की पहचान। उसके लिए अतीत, वर्तमान और भविष्य की अलग–अलग स्वतन्त्र अस्मिता नहीं होती। "मार्क्स की रचनाओं में सचेत क्रान्तिकारी सक्रियता के लिए आह्वान के स्पष्ट उदाहरण मिलते हैं।"[44] मार्क्स का मानना है "बौद्धिक आत्मचेतना सभी परंपरागत धारणाओं को सदियों चलने वाली

प्रक्रिया में धीरे–धीरे समाप्त देगी। सर्वहारा ही पूंजीवादी समाज की मिथ्या चेतना को समाप्त करेगा और वर्गहीन समाज की सही चेतना से जोड़ेगा।"[45] मार्क्स ने एक वैज्ञानिक पद्धति प्रस्तुत की जिसमें स्वयं और उसके अनुयायियों ने अतीत को सही ढंग से पहचानने का दावा किया है। "इतिहास लेखन में तथ्य ही नहीं, तथ्यों की पहचान और चुनाव और उसके बीच प्रवाहित सूक्ष्म या स्पष्ट मूलधारा की समझ के लिए वैज्ञानिक दृष्टि और पद्धति आवश्यक है।"[46]

पिछले पंद्रह वर्षों के दौरान सामाजिक और आर्थिक इतिहास में बड़ी तेजी से दिलचस्पी बढ़ी है एवं सामाजिक इतिहास का समस्त सिद्धान्त ही परिवर्तित हो गया है। ''आर्थिक इतिहास ने अवश्य पिछले कुछ दिनों में अपनी सूक्ष्म तकनीक विकसित कर ली है।''[47] मार्क्स की एतिहासिक प्रणाली से प्रभावित बहुत से भारतीय विद्वानों ने भारतीय समाज और भारतीय समाज की जाति, ग्रामीण अर्थ–व्यवस्था जैसी ठोस संस्थाओं के विकास में विभिन्न चरणों को स्थापित करने का प्रयास किया है। ''भारतीय इतिहास–लेखन में मार्क्सवादी दृष्टिकोण के सूत्रपात का श्रेय दामोदर धर्मानन्द कोसाम्बी को जाता है।''[48] ऐतिहासिक भौतिकवाद को यांत्रित ढंग से लागू करने की प्रवृत्ति को उन्होंने अस्वीकार किया। ''इतिहास उत्पादन के साधनों और सम्बन्धों के उतरोतर परिवर्त्तनों की सुव्यवस्थित ढंग से प्रस्तुति का नाम है।''[49] प्रो० कोसाम्बी ने इतिहास के नायक के रूप में साधारण इन्सान को माना है। उनका कहना है कि इतिहास का कार्य वर्तमान और अतीत के अन्तर्सम्बन्धों के द्वारा जानकारी में वृद्धि करना है। ''इतिहास की उपयोगिता यह है कि वह समझदारी बढ़ाता है।''[50] इतिहासकार का काम न तो अतीत को प्यार करना है, न ही अतीत से पिंड छुड़ाना अपितु उसका काम है इतिहास को वर्तमान को समझने की पूंजी के रूप में समझना इस पर महारत हासिल करना। ''इतिहासकार केवल शब्दों में अपनी बात कहता है, यानी उन शब्दों से जो उसके अपने देश के होते हैं।''[51] महान इतिहास ठीक उस समय लिखा जाता है जब इतिहासकार की दृष्टि वर्तमान समस्याओं की अन्तदृष्टि से आलोकित होती है। इतिहास से ज्ञान अर्जित करना कभी केवन इकहरी प्रक्रिया नहीं होता। वर्तमान को अतीत की रोशनी में जानने का अर्थ है अतीत को

वर्तमान की रोशनी में जानना। इतिहास का काम वर्तमान और अतीत के बीच के अंतःसंबंधों के माध्यम से इन दोनों की अधिक गहरी समझ अर्जित करना है। ''अतीत और वर्तमान की एकता के संदर्भ में मार्क्सवादी इतिहास–लेखन की यह बुनियादी जिम्मेदारी है कि वह अनुसंधान और पुनः अनुसंधान के लिए नए–नए पक्षों का उद्घाटन करे और नए–नए प्रश्नों और उनके उत्तर तलाशना जारी रखे।''[52] कोसांबी द्वारा मार्क्सवादी प्रणाली का संयोजन भारत में इतिहास लेखन की सर्वाधिक लाभकारी और उत्पादनकारी प्रवृर्त्तियों की एक होने की उम्मीद जगाता है। इस संदर्भ में आर० एस० शर्मा, डी० आर० चानन, रोमिल थापर, एस० गोपाल, बी० एन० एस० यादव, इरफान हबीब, सतीश चन्द्र, विपन चन्द्र जैसे इतिहासकारों की रचनाओं का उल्लेख किया जा सकता है। ये विद्वान भारत में 'सामंतवाद' के विकास की बात करते हैं। सामाजिक, राजनीतिक, और सास्कृतिक विकासों में जमींदारों की भूमिका, अधिकारिक कुलीन वर्ग, काश्तकारों और उनके सहयोगियों, व्यापारी समुदाय, साहुकारों इत्यादि जैसे अन्य पहलुओं के अध्ययन करने के भी कुछ प्रयास किए गए हैं। ''विदेश व्यापार के क्षेत्र में आर्थिक प्रवृत्तियों का अध्ययन करने के लिए सांख्यिकी के प्रयोग करने के प्रयास किए गए हैं।''[53]

मार्क्सवादी इतिहासकारों द्वारा, ''वर्ग को विशुद्ध 'वस्तुगत' रूप में प्रस्तुत किया गया जा उत्पादन संबंधों पर आधारित था जबकि धार्मिक, स्थानीय समुदाय जाति की वास्तविक चेतना को भ्रामक अथवा 'मिथ्या' मान लिया गया।''[54] मार्क्सवादी कहलाए जानेवाले लेखकों ने सामाजिक शोषण की पहचान मुख्यतः आर्थिक आधार पर ही की है। मार्क्सवादी इतिहासकारों ने पहली बार मुगल काल में होनेवाले विद्रोहों को साम्राज्य के विरूद्ध किसान विद्रोह के रूप में अंकित किया है। हाल ही में जमींदारों की भूमिका का भी अध्ययन किया गया है। जबकि नारी शोषण, अफसरशाही शोषण, औरतों पर हो रहे जुल्म, घरेलू हिंसा आदि को भी अपने अध्ययन विश्लेषण में शामिल किया जाना चाहिए।

कार्ल मार्क्स की वर्ग संघर्ष की अवधारणा स्वयं मार्क्सवादी विचारकों में काफी विवाद का विषय रहा है। कई अंतर्राष्ट्रीय ख्याति प्राप्त इतिहासकारों ने वर्गों को बने बनाए ढांचे के रूप में देखने के बजाए एक

ऐतिहासिक प्रक्रिया के रूप में देखने पर जोर दिया है। ऐतिहासिक प्रक्रिया वर्ग विभाजित समाजों में तनाव एवं संभाव्य चेतना के रूप में विद्यमान रहती है परंतु क्रांतिकारी वर्ग–चेतना के रूप में इसका आविर्भाव विशिष्ट ऐतिहासिक संदर्भ पर निर्भर करता है।

यूरोप के आधुनिक इतिहास लेखन में मार्क्सवादी स्वर काफी पहले से ही देखने को मिलता है। मार्क्सवाद एंगेल्स, कोट्स्की, रोजा लक्जम्बर्ग तथा लेनिन इत्यादि अनेक विचारकों ने स्वयं इसमें योगदान दिए। नंबुदिरिपाद मार्क्स के इस सूत्र वाक्स को हमेशा अपने दिल में संजोकर रखते थे कि दार्शनिकों का काम जीवन और जगत की व्याख्या करना भर नहीं है, उसमें बदलाव लाना भी उनका काम है। समय के साथ पेशेवर ढंग से भी मार्क्सवादी इतिहास लिखा गया और विश्वविद्यालयों में धीरे–धीरे न केवल इस तरह के इतिहास–लेखन को अच्छी प्रतिष्ठा मिला बल्कि यह परंपरा अपने आप में एक अत्यंत प्रभावशाली व्यवस्था के रूप में भी विकसित हुई।

आधुनिक भारत के मार्क्सवादी इतिहास–लेखन पर काफी समय तक रूढ़िवादी नजरिया हावी रहा। इस प्रवृत्ति में न केवल आर्थिक नियतिवाद के संकुचित नजरिए का प्रयोग होता रहा बल्कि राष्ट्रवाद की मुख्य धारा के प्रति भी कटु रवैया अपनाया गया। लेकिन मार्क्सवादी इतिहास–लेखन में रूढ़िवादिता का त्याग दो चरणों में और दो अलग–अलग दिशाओं में हुआ।

मार्क्सवादी इतिहासकार ही नहीं तमाम इतिहासकारों पर मार्क्स का प्रभाव दो चीजों पर आधारित है। एक है उनका सामान्य सिद्धांत यानी इतिहास की भौतिकवादी अवधारणा। इसमें आदिम समुदायवाद से पूंजीवाद तक मनुष्य के ऐतिहासिक विकासक्रम के रेखाचित्र मौजूद हैं या उसके बारे में संकेत दिए गए हैं। दूसरा है अतीत से जुड़े खास पहलुओं कालखंडो ओर समस्याओं पर उनके ठोस अवलोकन। ''इतिहास के किसी भी पर्याप्त अध्ययन के लिए मार्क्स के लेखन का अध्ययन अनिवार्य आधार है। कारण की अब तक मार्क्स ने ही संपूर्ण इतिहास के लिए विधि ा विज्ञानगत नजरिया और प्रक्रिया के बारे में सोचने और उसकी व्याख्या

करने की कोशिश की है।''[55] मार्क्स ने इतिहास को मात्र अलग–अलग घटनाओं या 'महान' व्यक्तियों के क्रियाकलापों की सूची के रूप में न देखकर समाज के आंतरिक संगठन या बदलाव को अनावृत करने के उद्देश्य से देखा एवं अध्ययन किया। मार्क्स में 'विचारधारा' एक त्रणात्मक संज्ञा है, पूंजीवादी समाज की मिथ्या चेतना का उत्पाद मार्क्सवादी इतिहासकारों का मानना है कि मार्क्स के दर्शन में वे तत्व प्रस्तुत हैं जिनके द्वारा इतिहास की संतुलित और सर्वांगपूर्ण व्याख्या हो सकती हैं। ''मार्क्स के विचार से प्रत्यक्ष या अप्रत्यक्ष रूप से जुड़ी समस्त अवधारणाओं का उपयोग तथा मार्क्स द्वारा परिभाषित और विवेचित विचारों के क्षितिज में स्वयं को अवस्थित किए बिना वर्तमान में इतिहास लिखना असंभव है। इससे किसी को आश्चर्य भी हो सकता है कि आखिर एक इतिहासकार होने और एक मार्क्सवादी होने में फर्क क्या है।''[56]

सबाल्टर्न

20वीं सदी के अंतिम दो दशक में आधुनिक भारतीय इतिहास लेखन के क्षेत्र में एक नई परम्परा की शुरूआत हुई जो सबाल्टर्न अध्ययन के नाम से जानी जाती है। ''सबाल्टर्न शब्द मूल रूप से एंटोनियों ग्राम्शी की रचनाओं में मिलता है। उपाश्रयवादी या जनोन्मुखी को 'सबाल्टर्न' अध्ययन कहते हैं।''[57] सबाल्टर्न या निम्नवर्गीय शब्दावली से हमारी मुराद हर प्रकार के प्रभुत्व और मातहती के दर्जे को–चाहे वह आर्थिक या सांस्कृतिक शक्ति बाहुबल या सेना, या फिर वर्ण जाति या लिंग की 'श्रेष्ठता' के आधार पर हो इतिहास में दर्शाने की थी।''[58]

रणजीत गुहा एवं आर.पी.दत्त जैसे इतिहासकारों ने सबाल्टर्न इतिहास लेखन पर जोर दिया तथा इन निम्नवर्गीय किसान मजदूरों की समस्याओं समाज में उनके योगदान को अपनी रचनाओं में लिपिबद्ध किया। रणजीत गुहा ने इन्ट्रोडक्सन ऑफ द सबार्ल्टन स्टडीज नामक पुस्तक में इनका विस्तृत वर्णन किया है। सबाल्टर्न अध्ययन के इतिहासकार पहले के समस्त लेखन को पुराना और अभिजनवादी कहकर खारिज करते हुए नई मान्यता स्थापित करते हैं जिसे सबाल्टर्न अध्ययन कहा जाता हैं।

रणजीत गुहा ने अपनी पुस्तक सबाल्टर्न स्टडीज खंड–1 और खंड–2 के सभी चौदह लेखों में भारतीय समाज के दलित वर्गों, काश्तकारों और आदिवासियों के बारे में वर्णन किया है। एक लेख श्रमिक से भी संबंधित है। खंड 7 और 8 के बारह में से चार लेखों में इन वर्गों पर विचार किया गया है। गुहा ने कृषकों की विद्रोही चेतना अंतर्निहित संरचना को सुलझाने का प्रयास किया जो औपनिवेशिक शासन की एक सदी से भी अधिक समय और विभिन्न भौतिक तथा सामाजिक स्थानों तक फैली हुई थी। उनकी पुस्तक एलिमेंटरी आस्पेक्ट्स ऑफ पेजेंट इंसर्जेंसी इन कोलोनियल इंडिया (दिल्ली 1993) में कृषक को स्वतः अपने इतिहास का कर्त्ता करार दिया हैं।

लेकिन सच तो यह है कि इस विचारधारा के सभी इतिहासकारें में पूर्ण मतैक्य नहीं है। सबाल्टर्न लेखकों का यह तर्क है कि परंपरागत इतिहासकारों ने दलित जनता का वास्तविक इतिहास आज तक नहीं लिखा। बड़े विद्रोहों तथा क्रांतिकारी परिवर्त्तनों में जहाँ आम आदमी की महत्वपूर्ण भागीदारी होती हैं लेकिन इतिहासकारों ने कभी भी इनके योगदान को महत्व देकर उनके नजरिए से नहीं लिखा है। उन्हें मात्र उच्चवर्गीय नेताओं एवं संगठनों के इशारे पर काम करने वाले विवेकहीन व्यक्ति के रूप में रेखांकित किया गया। मानों उन्हें विवेक है ही नहीं। जन विद्रोहों की चर्चा जब इतिहास में उठी भी है तो इतिहासकारों ने उन्हें कभी 'आजादी' के संघर्ष तो कभी 'समाजवाद' की लड़ाई का मोहरा मानकर ही अधिकतर इतिहास लिखा है। सबाल्टर्न इतिहासकारों ने इस तरह के इतिहास लेखन को न केवल अधूरा माना है, बल्कि ऐतिहासिक विश्लेषण के नजरिए से काफी हद तक भ्रामक भी पाया है। ''कोई समाज केवल अभिजात वर्ग का समाज नहीं हो सकता और किसी भी समाज का इतिहास सिर्फ उनके अभिजात वर्ग का इतिहास नहीं हो सकता।''[59]

रणजीत गुहा ने इतिहास लेखन में स्थापित परम्पराओं से बचने के लिए दो प्रकार के नए प्रयोगों पर जोर दिया है। प्रथम तो यह कि भारतीय समाज को समरूप समाज या प्रतियोगी गठबंधनों के जमघट या बने बनाए सामाजिक वर्गों एवं उत्पादन संबंधों के माध्यम से देखने के बजाए कुलीनों एवं दलितों के विभाजन पर आधारित समाज के रूप में

देखना चाहिए। "ये इतिहासकार तर्क देते हैं कि सबाल्टर्न वर्गों की अपनी विचारधारात्मक तथा सांस्कृतिक स्वायत्तता होती है।"[60] इसका कारण यह है कि पूंजीवादी परिणति से पहले तथा परिपक्व वर्ग चेतना के उद्‌भव से पूर्व किसानों, मजदूरों तथा कबीलों इत्यादि को बिल्कुल अलग–अलग एवं अन्य वर्गों के रूप में देखने के स्थान पर घनिष्ठ पारिवारिक संबंधों, स्थानीय परस्परता एवं मिली–जुली लोक चेतना तथा एक जैसे शोषण अनुभव के आधार पर गहराई से जुडे हुए दलित समुदायों के रूप में देखना कहीं अधिक उपयोगी है। इसी कारण से इस तरह के इतिहास लेखन को सबाल्टर्न या दलितों के अध्ययन का नाम दिया गया है। आधुनिक भारत के इतिहास में दलितों का अध्ययन यूरोप की तरह आम आदमी का इतिहास भी कहा जा सकता है।

दलित समाज का अध्ययन करने वाले सबाल्टर्न इतिहासकारों का मत है कि दलितों को 'पेट से सोचने वाले' विवेकहीन, जाहिल, गंवार लोगों के रूप में देखने के बजाय उनकी चेतना एवं मानसिकता को समझना चाहिए। चाहे इनके अपने विद्रोहों का इतिहास हो या कुलीनों द्वारा नियंत्रित आंदोलन, इनकी भागीदारी और बलिदानों की दास्तान या रोजमर्रा की जिंदगी में दलितों पर हो रहे अत्याचारों या शोषण की घटना। इन सारी बातों को गहराई से तभी समझा जा सकता है जब आम आदमी के नजरिए, उसकी सोच और उसकी आह की गूंज इतिहासकार समझ सकें और प्राथमिक स्त्रोतों के रचनात्मक अध्ययन द्वारा इतिहास के पृष्ठों में उसे उतार सके। "किसी इतिहासकार को अतीत की व्याख्या में पूरी तरह सिद्धहस्त नहीं माना जा सकता यदि उसने प्राथमिक स्त्रोतों पर काम नहीं किया है।"[61]

"सबाल्टर्न इतिहासकारों के अनुसार बड़े–बड़े विद्रोहों में भाग लेने वाले लोगों की सोच हमेशा उनके तथाकथित कुलीन ओर पढ़े–लिखे नेताओं से पूरी तरह मेल नहीं खाती, बल्कि उनके अपने अनुभवों और जरूरतों पर आघारित होती है।"[62] उसका अपना अस्तित्व है, अपनी जयरतें है जिसका गहन अध्ययन आवश्यक है। परंतु उनके अध्ययन का स्वरूप क्या होना चाहिए इस पर सारे सबाल्टर्न इतिहासकारों में मतैक्य नहीं है। विद्रोह की दिशा क्या होगी बाहरी नेतृत्व से दलित वर्गों का

संबंध क्या बनेगा एवं रणजीत गुहा के शब्दों में 'प्रतिवाद' तथा 'क्षेत्रीयता' जैसी असमान प्रवृतियां किस स्थिति में क्या रूप लेगी– यह अत्यंत ही विवादास्पद विषय है।

दलितों की चेतना के अध्ययन और शोध पद्धति में एक समस्या यह है कि दलित समुदायों की चेतना के अध्ययन को व्यावहारिक रूप देने के लिए इतिहास के प्राथमिक स्त्रोतों को नए नजरिए से देखना अत्यंत आवश्यक है। अभी तक इतिहास लेखन में जो दृष्टिकोण रहा है उसमें सामान्य जनता का प्रतिनिधित्व प्रायः शून्य के बराबर है। इतिहास के जो स्त्रोत हम जन–जीवन के विश्लेषण के लिए अपनाते भी हैं वे प्रायः अभिजात वर्ग के ही हैं। वे स्त्रोत उस वर्ग का प्रतिनिधित्व करते हैं जिसका शासन पर प्रभुत्व रहा है। इतिहास परम्परा में अब तक उस जीवन पद्धति को कोई स्थान नहीं मिला जो निम्न वर्ग जीते हैं। निम्नवर्ग का अपना एक इतिहास यानि घटनाओं के विषय में विशिष्ट दृष्टिकोण है जो अभिजात दृष्टिकोण से भिन्न है। ''अछूतों का इतिहास सवर्ण इतिहास से भिन्न है।''[63] अतःआवश्यक है कि इतिहासके के प्रति जनसामान्य के दृष्टिकोण को इतिहासकार समझे तथा उसका सही मूल्यांकन करे क्योंकि ''इतिहासकार तथ्यों के महासमुद्र में से उन तथ्यों को चुनता है जो उसके उद्देश्य के लिए महत्वपूर्ण होते हैं।''[64]

''सल्तनतकालीन इतिहासकार बरनी ने इतिहास के स्वरूप के बारे में अपना नजरिया तारीखे फीरोजशाही में कुछ इस तरह प्रस्तुत किया है।''[65] जो लोग अधम, अकुलीन, अशिक्षित, असभ्य, गवांर, नीच, दीन–हीन, चरित्रहीन, दरिद्र, दुष्ट, नीची जात और सामान्य बजारू लोग है उनका इतिहास के साथ कोई सरोकार नहीं हो सकता और न ही इतिहास का अध्ययन उनका व्यवसाय हो सकता है। समाज के ये वर्ग इतिहास की विद्या सीखने से कोई लाभ नहीं उठा सकते और यह विद्या कभी भी उनके लिए उपयोगी नहीं हो सकती, क्योंकि इतिहास की विद्या में होता है महान लोगों का वर्णन, महान धर्मनिष्ठ लोगों तथा राज्य के गुणों और नैतिक श्रेष्ठता का वर्णन। वस्तुतः इतिहास विद्या का अध्ययन कुलीन और विशिष्ट लोगों महान व्यक्तियों और उनके पुत्रों का विशेषाधिकार है। ये धारणा सिर्फ बरनी की ही नहीं बल्कि उस समय के अनेक

इतिहासकारों के लेखन में देखने को मिलती है। इसी प्रकार के स्त्रोतों के आधार पर इनकी चेतना एवं मानसिकता को समझने का प्रयास करना है। लेकिन यह इतना आसान नहीं है। क्योंकि इसमें आवश्यकता होती है अतीत के समाजों की मानसिकता की कल्पना करना वह भी उन शोषित अनपढ़ लोगों की जो खुद कुछ लिख कर नहीं छोड़ गये हैं और जिनके बारे में अक्सर सहानुभूतिहीन कुलीनों द्वारा रचे गए स्त्रोतों से ही हमें कुछ जानकारी प्राप्त होती है। ''हम जो इतिहास पढ़ते हैं हालांकि वह तथ्यों पर आधारित है, ठीक–ठीक कहा जाए तो एकदम यथातथ्य नहीं है बल्कि स्वीकृत फैसलों का एक सिलसिला है।''[66] ऐसे वर्गों की सोच की आज कल्पना कर पाना तो शायद और भी दुर्लभ होगा। ''इतिहास किसी भी देश काल का सम्पूर्ण तथ्य या सत्य नहीं है वरन् है विशिष्ट वर्ग द्वारा किया गया तात्कालिक विशिष्ट दृष्टिकोणगत विवेचन... इसीलिए तथ्यों का चयन ओर विश्लेषण दोनों, ही उनकी दृष्टि से किये जाते हैं।''[67]

भारतीय इतिहास लेखन में महिलाओं तथा दलितों की तरह के जनता के कई हिस्सों को भुला दिया गया है। इसका कारण यह रहा है कि अब तक के इतिहासकार मुख्य रूप से स्त्री पर पुरूष के प्रभुत्व तथा नीच जातियों पर ऊँची जातियों के प्रभुत्व के दृष्टिकोण से प्रेरित रहे हैं। सबाल्टर्न इतिहासकारों ने महिलाओं की इस उपेक्षित स्थिति तथा उसके प्रति लिंग के आधार पर हो रहे भेदभाव को अपने लेखन में शामिल किया है तथा उनकी समस्याएँ एवं अभिशप्त जीवन को इतिहास के पन्नों पर दर्शाया है। रणजीत गुहा का एक लेख 'चन्द्रा की मौत'[68] जिसमे उन्होंने चंद्रा के द्वारा समाज के उस निरीह समझी जाने वाली स्त्री को दर्शाया है जो पुरूषों की गलतियों की कीमत अपने प्राणों की आहुति देकर चुकाती है। इस लेख में पुरूष अपने ओछे पुरूषत्व के सहारे स्त्री पर अपना फैसला सुनाता है और अगर स्त्री उसके फैसले को नहीं मानती है तो उसे जिंदा मौत जीने के लिए छोड़ दिया जाता है। रणजीत गुहा के शब्दों में ''मागराम चाशा की चेतावनी इसी कहानी का एक और रूप थी : हमल गिराने का बन्दोवस्त करो, वर्ना उसे अखाड़े में फेंक दिया जाएगा। भ्रूण की हत्या कर या गर्भवती को अखाड़े में जिंदा

मौत जीन के लिए भेजकर पितृत्व से पल्ला झाड़ने का यह प्रयास।''[69] ऐसे मौके पर पुरूष की सत्ता स्त्री के हित की इतनी सुस्पष्ट विरोधी होती है कि धार्मिक या समाजशास्त्रीय कोई भी तिकड़म प्रभुत्व और अधीनता के सम्बन्ध के रूप में उस सम्बन्ध की सच्चाई को छिपा नहीं सकती।

सबाल्र्टन इतिहासकारों ने इन चुनौतीपूर्ण कार्यों को अपना शोध का विषय बनाया है। लेकिन इस महान कार्य को करने के लिए उनके इतिहासकारों द्वारा अपनाई गई शोध पद्धति एवं शैली काफी विवादास्पद रही है। यह इतिहासकार इतिहास के पन्नों पर इन इंसानों के पसीने एवं उनकी मिट्टी से जुड़ी सीधी और सच्ची छवि झलकाना चाहते हैं। लेकिन इतिहास–लेखन के तथाकथित 'कुलीन' दृष्टिकोण का उपहास करने वाले सबाल्र्टन इतिहासकारों द्वारा सहायक स्त्रोतों के आधार पर विदेशों से ही से ही भारतीय दलितो को समझने का दावा कुछ कम 'कुलीन' नहीं जान पड़ता।

इसके अलावा इनकी शोध पद्धति की आलोचना के और भी कई कारण हैं। सबाल्र्टन अध्ययन से जुड़े ज्यादातर इतिहासकार मार्क्सवादी विचारधारा से ही निकलकर आए हैं। अतः इनकी आलोचना में मार्क्सवादी इतिहासकारों का स्वर ही सबसे अधिक प्रबल रहा है। कहा गया है ''इतिहास का अध्ययन करने से पहले इतिहासकार का अध्ययन करो। अब मैं कहना चाहूँगा

इतिहासकार का अध्ययन करने से पहले उसके ऐतिहासिक तथा सामाजिक प्रवेश का अध्ययन करो। इतिहासकार एक व्यक्ति के रूप में इतिहास और समाज का उत्पाद होता है।''[70] इन इतिहासकारो की आलोचना के मुख्यतः चार अलग–अलग मुद्दे रहे हैं–दलित, चेतना, स्वायत्तता तथा संगठन।

'सबाल्टर्न अध्ययन के खिलाफ प्रथम आपत्ति यह उठाई गई कि सबाल्टन शब्द ही भ्रामक है। समाज को कुलीन एवं दलित समूहों में विभक्त करना ऐतिहासिक विश्लेषण को और जटिल बनाता है। सबाल्टर्न इतिहासकार न केवल शोषित किसानों, फैक्ट्री मजदूरों तथा

जंगलों में रहने वाले कबीलों यहाँ तक कि महिलाओं, निचले दर्जे के सरकारी कर्मचारियों इत्यादि को एक ही परिभाषा के घेरे में लाना चाहते हैं बल्कि उनकी सोच और मानसिकता के स्वरूप को भी एक ही दायरे में रखका देखना चाहते हैं। सबाल्टर्न इतिहासकारों की कल्पना शोषण एवं दमन के आधार पर है तो यह तय करना और भी हो सकता है तो दूसरी स्थिति में शोषित भी। सबाल्टर्न के ज्यादातर इतिहासकार वास्तव में दलित का अभिप्राय एक शक्ति संबंध के रूप में लेने के बजाय अधि ाकतर रूढ़ अर्थों में तथा जाने–माने सामाजिक वर्गों अथवा इन वर्गों के विभिन्न प्रकार के गठबंधनों से ही लगाते हैं।

मार्क्सवादी दृष्टिकोण के इतिहासकारों ने एक और आपत्ति यह उठाई है कि सबाल्टर्न अध्ययन के इतिहासकारों ने दलितों के आर्थिक परिवेश के स्थाान पर उनकी चेतना को अत्यधि क महत्व देकर उस आदर्शवाद को फिर से स्थापित करने की चेष्टा की है जिसे मार्क्स अपने ऐतिहासिक विश्लेषण में पहले ही धराशायी कर चुके थे। ''सबाल्टर्न इतिहासकार भी राष्ट्रीय आय और निर्यात के आंकड़ों, धन अपवाह, कराध ाान (परोक्ष कराधान से भारतीय किसान वर्ग के शोषण का पता चलता है।) आदि पर कोई विचार नही करते।''[71] परन्तु यहाँ ध्यान देने योग्य बातें यह है कि चेतना एवं विचारों को ऐतिहासिक प्रक्रिया में प्राथमिकता देना एक बात है और मात्र उनकी ओर ध्यान आकृष्ट करना और उन्हें ऐतिहासिक व्याख्या में शामिल करना दूसरी बात हैं जब सबाल्टर्न इतिहासकार दलितों के स्वाभाविक और कुचले हुए विद्रोहों को उनके भूले हुए बलिदानों और संघर्षो को इतिहास में स्थान देना चाहते हैं तो इसका अभिप्राय यह नहीं होना चाहिए कि वे किसी राजनीति से प्रेरित होकर ऐसा कर रहे हैं।'' रान्के का मत है कि भाषाई समालोचना के नियमों को कड़ाई से लागू करके, सूचना स्त्रोतों के अध्ययन से और समकालीनता पर बल देकर व्यक्ति यह जान सकता है कि स्थिति क्या थी।''[72] आज के राजनीतिक सोच के आधार पर अतीत के संघर्षों का मूल्यांकन करना एक बात है और बीते हुए दौर के सफल–असफल सभी संघर्षों के उन्हीं के अनुभव के आधार पर समझने की कोशिश करना दूसरी बात है। ''मगर कोई आदमी अतीत को समझने की कोशिश में

उतना ही निष्फल होकर थक जाएगा अगर वह वर्तमान के बारे में पूरी तरह से अज्ञान है।''[73]

सबाल्टर्न अध्ययन के खिलाफ एक बहुत महत्त्वपूर्ण आपत्ति यह उठाई गई है कि इस अध्ययन से संबंधित विचारकों ने न केवल दलितों की चेतना एवं मानसिकता के अध्ययन पर अत्यधिक जोर दिया है बल्कि उसे उच्चवर्गीय शोषक से भी और नेतृत्व प्रदान करने वाले राजनीतिक दलों से भी अपेक्षाकृत स्वायत माना है। ''इस तरह के चयनशील प्रमाणों का विश्लेषण करने से इतिहासकार के अपने आन्तरिक प्रभावो को लगभग निर्णायक भूमिका निभानी पड़ती है।''[74] यह बात तो तय है कि किसी भी व्यक्ति या समूह की सोच केवल एक ही स्त्रोत से कभी निर्धारित नहीं हो सकती बल्कि सामाजिक एवं ऐतिहासिक प्रक्रियाओं का बड़ा ही विषम परिणाम होती है। इस तरह की चेतना को 'स्वायत्तता' नाम दे सकते हैं। लेकिन जब इसी तर्क को आधार बनाकर कुछ इतिहासकार दलितों की चेतना और समझ को चिरस्थायी रूप से विद्रोही और अतिवादी जतलाने की कोशिश करते हैं तो अच्छा इतिहास नहीं हो सकता और न ही दलित अध्ययन के लिए उपयोगी। लेकिन इन प्रवृत्ति की कुछ सबाल्टर्न इतिहासकारों ने भी आलोचना की है एवं अपने लेखन में दलितों की चेतना के विद्रोही एवं अपने लेखन में दलितों की चेतना के विद्रोह एवं संकीर्ण सभी पहलुओं पर समुचित प्रकाश डाला है जो इतिहास लेखन के क्षेत्र में एक स्वस्थ्य परंपरा है।

दलित चेतना की 'स्वायतता' की बहस से ज्यादा महत्वपूर्ण मुद्दा यह है कि इस चेतना का वास्तविक स्वरूप क्या है एवं समय तथा स्थान के परिवर्तन के साथ इसमें क्या बदलाव आते रहे हैं। महत्वपूर्ण मुद्दे पर सबाल्टर्न इतिहासकारों के बीच मतैक्य नहीं है। जहाँ 'सबाल्टर्न अध्ययन' के प्रवक्ता रणजीत गुहा का रूझान दलितों की चेतना में छिपी कुछ सार्वभौमिक तथा शाश्वत लेखकों ने दलितों की मानसिकता में समय और स्थान की विविधताओं के विश्लेषण पर अधिक जोर दिया है। इतिहास की दृष्टि से दूसरा प्रयत्न कहीं अधिक सार्थक एवं उपयोगी है। यद्यपि इस दिशा में कोई दीर्घकालिक कार्य कुछ विशेष नहीं हो पाया है। सबाल्टर्न अध्ययन के बहुत से इतिहासकारों ने अपने शोधपत्र में

बार–बार दलितों की चेतना में सदैव विद्यमान 'प्रभुत्व का विरोध' जैसी भावनाओं के अंतर्विरोध एवं तनाव को दर्शाने की कोशिश की है ऐसे शोध ा की उपयोगिता सीमित होती है। ''रणजीत गुहा 'सबाल्टर्न' शब्द को अक्सर कुछ उसी ढंग से प्रयोग करते प्रतीत होते हैं जिस प्रकार अठारहवीं सदी के इंगलैड पर अपनी रचना में थामसन ने 'लैबियन' शब्द को प्रसारित किया था।''[75]

''एक इतिहासकार को राजनीतिक पेचीदगियों के सामने झुकना नहीं चाहिए''[76] इस बात को सबाल्टर्न अध्ययन के इतिहासकारों नें साबित कर दिखाया है। सबाल्टर्न अध्ययन आज के इतिहास लेखन को प्रभावित करने वाले एक नये नजरिए को प्रस्तुत करता है। इस नए प्रयोग ने भारतीय इतिहास–लेखन में एक नई विचारधारा को प्रस्तुत किया है। यद्यपि 'सबाल्टर्न अध्ययन' से जुड़े बहुत से इतिहासकार मार्क्सवादी विचारधारा से ही निकलकर आए हैं और उनके साथ उनका संवाद बना हुआ है। इसी प्रकार सबाल्टर्न अध्ययन से बहुत से इतिहासकार आज संरचनावाद, उत्तर संरचनावाद तथा सामाजिक इतिहास जैसे कई नए ऐतिहासिक प्रयोगों की ओर मुताबिक हुए हैं जो कुछ समय पहले यूरोप के विचार जगत में प्रभावशाली बदलाव प्रस्तुत करते रहे हैं। यह भारतीय इतिहास लेखन में एक स्वस्थ्य परम्परा की शुरूआत है।

उत्तर–आधुनिकतावाद

आजकल जहाँ मार्क्सवादी इतिहास–लेखन में कुछ परिवर्त्तन दिखाई देता है, वही नवसामाजिक इतिहास विभागों में उभरकर सामने आया है। ये 'नव सामाजिक इतिहास बहुत हद तक मार्क्सवादी इतिहास–लेखन और पिछले तीन दशकों की मानवशास्त्रीय उपलब्धियों का मिश्रण है। यद्यपि इसकी अपनी उपलब्धियाँ भी रही है। इसी संदर्भ में उत्तर आध ुनिकता के कुछ प्रस्ताव महत्वपूर्ण नजर आते हैं।

साठ के दशक की क्रांतियों के बाद तेजी का दौर प्रभावी रूप से बीत चुका था। लेकिन आज पूंजीवादी गतिहीनता के समय में भी इसकी बौद्धिक विरासत जीवित है। इन्हीं विरासतों में एक उत्तर–आधुनिकता

है। बुद्धिजीवियों का एक बड़ा समुदाय वर्तमान युग को केवल उत्तर–आधुनिकता मानकर ही संतुष्ट नहीं है। वो अपने–आप को 'उत्तर–आधुनिकतावादी' कहलाना भी पसंद करते हैं। इस दृष्टिकोण से जुड़े कुछ विचारकों माईकेल फूकों एवं जॉक देरीदा ने अंतर्राष्ट्रीय स्तर पर ख्याति प्राप्त की है।

20वीं शताब्दी के अंतिम दशक में उत्तर–आधुनिकता का जोर बढ़ गया जिसका उद्देश्य था समाजवादी चिंतन की व्यर्थता को दिखाना तथा दूसरी तरफ भूमंडलीकरण के नाम पर चल रहे नव साम्राज्यवाद की वैश्विक संस्कृति के लिए वैचारिक आधार तैयार करना। नोम चोमस्की इसे 'सहमति निर्माण उद्योग' कहते हैं। साम्राज्यवादियों ने इस सहमति निर्माण उद्योग को 'विमर्श' के नाम पर पेश किया। उत्तर आधुनिकता के विकास की यही प्रक्रिया है।

उत्तर–आधुनिकतावाद एक विवादास्पद अस्पष्ट और कठिन अभिव्यक्ति है जिसमें विभिन्न धाराणं मत एवं प्रवृत्तियाँ निहित है। किसी भी व्यक्ति के लिए इसकी व्याख्या करना आसान नहीं है। ये प्रवृतियाँ आज के नवयुग को दर्शाती है। यह चित्रकला, साहित्य, दूरदर्शन, फिल्म और कला क्षेत्र में एक आधुनिकता आंदोलन है। इसका उदय ऐतिहासिक परिस्थितियों की पृष्ठभूमि में ही चिन्हित किया जा सकता है। 1870 में एक अंग्रेज चित्रकार जोन वाटकिन्स चैपमैन में 'उत्तर आधुनिक चित्रकला' शब्दों का प्रयोग किया है। रूडोल्फ पेन विट्ज नामक जर्म विचारक ने इसका प्रयोग यूरोप के संदर्भ में 'सांस्कृतिक अवनति' के लिया किया है। उत्तर–आधुनिकतावादी संस्कृति ने कलाओं के संपूर्ण क्षेत्र में एक समृद्ध, साहसी और उल्लसित कलाकृति का निर्माण किया है। कला में भावुकता, परिहासपूर्ण कला या साहित्य की अच्छी मात्रा का भी सृजन किया है। मोटे तौर पर उत्तर–आधुनिकतावाद को एक ऐतिहासिक युग, उत्तर औद्योगिक, उत्तर–पूंजीवादी समाज की अवस्था समझा जाता है।

समाज की उत्तर आधुनिकतावादी समझ के केन्द्र में यह विश्वास है कि आधुनिकता और ज्ञान के महान सिद्धान्तों के साथ ही विवेकशीलता, प्रगति, मानवता, न्याय के आग्रह और यहां तक कि सत्य को प्रस्तुत करने

की क्षमता के महत्व को कम कर दिया गया है। "एक सामान्य विचार के रूप में उत्तर–आधुनिकतावाद में समाज के प्रति सर्वसत्तात्मक विरोधी, सामान्यीकरण– विरोधी पूर्वाग्रह है।"[77]

"प्रारम्भ में उत्तर–आधुनिकता स्थापत्य एवं कला के क्षेत्र से होता हुआ भाषाई उड़ान की और अभिप्रेरित करता है। अब विभिन्न विज्ञान, राजनीति, औपनिवेशिक, उत्तर पूंजीवाद, वर्गसंघर्ष, लिंग महिलाओं के बार में, सुन्दरता और कला से सम्बन्धित ज्ञान, स्त्रीवाद, साहित्य, आलोचना, वातावरण प्रदूषण आदि संदर्भ शामिल है।"[78] उत्तर आधुनिकता के प्रमुख विचारकों के निष्कर्षों पर ध्यान देना जरूरी है। फ्रांसीसी सिद्धान्तकार ज्यों प्रांक्वा ने ल्योतार उत्तर आधुनिकता को परिभाषित करते हुए कहा है कि यह महावृतांतों के प्रति अविश्वास है। ल्योतार की चिंतन प्रक्रिया में 'महावृतांत' इतिहास ही है और दूसरा कुछ नहीं।

इस तरह इतिहास को अपना निशाना बनाकर उत्तर–आधुनिकतावादी अपनी शुरूआत करते हैं। अब यह प्रश्न उठता है कि अगर इतिहास नहीं है तो आज तक हम जो इतिहास के नाम पर पढ़ते आये हैं उसे क्या कहा जा सकता है। जॉक देरिदा कहते हैं कि हर चीज महज शब्दों का संयाजन है, हर चीज विमर्श या पाठ है। भाषा का कोई अर्थ नहीं है क्योंकि हम दुनिया को केवल भाषा के जरिए ही समझते हैं। इसलिए हर चीज एक पाठ है। लेखक के लिखे का कोई निश्चित अर्थ होना मुश्किल है। क्योंकि हर व्यक्ति इतिहास के अध्ययन करते समय अपना दिमाग लगाता है तथा स्वयं अपने तथा अपने पीढ़ी के नजरिये से उसे देखता है। तो यह स्वाभाविक है कि एक काल और एक व्यक्ति किसी विशेष ऐतिहासिक घटना में वह चीज देखता है जो दूसरा नहीं। इस आत्मगत तत्व को इतिहास से मिटाने का प्रयास सही नहीं है। अगर इसे मिटाने का प्रयास किया जाता है तो उसका अर्थ होगा आप अपना दृष्टिकोण बनाए रखना चाहते हैं जबकि दूसरों को अपना दृष्टिकोण त्यागने का परामर्श देते हैं। इस प्रकार इतिहास में बहुअर्थ से किस निष्कर्ष पर पहुँचा जा सकता है तथा इस प्रकार का इतिहास किसी भी व्यक्ति या समाज के लिए लाभप्रद नहीं हो सकता। इतिहास का अर्थ है

उपलब्ध तथ्यों के आलोक में उसकी व्याख्या करना लेकिन उत्तर–आधुनिकता हमें इस मान्यता से दूर रखता है।

उत्तर–आधुनिकता की मान्यता इतिहास के बुनियाद पर ही प्रहार कर रही है। ये विचारक अतीत के यथार्थ की खोज एवं उसकी वैज्ञानिक पुनर्रचना की इच्छा से प्रेरित होकर अतीत की विस्तृत छानबीन को संभव नहीं मानते बल्कि इतिहासकारों को कल्पना करने का परामर्श देते हैं। अगर इतिहास में छानबीन की उपयोगिता खत्म हो जाए उसकी जगह महज कल्पना का समावेश हो तो इतिहास को हम किस दिशा और दशा में पायेंगे। ''हर चीज की तरह इतिहास में भी कारणों की कल्पना नही की जा सकती उनकी खोज की जाती है।''[79] उत्तर–आधुनिकतावादियों का कहना है कि इतिहास मात्र भाषाई जादूगरी है। साक्ष्यों का कोई अस्तित्व नहीं। ''इतिहास की व्याख्या करने के लिए अनंत जटिल घटनाओं तथा संबंधों के आधार पर सामान्य सिद्धान्त तय करने होते हैं, और इतिहास की किसी भी व्याख्या को प्रमाणिक बनाने के लिए प्रमाणों की खोज तथा अध्ययन (अकसर बार–बार) करना होता है और पहले की अवधारणाओं के बारे में निरंतर नए प्रश्न उठाने पड़ते हैं।''[80]

''इतिहास बनते बदलते हैं लिखित रूप में भी बनाए और बदले जाते हैं। इस तथ्य से जुड़ा एक और तथ्य है– जो इतिहास पर पुनर्विचार करने वालों के लिए महत्वपूर्ण है– कि भाष और कल्पना के बाहर कोई तथ्य नहीं होता''[81] उत्तर–आधुनिकता भाषाई उड़ान की ओर इंगित करता है। किसी सम्पूर्ण वजूद को स्वीकार करने की जगह खंड–खंड में स्वीकार करने को बाध्य करता है। उत्तर–आधुनिकतावादियों द्वारा इतिहास के बारे में अनेक तर्क दिए गए हैं। पेट्रिक ज्वोयस का कहना है कि सामाजिक इतिहास मर गया है। रोलो बार्थ घोषणा करते हैं कि सारी दुनिया एक पाठ है। मिशेल फूको जो एक अन्तर्राष्ट्रीय ख्याति प्राप्त इतिहासकार हैं उनका कहना था कि इतिहास साक्ष्य या तथ्य की उपज नहीं है बल्कि प्रभुत्वशाली सत्ता विमर्श की वैचारिक उपज है। इसके विचारक मानना है कि इतिहास की आधुनिक अवधारणा का अंत आ गया। वहीं आर्थर मारविक इस बात का खंडन करतें हैं।

उनका मानना है कि ''सर्वोतम इतिहास लेखन वह होगा जिसमें संग्रहीत साक्ष्य स्वयं बोलता हो, जिसमें इतिहासकार के लिए अपनी तूफानी आलोचनाओं को जोड़ना आवश्यक न हो।''[82]

इतिहास को समझने तथा व्याख्या करने का कोई एक सर्वमान्य दृष्टिकोण किसी भी काल में नहीं रहा है। आपस में मतभेद रहा है, उसमें विसंगतियाँ रही है। इन तमाम मतभेदों विसंगतियों से इतिहास की दृष्टि प्रखर हुई है। लेकिन उत्तर–आधुनिकता की मान्यताओं ने इतिहास को एक अलग दायरा प्रदान किया है। एक अलग प्रकार के इतिहास के निर्माण की ओर प्रेरित करता है।

इतिहास हमारे अतीत की कमियों और उसकी खूबियों से समाज को रूबरू कराता है। वह अतीत के आलोक में वर्तमान को मजबूती प्रदान करता है तथा एक सुन्दर भविष्य का निर्माण करने में सहायक सिद्ध होता है। जदुनाथ सरकार इतिहासकारों को निष्पक्ष होकर ऐतिहासिक तथ्यों का विवरण विश्लेषण प्रस्तुत करने की सलाह देते हैं। इतिहास का प्रयोजन एवं अध्ययन से मनुष्य को उदार एवं शिक्षाप्रद ज्ञान प्राप्त होता है। ''[83] लेकिन उत्तर–आधुनिकतावाद–इतिहास में वस्तुनिष्ठता के स्थान पर मिथक को महत्व प्रदान करता है। ऐसे इतिहास द्वारा एक जड़हीन, विवेकहीन समाज का निर्माण होगा जो किसी फैसले तक न पहुँचकर भ्रम की स्थिति पैदा करे तथा उसी में अपना सर्वस्व न्योछावर कर दे। इतिहास दिशा सूचक यंत्र होता है। इतिहास के द्वारा ही हमें यह पता चलता है कि अच्छी ताकतों ने मानव जीवन को बेहतर बनाने के लिए कड़ा संघर्ष किया है, मानव जाति में विनाश की जबर्दस्त क्षमता मौजूद है। ''आज कोई भी लेखन जो विद्वानों का ध्यान आकर्षित करना चाहता है, तब तक इस योग्य नहीं होगा जब उसमें संदर्भ पद्धति का पूरा इस्तमाल न हो।''[84] हम ऐसा इतिहास लिखें, ऐसा सिद्धान्त प्रतिपादन करें जो सच्चाई प्रस्तुत करे साथ ही मानव एवं मानवता की भलाई के लिए होना चाहिए न केवल मिथ्या के द्वारा अराजकता का वातावरण प्रदान करें। इतिहास न तो घड़ी बनाने की कला है और न कैबिनेट बनाने की। यह तो बहतर समझदारी हासिल करने का प्रयास है और परिणामतः एक गतिशील चीज है।''[85]

उत्तर–आधुनिक विचारधारा के प्रति कुछ विचारकों ने अपना विरोधी मत प्रकट किया है। जी० आर० एल्टन ने उत्तर–आधुनिकता के इतिहास दृष्टिकोण को भीषण, विध्वंसक एवं अर्थहीन माना है। वहीं ब्रिटिश इतिहासकार आर्थर मारविक स्पष्ट करते हैं कि उत्तर–आधुनिकतावादी विचार गंभीर इतिहास अध्ययन के लिए एक खतरा है। यह विवेक एवं विज्ञान विरोधी दृष्टिकोण है, जिससे किसी का भला नहीं हो सकता है। अन्तर्राष्ट्रीय ख्याति प्राप्त इतिहासकार आर० एस० शर्मा ने इस मत के प्रति अपनी अनभिज्ञता जाहिर की एवं इसे इतिहास की विचारधारा के नाम पर एक छलावा माना है। यही धारणा प्रो० राम विलास शर्मा की भी रही है।

आज का उत्तर–आधुनिकतावाद अपने तपमाम मापदंडों पराजयवाद एवं निराशावाद के बावजूद अभी भी 'पूंजीवाद के स्वर्णिम युग' में विद्यमान हैं। यह विरासत को छोड़कर आज की हकीकत का सामना करने को तैयार हैं। तथा उनकी आँखे विंडबना के प्रति काफी सजग है। यद्यपि ''इसकी बेहतरीन व्याख्या आज भी पूर्वाग्रहग्रस्त अनजान लोग ही पेश कर रहे है।''[86] उत्तर–आधुनिकतावाद का प्रभाव हर जगह दिखाई देने लगा है। बशर्ते कि उसकी राह में कोई ऐसी बाधा न उत्पन्न हो जाए जो निर्माण के बजाए विखंडन के लिए ज्यादा प्रेरित हो। ''हर प्रकार के इतिहास का सही स्त्रोत नए विचारों और तथ्यों का प्रकट होना है।''87 प्राइस जैसे विचारक अपने अनुसंधान की संवेदनशीलता और गुणवत्ता के आधार पर उत्तर–आधुनिकतावादी विचारकों का अनुसरण करते हुए इस विचारधारा को आगे बढ़ाने में सक्षम नजर आते हैं।

इस तरह भारतीय इतिहास लेखन विश्व इतिहास दर्शन के संदर्भों से स्वंय को जोड़ते हुए आगे बढ़ रहा है।

संदर्भ

1. Kautilya's Arthasastra,tr.Shamasastry(Banglore 1915).PP.7.11.

2. लाल बहादुर वर्मा, पूर्वोदधृत, पृष्ठ – 107

3. इरफान हबीब, इतिहास और विचारधारा, पूर्वोदधृत, पृष्ठ – 204
4. आर्थर मारविक, पूर्वोदधृत, पृष्ठ – 18
5 सुमित सरकार, सामाजिक इतिहास लेखन की चुनौती, ग्रंथ शिल्पी 2001, पृष्ठ – 22
6 लाल बहादुर वर्मा, पूर्वोदधृत, पृष्ठ – 107
7 मुबारक अली, इतिहास का मतान्तर, राजकमल प्रकाशन, नई दिल्ली 2002, पृष्ठ – 3
8 आर्थर मारविक, पूर्वोदधृत, पृष्ठ – 198
9 लाल बहादुर वर्मा, पूर्वोदधृत, पृष्ठ – 106
10 ई० एच० डान्स, पूर्वोदधृत, पृष्ठ – 9
11 राम विलास शर्मा, पाश्चात्य इतिहास दर्शन और सामाजिक अन्तर्विरोध थलेस से मार्क्स तक, पूर्वोदधृत, पृष्ठ – 172
12 वही, पृष्ठ – 174
13 राम विलास शर्मा, मार्क्स और पिछड़े हुए समाज, पूर्वोदधृत, पृष्ठ – 260
14 सतीशचन्द्र, मध्यकालीन भारत में इतिहास लेखन, धर्म और राज्य का स्वरूप, पूर्वोदधृत, पृष्ठ – 61
15 E. Sreedharan,op.cit.,p-422
16 रोमिला थापर, साम्प्रदायिक और प्राचीन भारतीय इतिहास लेखन, इतिहास की पुनर्व्याख्या में संकलित संपा० रोमिला थापार, राजकमल 1991,पृष्ठ – 89.90
17 सतीश चन्द्र, पूर्वोदधृत, पृष्ठ – 43
18 फ्रैंक बेन अलस्ट, इतिहास की समकालीन मीमांसा : विश्लेषात्मक दर्शन, इतिहास स्वरूप एवं सिद्धान्त, गोविन्द

चन्द्र पाण्डेय (सं०) में संकलित, पूर्वोदधृत, पृष्ठ – 68.69

19 इरफान हबीब, भारतीय इतिहास में मध्यकाल, ग्रंथ शिल्पी, पृष्ठ – 11

20 विपिनचन्द्र, आधुनिक भारत के इतिहासकार और साम्प्रदायिकता, इतिहास की पुनर्व्याख्या, पूर्वोदधृत, पृष्ठ – 121.22

21 आर्थर मारविक, पूर्वोदधृत, पृष्ठ – 18

22 गिरिजा शंकर प्रसाद मिश्र, प्राचीन भारतीय इतिहास दर्शन तथा इतिहास लेखन, इतिहास स्वरूप एवं सिद्धान्त, गोविन्द चन्द्र पाण्डेय (सं०) में संकलित, पूर्वोदधृत, पृष्ठ – 90 . 91

23 देवेश विजय, सय्यद अहमद खाँ, द काउज ऑफ द म्यूटीनी (1859) : केदारनाथ दत्त, भारत वर्षेर इतिहास (1859), बंगाल में , रजनीकांत गुप्त सिपाही, युद्धेर इतिहास (1876), रामलखन शुक्ल, आधुनिक भारत का इतिहास, में संकलित, पूर्वोदधृत, पृष्ठ – 12

24. लाल बहादुर वर्मा, पूर्वोदधृत, पृष्ठ – 73

25. वही

26. इफान हबीब, भारतीय इतिहास की प्रमुख व्याख्याएं, पूर्वोदध ृत, पृष्ठ – 13

27. सतीश चंद्र, माध्यकालीन भारत के इतिहास लेखन, धर्म और राज्य का स्वरूप, पूर्वोदधृत, पृष्ठ – 41

28. ईफान हबीब, भारतीय इतिहास में मध्यकाल, पूर्वोदधृत, पृष्ठ – 11

29. हरबंस मुखिया, मध्यकालीन भारत : नए आयाम, राजकमल प्रकाशन, नयी दिल्ली, पृष्ठ – 44

30. रोमिला थापर, इतिहास की पुनर्व्याख्या, पूर्वोदधृत, पृष्ठ –

87–88

31. लाल बहादुर वर्मा, पूर्वोदधृत, पृष्ठ – 88
32. रोमिला थापर, इतिहास की पुनर्व्याख्या, में संकलित, पूर्वोदधृत, पृष्ठ–125–127
33. ईफान हबीब, भारतीय इतिहास की प्रमुख व्याख्याएं, पूर्वोदधृत, पृष्ठ–14
34. ईफान हबीब, इतिहास और विचारधारा, ग्रंथ शिल्पी – 2005, पृष्ठ–204
35. एस० पी० सेन, डिक्सनरी ऑफ नेशनल बायोग्राफी, वोल्यूम प्ट इन्टस्टीच्यूट ऑफ हिस्टॉरिकल स्टडीज कलकत्ता – 1974, पृष्ठ–67
36. ई० एच० कार, पूर्वोदधृत, पृष्ठ–119–20
37. ई० एच० डान्स, पूर्वोदधृत, पृष्ठ–17–18
38. इरफान हबीब, भारतीय इतिहास की प्रमुख व्याख्याएं, पूर्वोदध ृत, पृष्ठ–18
39. देवेश्स विजय आधुनिक भारत के इतिहास लेखन का पुनरावलोकन–आधुनिक भारत का इतिहास, रा०ल० शुक्ल (सं०) में सकंलित, पूर्वोदधृत, पृष्ठ–29
40. ई० एच० कार, पूर्वोदधृत, पृष्ठ–38–39
41. राम विलास शर्मा, मार्क्स और पिछड़े हुए समाज, पूर्वोदधृत, पृष्ठ–295
42. इतिहास लेखन एक दृष्टिकोण : परिमल, कुमार दास, बायस इन इंडियन हिस्टॉरियोग्राफी, में संकलित संपा० देवाहुति, पूर्वोदधृत, पृष्ठ–60–61
43. आर्थर मारविक, पूर्वोदधृत, पृष्ठ–40–41

44. ई० एच० कार, पूर्वोदधृत, पृष्ठ–119–20

45. वही

46. लाल बहादुर वर्मा, पूर्वोदधृत, पृष्ठ – 69

47. आर्थर मारविक, पूर्वोदधृत, पृष्ठ – 59

48. E. Sreedharan,op.cit.,p-469

49. डा० मानिक लाल गुप्त, पूर्वोदधृत, पृष्ठ – 142

50. आर्थर मारविक, पूर्वोदधृत, पृष्ठ – 72–73

51. मार्क ब्लाख, पूर्वोदधृत, पृष्ठ – 147

52. ईफान हबीब, इतिहास और विचारधारा, पूर्वोदधृत, पृष्ठ – 34

53. सतीश चंद्र, पूर्वोदधृत, पृष्ठ – 49

54. सुमित सरकार, पूर्वोदधृत, पृष्ठ – 68

55. एरिक हॉब्सबाम, इतिहासकार की चिंता, ग्रंथ शिल्पी प्रकाशन, 2007, पृष्ठ – 201

56. मिशेल फूको, इतिहास के पक्ष में संपा, जॉन बेलेमी फास्टर, इलेन मिकसिन्स वुड, ग्रंथ शिल्पी–2007, पृष्ठ – 211

57- E. Sreedharan,op.cit.,p-493

58. शाहिद अमीन, ज्ञानेंद्र पांडेय, निम्नवर्गीय प्रसंग भाग 1, राजकमल प्रकाश्न– नयी दिल्ली पटना 1995, पृष्ठ – 10

59. वही, प्रस्तावना, पृष्ठ –8 – 9

60. इरफान हबीब, इतिहास और विचारधारा, पूर्वोदधृत, पृष्ठ–43

61. आर्थर मारविक, पूर्वोदधृत, पृष्ठ–123

62. आधुनिक भारत के इतिहास लेखन का पुनरावलोकन देवेश विजय, आधुनिक भारत का इतिहास, रा०ल० शुक्ल (सं०)

में संकलित, पूर्वोदधृत, पृष्ठ–34

63. वेद प्रकाश 'वटुक', इतिहासकार और लोकसाहित्य बायस इन इंडियन हिस्टॉरियोग्राफी देवाहुति (सं०) में संकलित, पूर्वोदधृत, पृष्ठ–25
64. ई० एच० कार, पूर्वोदधृत, पृष्ठ–88–89
65. इरफान हबीब, भारतीय इतिहास की प्रमुख व्याख्याएँ, पूर्वोदधृत, पृष्ठ–15–16
66. ई० एच० कार, पूर्वोदधृत, पृष्ठ–6–7
67. वेद प्रकाश 'बटुक', पूर्वोदधृत, पृष्ठ–23
68. रणजीत गुहा, चन्द्रा की मौत, निम्नवर्गीय प्रसंग भाग–2, संपादित शाहिद अमीन, ज्ञानेन्द्र पांडेय, राजकमल प्रकाशन नई दिल्ली पटना 2002, पृष्ठ–ग्प्ट
69. वही
70. ई० एच० कार, पूर्वोदधृत, पृष्ठ–34
71. इरफान हबीब, इतिहास और विचारधारा, पूर्वोदधृत, पृष्ठ–219
72. इरफान हबीब, भारतीय इतिहास की प्रमुख व्याख्याएँ, पूर्वोदधृत, पृष्ठ–11
73. मार्क ब्लाख, पूर्वोदधृत, पृष्ठ–53
74. इरफान हबीब, भारतीय इतिहास की प्रमुख व्याख्याएँ, पूर्वोदधृत, पृष्ठ–9–10
75. सुमित सरकार, पूर्वोदधृत, पृष्ठ–96
76. इरफान हबीब, भारतीय इतिहास में मध्यकाल, पूर्वोदधृत, पृष्ठ–16
77. जॉन बेलेमी फॉस्टर इलेन मिकसिन्स वुड, पूर्वोदधृत, पृष्ठ–212

78- E. Sreedharan,op.cit.,p-281

79. मार्क ब्लाख, पूर्वोदधृत, पृष्ठ–18

80. इरफान हबीब, भारतीय इतिहास की प्रमुख व्याख्याएँ, पूर्वोदधृत, पृष्ठ–20

81. शाहीद अमीन, ज्ञानेन्द्र पांडेय (संपा०), निम्नवर्गीय प्रसंग भाग–2,पूर्वोदधृत, पृष्ठ–20 ग्टप्प

82. आर्थर मारविक, पूर्वोदधृत 2003, पृष्ठ–142

83. एस० पी० सेन, डिक्सनरी ऑफ नेशनल बायोग्राफी, वोल्यूम प्ट, पूर्वोदधृत 2003, पृष्ठ–67

84. आर्थर मारविक, पूर्वोदधृत 2003, पृष्ठ–143

85. मार्क ब्लाख, पूर्वोदधृत 2003, पृष्ठ–28

86. एरिक हॉब्सबाम, पूर्वोदधृत 2003, पृष्ठ–238

87. आर्थर मारविक, पूर्वोदधृत 2003, पृष्ठ–109

3

मध्यकालीन इतिहास लेखन की प्रवृत्तियाँ

मध्यकालीन भारत में लिखित ऐतिहासिक रचनाओं की समृद्धि कोई आश्चर्यजनक घटना नहीं है क्योंकि इस्लाम के उदय के साथ ही मुसलमानों मे इतिहास–लेखन की परम्परा का विकास हुआ। ''कोई भी समाज अपने इतिहास के माध्यम से ही स्वयं अपने को जान पाता है।''[1] भारत आनेवाले तुर्क और इनके बाद मुगल शासक इतिहास लेखन की परम्पराओं से न केवल परिचित थे बल्कि उन्होंने इसे और भी सम्पन्न बनाने में योगदान दिया। इतिहास लेखन के उद्देश्य और उसके उपयोग एक समय से दूसरे समय और एक क्षेत्र से दूसरे क्षेत्र में अलग–अलग रहे हैं। इस्लामी इतिहास–लेखन का मुख्य उद्देश्य था। इस्लाम की मानक परम्पराओं की पीढ़ी दर पीढ़ी लोगों तक पहुँचाना। मुसलमान इतिहासकारों ने सामाजिक और आर्थिक इतिहास–लेखन की अपेक्षा ध ार्मिक और राजनीतिक इतिहास पर ध्यान केन्द्रित किया।

इतिहास लेखन इस्लाम की शानदार धरोहार रही है। ''इस्लाम में इतिहास–लेखन का प्रारम्भ विशिष्ट घटनाओं के विषय में प्रमाणिक विवरणों की खोज, उनके संग्रह तथा सम्प्रेषण के रूप में दिखाई देता है।''[2] पूर्व पाक् इस्लाम काल में ही अरबों के बीच वंशावलियाँ लिखने की परंपरा विकसित थी। इसके अतिरिक्त युद्धों की गाथा भी संकलित रखते थे। दूसरी ओर ईरान में भी प्राचीन काल से ही इतिहास लिखने की परंपरा प्रचलित थी। अरबों की तुलना में ईरानियों का दृष्टिकोण कुछ भिन्न था और ईरानी इतिहासकारों की अभिरूचि विशेषकर शासकवर्ग की जीवनी और उपलब्धियों में थी और उसी का वर्णन

उन्होंने अधिक किया है। यही प्रभाव मध्यकालीन भारत के इतिहासकारों की रचना में भी देखने को मिलता है। ऐतिहासिक स्त्रोतों की बहुलता से भी इतिहासकारों को काफी मदद मिली।

सल्तनतकालीन इतिहास के स्त्रोत अधिकतर लिखित ग्रन्थों एवं रचनाओं के रूप में मिलते हैं। सोलहवीं और सत्रहवीं शताब्दियों में यूरोपीय भाषाओं में लिखित रचनाएं, भी उपलब्ध होने लगती हैं जिससे यह सम्पन्नता और भी बढ़ जाती है। इस काल की रचना में विकास की प्रबल प्रक्रिया देखने को मिलती है। ''भारत में इतिहास–लेखन की अरब–फारसी परम्परा के प्रवेश के साथ मध्यकालीन युग में इस ऐतिहासिक परम्परा में मजबूती और, विविधता आई।''[3] लेकिन इस कला को जितना बढ़ावा मुगल काल में मिला उतना इससे पहले कभी नहीं मिला। इतिहास–लेखन की जो लहर हिन्दुस्तान में फैली उसमें इस्लामी, ईरानी और हिन्दुस्तानी परंपराएं मौजूद थीं।

भारत में इतिहास–लेखन की अपनी देशी परम्पराएं भी रही हैं जिन्हें कभी–कभी इतिहास पुराण परंपरा कहा गया है। कल्हण द्वारा बारहवीं सदी में संस्कृत में लिखा गया कश्मीर का इतिहास 'राजतंरगिणी' ऐतिहासिक विश्लेषण में स्पष्टता और परिपक्वता का प्रदर्शन करता है और भारत में इतिहास–लेखन की लंबी परम्परा के विकास का संकेत देता है। आर० सी० मजूमदार के कथनानुसार कल्हण की राजतरंगिणी प्राचीन हिन्दुओं के ऐतिहासिक ज्ञान की जानकारी को चिन्हित करता है। लेकिन इसके प्रारंभिक चरणों से हम परिचित नहीं हैं। ए० एल० बाशम ने कहा है ''बारहवीं शताब्दी में एक कश्मीरी कवि कल्हण ने अपने देश का इतिहास कविता में लिखना उचित समझा, परन्तु इसकी 'राजतरंगिणी' यद्यपि कश्मीर के इतिहास के अध्ययन के लिए अधिक मूल्यवान है, तथापि भारत के विषय में उसने केवल नाममात्र का ही वर्णन किया है और इसका कोई वास्तविक प्रमाण नहीं है कि इस प्रकार के इतिहासों की रचना और भी कहीं हुई।''[4] धर्म प्रचारक उत्साह से प्रेरित होकर भारत के विभिन्न क्षेत्रों के सम्पर्क में आये तथा उन्होंने अपनी यात्रा के मूल्यवान एवं रोचक विवरण प्रदान किये हैं। यद्यपि इन विवरणों का स्वरूप भौगोलिक अधिक है फिर भी ऐतिहासिक दृष्टि से वह महत्वपूर्ण है।

समकालीन प्रवृतियाँ

आठवीं शताब्दी में जब से अरबों ने सिंध पर विजय प्राप्त की और उसके बाद बढ़ते हुए अरब साम्राज्य में मिला लिया गया तभी से हमें सही अर्थों में भारतीय इतिहास से संबंधित ऐतिहासिक साहित्य मिलना शुरू हो जाता है। अरब इतिहासकारों के पास इतिहास–लेखन की विस्तृत धारणा थी। वे मानव–समाज एवं उससे संबंधित सभी तथ्यों को इतिहास लेखन में शामिल करते थे। ''उन्होंने पूरे एक सदी का इतिहास–लिखने की कोशिश की''[5] चचनामा पहली ऐसी ऐतिहासिक पुस्तक है जिससे अरब आक्रमणों के समय सिंध के जाति ग्रस्त लोगों की गहरी जानकर प्राप्त होती है। तथाकथित राजपूत संस्कृति के कई सामाजिक सदगुणों के साथ–साथ कई विभाजानकारी और आत्मघाती प्रवृत्तियां भी झलकती है। चचनामा अभी तक खोज किया गया सबसे महत्वपूर्ण प्राथमिक स्त्रोत है, जो 711–12 में अरब आक्रमण के समय सिंध के देशी शासकों के वंश के इतिहास पर प्रकाश डालता है। यह पुस्तक गुमनाम लेखक द्वारा अरबी भाषा में लिखी गई है जो सम्भवतः मुहम्मद बिन कासिम के खेमे का एक अनुयायी होगा। बाद में चचनामा का फारसी में अनुवाद मुहम्मद अली बिन अबु बक्र कुकी के द्वारा नसीरूद्दीन कुबाचा के काल में किया गया जो मुहम्मद गोरी का एक तुर्की दास अधिकारी था।

चचनामा का लेखन भारतीयों में विश्वासघातियों क्रियाकलापों का बखान करता है जिनमें राष्ट्रीय चेतना का अभाव था। इन्होंने जातिग्रस्त पूर्वाग्रहों अथवा स्वार्थ के कारण अपने ही शासक के साथ विश्वासघात किया। अपने ही राज्य का विनाश कराया। चचनामा द्वारा प्रदत्त प्रमाणों का पूर्ण समर्थन चंदबरदाई की पुस्तक 'पृथ्वीराज रासो' भी करता है।

अलबरूनी (972–1048) ने लाहौर में 1035 ई० में किताबुल हिन्द नामक एक महत्वपूर्ण कृति की रचना की। ये प्रथम महत्वपूर्ण मुस्लिम भारतविद् ग्यारहवीं सदी के महानतम बुद्धिजीवियों में एक थे। वे सर्वज्ञान सम्पन्न व्यक्ति थे जिसने अपने समय के 'विज्ञान एवं साहित्य' के विविध विषयों में विशिष्टता प्राप्त की। वे धर्मशास्त्र, दार्शनिक, तर्कज्ञाता,

गणितज्ञ, खगोलशास्त्री, ज्योतिष, भूगोलशास्त्री एवं चिकित्सक सभी थे। अलबरूनी सच्चे अर्थों मे वैज्ञानिक दृष्टिकोण रखनेवाले इतिहासकार थे। वे शुद्ध रूप से बौद्धिक एवं वैज्ञानिक जिज्ञासा से प्रेरित थे। वह यह जानना और समझना चाहते थे कि वह कौन सा तत्व है जिसने भारतीयों की चिंतन पद्धति को निर्धारित किया है। उसने यह स्पष्ट करने का प्रयत्न किया है कि किस तथ्य ने उन्हें भारतीयों के दार्शनिक, वैज्ञानिक और धार्मिक विचारों का अध्ययन करने के लिए प्रेरित किया। उसने स्पष्ट किया कि भारतीय धर्म के प्रति जो भी जानकारी उपलब्ध है उसका अधिकांश भाग गौण सामग्री पर आधारित है और इसमें आलोचनात्मक दृष्टिकोण का सर्वथा अभाव है। उसने अनुभव किया जिस प्रकार मुस्लिम धार्मिक सम्प्रदायों को तरह–तरह से गलत रूपों में प्रस्तुत किया जा रहा हैं। उसी तरह अन्य धर्मों को भी गलत रूपों में प्रस्तुत किया जाता रहा होगा। अलबरूनी तुलनात्मक धर्म के अध्ययन में रूचि रखते थे। ''तुलना और उदाहरण बुद्धि द्वारा विकसित बौद्धिक उपकरण है।''[6] उसने भारतीयों की इस बात की आलोचना की है कि उसमें सीखने की इच्छाशक्ति नहीं है और कहा है कि ''मूर्खता एक ऐसी बिमारी है जिसकी कोई दवा नहीं''[7] उसने कहा ''ये लोग यह मानते हैं। कि उनके जैसा कोई देश नहीं है और उनमें दूसरे लोगों से सीखने की कोई इच्छा भी नहीं है।''[8]

''अलबरूनी की समाजशास्त्र अंतदृष्टि विशेष रुप से महत्व रखती है जिसका स्पष्ट प्रभाव हमें उन अध्यायों में मिलता है जिनमें जाति प्रथा, नगर तथा धार्मिक नियमों, मूर्तियों और मूर्तिपूजा आदि पर चर्चा की गई है।''[9] अलबरूनी की इस प्रस्तक को सुप्रसिद्ध इतिहासकार के० एम० पणिक्कर ने अत्यन्त महत्वपूर्ण माना है। उनकी राय में यह पुस्तक भारत की सांस्कृतिक एकता की अवधारणा के विकास के संदर्भ में मील का पत्थर है। यह पुस्तक भारतीय की सभ्यता के अध्ययन के लिए पर्याप्त है। इससे यह भी बोध होता है कि किसी देश की अस्मिता की चेतना बाहरी लोगों के इस एहसास से भी निर्धारित होती है कि इस देश के रहने वाले लोगों की संस्थाएं तथा विशेषताएं उनसे भिन्न हैं। यद्यपि वह धार्मिक पूर्वाग्रहों से ग्रसित थे, लेकिन वैज्ञानिक दृष्टिकोण रखने के

कारण धार्मिक पूर्वाग्रहों उनके ज्ञानात्मक गुणों को प्रभावित नहीं कर पाया है। ''अलबरूनी की पद्धति बहुत ही आधुनिक और वैज्ञानिक थी तथा प्रत्येक विषय में तुलनात्मक अध्ययन का पक्षधर था।''[10] अलबरूनी ने इस तथ्य पर खेद व्यक्त किया है कि उनके समसामयिक भारतीयों ने अपने पूर्वजों के वैज्ञानिक दृष्टिकोण को त्याग दिया है।

इस प्रकार अलबरूनरी पहला मुस्लिम था जिसने इतने विस्तृत, व्यापक अध्ययन का दायित्व ग्रहण किया था। ''अलबरूनी के इतिहास की सबसे बड़ी विशेषता यह है कि उसका दृष्टिकोण अपने अध्ययन के प्रति ईमानदारी तथा सहानुभूति का था।''[11] उसने अपने अध्ययन को बौद्धिक विशिष्ट वर्ग पर केन्द्रित रखा एवं इतिहास लेखन में संस्कृत साहित्य का व्यापक उपयोग किया। ''उन्होंने देश के विभिन्न भागों का व्यापक भ्रमण किया हिन्दुओं की भाषा धर्म एवं दर्शन का अध्ययन किया तथा इस देश तथा इसके लोगों का 'तारीख' उल हिन्द' में अरबी ब्योरा लिखा जिसका बाद में फारसी में अनुवाद हुआ।''[12]

कल्हण की 'राजतरंगिणी' भी एक प्रकार का अपने ढंग की अकेली रचना है। यह संस्कृत में उपलब्ध उन रचनाओं में सर्वाधिक पहली महत्वपूर्ण रचना है जिसमें ऐतिहासिक विशेषता पायी गयी है। इसकी रचनाकाल 1148–49 ई० के आसपास माना गया है। इसमें कल्हण ने कश्मीर के इतिहास का वर्णन किया है। ''कल्हण द्वारा बारहवीं सदी में संस्कृत में लिखा गया कश्मीर का इतिहास 'राजतरंगिणी' ऐतिहासिक विश्लेषण में स्पष्टता और परिपक्वता का प्रदर्शन करता है और भारत में इतिहास–लेखन की लंबी परम्परा के विकास का संकेत देता है यद्यपि इसके प्रारंभिक चरणों से हम परिचित नहीं हैं।''[13] कश्मीरियों ने क्षेत्रीयता की चेतना के साथ अपने इतिहास के दिलचस्पी को प्रोत्साहित किया है, जैसे कश्मीर में बौद्ध धर्म का कायम रहना भी एक कारण हो सकता है क्योंकि बौद्धधर्म में ब्राह्मणवाद की तुलना में ऐतिहासिक चेतना अधिक जागृत थी। कल्हण ने जिस काल में राजतरंगिणी की रचना की उस समय पूरे भारत में क्षेत्रीयता की भावना अपने चरम सीमा पर थी। अनेक क्षेत्रीय राज्यों के शासकों पर गाथागीत और महाकाव्य लिखे जाने लगे थे। कल्हण की रचना उस समय रचे गये अन्य साहित्य से अलग है क्योंकि इसमें मात्र

महान वीर के क्रियाकलापों का वर्णन ही नहीं है बल्कि इसमें ऐतिहासिक बोध के तत्व भी समाहित हैं। "कल्हण की कृति एक महान् वीर के क्रिया–कलापों का आलेख भर नहीं थी, वस्तुतः उस स्थिति को समझने और उसकी व्याख्या करने की कोशिश थी जिसमें वह रह रहा था।"[14]

"अपनी रचनाओं के लिए उन्होंने काव्यात्मक पद्धति को अपनाया।"[15] हालाँकि उनकी दिलचस्पी अपनी रचना के रसात्मक गुण में है, किन्तु साथ ही वे इसमें ऐतिहासिक सत्य का समावेश भी करना चाहते थे। "इतिहासकार काव्यात्मक तत्व पर जोर दे या व्यवहारिक पर वह एक मानवीय आवश्यकता की पूर्ति करता है।"[16] उन्होंने इतिहास–लेखन में निष्पक्षता एवं यथार्थता पर बल दिया है।

"श्लाध्यः स एव गुणवान् रागद्वेषबहिष्कृता।

भूतार्थकथने यस्य स्थेयस्मेव सरस्वती।।"[17]

(वही गुणवान कवि प्रशंसा के अधिकारी हैं जो राग द्वेष के ऊपर उठकर एकमात्र सत्य के निरूपण में अपनी वाणी का प्रयोग करता है।) इतिहास से सीख या सबक लेने के लिए उन्हें स्थितियों एवं घटनाओं का विश्लेषण करना पड़ा। उनकी यह कामना थी कि लोग अपने अतीत की गलतियों से सीख ले। यह विश्लेषण उनकी रचना को अन्य कृतियों की तुलना में विशिष्ट बना देता है लेकिन इतिहास से सबक लेने की बात सच है तो गलत सबक लेने की बात भी सच है। कल्हण ने उन स्त्रोंतों का विस्तार से वर्णन किया है जिनका उन्होंने अपने इतिहास–लेखन में उपयोग किया। उसने उन विद्वानों की विवेचक पद्धति की कमियों की ओर भी इशारा किया है। इतिहास के तर्कसंगत स्त्रोत के रूप में अभिलेखों का उपयोग निश्चय ही एक महान योगदान था। उसने राजनीतिक विचारों एवं राजाओं की कार्य प्रणाली का वर्णन विस्तार से किया है एवं ब्राह्मणों से सलाह लेने एवं उन्हें प्रश्रय देने के बारे में अपना मत प्रकट किया।

कल्हण अपनी तिथियों के बारे में पूरी तरह सुनिश्चित नहीं थे। इसका कारण यह है कि प्रारम्भ में उन्होंने जिन स्त्रोतों का उपयोग

किया, वे ऐतिहासिक नहीं थे। उनके लेखन का एक और दोष यह है कि उसमें कट्टर क्षेत्रीयता विद्यमान है। वे कश्मीर के राजाओं को महान कार्य सम्पन्न करने का श्रेय देते हैं। उनकी बाद की रचनाएं कहीं ज्यादा ऐतिहासिक हैं। वे समाज की भौतिक स्थितियों के बारे में ब्यौरा देते हैं जो सैनिकों तथा भौगोलिक स्थितियों को लेकर दिलचस्प वर्णन प्रस्तुत किया है। महत्वपूर्ण व्यक्तियों की वंशावली के साथ उनका पारिवारिक इतिहास के द्वारा जीवन–सांसारिक जीवन तथा भौतिक ऐश्वर्य की नश्वरता को प्रकट करना चाहते थे। उनकी यही महानता उन्हें अपने समय क अन्य इतिहासकारों से अलग स्थान देता है। जगदीश नारायण सरकार के अनुसार ''मध्यकाल मे कल्हण की तरह कोई भी हिन्दू इतिहासकार नहीं हुआ। इब्न खल्दून में थोड़ी बहुत उसकी झलक मिलती है इसके अतिरिक्त अरब लेखकों में भी ऐसी गुणवत्ता नगण्य रही।''[18]

सल्तनतकालीन रचनाओं का मुख्य ध्येय राजनीतिक घटनाओं का वर्णन है। इनमें राज्याभिषेकों, सैनिक अभियानों, आन्तरिक–बाहरी विद्रोहों का वर्णन ही मुख्य रूप से किया गया है। तेरहवीं सदी में मिनहाज उस सिराज की 'तबकात–ए–नासिरी' ऐसे ही विवरणों से युक्त है।

''हसन निजामी, मिनहाज और फखरूद्दीन इन तीनों इतिहासकारों ने प्रारम्भिक मध्यकालीन भारत में इतिहास–लेखन के ईरानी परम्परा का अनुसरण किया।''[19] इन्होंने अपने में संतों, कवियों, विद्वानों कलाकारो के स्त्रोतों को नजरअंदाज किया। 'तबकात–ए–नासिरी' जिसमें इस्लाम के कुछ उतराधिकारियों के शासनकाल तक मुसलमानों का इतिहास वर्णित है। पीटर हार्डी[20] और जगदीश नारायण सरकार[21] ने कहा है कि तबकात–ए–नासिरी इस्लामिक दुनिया के इतिहास के सम्मिलन का एक परिचय है। यह रचना 23 अध्यायों में विभक्त है, जिनमें ऐतिहासिक घटनाएं एवं महापुरुषों की जीवनियां संकलित हैं। हरबंस मुखिया के शब्दों में ''यह फारसी इतिहास लेखन की एक लोकप्रिय पुस्तक है जिसमें राजवंशीय इतिहास दृष्टिगोचर होता है।''[22]

तबकाते नासिरी की सबसे बड़ी त्रुटि यह है कि इसमें तिथिक्रम की

विश्वसनीयता पर विशेष ध्यान नहीं दिया गया है। इतिहासकार के रूप में मिनहाज को समझने के लिए यह जानना जरूरी है कि इतिहास–लेखन के पीछे कौन से तत्व प्रेरक रहे हैं। अपने इतिहास में सामान्यतः इस्लाम के इतिहास को शामिल करके वे अपेक्षित मात्रा में उस युग के इस्लामी इतिहास–लेखन की प्रवृत्ति का अनुसरण नहीं कर रहे थे जो एक प्रकार का सार्वभौम इतिहास लिखने की ओर थी। यदि समझा जाय तो वे ऐतिहासिक प्रक्रिया में जिसमें पैगम्बर भी शामिल थे अपने समय के शासकों को शामिल करके वैधता प्रदान कर रहे थे।

मिनहाज अपनी रचना में बराबर धार्मिक शब्दावली का प्रयोग करते हैं। वे एक ऐसी शिक्षा पद्धति की उपज थे जिसके स्वरूप का निर्माण पूरी तौर पर धर्म के इर्द–गिर्द हुआ था। इसलिए यह स्वाभाविक था कि वे केवल धर्मिक शब्दावली से ही परिचित थे तथा यह दिखाने की कोशिश करते थे कि उनकी सहानुभूति उनकी तरफ है। हिन्दुओं के प्रति पूर्वाग्रह केवल संघर्ष के दौरान ही व्यक्त होता है। ''मिनहाज कार्य–कारण संबंध का निर्धारण ईश्वर के द्वारा मानते हैं। किसी कार्य का प्रावधान ईश्वर के हाथ में है लेकिन वह कार्य का संपादन मनुष्यों के द्वारा करता है।''[23]

मिनहाज की रचना की आलोचना यह कहकर की गयी है कि उसने राजनीतिक घटनाओं का वर्णन बड़े ही रसहीन तथा निर्जीव रूप से किया है। गहराई से देखा जाए तो मिनहाज की दिलचस्पी केवल राजनीतिक सत्ता के कायम रखने में थी इसीलिए जो विवरण उससे ताल्लुक नहीं रखते थे उनको वह इतिहास मे लिपिबद्ध नहीं करते थे। मिनहाज की रचना को उसके युग तथा परिस्थिति द्वारा निर्धारित रचना के रूप में देखा जाए जिसमें विद्वान राजनीतिक दृष्टि से अस्थिर युग में रह रहा था और उसे अपने यथार्थ से समझौता करना जरूरी हो गया थ। धर्म को राज्य के लिए काम करना था और मिनहाज इस कार्य में सहायता करने के लिए तैयार था।

काव्यात्मक रचनाऐं भी इतिहास लेखन की स्त्रोत थीं। इनको प्रमुखता से अमीर खुसरो ने प्रस्तुत किया। अमीर खुसरो ने नूहसिपेहर

में (1318 ई०) भारत और उसकी प्राकृतिक और सांस्कृतिक महत्ता का बखान किया है। अमीर खुसरो से पहले शायद ही किसी ने भारत की प्राकृतिक और सांस्कृतिक महानता के बारे में इतने मुखर ढंग से बात की है। अमीर खुसरो ने भारतीय जनता और उसकी विभिन्न भाषाओं की छवि को उकेरा अमीर खुसरो सूफियों विशेष–रूप से निजामुद्दीन औलिया के काफी नजदीक थे और उन्होंने अपने काव्य तथा संगीत के माध्यम से भारत की सूफी संस्कृति के निर्माण में महान योगदान दिया था। सतीप्रथा, मौसम, देहली की दशा, सुल्तानों द्वारा बनवाये गये भवन, खेल तमाशों और यहाँ के ज्ञान विज्ञान व भाषाओं के बारे में भी समुचित जानकारी दी। 'नूहसिपेहर' में उसने तीर और कमान के बीच वार्तालाप को लिखकर विभिन्न जानकारियाँ दी है। ''उनकी वर्णन से लगाता है कि हिन्दुस्तानी लोग एक ईकाई के रूप में अपनी निर्मिति की प्रक्रिया में हैं।''[24]

इतिहास–लेखन में छन्दोबुद्ध स्वरूप का विकास इसामी व अमीर खुसरो ने किया। अमीर खुसरो की रचनाओं का मुख्य विशेष घटनाओं का वर्णन ही रहा है। विषय के इर्द–गिर्द अमीर खुसरो एक ऐसा ताना–बाना बुनते हैं, जिसमें विषय से संबंधित प्रत्येक वस्तु का विवरण आ जाता है। अमीर खुसरो ने घटनाओं का वर्णन व्यवस्थित रूप में नहीं किया है। उन्होंने अपने संरक्षक सुल्तानों की प्रशंसा ही की है क्यों्कि वे अपने विचारों की स्वतंत्र रूप से लिखने के लिए स्वतंत्र नहीं थे। सय्यद हसन असकरी ने अपनी पुस्तक अमीर खुसरो में कहा है, कि ''प्रशंसा और आलोचना करते समय एक इतिहाकार को संतुलन बनाए रखना चाहिए और उसका नजरिया अनावश्यक रुप से कठोर और निंदामूलक नहीं होना चाहिए।''[25] खुसरो का एक मजबूत पहलू यह है कि उन्होंने बहुत सी तिथियाँ दी हैं और उनके द्वारा दिया गया कालक्रम बरनी से ज्यादा विश्वसनीय है। ''इतिहासकार बरनी ने भी कभी–कभी अपने विचारों की पुष्टि के लिए अमीर खुसरो के उद्धरण दिए हैं। कई बातों में बरनी के दावे अमीर खुसरो द्वारा दिये गये तथ्यों से पुष्ट हुए हैं।''[26] यद्यपि कभी–कभी उन्होंने सुल्तानों की नीतियों की भर्त्सना भी की है जैसे अलाउद्दीन के जुल्म व अन्याय के शासन के

प्रति आगाह करते हैं तथा यह सलाह देते हैं कि विजयों की तुलना में सुशासन ही अधिक अच्छा होता है। ''खुसरो के वक्तव्यों में देशभक्ति का स्वर स्पष्ट रूप से सुनाई पड़ता है। उसने अन्य देशों की तुलना में भारत को प्रमुखता दी है।''[27]

खुसरो भारत की संस्कृति के खुलेपन तथा सहिष्णुता की चर्चा करते हैं। उसे भारतीय संस्कृति में एक नई दृष्टि मिलती है। ''इतिहास उसके लिए जांच पड़ताल का क्षेत्र नहीं था। इतिहास के समकालीन साधनों को वह समयानुसार अपने ढाँचे में ढालने की ही कोशिश करता रहा।''[28] उनकी रचना इसलिए भी महत्वपूर्ण है कि यह एक कवि की कृति है, इतिहासकार की नहीं। ''उनका इतिहास से कोई सरोकार नहीं था।''[29] एक कवि के रूप में उनकी रूचियाँ तथा ऐतिहासिक विषयों की विवेचना पद्धति भिन्न थी। ''अमीर खुसरो इतिहासकार कम कवि ज्यादा थे। वे न्यायपूर्ण लेखक नहीं बल्कि प्रशंसा करनेवाले कवि थे। ये सारी बातें उनके साहित्य एवं अर्ध ऐतिहासिक रचनाओं को देखने से मिलता है।''[30] अतः तत्कालीन इतिहासकारों के विवरण में जो कमियां रह गई हैं उन्हें पूरा करने में हमें उनसे मदद मिल सकती है। ''तुगलकनामा उनकी अन्तिम ऐतिहासिक कविता है, जिसमें उन्होंने तुगलक द्वारा दिल्ली पर अधिकार की कहानी का वर्णन किया है।''[31]

''जियाउद्दीन बरनी एक शुद्ध समकालीन भारतीय हैं जिनमें वृतान्त के वर्णन की प्रवीणता विद्यमान है और उनके कार्यों ने 16वीं सदी के इतिहासकारों तथा बाद के इतिहासकारों के विचारों को प्रभावित किया।''[32] बरनी की रचना को दिल्ली सल्तनत के इतिहास का सबसे मूल्यवान स्त्रोत कहा जाता है क्योंकि इसमे बलबन, अलाउद्दीन और मोहममद बिन तुगलक जैसे महान शासकों के शासनकाल की विस्तृत जानकारी उपलब्ध है। बरनी ने जिन घटनाओं का वर्णन किया हैं उनमें अनेक घटनाओं का वह प्रत्यक्ष दर्शक रहा था। मगर बरनी के पुस्तकों में एक महत्वपूर्ण दोष यह है कि बरनी ने संकीर्ण विचारों के अनुरूप ही ऐतिहासिक तथ्यों को तोड़ मरोड़ कर प्रस्तुत किये हैं। ''मध्ययुगीन भारतीय लेखकों में वही निशचित रूप से सबसे अधिक चिंतनशील इतिहासकार हैं (हॉलांकि उसके अपने संकीर्ण दृष्टिकोण और पूर्वाग्रहग्रस्त

है। ''इतिहासकार को राजनीति से प्रेरित होकर इतिहास नहीं लिखना चाहिए। बलकि राजनीतिक दलों की सही इतिहास का आदर करना चाहिए।''[34]

उन्होंने इतिहास–लेखन को उत्तम कार्य माना है जिसके द्वारा मनुष्य अपने सभी पापों का प्रायश्चित कर सकता है। समाज के प्रति उनके दृष्टिकोण केवल उनके सामाजिक उद्‌गम तथा सामाजिक पृष्ठभूमि को ही नहीं दर्शाता बलकि उनके विवरण पर व्यक्तिगत निराशा का भी प्रभाव दिखता है। उनके अनुसार इतिहास लोगों को ईश्वरीय वचनों पैगंबर साहिब के कार्यों तथा शासकों के सत्कार्यों से परिचित कराता है। वह इतिहास को 'हदीस' के विज्ञान का केवल जुडंवा भाई ही नहीं कहता उसके अनुसार इतिहास का कार्य क्षेत्र यह भी है कि पैगंबर और उनके साथियों के युग की परिस्थितियों का वर्णन किया जाय। इसके साथ जो कुछ मुस्लिम समुदाय के पुराने और नए सदस्यों के दोनों के दिल और विश्वास को मजबूती प्रदान करता है, उसकी व्याख्या और विश्लेषण किया जाय। ''इतिहास दिमाग को एक खास तरह का प्रशिक्षण देता है।''[35] जियाउद्दीन बरनी एक अच्छे मुस्लिम शासक के सद्‌गणों का बयान करते हैं। उनकी राय में एक आदर्श मुस्लिम शासक वह है जो मूर्तिपूजा और काफिरों के निशान तक मिटा दें। ''उसकी पुस्तक तारीख–ए–फिरोजशाही शिक्षात्मक इतिहास में वर्गीकृत है।''[36]

बरनी का कहना है कि ''चूँकि ऐतिहासिक परम्परा का कोई लिखित प्रमाण नहीं है इसलिए पाठक केवल इतिहासकार पर भरोसा कर सकते हैं और वह भी तब तक जब वह कट्‌टर मुसलमान हो।''[37] बरनी ने बड़े ही स्पष्ट शब्दों में इतिहास के स्वरूप के बारे में अपना मत व्यक्त किया है, जो उस समय के अन्य इतिहासकारों के लेखन में भी देखने को मिलता है। उन्होंने तारीखे फिरोजशाही में लिखा है कि बुरे, नीच अकुलीन एवं निम्न श्रेणी में जन्में व्यक्तियों को इतिहास के साथ सरोकार नहीं हो सकता और न ही इतिहास का अध्ययन उनका व्यवसाय हो सकता है। समाज के ये वर्ग इतिहास की विधा से कोई लाभ नहीं उठा सकते एवं इतिहास का उनके लिए कोई उपयोग नहीं है। उसका कहना था कि इतिहास की विधा महान् लोगों का वर्णन,

महान धर्मनिष्ठ लोगों तथा राज्य के गुणों और नैतिक श्रेष्ठता का वर्णन है इसलिए यह इतिहास कुलीन और विशिष्ट लोगों, महान व्यक्तियों और उनके पुत्रों का विशेषाधिकार है। ''सल्तनकाल के इतिहासकार बरनी के साक्ष्य पर हम निष्कर्ष पर पहुँचते हैं कि भारत में मुस्लिम समाज में उच्च व सम्भ्रन्त परिवारों की अवधारणा काफी गहरे पैठ हुई थी तथा सम्भ्रान्त वंशावली के आधार पर ही ऊँचे तथा लाभप्रद ओहदे दिए जाते थे।''[38]

बरनी के काल में जो परिस्थितियां थीं उन्हें देखते हुए इस तरह दृष्टिकोण रखना उचित था। मध्ययुगीन समाज के गतिविधियों का स्त्रोत तो दरबारों में या कुलीन वर्ग के पास या फिर धर्माचार्यों के पास उपलब्ध थे। बरनी ने महान धर्मनिष्ठ लोगों तथा राज्य का जो विशेष उल्लेख किया है इससे उसका संकेत इन्हीं लोगों की ओर था। साधरण जन का दृश्य केवल निरीह, उत्पीड़ितों या असफल विद्रोहियों के रूप में था। इसके अलावा लेखन केवल अपने पाठकों के लिए किया जाता था और उस जमाने में केवल कुलीन वर्ग ही इतना शिक्षित था कि वह इतिहासकार की रचनाओं का अध्ययन कर सके। फरिश्ता, याहया सरहिंदी, अब्दुल हक दिहलवी, बदायूँनी और निजामुद्दीन अहमद जैसे इतिहासकारों ने बरनी से सूचनाएं प्राप्त की।

बरनी ने इतिहास के उद्देश्यों की जो व्याख्या की है उसका विषय इन्हीं गतिविधियों तक सीमित रहेगी। वह इतिहास–लेखन के एक महत्वपूर्ण शर्त के रूप में कहता है कि ''इतिहासकार की ईमानदारी उसपर यह दायित्व डालती है कि वह जब राजा या अभिजात वर्ग कि व्यक्ति के कृपाओं, दानशीलता, न्यायप्रियता और अन्य अच्छे कार्यों के बारे में लिखे तो उनके कुकृत्यों को न छिपाये।''[39] केवल इसी तरह के वर्णन के द्वारा पाठक इतिहास का लाभ प्राप्त कर सकते हैं एवं विश्व के अच्छे बुरे लोगों की जानकारी प्राप्त कर सकते हैं।

इतिहासकार के रूप में बरनी की विशेषता यह है कि उसने कार्य–कारण सम्बन्ध को स्पष्ट रूप से दर्शाया है। बरनी ऐतिहासिक कार्य–कारण सम्बन्ध को दिव्य आनन्द की सतह पर ले आते हैं किन्तु

राजनीतिक तथा भौतिक शक्तियों की भी उन्हें जानकारी है। उनकी मानना है कि किसी भी राजा के सफलता एवं असफलता में उसकी नीतियाँ काफी हद तक जिम्मेदार होती हैं। तारीख–ए–फिरोजशाही में उन्होंने केवल वे घटनाओं का ही जिक्र करते हैं जो किसी कार्य–कारण श्रृंखला में जुड़ी हुई हों और जिनका उनके ऊपर प्रभाव हो इस प्रकार कार्य–कारण सम्बन्ध को स्पष्ट रूप से बताने के कारण बरनी इतिहास–लेखन में मिनहाज से कहीं आगे हैं। बरनी की तारीख–ए–फिरोजशाही मिनहाज के तबकात–ए–नासिरी से अलग थी। बरनी ने मुस्लिम जगत का सामान्य इतिहास न लिखकर मुख्यतः भारत का इतिहास लिखा।''[40]

शम्स सिराज अफीफ के इतिहास तारीख–ए–फिरोजशाही में बरनी के इतिहास की भाँति कोई बौद्धिक महत्वाकांक्षाएं नहीं हैं इसे सीधी सादी भाषा में व्यक्त किया गया हैं। उनकी ऐतिहासिक विषयक धारणा लोकप्रिय साहित्य के अधिक नजदीक पड़ती है। जगदीश नारायण सरकार ने कहा है ''शम्स–ए–सिराज अफीफ का लेखन विषयगत था न कि क्रमानुसार''[41] यद्यपि अफीक कोई राजनीतिक सिद्धान्तकार नहीं थे उनका उद्देश्य केवल अपने पाठकों के समक्ष एक ऐसे अतीत की कहानी प्रस्तुत करना जो बड़ा ही भव्य तथ सुख–शान्ति से परिपूर्ण था और जो स्वयं उनके अपने युग से निश्चय ही भिन्न था।

गैर मुसलमानों के प्रति अफीक का दृष्टिकोण भी मिनहाज तथा बरनी दोनों से अलग था। अफीक का इतिहास–लेखन में फिरोजशाह तुगलक के हर कार्य की प्रशंसा करना प्रमुख रहा है। ''उसकी दृष्टि में ऐतिहासिक कार्य–कारण ईश्वर द्वारा निर्धारित होता है।''[42] फिरोजशाह तुगलक को अल्लाह की मेहरबनी की वजह से सफलता मिली। ''उसने फिरोजशाह तुगलक का इतिहास सूफी नजरिये से लिखा और अपने आप को उसके सिलसिले के साथ चिन्हित किया।''[43] मिनहाज और बरनी की तुलना में वे अपने समय के सामाजिक हालातों पर अधिक प्रकाश डालते हैं। उनकी रचनाओं में पहली बार किसी मध्यकालीन इतिहासकार ने दाबारी क्षेत्र से निकलकर आम लोगों की समस्याओं का वर्णन किया है। ''समकालीन युग का इतिहास लिखने वाले या वाली की

सबसे जाहिर सी सीमा यह होती है कि कुछ स्त्रोतों तक उसकी पहुँच नहीं होती है।"[44] अफीक जिस वर्ग से आये थे वह अपनी काफी शक्ति खो चुका था और यह भी एक कारण हो सकता है कि वे दूसरे लोगों के जीवन से कुछ अधिक जुड़ाव का अनुभव करते थे। सल्तनत के राज्य निकाय में जो पतन की प्रवृत्ति आरम्भ हो गई थी उसको भी वे भलीभाँति स्पष्ट करते हैं और इसी गुण ने उनकी कृति को मूल महत्व प्रदान किया।

बाबरनामा को पढ़ते समय जहां हमें एक ओर रोमांचक साहित्य की अनुभूति होती है वहीं दूसरी ओर इतिहास के अमूल्य रत्न भी हमारे हाथ लगता है। बाबरनामा में बाबर ने अपने समकालीन लोगों का बड़ी ही सटीक चित्रण प्रस्तुत किया है। उसने प्रकृति, जलवायु, जीव जन्तु और यहाँ पाये जाने वाले फलों, सब्जियों तथा पेड़–पौधों का विस्तार से वर्णन प्रस्तुत किया है। "बाबर के आत्म संस्मरण को सभी समय के साहित्य में सबसे अधिक सम्मोहनकारी और रोमांटिक रचनाओं में स्थान मिलना चाहिए।"[45]

बाबरनामा मध्यकाल की एक श्रेष्ठ आत्मकथा है जिसमें सोलहवीं शताब्दी के कुछ आरंभिक दशकों के लिए अमूल्य ऐतिहासिक स्त्रोत भी है। उसने भारत के राजनीतिक दशा के साथ–साथ लोगों के गुणों एवं उसके गलतियों का भी निःसंकोच वर्णन किया है। वह एक उत्कृष्ट साहित्यिक अभिरूचि तथा आलोचनात्मक दृष्टिकोण वाला व्यक्ति था तथा उसकी शैली साधारण, सीधी–सादी और आकर्षक स्वरूप की थी। "एक अनुमान के अनुसार 'बाबरनामा' प्रत्येक युग के बेशकीमती अभीलेखों में से एक है, इसे सेंट अगस्टाइन और रूसो के स्वीकारोक्तियों तथा गिब्बन और न्यूटन के संस्मरणों के समकक्ष रखा जा सकता है। एशिया में यह लगभग बिल्कुल अकेला है।"[46]

बाबरनामा 'अपने समय की केवल ऐतिहासिक सामग्री का भंडार ही नहीं है बल्कि इसमें जो विवरण दिया गया है वह आज के गजेटियर की विशेषताओं को पूरा करता है एवं इसके साथ ही हिन्दुस्तान के लोगों उसके आचार विचारों रहन–सहन आदि के बारे में महत्वपूर्ण जानकारी

भी देता है। अबुल फजल के पहले वह सम्भवतः पहला व्यक्ति हैं जिसने हिन्दुस्तान के विभिन्न प्रदेशों के राजस्व के आंकड़ों को दिया है। यद्यपि उसने अनेक स्थानों पर पक्षपातपूर्ण विवरण प्रस्तुत किया है। लेकिन अपने त्रुटियों और असफलताओं को भी उतने ही खुले रूप से वर्णन किया है जितनी अपनी सफताओं और वीरता के कारनामों को।

मुगलकाल के समकालीन इतिहासकारों में अबुलफजल का महत्वपूर्ण स्थान है। अलबरूनी के बाद वे पहला इतिहासकार थे जिसने धर्म, हिन्दू धर्म और समाज को सही ऐतिहासिक परिपेक्ष्य में समझने का प्रयत्न किया। आधुनिक समाजशास्त्री की प्रवृत्तियों उनके लेखन में समाहित थी। उनकी गणना उन मध्यकालीन भारतीय इतिहासकारों, जियाउद्दीन बरनी, निजामुद्दीन अहमद, बदायूँनी, फरिश्ता, खफीखान की श्रेणी में की जाती है, जिन्होंने इतिहास–लेखन में अमूल्य योगदान दिया। उनके दो प्रसिद्ध ग्रंथ अकबरनामा और आइने अकबरी सम्पूर्ण फारसी साहित्य की शृंखला में श्रेष्ठ ग्रंथों में है। स्मिथ ने आइने अकबरी जैसी रचना को एशिया क्या पूरे यूरोप में खोज पाना मुश्किल बताया है। एक और ध ार्मिक एवं सांस्कृतिक परम्पराओं के प्रति उनकी तार्किक पहुँच थी। अबुल फजल ने इतिहास के प्रति युक्तिमूलक और धर्मनिरपेक्ष राजनीतिक और प्रशासनिक घटनाओं का विश्लेषण, गद्यलेखन की अनूठी शैली का उपयोग धार्मिक विश्वास तथा उलेमा की कट्टरता की आलोचना एवं निंदा करना और तार्किकता को महत्व दिया, दूसरी ओर अकबर को इतिहास मंच पर बादशाह पैगम्बर, एक आदर्श शासक एवं पूर्ण मानव के सच के चित्रित करने के लिए उसके इर्द–गिर्द दैवीय प्रकाश और लक्षणों का जाल बुना। ''वे प्रथम भारतीय–पर्सिअन इतिहासकार हैं जिन्होंने यूरोपीय शिक्षाविदों के ध्यान आकर्षित किया।''[47] अबुल फजल ने आइने अकबरी में भारत की संस्कृति के विषय में विस्तार से वर्णन किया है। यद्यपि वह जीवन भर अनेक विवादों से भी घिरे रहे हैं। ''अबुलफजल कृत अकबरनामा का अध्ययन 16वीं सदी के अन्तिम वर्षों में इतिहास की एक अनोखी पुनरचना में निहित मान्यताओं की खोज की है, ''[48] जिसमें उसने आदम से लेकर अकबर के शासनकाल के 46वें वर्ष तक का वर्णन किया है। यह रचना अपने–आप में अद्वितीय है। इसमें

लेखक ने उन अधिकांश लीको से हटकर लिखने का प्रयास किया है, जिनपर मध्यकालीन भारत में इतिहास रचा जा रहा था। अबुल फजल को यह पता था कि ''इतिहास सबसे पहले राज्य की वैधता का एक स्त्रोत होता है।''[49] यही कारण है कि उन्होंने शब्दों का चयन बहुत सावधानी से किया है–बल्कि पांच मसव्विदे तैयार करते समय बार–बार यही बात दोहरायी है कि ताकि सल्तनत के व्याख्यानों और कारनामों को वैधता मिले।

मुगल सल्तनत जिसके साथ अबुल फजल का गहरा संबंध रहा है यह तथ्य अपने आप में उनकी रचना को मुगल इतिहास लेखन में एक उच्च श्रेणी रखने में समर्थ था। लेकिन बात जो उसे दूसरों से अलग करती है वह यह है कि अबुल फजल ने अपने संरक्षक की वैधता इस्लाम की बजाय एक मिथकीय धार्मिक आधार पर स्थापित की है। मध्यकालीन भारत के इतिहास ग्रंथों ने हमेशा इस ढर्रे का अनुसरण किया है कि पहले अल्लाह, फिर पैगंबर और फिर सुन्नी मुस्लमानों के बीच आदर पाने चार खलीफों गुणगान किया जाता था और फिर पिछले सुल्तानों से लेकर मौजूदा सुलतान तक का गुणगान किया जाता था। लेकिन अबुल फजल ने अपने पुस्तक की शुरूआत अल्लाह की स्तुति से शुरू करते हैं उसके बाद हजरत आदम और उनके बेटों से शुरू करके अकबर तक पहुँचती है, जिनके बीच में अबुल फजल के अनुसार 52 पीढ़ियाँ हैं। इस तरह जहाँ दूसरे इतिहासकार मौजूदा बादशाह की वंश गाथा इस्लाम के पंथवादी वंशवृक्ष के माध्यम से पेश करते हैं, वही अबुल फजल ने सोचे–समझे ढंग से उस वंशवृक्ष को अलग करके अकबर की पंथवादी नहीं, एक मिथकीय वंशागाथा प्रस्तुत की है। उन्होंने ऐतिहासिक विश्लेषण की कुछ नयी प्रथा विकसित करने के प्रयास भी किए हैं जो पहले से चली आ रही प्रथा से अलग थी। ''अबुल फजल ने जो सबक दिया वह यह था कि एक शासक को विभिन्न धर्मों के मानने वालों में भेद नहीं करना चाहिए। सभी वर्गों विशेषकर सभी विशिष्ट शासक वर्गों यानी राजपूतों, अफगानों और मुगलों आदि का प्रशासन के कार्य में सक्रिय समर्थन और सहयोग प्राप्त करना चाहिए।''[50] इस प्रकिार हमें अबुल फजल के लेखन में मुगल काल में इतिहास लेखन एवं ऐतिहासिक

साहित्य के लेखन में आया महत्वपूर्ण परिवर्त्तन परिलक्षित होता है। ''यह महत्वपूर्ण परिवर्त्तन था इतिहास का धर्मनिरपेक्ष होना।''[51]

अबुल फजल जिन स्त्रोतों से सूचना प्राप्त करते हैं, उसका उल्लेख कभी–कभी ही करते हैं। ''इतिहासकार का एक दुरूह कार्य है ऐसे दस्तावेजों को जमा करना जिन्हें वह जरूरी समझता है। विभिन्न किस्म की गाइडों मसलन अभिलेखागारों अथवा पुस्तकालयों की संदर्भ सूचियों, संग्रहालयों की तालिकाओं और हर किस्म की ग्रंथ सूचियों की मदद के बिना उसे सफलता मिलना मुमकिन नहीं है। ''[52] अबुल फजल के अनुसार इतिहास ''कालक्रम के अनुसार दर्ज विश्व की घटनाओं का ब्यौरा है।''[53] इस परिभाषा का अबुल फजल ऑशिक रूप से ही पालन करते हैं। अबुल फजल कार्य–कारण संबंध के लिए कोई निश्चित सिद्धान्त प्रतिपादित नहीं करते परन्तु वह उन्हें सामान्य नियम का रूप ही देते हैं। ये सामान्य नियम क्योंकि अलग–अलग घटनाओं पर आधारित है इसलिए ये व्यापक नहीं हो पाये हैं जिनके आधार पर समस्त घटनाओं के कारण–कार्य सम्बन्ध को निश्चित किया जा सके। उनकी यह प्रवृत्ति के पीछे यह भावना काम करती रही कि इतिहास विविध घटनाओं का संग्रह मात्र है और प्रत्येक घटना में कोई नैतिक सीख अथवा नैतिक शिक्षा अवश्य ही है। ''यह बात अक्सर भुला दी जाती है कि ऐतिहासिक व्याख्या समसामयिक विचारधारा की उपज हो सकती है।''[54] वे कभी–कभी दैवीय कारणों से भी प्रभावित रहे हैं। प्रथम अकसर सम्बन्धी मान्यताएँ जैसे अकबर का अर्थ दैवीय व्यक्तित्व और अकबर के प्रति भक्ति एवं प्रतिबद्धता की अनिवार्यता किसी घटना की विफलता, विद्रोह या आक्रामकता मापदंड थे।

अकबरनामा का दो भागों में अर्थात् वृतांतवाले भाग और एक आईन के गजेटियरवाले भाग इतिहास–लेखन की एक नई शैली का सूचक है। किसी धार्मिक कट्टरता का अभाव इस पुस्तक की एक और महत्वपूर्ण विशेषता है। जे०एन० सरकार ने कहा है ''अबुल फजल अपने पाठकों को इतिहास की प्रयोगशाला में ले जाते हैं और उन्हें अपनी पुस्तक अकबरनामा और आइने अकबरी द्वारा अपनी पद्धति की व्याख्या करते हैं जो उन तरीकों को याद दिलाती है, जिसे तैमूरी आत्मकथा में उपयोग

किया गया था।''[55] अबुल फजल समकालीन यूरोप में उभर रही धर्म निरपेक्ष संस्कृति से कुछ हदतक परिचित थे जो उनके सोच को प्रभावित चित्रकला का भी वर्णन करते हैं। फिर अकबर के शासन के बारे में अबुल फजल की व्याख्या में काफी कुछ अर्थ–रहस्यवादी तत्व मौजूद थे। यही तथ्य अकबर के दरबार की नई बौद्धिक जागरूकता की सीमाओं को अच्छी तरह स्पष्ट कर देता है। उन्होंने अपनी पुस्तक आइने–अकबरी में भारत की संस्कृति के विषय में विस्तार से वर्णन किया है। ''उसने अलबरूनी के बाद भारत के समाज, धार्मिक मतों और सम्प्रदायों, ज्ञान तथा कलाओं का सर्वाधिक विवेचन है।''[56]

अबुल फजल के बारे में एक बात निश्चित तौर पर कही जा सकती है कि अकबरनामा की रचना के लिए उन्होंने जो विस्तृत शोध कार्य किया है। वह भारत के एक निष्पक्ष एवं उन्नत इतिहास–लेखन का एक व्यापक प्रवास था। ''जिस हद तक इतिहासकार अतीत की सामूहिक स्मृति का सकंल्प करते हैं और उसका निर्माण करते हैं उस हद तक समकालीन समाज के लोगों को उनपर भरोसा करना पड़ेगा।''[57] भले उनकी धारणाएँ बेहद, अनगढ़ और उनकी मान्यताएँ पूरी तरह अवैध लगे। लेकिन ये एशिया के प्रथम इतिहासकार हैं जो 'ऐतिहासिक अध्ययन के क्षेत्र में डाटा एवं सांख्यिकी के उपयोग के संबंध मे मार्ग दर्शन रहे हैं।''[58] आजतक उनकी रचना मध्यकालीन भारतीय इतिहास–लेखन में मील का पत्थर साबित हुयी है।

अबुल फजल के समकालीन बदायूँनी न तो वैज्ञानिक इतिहासकार थे और न ही उन्होंने राजनीतिक इतिहास में कोई विशेष रूचि दिखाई। उनकी पुस्तक को इतिहास का अपेक्षाकृत संस्मरण कहना ज्यादा उचित होगा। उसने अपनी पुस्तक मुन्तखाब उत तवारीख में अकबर के चहेतों और उसके सुधारों पर तीखी आलोचना की है जो कट्टरता या पूर्णतया दुराग्रह से उत्पन्न हुए थे। बदायूँनी इतिहास के महत्व को स्वीकार करते हुए लिखते हैं कि ''इतिहास ज्ञान की उच्च शाखा है जो बुद्धिमानों के लिए अनुभव का कोष है तथा सतर्क व्यक्तियों के लिए यह चेतावनी का एक माध्यम है। निष्ठा अथवा ईमान को शक्तिपूर्ण बनाने के लिए यह नींव है।''[59]

बदायूँनी की एक कमजोरी रही है कि उसने व्यक्तियों की परख मानवीय इच्छाशक्ति के आधार पर की है। इसके साथ ही कार्य–कारण सम्बन्ध को भी पूरी तरह नहीं दर्शा पाये हैं। उसने घटनाओं का पृथक–पृथक वर्णन किया है वह न तो इतिहास के सन्दर्भ में तर्कका कोई निश्चित आधर ढूँढ़ पाये और न ही उनका परस्पर सम्बन्ध ही निश्चित कर पाये। यद्यपि उनकी धार्मिक कट्टरता मध्यकाल के इतिहास–लेखन में कोई नई चीज नहीं थी बरनी का उदाहरण सर्वविदित है। परन्तु जहाँ बरनी राज्य नीति के लिए एक विकल्प बताता है। वहाँ बदायूँनी नये विकल्प के प्रति मौन रहता है। इसका कारण है कि बरनी ने इतिहास को एक जीवित प्रक्रिया के रूप में देखा जिससे कुछ शिक्षाऐं प्राप्त की जा सकती हैं और उनके संदर्भ में वह इस्लाम को बुद्धिसंगत बनाने के लिए तत्पर था।

यह सही है कि भारत में इतिहास–लेखन की परम्परा नहीं थी। मुस्लिम राजघरानों के भारत आगमन तथा अपना शासन स्थापित करने के बाद ही इस परम्परा की शुरूआत हुई। दिल्ली सल्तनत, मुगलों और उनके उत्तराधिकारी राज्यों के अन्तर्गत ऐतिहासिक मूलपाठों में अत्यधिक वृद्धि हुई परन्तु इसमें सन्देह है कि इतिहास–लेखन की पूर्वधारणाओं अथवा उद्देश्यों के संबंध में कोई भूलभूत परिवर्त्तन हुआ। प्रारम्भ से ही इतिहास–लेखन में वस्तुपरकता का अभाव रहा तथा इसमें दो दुर्बलताएँ थीं जिन्होंने इसको प्रभावित किया प्रथम तो यह है कि इतिहासकार राजा के कर्मचारी थे इस लिए उनका पहला कर्तव्य था अपने मालिक के चरित्र और शासन को गौरवमंडित करना इसके अतिरिक्त अधिकांश इतिहासकार मुस्लमान थे जो हिन्दुओं के प्रति पूर्वाग्रहग्रसित थे। उनके इस दृष्टिकोण के कारण उन्होंने उन घटनाओं की अतिरंजित किया जिनमें हिन्दू हारे या अपमानित हुए। सम्भवतः इन घटनाओं के बारे में लिखकर वे मुसलमानों का मनोबल ऊँचा उठाना चाहते थे ताकि उन्हें हिन्दुओं से खतरा न महसूस हो। ई० एच० कार की निम्नलिखित टिप्पणी मध्यकालीन इतिहासकारों के धार्मिक रूझान का तर्क प्रस्तुत करती है, ''मध्यकालीन इतिहास के तथ्य के रूप में हमें जो कुछ मिलता है उसका चुनाव ऐसे इतिहासकारों की ऐसी पीढ़ियों द्वारा किया गया

था। जिनके लिए धर्म का सिद्धान्त और व्यवहार एक पेशा था, इसलिए उन्होंने इसे अत्यन्त महत्वपूर्ण माना और इससे संबंधित हर चीज लिख गए। इसके अतिरिक्त जो दूसरी चीजें थी उन्हें बहुत कम हुआ।''[60]

यद्यपि फारसी इतिवृत्त इस दृष्टि से अकसर प्रभावशाली प्रतीत होते हैं कि वे प्रायः सैनिक, राजनीतिक, प्रशासनिक घटनाओं और यहाँ तक कि उनके धर्मनिरपेक्ष गौण कारणों में ध्यान देने में सावधानी दिखाते हैं। ''लेखिन उनका उद्देश्य कुल मिलाकर पूर्व की भाँति उदाहरणों द्वारा धार्मिक और नैतिक शिक्षा देने के साथ–साथ शासकों की प्रशंसा करना ही रहा।''[61] क्योंकि किसी भी व्यक्ति की किसी से तुलना कर ही हम उसके कार्यों की अच्छाई और बुराई दिखा सकते हैं। ''तुलना और उदाहरण बुद्धि द्वारा विकसित बौद्धिक उपकरण है।''[62]

मध्यकालीन इतिहासकरों में आलोचनात्मक इतिहास–लेखन की कमी थी। उन्होंने हदीम के परम्परागत सिद्धान्तों के अन्तर्गत ही इतिहास लेखन किया। उन्होंने दरबार एवं शासकों के अलावे नये स्त्रोतों की ओर अकसर यहाँ ध्यान नहीं दिया बल्कि उसे ही आत्मसात करके बिना किसी मूल्यांकन के स्वीकार किया। यह कमी हमें प्रारम्भिक मुगल काल तक भी देखने को मिलती है। यहाँ तक की उस समय के ब्रिटिश इतिहासकारों पर भी यह प्रभाव देखा जा सकता है। ''अबुल फजल ने बिना किसी अनुग्रहिता के स्त्रोत का इस्तेमाल किया है।''[63] यूरोपीय इतिहासकार भी इन इतिहासकारों की तरह अपने स्त्रोतों के लिए दूसरे इतिहासकारों पर निर्भर थे। उनके पास भी कोई प्रभावकारी जरिया नहीं था इतिहास की आलोचना की।

इसके अतिरिक्त समकालीन इतिहासकारों ने जिस शब्दावली का प्रयोग किया है वह केवल शासक वर्ग की भीतरी खींचतान और संघर्षों और समझौतों से संबंध रखती है और इस कर्म में हिन्दू और मुसलमान दोनों ही शामिल थे। शासक वर्ग के भीतर के ये संघर्ष सामाजिक स्तर के संघर्षों का प्रतिफलन नहीं करते थे। दूसरे समकालीन इतिहासकारों की कृतियों में आत्मनिष्ठ तत्व बहुत प्रबल है। हरबंस मुखिया के शब्दों में ''प्रायः ही वे वह नहीं लिखते हैं जो घटित हुआ बल्कि वह लिखते हैं

जिसे वे चाहते थे कि घटित हो। ये इतिहासकार ऐतिहासिक कारण–कार्य संबंध को भी मानव इच्छा या ज्यादा से ज्यादा मानव प्रकृति या रूझान के दृष्टिकोण से देखते थे। मानव इच्छा के आधार पर ऐतिहासिक कारण–कार्य संबंध की व्याख्या का मतलब यह भी था कि वैयक्तिक और स्वतंत्र घटना के रूप में विवेचित किया गया है।''[64]

आधुनिक प्रवृत्तियाँ

भारत में इतिहास लेखन की फारसी अरब परम्परा के प्रवेश के साथ मध्यकालीन युग में ऐतिहासिक परम्परा में मजबूती और विविधता आयी। ''मानव जीवन समेत इस विश्व को माया समझनेवाले और फलस्वरूप इतिहास के प्रति कुछ–कुछ तिरस्कार का भाव रखनेवाले दर्शनोन्मुख हिन्दुओं के विपरीत, मुसलमानों में आरम्भ से ही प्राचीन चीनियों और युनानियों की तरह अतीत को जानने तथा मनुष्यों, घटनाओं, प्रकरणों और गतिविधियों का लेखा–जोखा रखने की एक तीव्र इच्छा रही है।''[65] इस युग में भाट संबंधी लेखन की परम्परा भी फली–फूली जिसका ख्यात, भाट इत्यादि प्रतिनिधित्व करते थे। उन्नीसवीं सदी के शुरू से अंत तक इतिहास–लेखन की ये विभिन्न परंपराएं चाहे हल्के रूप में सही जारी रही और कुछ भारतीय रियासतों में तो 1947–48 ई० में भारतीय संघ में रियासतों के विलय तक जारी रही। इन सभी ने इतिहास के लोकप्रिय दृष्टिकोण को एक रूप प्रदान करने में निश्चित भूमिका निभाई है और सचेत अथवा अनजाने ढंग से कुछ हद तक भारतीय इतिहास–लेखन को भी प्रभावित किया है।

सत्रहवीं सदी के दौरान दो ऐसी बातें हुई जिनसे यह प्रदर्शित होता है कि इतिहास लेखन संकीर्ण रूढ़िवादी विचारों का प्रतिबिंब नहीं है अथवा नस्लवादी वर्गों द्वारा इसका उपयोग नहीं किया जा सकता था। पहला हिन्दुओं (हस्सरदास, भीमसेन मेहता, नैनसी के 'ख्यात' इत्यादि) द्वारा लिखी गई इतिहास की पुस्तकों का प्रकाश में आना। ''अकबर ने अपने साम्राज्य का सरकारी इतिहास शाही इतिहासकारों द्वारा लिखवाना आरम्भ किया और यह प्रथा औरंगजेब के शासनकाल तक प्रचलित रही जबकि उसने अपने शासन के ग्यारहवें वर्ष में इसे बन्द कर दिया। ''[66]

औरंगजेब द्वारा सरकारी इतिहास–लेखन को समाप्त करना संभवतः बचत के लिए उठाए गए कदम से कुछ ज्यादा था। इससे यह प्रदर्शित हुआ कि औरंगजेब इतिहास–लेखन को (और काव्य को भी) अपने रूढ़िवादी उद्देश्यों के अनुकूल बनाने में अक्षम था। इसलिए जहां तक संभव हो सका, उसने इतिहास लेखन को नापसंद किया। जगदीश नारायण सरकार लिखते हैं कि औरंगजेब के इस प्रसिद्ध आदेश के कारण एक सम्पूर्ण और सुसम्बुद्ध इतिहास का मिलना अत्यन्त कठिन था लेकिन इस प्रतिबन्ध के फलस्वरूप हमको आधुनिक भारत का एक सबसे उत्तम और सबसे निष्पक्ष ऐतिहासिक ग्रन्थ (खफी खान का मुतखाब उल लुबाब) प्राप्त हुआ है।''[67]

इतिहास–लेखन के निरन्तर बदलते आयाम एवं इसमें निहित संभावनाओं ने जहां एक और इस विषय को गति प्रदान की वहीं दूसरी ओर इसे जीवंत बनाए रखा है। इतिहास की जो समझ हम तक पहुंचती है वह मुख्यतः अतीत के विभिन्न चरणों के विकसित हो रहे भौतिक संस्कृतियों का ही वैचारिक प्रस्फुटन है। समकालीन चुनौतियों का सामना करने लिए अतीत की ओर मुताबिक होना ही इतिहास निर्माण की प्रक्रिया की शुरूआत है। यद्यपि यह कहा जाता है कि ''जिस चीज की कोई तात्कालिक और प्रत्यक्ष उपयोगिता न हो उसका होना न होना बराबर है।''[68] लेकिन सुशिक्षित संसार में यह कथन सुविख्यात है कि भूतकाल का विवेचन कर वर्तमान को शिक्षा देना ही इतिहास का प्रधान कार्य है जिससे भावी पीढ़ियों को पूरा–पूरा लाभ पहुँचा सके।

इतिहास–लेखन में कई तरह के दबाव भूमिकाएं निभाते रहें हैं। शासकों, सम्प्रदायवादियों और राष्ट्रवादियों ने अपनी–अपनी दृष्टि से इतिहास–लेखन का कार्य एक सीमा के अन्दर ही करवाया। सोलहवीं और सत्रहवीं शताब्दियों में यूरोपीय लोग एशियाई इतिहास में रूचि प्रदर्शित कर रहे थे और यह रूचि एशियाई विशेषतः भारतीय लोगों का वैज्ञानिक अध्ययन बनी। जिसे बाद में प्राच्य की संज्ञा दी गई। जदुनाथ सरकार का मानना है कि ''हिन्दू और मुस्लिम दोनों धर्मो का तर्क और विज्ञान के आधार पर विशुद्धिकरण हो और इनका पुनर्जीवन हो।''[69]

हमारे देश में सांप्रदायिक विचारधारा को मध्यकाल के अध्ययन से जितना बढ़ावा मिला उससे पहले भारतीय इतिहास में किसी और काल के अध्ययन से नहीं। ''अनेक विद्वानों की दृष्टि में इस्लाम के आगमन से देश जैसे दो परस्पर संघर्षरत् शिविरों में स्थायी रूप से विभाजित हो गया।''[70] मिल जैसे इतिहासकारों ने भारतीय इतिहास को साम्प्रदायिकता के आधार पर तीन कालों में विभाजित किया जैसे हिन्दूकाल, मुस्लिम काल तथा ब्रिटिश काल। अरब विजय के काल से लेकर अन्तिम मुगल शासक के पतन तक के काल (712–1858) को मुस्लिम काल कहा गया है। यद्यपि समसामयिक इतिहासकारों ने कभी भी इस काल को इस्लामी अथवा मुस्लिम काल नहीं कहा। उन्होंने इस काल में शासन कर रहे राजवंशो के नाम से काल का विभाजन किया।

औपनिवेशिक युग में इतिहास के महत्व और उसकी पहुँच में अभूतपूर्व वृद्धि हुई। इतिहास पिछड़े, स्थिर, पूर्व के विपरीत गतिशील ईसाई अथवा वैज्ञानिक पश्चिम की उच्चता दिखाने के साथ–साथ ब्रिटिश आत्मविश्वास को सहारा देने तथा भारतीयों को उनके निम्नतम स्थान का स्मरण कराने का एकमात्र मुख्य औजार बन गया। डी० डी० कोसांबी के शब्दों में ''इतिहास का काम वर्तमान और अतीत के बीच अंतः संबंधों के माध्यम से इन दोनों की अधिक गहरी समझ अर्जित करना है।''[71] उलटे विदेशी शासन ने अतीत के वास्तविक अथवा काल्पनिक वैभव को जीवित रखने और तत्कालीन दुर्भाग्य के कारणों की खोज करने के लिए इतिहास का प्रयोग करने के प्रयासों को उकसाया। ''अगर वर्तमान कुछ मायने में असंतोषजनक था तो अतीत उसे किसी संतोषजनक रूप में पुनर्निर्मित करने का मॉडल भी पेश करता था।''[72] इस प्रकार भारतीय बुद्धिजीवियों की गंभीर दिलचस्पियों में इतिहास को एक नई केन्द्रीयता हासिल हो गई, क्योंकि वह ''सामूहिक अहम के बारे में बातें करने और उसे अस्तित्व में लाने का मुख्य साधन बन गया।''[73]

साम्राज्यवादी ब्रिटिश इतिहासकारों का यह लक्ष्य था कि अंग्रेजों से पहले सभी सरकारें निरंकुश, असहिष्णु तथा दानवी रूप से क्रूर थी और विदेशी अक्रांताओं के हाथों भारतीय जनता हमेशा विजित हुई हैं। डा० रामविलास शर्मा ने मध्यकालीन इतिहास पर हेगल की टिप्पणी का

आलोचनात्मक विश्लेषण किया है। हेगल ने कहा है कि ''वास्तविक इतिहास केवल उस युग का होगा जो चेतना के विकास के लिए महत्वपूर्ण है। कुल मिलाकर भारतीय संस्कृति का प्रसार मूक, क्रियाहीन प्रसार है अर्थात् उसमें कोई राजनीतिक कार्य दिखाई नहीं देता। भारत के लोगों ने विदेश में कहीं विजय प्राप्त नहीं की वरन् हर अवसर पर स्वयं विजित हुए हैं। हेगल भारतीय इतिहास में मुसलमानों की भूमिका की समीक्षा नहीं करते। वह जानते हैं कि मुगलकालीन भारत समृद्धि के लिए विख्यात था। इसके प्रति वे पाठक को सावधान करते हैं। उनका कहना है कि यह एकता और समृद्धि ऊपरी है, अन्दर सबकुछ कटा और बँटा हुआ है। भारत में जाति–बिरादरी की अराजकता, नैतिक स्वेच्छाचारिता, मानसिक गुलामी के अलावा उन्हें और कुछ नहीं दिखाई देता।''[74]

लेकिन 'आइने अकबरी' से स्पष्ट पता चलता है कि 'सुलहे कुल में विविधतापूर्ण मतों के प्रति सहिष्णुता का दृष्टिकोण रखते हुए, अलग–अलग धर्मों के तथा उनके अनुयाइयों के बीच एकता की प्रेरणा निहित थी। इसी प्रकार अकबर के काल से सम्पन्न होती आर्थिक स्थिति की पुष्टि आइने अकबरी में दिए गए आंकड़े से होती है। संदर्भ में अबुल फ़जल ''वैज्ञानिक चेतना के अभाव और इस्लामी जगत पर पारम्परिक रूढ़ियों के हावी होते जाने पर गहरा क्षोभ व्यक्त करता है।''[75] अकबरनामा में किसी धार्मिक कट्टरता या आज की भाषा में साम्प्रदायिक दुर्भावना का पूरा अभाव था जो इस पुस्तक की एक और महत्वपूर्ण विशेषता है। हरबंस मुखिया के मतानुसार, ''आज के इतिहासकार की बदनसीबी यह है कि अबुल फजल ने इस नीति के परिपक्व रूप को ही स्वीकार किया और इसे अकबर के पूरे शासन पर एक समान ढंग से लागू किया है, और इस कारण उसके विकास की प्रक्रिया की पुनर्रचना बाधित होती है।''[76]

मध्ययुगीन भारतीय लेखकों में बरनी निश्चित रूप से सबसे अधिक चिंतनशील इतिहासकार थे। उसने इतिहास का अध्ययन कुलीन और विशिष्ट लोगों महान व्यक्तियों और उनके पुत्रों का माना है। इरफान हबीब ने कहा ''बरनी के काल में जो परिस्थितियां थी उन्हें देखते हुए इस तरह का दृष्टिकोण रखना उचित ही था।''[77] लेकिन आधुनिक काल

के इतिहासकारों ने इसे गलत रूप में पेश किया। ''विद्रोहियों या सम्पन्न हिन्दुओं के प्रति बरनी के मन में जो घृणा का भाव था, उसका बहुत से आधुनिक इतिहासकारों ने इतिहास के स्वरूप को विकृत करने में उपयोग किया है और उनके माध्यम से यह दिखाने की कोशिश की है कि मध्यकालीन भारतीय इतिहास एक ऐसी कहानी का लंबा सिलसिला है जिसमें हिन्दुओं का केवल हिन्दू होने की वजह से ही दमन किया गया।''[78]

बरनी के बारे में ''इलियट''[79] का मत है कि एक पक्षपातपूर्ण वृतान्तकार है। ''डाउसन''[80] ने कहा है कि वे तिथियों को लेकर लापरवाह और असटीक एवं उनके यहां व्यवस्था का अभाव है। डाउसन का विचार है कि वे आमतौर पर मुहम्मडनों की तरह तंगदिल और कट्टर थे। फिर भी यह माना है कि बरनी की रचना इतिहास की (आधुनिक) यूरोपीय धारणा के कहीं अधिक करीब हैं। पीटर हार्डी का निष्कर्ष है कि बरनी ने इतिहास को धर्मशास्त्र की एक शाखा की तरह इस्तेमाल किया है। लेकिन बरनी ने तारीखे–फीरोजशाही में इतिहास–दर्शन का एक खाका प्रस्तुत किया है। ''उनके पास इतिहास का एक सिद्धान्त है जिसे वे खुले तौर पर पेश करते हैं और कमोबेश सुसंगत ढंग से लागू करते हैं। इस तरह वे पूरे मध्यकालीन भारतीय इतिहास–लेखन में अद्वितीय है।''[81] मोरलैंड ने कहा है कि बरनी जनता, साधारण किसानों और दूसरे दलित तबकों को 'ढोर' मानते हैं और इसलिए उसे ऐतिहासिक क्षेत्र से बाहर मानते हैं।

वर्ग संघर्ष को छिपाने, इतिहास में मर्यादित स्थान पाने तथा साम्प्रदायिक भावना का पोषण करने के लिए भारत में मुस्लिम राज के मिथक का प्रचार किया जाता रहा है। ''सम्पूर्ण इतिहास में क्या ऐसा एक भी दृष्टान्त है जहां साम्राज्य की स्थापना शक्ति प्रयोग के बिना की गयी है।''[82] मुसलमानों ने भारत पर शासन किया तथा हिन्दुओं को अपना गुलाम बनाकर रखा यह अवधारणा आम मुसलमानों में एक गर्व बोध पैदा करती है। ''मैकियावेली ने कहा था, राष्ट्र के हित में सारे तथ्य जुटाए जाने चाहिए, न हो तो गढ़े जाने चाहिए।''[83] किन्तु तथ्य इससे बिल्कुल भिन्न है। मुस्लिम शासकों ने प्रशासनिक ढाँचे को यथावत रखा तथा

हिन्दू जमीन्दारों के विशेषाधिकारों से कोई छेड़छाड़ नहीं की। ''भारत के इतिहास में संघर्ष हिन्दू और मुसलमानों के बीच नहीं बल्कि दो शासक श्रेणियों के बीच था।''[84]

'इलियट और डाउसन'[85] ने मध्यकालीन भारत के इतिहास–संबंधी स्त्रोतों का बड़ा ही सावधानी से चयन किया। इसे तैयार करने का उद्देश्य यह था कि भारतवासियों को सांप्रदायिक आधार पर बाँट दिया जाय और साथ ही ब्रिटिश शासन के कल्याणाकारी स्वरूप का उन्हें विश्वास दिलाया जाय। सतीश चन्द्र के शब्दों में, ''ब्रिटिश धारणा थी कि भारत कभी भी एकता की गहरी भावना के साथ एक राष्ट्र नहीं बल्कि नस्लों, धर्मो, जातियों इत्यादि का एक समूह था।''[86] वहीं कई अन्य इतिहासकारों ने दूसरे दर्जे का ऐतिहासिक लेखन किया। इन्होंने कहा ''हिन्दू और मुस्लिम संस्कृतियां इसी प्रकार की दो अलग संस्कृतियां है जो पृथक समुदायों, उनके अपने धर्म और कानूनी पुस्तकों, नीतिशास्त्रों, नैतिक व्यवस्थाओं इत्यादि पर आधारित है। इस विचार ने दोनों संस्कृतियों के बीच एक स्थायी द्विभाजन को माना।''[87] 1947 में भारत का विभाजन इसी सोच का परिणाम है।

मध्यकालीन भारतीय इतिहास के अध्ययन को धर्मनिरपेक्ष स्वरूप देने में राष्ट्रवादी इतिहासकारों का योगदान अप्यंत महत्वपूर्ण था। मध्यकालीन भारत के इस अनवरत् सांप्रदायिक संघर्ष के विचार का राष्ट्रवादी इतिहासकार खंडन करते थे। उन्होंने सांप्रदायिक सद्भाव दिखाने के लिए साक्ष्य प्रस्तुत किए। उन्होंने विगत शताब्दियों में विचारों के, संस्कृति के जीवन शैली के क्षेत्रों में दोनों बड़े सांप्रदायों के बीच पर्याप्त आपसी अंतः क्रिया पर जोर दिया। समन्वित संस्कृति की धारणा का विकास इसी जोर से हुआ। ''तुर्की और मुगल शासन के दौरान भारत का सांस्कृतिक विकास बड़ी तेजी से जारी रहा। प्रशासन और राजनीतिक जीवन में हिन्दू एक महत्वपूर्ण भूमिका निभाते रह, और जब मुगल शासन का विघटन हुआ तब एक मिली–जुली संस्कृति विकसित हो चुकी थी।''[88] यद्यपि राष्ट्रवादी इतिहासकारों में कुछ कमियाँ भी रही हैं वे सांप्रदायिक इतिहासकार सांप्रदायों के टकरावों को उजागर करते थे तो राष्ट्रवादी इतिहासकार दोनों का सहयोग दर्शानेवाले अन्य

उदाहरण देते थे। आधुनिक इतिहासकारों द्वारा मध्यकालीन इतिहास के कुछ नए विषयों का अध्ययन की ओर ध्यान भी आकृष्ट किया गया है।

अलबरूनी के काल तक यह फर्क करना मुश्किल था कि कौन हिन्दुस्तानी है और कौन वे लोग जो हिन्दुस्तानी होने के साथ–साथ इस्लाम के अतिरिक्त अन्य धार्मिक सांप्रदायों के अनुयायी हैं। खुसरो भारत के संस्कृति के खुलेपन, नवोन्मेषशीलता तथा सहिष्णुता की चर्चा करते हैं। उसे यहां भारतीय संस्कृति में विषय के एक नई दृष्टि मिलती है और इसका कारण यह है कि खुसरो के समय तक भौतिक परिस्थितियां बदल चुकी थीं। ''इस बदलाव के पीछे दो संस्कृतियों (प्राचीन भारतीय संस्कृति तथा इस्लामी संस्कृति) के संगम की भूमिका थी।''[89] महान मुगल बाादशाह अकबर के काल में सामाजिक संस्कृति अपनी पराकाष्ठा तक पहुँच चुकी थी। अन्य मुगल शासक ने भी इस एकता को मजबूत करने में अहम भूमिका निभाई। इस संदर्भ में डा० ताराचन्द का कहना है कि मुगल शासन ने भारत को राजनीतिक एकरूपता तथा व्यापक निष्ठाबोध दिया, वह भारत के अस्मिताबोध के लिए आवश्यक था।

अकबरनामा के सम्बन्ध में प्रो० रिजवी का विचार है कि इतिहास के साथ–साथ इसमें समकालीन राजनीति पर भी प्रकाश पड़ता है। प्रत्येक महत्वपूर्ण घटना लिखने के पूर्व हर स्थान पर छोटी–छोटी प्रस्तावनायें दी है। इन प्रस्तावनाओं के विश्लेषण से अबुल फजल के राजनीतिक एवं धार्मिक विचारों तथा समकालीन विचारधाराओं का भी पता चल जाता है और उस दृष्टिकोण का भी ज्ञान प्राप्त हो जाता है जिसमें प्रचार का शासन की ओर से प्रयत्न किया गया है। वहीं प्रो० नोमान अहमद सिद्दीकी लिखते हैं कि अबुल फजल मध्यकालीन इतिहासकारों में पहला व्यक्ति था। ''आधुनिक इतिहासकारों द्वारा कल्हण की इसलिए काफी प्रशंसा की जाती है, क्योंकि उन्होंने स्त्रोतों की असाधारण रूप से आलोचनात्मक विवेचना की और विषयनिष्ठता लाने का प्रयास किया।''[90] अबुल फजल जानकारी प्राप्त करने के लिए किसी एक साधन पर पूर्णतया निर्भर नहीं रहा। एक ही तथ्य के विभिन्न पहलुओं के विभिन्न स्त्रोतों को इकट्ठा कर उन्हें सत्यासत्य की कसौटी

पर आंका और उसके बाद ही उसने उसे स्वीकार किया। ''इतिहास के तथ्यों के प्रति हमारी सामान्य जिम्मेदारी है और इसके राजनैतिक वैचारिक दुरूपयोग के खंडन के लिए विशेष जिम्मेदारी है।''[91] उसने इसके लिए फरमान सूचनायं व स्मरण पत्रों का सहारा लिया और शासन के 19वें वर्ष से ''वाक्या नवीस'' द्वारा लिखित विवरण का भी अध्ययन किया। इस प्रकार अबुल फजल ने ऐतिहासिक खोजबीन की पद्धति से वह सत्य का निरूपण करने में सफल हुआ।

अदुनाथ सरकार इस बात पर जोर देते हैं कि ''इतिहासकार को किसी भी कीमत पर सत्य को उजागर करना चाहिए। सामान्य बातों को नजरअंदाज करते हुए हमेशा सत्य को ही प्रमुखता दें।''[92] यद्यपि सत्य का वर्णन करना आसान कार्य नहीं है। ''लोगों की आम धारणा है कि इतिहास लिखने में सत्य का वर्णन करना बहुत ही आसान काम है, किन्तु वास्तव में यह काम सरल न होकर बहुत कठिन है।''[93]

अकबर की धार्मिक उदारवादी नीति तथा दीन–इलाही की आलोचना समकालीन इतिहासकार बदाँयूनी ने समसामयिक सामाजिक परिप्रेक्ष्य में की है। पाश्चात्य इतिहासकार स्मिथ ने भी दीन–इलाही को सम्राट अकबर की मूर्खता का परिचायक कहा है। बीसवीं सदी में भारतीय समाज के लिए धार्मिक उदारता आवश्यक हो गयी। सामाजिक मूल्यों के परिवेश में एस० आर० शर्मा ने दीन इलाही को राष्ट्रीयता की अभिव्यक्ति कहा है। प्रत्येक युग में सामाजिक मूल्यों के संदर्भ में ऐतिहासिक घटनाओं की उपयोगिता हो सकती है।

मध्यकालीन भारत के इतिहासकार ऐतिहासिक कारण–कार्य सम्बन्ध ा को मानव इच्छा या ज्यादा मानव प्रकृति या रूझान की दृष्टिकोण से देखते थे। मानव इच्छा के आधार पर ऐतिहासिक कारण–कार्य संबंध की व्याख्या का मतलब यह था कि उनकी रचनाओं में प्रत्येक ऐतिहासिक घटना को दूसरी घटनाओं से एक अकेली स्वतंत्र घटना के रूप में विवेचित किया गया है। मानव इच्छा या प्रकृति पर आधारित व्याख्या में एक प्रखर तत्व देखने को मिलता है। जिसमें मध्यकालीन सदियों की दृष्टि से अबुल फजल के चिंतन जैसे आश्चर्यजनक धर्मनिरपेक्ष इतिहास

चिंतन के लिए भी जगह थी एवं मुल्ला अब्दुल कादिर बदायूँनी जैसे कठमुल्लावादी मुस्लिम वतव्यों के लिए भी। सच तो यह है कि मध्यकालीन भारत में लिखे गए इतिहास–ग्रंथ कभी मानव–इच्छा या प्रकृति के दायरे से बाहर नहीं निकल पाते हैं।

भारत में समकालीन इतिहासकारों द्वारा जो व्याख्या एवं स्वरूप पेश किया गया है वह एक सीमा तक पूर्वाग्रहों से ग्रसित है जो इतिहास को समझने की हमारी प्रक्रिया में बहुत बड़ा बाधक है। जगदीश नारायण सरकार के मत में निस्संदेह ''मध्यकालीन भारतीय इतिहासकारों में आलोचनात्मक दृष्टि की कमी थी।''[94] अधिकृत साधनों के आधार पर वे घटनाओं की तह में जाने का प्रयास नहीं करते थे। यद्यपि शोध के तौर–तरीके में काफी बड़े परिवर्त्तन हुए हैं नई सामग्री का अविष्कार हुआ है परन्तु पुरानी व बेकार हो चुकी ऐतिहासिक व्याख्याओं में संशोधन का कोई प्रयास नहीं किया गया है।

आज इतिहास का क्षेत्र काफी व्यापक हो चुका है। ''आज हम यह मानते हैं कि वास्तव में घटित घटनाक्रम के तथ्यपरक ब्यौरा का नीरस वर्णन ही महत्व नहीं रखता और उसे इतिहास नहीं कहा जा सकता। सबसे अधिक महत्व यह बतलाने का होता है कि घटनाओं से इतिहास की उत्पत्ति किस प्रकार हुई।''[95] प्रत्येक वस्तु किसी कार्य का फल होता है। आज इतिहासकारों से आशा की जाती है कि वह घटनाओं में कारणों और परिणामों की जांच करे। ''हर चीज की तरह इतिहास में भी कारणों की कल्पना नहीं की जा सकती। उनकी खोज की जाती है।''[96] अतीत की छानबीन, सत्य के प्रति समर्पण, वस्तुनिष्ठता, घटनाओं और आन्दोलन में कार्य–कारण सम्बन्धों का पता लगाने, गंभीर और आलोचनात्मक निष्कर्ष तथा ऐतिहासिक व्याख्या आदि इन्हीं सब में इतिहास का सारतत्व निहित है।

इस प्रकार मध्यकाल की इतिहास–दृष्टि आज से एकदम भिन्न थी। मध्यकाल में इतिहास लेखन की यह परंपरा रही है कि ऐतिहासिक कृतियाँ एक खास शैली में ही लिखी जा सकती हैं और उनमें भाषणमाला और कविता का भी समन्वय होता था जो आधुनिक इतिहासकार को

मान्य नहीं है। वे अलंकारिक इतिहास के पुराने ढर्रों को नापसंद करते थे। यह सही है कि समय के साथ–साथ इतिहास और दूसरे विषयों के बारे में आधुनिक विचारकों की दृष्टि में भी परिवर्त्तन आया है जो आर्थिक, सामाजिक, सांस्कृतिक और जनपक्षीय इतिहास की रचना कर रहा है। आधुनिक इतिहासकारों के नजरिया में भी पहले की तुलना में बदलाव आया है।

संदर्भ

1. आर्थर मारविक, पूर्वोदधृत, पृष्ठ – 13
2. गिरिजा शंकर प्रसाद मिश्र, इस्लामी इतिहास दर्शन तथा अरबी इतिहास–लेखन, इतिहास स्वरूप एवं सिद्धान्त में संकलित गोविन्द चन्द्र पाण्डेय (सं०), पूर्वोदधृत, पृष्ठ – 163
3. Khalid Ahmed Nizami, on History and Historians of Medievel India. Munshiram Manoharlal Pub. 1983, p-6
4. ए०एल० बाशम, अद्भुत भारत, आगरा, 1996, पृष्ठ – 37
5. K.A. Nizami, Some Aspects of Religion and Politics In India During The Thirteenth Century, Delhi 1974, p. 365.
6. वही, पृष्ठ – 12–13
7. कयामुद्दीन अहमद (सं०), भारत अलबिरूनी, नेशनल बुक ट्रस्ट इंडिया– 1992 पृष्ठ – 9
8. इरफान हबीब, इतिहास और विचारधारा, पूर्वोदधृत, पृष्ठ – 14
9. कयाद्दीन अहमद, पूर्वोदधृत, पृष्ठ – 19
10. वही
11. वही, पृष्ठ – 27
12. जे० एल० मेहता, मध्यकालीन भारत का वृहत् इतिहास प्रथम

खंड, नई दिल्ली 2000, पृष्ठ – 4

13. सतीश चन्द्र, मध्यकालीन भारत में इतिहास लेखन, धर्म और राज्य का स्वरूप, पूर्वोदधृत, पृष्ठ – 39
14. सलीम किदवई, ऐतिहासिक लेखन की प्रवृत्तियाँ, हरिश्चन्द्र वर्मा (सं०), मध्यकालीन भारत का इतिहास, हिन्दी माध्यम कार्यान्वय निदेशालय दिल्ली विश्वविद्यालय 1990, पृष्ठ – 555
15. E. Sreedharan, op.cit, p-333.
16. वही, पृष्ठ – 336
17. कल्हण, राजतरंगिणी, राजा जयसिंह 1127–1159 ई० कश्मीर, पृष्ठ – 17 जगदीश नारायण सरकार हिस्टोरियोग्राफी देन एण्ड नाउ मिडिवल बिहार, में उदधृत के.पी. जायसवाल रिसर्च इन्स्टीच्यूट पटना, 1989
18. Jagadish Narayan Sarkar, History of History writing in Medieval India, Ratan Prakashan, Calcutta 1977, p-2
19. Khaliq Ahmed Nizami, on History and Historians of Medieval India, op.cit. p- 6-7
20. P.Hardy, Some Studies in Pre-Mughal Muslim Histriography in Historians of India, Pakistan and Ceylon, ed. C.H. Philips, London, 1961, p-115.
21. J.N.Sarkar, History of History Writing in Medieval India, op.cit. p- 33.
22. Harbans Mukhia, Historians and Histriography During the Reigm of Akbar, Delhi, 1976, p-1
23. Bharti S.Kumar, Some persion chroniclers of Sultanate Period, ph.D Thesis, 1983, Under Publication.
24. इरफान हबीब, इतिहास और विचारधारा, पूर्वोदधृत, पृष्ठ – 15

25. S.H.Askari, Amir Khusrau as a Historian, Patna 1988, p-1
26. वही, पृष्ठ – 108
27. इरफान हबीब, इतिहास और विचारधारा, पूर्वोदधृत, पृष्ठ – 15
28. आर० के० सक्सेना, एल० पी० माथुर, मुगलकालीन इतिहासकार व इतिहास–लेखन, पब्लिकेशन स्कीम– 1987, पृष्ठ – 12
29. S.H Askari, Amir Khusrau of as a Historian, op.cit, p-1
30. Mohibbul Hasan, Historians of Medieval India, Jamia Millia Islamia, New Delhi-1968, p-172
31. वही पृष्ठ – 171
32. R. S. Gupta, Mohamad Tughluq, Bristol, 1930, p-3, quoted in B.S. Kumar's some persion chroniclers, op. cit, p. 115.
33. इरफान हबीब, भारतीय इतिहास की प्रमुख व्याख्याएं, पूर्वोदधृत, पृष्ठ – 17
34. गोविन्द चन्द्र पाण्डेय, परिचर्चा इतिहास–पुनर्लेखन, इतिहास लेखन की समस्याएं, खण्ड एक, पूर्वोदधृत, पृष्ठ – 53
35. John C.B. Webster, Studing History, Macmillan India Limited 1997, p-152.
36. Hardy, Historians of Medieval India, London, 1960, p.23.
37. सतीशचन्द्र, पूर्वोदधृत, पृष्ठ – 60
38. मुबारक अली, पूर्वोदधृत, पृष्ठ – 61
39. इरफान हबीब, इतिहास की प्रमुख व्याख्याएँ, पूर्वोदधृत, पृष्ठ – 17.
40. B.S. Kumar's ph.D.Thesis, 'Some persion chronicler'...,

op. cit, p-86

42. Mohibul Hasan, op. cit, p-174.

43. A.Mahdi Hussian, The Rise and Fall of Muhammad bin Tughluq, Delhi, 1972 p.579.

44. एरिक हाब्सबाम, इतिहासकार की चिंता, पूर्वोदधृत 2007, पृष्ठ –281.

45. बूल्जे ह वेग, द केम्ब्रिज हिस्ट्री ऑफ इण्डिया (संपादित) भाग–4, मुगलकालीन इतिहासकार व इतिहास लेखन, आर० के० सक्सेना में उदधृत, पूर्वोदधृत, पृष्ठ – 20.

46. जे० एल० मेहता, पूर्वोदधृत, पृष्ठ – 25.

47. K.A. Nizami, on History and Historians of Medieval India, op. cit. p-141.

48. हरबंस मुखिया, मध्यकालीन भारत नए आयाम, पूर्वोदधृत प्रस्तावना।

49. वही।

50. सतीशचन्द्र, पूर्वोदधृत, पृष्ठ – 60.

51. Mohibbul Hasan, op.cit, p-177.

52. मार्क ब्लाख, पूर्वोदधृत, पृष्ठ – 74.

53. आईन, खंड 1 पृष्ठ 280, हरबंस मुखिया, मध्यकालीन भारत नए आयाम में उदधृत, पूर्वोदधृत, पृष्ठ – 22.

54. रोमिला थापर, साम्प्रदायिक और प्राचीन भारतीय इतिहास लेखन, इतिहास की पुनर्व्याख्या, पूर्वोदधृत, पृष्ठ – 89.

55. J. N. Sarkar, History of History Writing in Medievel India, op.cit, p-100.

56. इरफान हबीब, इतिहास और विचारधारा, पूर्वोदधृत, पृष्ठ – 16.

57. एरिक हाब्सबाम, पूर्वोदधृत, पृष्ठ – 43.

58. K.A.Nizami, on History and Historians of Medieval India, op, cit p-141.

59. डा० आर० के० सक्सेना, डा० एल० पी० माथुर, पूर्वोदधृत, पृष्ठ – 74.

60. ई० एच० कार, पूर्वोदधृत, पृष्ठ–6–7.

61. सुमित सरकार, सामाजिक इतिहास लेखन की चुनौती, पूर्वोदधृत, पृष्ठ – 21.

62. लाल बहादुर वर्मा, पूर्वोदधृत, पृष्ठ –12–13.

63. J.N.Sarkar, History of History Writing in Medieval India, op.cit p-130.

64. हरबंस मुखिया, पूर्वोदधृत, पृष्ठ – 41.

65. S.H. Askari, Amir Khusrau as a Historian, op. cit. p-1.

66. Jagdish Narayan Sarkar, History of History Writing in Medieval India, op. cit, p-98

67. वही, पृष्ठ – 116.

68. लाल बहादुर वर्मा, पूर्वोदधृत, पृष्ठ – 12.

69. S.P Sen (Edited) Dictionary of National Biography Vol.IV, op. cit. p-74.

70. इरफान हबीब, भारतीय इतिहास में मध्यकाल, पूर्वोदधृत, पृष्ठ – 11.

71. मानिक लाल गुप्त, पूर्वोदधृत, पृष्ठ – 142.

72. एरिक हाब्सबाम, पूर्वोदधृत, पृष्ठ – 44.

73. सुमित सरकार, सामाजिक इतिहास लेखन की चुनौती, पूर्वोदधृत, पृष्ठ – 22.

74. रामविलास शर्मा, पाशचात्य दर्शन और सामाजिक अन्तर्विरोध थलेस से मार्क्स तक, पूर्वोदधृत, पृष्ठ – 174.

75. इरफान हबीब, मध्यकालीन भारत में तर्क शक्ति और विज्ञान नीलकंत (संपा०), इतिहास लेखन की समस्याएं, पूर्वोदधृत, पृष्ठ –85.

76. हरबंस मुखिया, पूर्वोदधृत, पृष्ठ – 32.

77. इरफान हबीब, भारतीय इतिहास की प्रमुख व्याख्याएं, पूर्वोदधृत, पृष्ठ–15–16.

78. सलीम किदवई, हरिश्चन्द्र (सं०) मध्यकालीन भारत में संकलित, पूर्वोदधृत, पृष्ठ– 570.

79. Elliot & Dowson, History of India as told by its own Historians,Allahabad 1969, I, P.

80. वही।

81. इरफान हबीब, देहली सल्तनत के इतिहास पर बरनी का सिद्धान्त, इरफान हबीब संपादित मध्यकालीन भारत अंक आठ, राजकमल प्रकाशन नयी दिल्ली–2003, पृष्ठ–64.

82. ई०एच० डान्स, इतिहास एक प्रवंचना–पूर्वाग्रह परीक्षा, पूर्वोदध ृत, पृष्ठ– 32.

83. रामजी राय, इतिहास की राजनीति, पूर्वोदधृत, पृष्ठ– 10.

84. मुबारक अली, इतिहास का मतान्तर, पूर्वोदधृत, पृष्ठ– 23.

85. 'ए हिस्ट्री ऑफ इंडिया ऐज टोल्ड बाई इट्स ओन हिस्टोरियंस' आठ जिल्दों वाले इस ग्रंथ में मध्यकालीन भारत के फारसी में लिखे गए–इतिहास–ग्रंथों के अंशों का अनुवाद था।

86. सतीश चन्द्र, पूर्वोदधृत, पृष्ठ– 43.

87. वही।

88. वही, पृष्ठ– 43.

89. इरफान हबीब, इतिहास और विचारधारा, पूर्वोदधृत, पृष्ठ– 16.

90. सुमित सरकार, सामाजिक इतिहास–लेखन की चुनौती, पूर्वोदधृत, पृष्ठ– 19.

91. रामजी राय, इतिहास की राजनीति, पूर्वोदधृत, पृष्ठ– 13.

92. J.N. Sarkar, Historiography Then and Now Medieval Bihar, Kashi Prasad Jayaswal Research Institute,Patna, 1989, p-128.

93. ई० एच० डान्स, पूर्वोदधृत, पृष्ठ– 50

94. Jagdish Narayan Sarkar,History of History writing in medieval India, op. cit, p-130.

95. S.H. Askari, Amir Khusrau As a Historian op. ct., p-2.

96. मार्क ब्लाख, पृष्ठ– 18.

4

क्षेत्रीय इतिहास लेखन का स्वरूप

इतिहास की परिवर्त्तनशील परम्परा के तहत क्षेत्रीय इतिहास–लेखन बहस के एक अहम् मुद्दे के रूप में उभर कर सामने आया है। क्षेत्रीय इतिहास लेखन की इस आधुनिक प्रवृत्ति ने विश्लेषण और व्याख्या के एक नये क्षेत्र की तलाश की है जिसके कारण इतिहास लेखन का क्षेत्र काफी व्यापक एवं विस्तृत हो चला है। जगदीश नारायण सरकार के शब्दों में ''भारतीय इतिहास एवं समाज को सही तरह से समझने के लिए क्षेत्रीय इतिहास–लेखन परमावश्यक है।''[1]

क्षेत्रीय इतिहास–लेखन भारत से बाहर इस्लामिक राज्यों में काफी प्रसिद्ध था। भारत में कल्हण द्वारा राजतरंगिणी में कश्मीर के वर्णन से क्षेत्रीय इतिहास–लेखन की प्रथम शुरूआत पाते हैं। भारत में ''मुस्लिम इतिहास लेखन में प्रारम्भिक क्षेत्रीय इतिहास का वर्णन चचनामा (12वीं सदी) में सिंध का ऐतिहासिक रोमांस के द्वारा देखने को मिलता है।''[2] वस्तुतः मुगल साम्राज्य के पतन के बाद क्षेत्रीय चेतना का विकास तीव्र हुआ और विभिन्न क्षेत्रीय शासक अपने इतिहास–लेखन की ओर जागरूक हुए जैसे पंजाब और सिन्ध, अवध एवं रोहिल्लाह, गुजरात और मालवा, हैदराबाद और दक्कन आदि।

स्वतंत्रता प्राप्ति के बाद इतिहास–लेखन की अवधारणा एवं शैली में परिवर्त्तन आया है। इसी परिवर्त्तनशील परम्परा के तहत क्षेत्रीय इतिहास लेखन अपने वर्तमान रूप में उपस्थित है। ''देश और काल सदैव से इतिहास की प्रवृत्ति और उसके अवयव को निर्धारित करते रहे

हैं। स्वाभाविक है कि यह प्रवृत्ति स्थान और समय के अनुकूल अपनी प्रवृत्ति बदलती चलती है।''[3] क्षेत्रीय इतिहास–लेखन का उद्देश्य राष्ट्रीयता विरोधी नहीं होकर बल्कि स्थानीय तथा राष्ट्रीय के सम्बन्ध को ज्यादा प्रगाढ़ करने रूप में सामने आया। यद्यपि क्षेत्रीय इतिहास–लेखन की प्रवृत्ति अभी तक पूर्णरूपेण राष्ट्रीय प्रभाव से मुक्त नहीं हो पायी है। इस प्रकार यह ''एकात्म हो गया है कि अभी तक इसके स्थायी अवयव की पहचान और स्थापना बाधित रही है।''[4] क्षेत्रीय इतिहास–लेखन की अवधारणा हमें एक ऐसी ऐतिहासिक एवं सांस्कृतिक इकाई के बारे में सोचने को प्रेरित करती है जो राष्ट्रीय एकता के लिए महत्वपूर्ण है।

राष्ट्रवाद के विकास के साथ क्षेत्रीय इतिहास के अध्ययन में रूचि बढ़ी है। राष्ट्रवाद ने स्थानीय इतिहास और संस्कृति के प्रति लोगों को जागरूक किया। राष्ट्रवादी इतिहास–लेखन ने क्षेत्रीय इतिहास के व्यक्तित्व एवं विविधता को इस प्रकार राष्ट्रीय विशिष्टता प्रदान किया कि आज उसकी जड़े को तलाशना तथा उसे अलग करना महज जरूरी नहीं है, बल्कि हमें उसे पूर्णरूपेण समझना आवश्यक है। ''मनुष्य के व्यक्तित्व के बहुविध आयाम हैं और इतिहासकार इन पृथक–पृथक आयामों को एक ही रस्सी में बंट कर एक संपूर्ण रूप में देखता है।''[5] इतिहास की प्रक्रिया कभी भी एकरेखीय नहीं होती है बल्कि यह विभिन्न चरणों एवं आयामों में आबद्ध होती है।

भारतीय इतिहास–लेखन की मुख्य धारा क्षेत्रीय इतिहास लेखन के महत्व को समझने में अभी सफल नहीं हो सकी है। इसका मूल कारण है ''हमारे इतिहासकारों की वह मानसिकता जो संस्कृति एवं सभ्यता के स्थानीय तत्त्वों को वृहत्तर परिवेश के साथ एकात्मक कर इन तत्वों को भारतीय राष्ट्रवाद या आंचलिक उपराष्ट्रवाद की अवधारणा में समाहत कर देता है।''[6] राष्ट्रवादी विचारधारा के इस नजरिये ने जहाँ एक ओर बिहार जैसे हिन्दी भाषी क्षेत्रों के क्षेत्रीय अस्तित्व को नकारने में एक अहम भूमिका निभायी है। वहीं दूसरी ओर इससे एक ऐसी मानसिकता को बल मिला जिसमें क्षेत्रीय व्यक्तित्व की अभिव्यक्ति के लिए कोई जगह नहीं थी। इसके परिणामस्वरूप ऐसे क्षेत्रों में एक ऐसी बौद्धिक परम्परा का जन्म हुआ जिसमें क्षेत्रीयता का बोध राष्ट्रवाद की अवधारणा

में लुप्त हो गया। ''ऐतिहासिक स्रोत जो अलग–अलग एवं विविध प्रकार से बिखरे हुए थे एवं अधिकतर उन्हें खोज पाना मुश्किल होता था। इन स्रोतों को खोजना और व्याख्या करना जो स्थानीय भूगोल या वातावरण के इतिहास से सम्बन्धित थे। ये तकनीक उनमें विकसित नहीं थी।''[7]

विगत वर्षों में क्षेत्रीय एवं सूक्ष्म अध्ययन के प्रयास निरंतर लोकप्रिय होते रहे हैं। विभिन्न विषयों से सम्बन्धित ऐसे शोध कार्य बिहार के संदर्भ में भी हुए हैं जिनमें बिहार के इतिहास, आर्थिक जीवन, संस्कृति, साहित्य एवं अन्य पहलुओं पर विस्तृत और प्रमाणिक जानकारी उपलब्ध करायी गयी है। ''इतिहासकार अतीत के विभिन्न तथ्यों के बीच सम्बन्ध स्थापित करता है और इसके लिए वह उन परिस्थितियों का अध्ययन करता है जिनमें से घटित है।''[8] राजनीति विवशताओं एवं वैचारिक प्रभावों के परिणामस्वरूप बिहार से सम्बन्धित इतिहास लेखन की अपनी सीमाएं रही हैं। इतिहास–लेखन में साहित्यिक स्त्रोत जो एक मुख्य आधार होते हैं, उनको क्षेत्रीय संदर्भ में रेखांकित करने का कोई विशेष प्रयास नहीं हुआ, जिसके कारण हम लोग न तो प्राचीन बिहार को स्पष्ट रूप से चिन्हित कर पाये हैं न ही इसके क्षेत्रीय इकाईयों को प्रभाषित कर पाये और न तो बिहार की भौतिक संस्कृति के निर्माण को अलग स्त्रोतगत आधार को ही निरूपित कर पाये हैं। जबकि ''इतिहास की आवश्यकता इसलिये होती है कि मनुष्य पुराने ज्ञान और अनुभव से वर्तमान में अपना पथ आलोकित कर सके।''[9] दूसरी ओर सारे उपलब्ध अध्ययन राष्ट्रवाद के घटकों से इस तरह प्रभावित है कि सम्पूर्ण उत्तर भारतीय इतिहास का निर्मित स्वरूप इस क्षेत्र की इतिहास यात्रा को अपने में निरन्तर आत्मसात करते रहा है और इतिहास–लेखन की दुनिया में बिहार के क्षेत्रीय स्वरूप और स्थानीय व्यक्तित्वों के निर्माण में सबसे बड़ा बाधक रहा है। लेकिन इसका यह मतलब नहीं कि प्राचीन इतिहास–लेखन की परम्परा विश्लेषण एवं सोच की कमजोरियों से ग्रसित होने के कारण अपने उद्देश्य तक पहुँचने में सर्वथा नाकाम रही।

भारत में राष्ट्रवादी इतिहास–लेखन के दिनों में जिस प्रकार के क्षेत्रीय इतिहास के सृजन की प्रक्रिया शुरू हुई उसके पीछे यह धारणा थी कि क्षेत्रीय विविधता एवं व्यक्तित्व के विशेषताओं को रेखांकित कर

सामने लाना। उपनिवेश काल के इतिहासकारों के समक्ष सबसे महत्वपूर्ण एजेन्डा था राजनीतिक आन्दोलन को बल प्रदान करना। शायद प्राचीन बिहार और उसके प्रमुख स्थलों के व्यक्तित्व को उभार कर वे एक सामान्यः स्वीकृत भारतीय व्यक्तित्व को खंडित नहीं करना चाहते थे। परन्तु स्वतंत्रता के बाद के बाद भी जब इस प्रकार की कोई बाध्यता नहीं रही फिर भी इतिहास–लेखन के स्वरूप में कोई उल्लेखनीय परिवर्त्तन नहीं हुआ। बिहार जैसे प्रदेश में जहाँ आंचलिकता के बिम्ब ही स्पष्ट नहीं हुए, वहाँ स्थानीय इतिहास–लेखन के क्षेत्र में कोई ज्यादा उम्मीद रखना अर्थपूर्ण नहीं लगता। स्थानीय इतिहास आंचलिक या राष्ट्रीय इतिहास का विरोधी नहीं होता बल्कि इसका पूरक है। ''स्थानीय इतिहास राष्ट्रीय छवि को प्रतिबिम्बित करता है।''[10] यह सीधी रेखा में चलनेवाली एक प्रक्रिया है जो स्थान से शुरू होकर अंचल के रास्ते होते हुए राष्ट्र तक पहुँचता है। इसी मार्ग से चलकर राष्ट्र का जो स्वरूप उभरता है, उसमें वास्तविकता का समावेश है।

क्षेत्रीय इतिहास–लेखन की अपनी ही समस्याऐं हैं। सय्यद हसन असकरी के अनुसार ''पुरातत्व एवं ऐतिहासिक लगाव के बावजूद बिहार का कोई अपना विस्तृत इतिहास नहीं रहा है।''[11] हमारे मानस पटल को राष्ट्रीय अवधारणा की भावना ने इस प्रकार प्रभावित कर रखा है कि क्षेत्रीय आधार पर सोच को पूर्णतः खुलेरूप से स्वीकार नहीं कर पाते हैं। हमें अपनी मानसिकता को संकीर्ण करने के बजाय उसे क्षेत्रीय आधार पर समझने और परिभाषित करने का प्रयास करना चाहिए। बिहार के इतिहास लेखन में स्त्रोतों की बहुलता है लेकिन इन स्त्रोतों को पहचानने के लिए इतिहासकार का खुला नजरिया होना चाहिए। ई० एच० कार ने अपनी पुस्तक में कहा है कि इतिहासकार और उसके तथ्यों की परस्पर किया प्रतिक्रिया जिसे मैं वर्तमान और अतीत के बीच संवाद की संज्ञा देता हूँ एकाकी व्यक्ति और अमूर्त के बीच संवाद नहीं है बल्कि मौजूदा समाज से बीते हुए समाज का संवाद है।''[12] इतिहासकार अपने बने बनाये एजेंडे के अनुसार स्त्रोतों का चुनाव करते हैं, जो उन्हें अपने एजेंडे के अनुरूप लगता उसे वे तलाशते हैं, उसका चुनाव करते हैं जो उनके अपने एजेंडे के अनुरूप नहीं है तो वह उन स्त्रोतों को अनदेखा

कर देते हैं। ''ये सब तथ्य मछुआरे की पटिया पर पड़ी मछलियों की तरह इतिहासकार उन्हें इकट्ठा करता है, घर ले जाता है, पकाता है और अपनी पसंद की शैली में परोस देता है।''[13]

जब किसी स्थान के विशेषताओं को समझा जायेगा उसके इतिहास पर ध्यान दिया जाएगा, तब इससे जुड़े स्त्रोतों की तलाश सही दिशा में होगी। यदि क्षेत्रीय इतिहास–लेखन की दिशा में सार्थक पहल करना है तो हमें सर्वप्रथम उपलब्ध स्त्रोतों को पुनः परिभाषित करना होगा और साथ ही साथ नये स्त्रोत खोजने होंगे। सबाल्टर्न इतिहासकार रणजीत गुहा भी प्राथमिक स्त्रोतों को नए नजरिए से देखने एवं व्याख्या करने की सलाह देते हैं। वेद प्रकाश ने लिखा है कि ''इतिहास किसी भी देश काल का सम्पूर्ण तथ्य या सत्य नहीं है वरन् है विशिष्ट वर्ग द्वारा किया गया तात्कालिक विशिष्ट दृष्टिकोणगत विवेचन..... इसीलिए तथ्यों का चयन और विश्लेषण दोनों ही उनकी दृष्टि से किये जाते हैं।''[14]

क्षेत्रीय इतिहास–लेखन में परम्पराओं का भी महत्व होता हैं, यहाँ अनेक ऐसे स्थानन होते हैं जिससे कोई किस्सा कहानी, किवदंतियां या पौराणिक कथायें जुड़ी होती हैं। किसी बस्ती को महिमामंडित करने के लिए इन्हें प्राचीन व्यक्तियों एवं कथानकों से जोड़ने का प्रयास करते हैं। हमें इस मानसिकता की समझना होगा। परम्परा इतिहास नहीं होती और अनुश्रुतियों को आँखे मूंदकर पूर्णतः नहीं मान सकते। परम्परा अक्सा डीह, टीला या किसी अन्य पुरातात्विक महत्व के साक्ष्य से जुड़े रहते हैं तथा उन्हें अक्सर किसी राजा या राजवंश से जोड़ने का प्रयास करते हैं। ''इतिहास के प्रति जनसामान्य का दृष्टिकोण समझने के लिए और प्रस्थापित मान्यताओं को संतुलित रूप देने के लिए अलिखित, मौखिक या वाचिक परम्परा पर यथेष्ट ध्यान दिया जाये।''[15] यद्यपि ''दुर्भाग्य से अभी भी ऐसे प्रसिद्ध इतिहासकार हैं जो गैर–पारंपरिक स्त्रोतों का उपयोग करने वाले को प्रमाणिक इतिहासकार ही मानने को तैयार नहीं होते। यह तो 'दस्तावेज नहीं तो इतिहास नहीं' के सिद्धान्त को एक रूढ़ि बनाना है, उद्देश्य से पद्धति को बड़ा सिद्ध करना है हर समाज का एक अतीत होता है और हर समाज को अपने अतीत को जानने की आवश्यकता होती है।''[16]

परन्तु अधिकांश मामलों में क्षेत्रीय इतिहास निचले स्तर पर राजाओं और उनके वंशों के उत्थान और पतन की कहानी मात्र बना रहा। सामाजिक और आर्थिक संस्थाओं के अध्ययन ने यह स्पष्ट अहसास कराया है कि भारत जैसे विशाल एवं विभिन्नताएं वाले देश का अर्थपूर्ण सामान्यीकरण करने के लिए क्षेत्रीय विभिन्नताओं का अध्ययन जरूरी है। ''इसलिए क्षेत्रीय इतिहास का अर्थ एक सीमित क्षेत्र में सामाजिक, आर्थिक और राजनीतिक रूपों पर केन्द्रित अध्ययन हो गया है।''[17]

बिहार में इतिहास–लेखन

बिहार में इतिहास–लेखन की अपनी परम्परा रही है। बिहार की ध ारती हमेशा गौरवशाली एवं साधन संपन्न रही है। बिहार अपनी साधन सम्पन्नता के कारण भारत में ही नहीं विश्व के इतिहास में महत्वपूर्ण स्थान रखता है। विश्व के देशों में खासकर एशियाई देश बिहार की ध ारती पर आकर इसकी प्रचुर साधन सम्पन्नता से फायदा उठाने का प्रयास करते रहे हैं। जहाँ प्राचीनकाल में अनेक देश यहाँ के बौद्धिक आध यात्मिक ज्ञान के प्रकाश से प्रकाशमान हुए वहीं मध्यकाल में राजनीतिक–ध ार्मिक कारणों की पूर्ति हेतु विदेशियों को बिहार की धरती पर आने के लिए प्रेरित किया।

बिहार यद्यपि बंगाल और उत्तर प्रदेश के बीच दबा रहा, परन्तु बिहार हमेशा से अपना स्वतंत्र अस्तित्व कायम रखने में सफल रहा है। मुसलमानों के शासनकाल में भी बिहार का अपना एक अलग अस्तित्व रहा और यह पूर्वी हिन्दुस्तान की कुंजी माना जाता था। बंगाल और बिहार प्रान्त चूँकि मुगल काल तथा उसके बाद भी भारतीय राजनीति में अपना सक्रिया भूमिका अदा करते रहे हैं। इसलिए बंगाल और बिहार के ऐतिहासिक साहित्य की काफी आवश्यकता है। लेकिन बंगाल क्रमिक इतिहास पर्सिअन में रियाज उस सलातीन के पहले नहीं था। यहाँ तक कि हम लोगों के पास कुछ ही ऐतिहासिक जीवनियाँ या स्मारक हैं। जहांगीर के शासनकाल के दौरान बंगाल का इतिहास बहारिस्तान–ए–गाइबी में मिलता है जो शाहजहां के शासनकाल के दौरान लिखा गया। जदुनाथ सरकार ने भी इस ऐतिहासिक उपेक्षा का

वर्णन किया है।

औरंगजेब के बाद 18वीं सदी में बंगाल और बिहार के इतिहास स्थानीय जमींदारों के वंशजों के पास ऐतिहासिक जीवनियों के रूप में महत्वपूर्ण स्त्रोत हैं जो इस भाग के इतिहास–लेखन में महत्वपूर्ण सहायक साबित हुए हैं लेकिन दुर्भाग्य यह है कि उचित देखभाल के अभाव में ये महत्वपूर्ण स्त्रोत नष्ट होते जा रहे हैं जो बिहार के इतिहास और संस्कृति के लिए बड़ी क्षति साबित होगी। इसके अतिरिक्त बंगाल और बिहार के दो मानक इतिहास हैं। ''[1] तारीख–ए–बंगालाह (बंगाल का इतिहास) सलिमुल्लाह द्वारा रचित लेकिन यह अधूरा है। दूसरा रियाज–उस–सलातीन गुलाम हुसैन सलीम के द्वारा रचित है। पटना के इतिहासकार गुलाम हुसैन तबताबई द्वारा रचित सियार उल मुतख्खीरीन पूर्वी क्षेत्र के इतिहास पर सर्वोपरि है।''[18]

स्थानीय इतिहास के उदाहरण इस्लामिक जगत में बहुतायत देखने को मिलते हैं केवल राष्ट्र एवं प्रान्त का ही नहीं बल्कि शहर का भी अपना अलग–अलग इतिहास अलग–अलग इतिहासकारों द्वारा लिखा गया है। लेकिन भारत में यह प्रथा 16वीं सदी में विकसित हुई जो गजेटियर, सर्वे एवं जीवनियों के विस्तृत विवरण के रूप में मिलती है। 16वीं सदी का आइने अकबरी एवं अमीन अहमद रजी का हफत हकलीम में स्थानीय इतिहास का प्रारूप देखने को मिलता है।

बिहार में 16वीं सदी के या उससे पहले के स्थानीय जमींदार सिक्के के द्वारा हमें स्थानीय इतिहास की जानकारी में काफी मदद मिलती है। शिलालेखों द्वारा 17वीं सदी में बिहार के केवल खड़गपुर के राजा तथा उनकी अमीरी के बारे में जानकारी मिलती है। इसके अतिरिक्त स्थानीय राजनीतिक या कूटनीतिक पत्र, भूराजस्व एवं प्रशासन के सरकारी दस्तावेज आदि बहुतायत मात्रा में मिलते हैं जो बिहार के इतिहास–लेखन में महत्वपूर्ण स्त्रोत के रूप में मददगार साबित होते हैं।

दरभंगा और बेतिया राजघराने का अपना महत्वपूर्ण एवं रोचक दस्तावेज है जिसे वे अपने यहाँ एक कमरे में सुरक्षित रखते थे। इन दस्तावेजों द्वारा हमें उनकी उत्पति एवं विकास की जानकारी प्राप्त होती

है। ये सारे दस्तावेज क्षेत्रीय तथा स्थानीय इतिहास लेखन की दृष्टि से बहुत ही महत्वपूर्ण हैं। लेकिन उचित देखभाल के अभाव के कारण ये महत्वपूर्ण दस्तावेज नष्ट हो रहे हैं जो बिहार के सांस्कृतिक इतिहास के लिए बड़ा ही क्षति है।

बिहार के क्षेत्रीय इतिहास के स्त्रोत अखबरात–ए–दरबार ए–मुल्ला में भी मिलता है, जिसमें पत्रों का संग्रह, प्रसिद्ध शहरों एवं नगरों तथा दूसरे महत्व की जानकारी भी शामिल है। बिहार के स्थानीय इतिहास पर केवल अभिलेखीय एवं साहित्यिक स्त्रोत ही नहीं है बल्कि शिलालेखों के अतिरिक्त विभिन्न संतों शिक्षाविदों भवनों आदि के द्वारा हमें यहाँ के राजनीतिक, सामाजिक, आर्थिक और सांस्कृतिकों इतिहास पर विभिन्न प्रकार की जानकारी प्राप्त मिलती है। मुहम्मद अली शाह 'अजीमाबादी' जो पटना कौ प्रसिद्ध कवि थे, उन्होंने पटना तथा पटना सिटी के बारे में उल्लेख किया है।

19वीं सदी में बिहार में इतिहास लेखन के क्षेत्र में ब्रिटिश विद्वान, पुरातत्ववेत्ता एवं प्रशासक थे। लेकिन 20वीं सदी में बिहार में अनेक भारतीय इतिहासकार जैसे सुविमल चन्द्र सरकार, अनन्त प्रसाद बनर्जी शास्त्री, जोगिन्द्र नाथ समादर आदि विद्वानों ने हुए जिन्होंने औपनिवेशिक इतिहास–लेखन के उद्देश्य को समझा और कमियों को सामने रखा। इन सभी विद्वानों ने बिहार के अतीत को सामने लाने का प्रयास किया। आज इतिहास के लेखक किसी न किसी मत से प्रेरित रहे लेकिन एस० एच० असकरी जैसे इतिहासकार भी इसी धरती पर पैदा हुए जिन्होंने निष्पक्ष एवं स्त्रोतों पर आधरित इतिहास को महत्व प्रदान किया तथा उनके लेखन ने बिहार में ही नहीं विश्व में ख्याति प्राप्त की। इसी प्रकार राधाकृष्ण चौधरी, जगदीश नारायण सरकार, उपेन्द्र ठाकुर आदि इतिहासकारों के नाम अग्रणी हैं। बिहार के संदर्भ में भी सतीश चन्द्र की यह उक्ति सटीक लगती है कि जहां एक ओर "राष्ट्रवादी परम्परा ने इस क्षेत्र के अस्तित्व को कमजोर बनाया वहीं दूसरी ओर इस मानसिकता ने प्रारम्भ से ही यहां के इतिहास लेखन को ऐसी सीमाओं में बाँधा जिससे अतीत का विश्लेषण काफी हद तक एक पक्षीय हो गया है।"[19]

बिहार के क्षेत्रीय इतिहास को बढ़ावा देने के लिये आजादी के पूर्व से ही कार्य शुरू हुआ। पटना और पटना विश्वविद्यालय इसका गढ़ बना। इतिहास–लेखन के पुरातात्विक महत्व को ध्यान में रखते हुए, आजादी के बाद 1949 ई० में पटना विश्वविद्यालय में प्राचीन भारतीय इतिहास और पुरातत्व विभाग खोला गया। के० देव के साथ डा० एस० आल्तेकर ने 1950 ई० में वैशाली और 1951 ई० में कुम्हरार का उत्खनन किया। 1962 ई० में राज्य के पुरातत्व निदेशालय की स्थापना की गई। काशी प्रसाद जायसवाल शोध संस्थान ने भी पुरातत्व में भाग लेना शुरू किया। जदुनाथ सरकार ने इतिहास लेखन के अधिकतम ज्ञान की परिपाटी अपनाने की सलाह दी है।''[20] इन सभी शोध–संस्थानों ने आजादी के बाद पुरातात्विक खोजों में भाग लेकर उनके आधार पर बिहार के अतीत में झाँकने की कोशिश की।

के० पी० जायसवाल शोध संस्थान से कितने ही बड़े–बड़े इतिहासकार जुड़े रहे तथा खोज एवं अन्वेषण के आधार पर इतिहास की रचना की। ''के० पी० जायसवाल ने यह साबित करने का बीड़ा उठाया कि प्राचीन भारत राजनीतिक दृष्टि से विकसित था।''[21] यह संस्थान आज भी उसी तन्मयता के साथ अपने इस कार्य में लगा हुआ है। के० पी० जायसवाल संस्थान के द्वारा कुम्हरार का उत्खनन कार्य शुरू किया गया। इसने 80 स्तम्भों वाला भवन को राजप्रसाद की जगह बौद्धों का संघराम बतलाया। बौद्ध संगति के लिए इसका निर्माण अशोक ने करवाया था। यहाँ एक आरोग्य विहार भी था। इसी शोध संस्थान के उत्खनन के आधार पर फाह्यान की इस कथन की पुष्टि हो जाती है कि बौद्ध मठों से जुड़ा हुआ एक आरोग्य विहार भी था।

बिहार की धरती देशी इतिहासकारों के लिए ही नहीं विदेशी इतिहासकारों के भी जिज्ञासा का केन्द्र बना रहा। उन्होंने यहाँ आकर यहाँ के पुरातत्व, साहित्य, सिक्के, ताम्रपत्रों कांस्य प्रतिमाओं आदि का गहन अध्ययन किया तथा उनके बारे में लिखा। ये सिलसिला आजादी के पहले तथा आजादी के बाद भी बरकरार रहा। बुकानन और हैमिल्टन ने हमें बोधिवृक्ष, राजगीर की किलेबंदी के लिए विशाल दीवार एवं बरबरा के गुफाओं के महत्व के बारे में बताया। होटगाँव ने केशरिया स्तूप टीला

और अरेराज अशोक स्तंभ के बारे में बतलाया। मैकेंजी, स्टेफेंस आदि इतिहासकारों ने अपने लेखन का क्षेत्र बिहार को चुना। मेजर कीटो ने बराबर गुफाओं के बारे में लिखा था और कुम्हरार के मुख्य टीले का उत्खनन कराया। ये सारे इतिहासकारों ने बिहार के अतीत को सामने लाने का प्रयास किया।

चीनी यात्रियों द्वारा दिये गये विवरणों के आधार पर इन्होंने उन स्थलों की पहचान की तथा पुरातात्विक अवशेषों का सर्वेक्षण करके उससे पाप्त नतीजे का सर्वेक्षण रपट में प्रकाशित किया, जिनमें प्राचीन स्थलों से प्राप्त अभिलेख, स्मारक और सिक्के की चर्चा रहती थी। इन सभी पुरातत्वेत्ताओं ने उन स्तूपों, स्थलों का उत्खनन करने के बाद उनसे प्राप्त जानकारी को एक पुस्तक का रूप प्रदान किया।

बिहार के इतिहास विषयक शोध की पृष्ठभूमि सर जदुनाथ सरकार के द्वारा तैयार की गयी। उन्होंने स्वयं भी काफी शोध किया तथा यहाँ के लोगों के लिए प्ररेणा स्त्रोत बने।

सर जदुनाथ सरकार ने पटना को अपना कार्य क्षेत्र बनाया। ''इस बात को नजरअंदाज नहीं किया जा सकता कि बिहार ने ही इन्हें महान बनाया।''[22] ये बिहार के प्रति कृतज्ञ थे और पटना को अपनी अध्यातमिक कर्मभूमि मानते थे। उस समय पटना में शोध के क्षेत्र में सुविधाओं के अभाव के बावजूद उन्होंने व्यक्तिगत तौर पर छात्रों की शिक्षित किया, जिन्होंने आगे चलकर महान इतिहासकारों के रूप में प्रसिद्धि पायी और जदुनाथ सरकार के वैज्ञानिक इतिहास लेखन के परम्परा को आगे बढ़ाया।

डा० सरकार भारतीय इतिहास के प्रथम इतिहासकार थे जिन्होंने इतिहास–लेखन के वैज्ञानिक दृष्टिकोण को अपनाया और तथ्यों पर आधारित इतिहास–लेखन की वकालत की। ''उन्होंने शोध का वैज्ञानिक तरीका अपनाया था। इतिवृत की मानचित्रों और भौगोलिक अध्ययन से जोड़कर उन्होंने तथ्यों की सही परिपेक्ष्य में स्थापित करने का प्रयास किया था। सरकार ने इतिहास लेखन के अधिकतम ज्ञान की परिपाटी अपनाई। भारतीय इतिहास लेखन में वैचारिक विश्लेषण, चिंतन और

वैज्ञानिकता की कमी के प्रति सचेत थे।''[23] उनका मानना था। कि इतिहासकार को निष्पक्ष होकर ऐतिहासिक तथ्यों का विवरण और विश्लेषण करना चाहिए। वे अपना शोध कार्य मानचित्र, पहचान, कालानुक्रम तथा पुष्टिकरण के आधार पर करते थे।

जदुनाथ सरकार ने शोध कार्य में प्राथमिक स्त्रोतों पर अधिक जोर दिया। वे ऐतिहासिक महत्व के स्थलों, युद्ध भूमि के क्षेत्र आदि का भ्रमण करके उनका स्पष्ट रूप से वर्णन किया करते थे। ''उनका कहना था कि 'रिसर्च' लेखकों की किताबों से नकल या अनुवाद नहीं है, उन्होंने भारतीय इतिहास लेखन में प्राथमिक स्त्रोतों पर जोर दिया। स्त्रोतों तथा साक्ष्यों की उपयोगिता पर जोर दिया।''[24]

उन्होंने ऐतिहासिक शोध के आधार पर उत्तर मध्यकाल तथा 18वीं सदी के इतिहास को अपने साठ वर्षों के परिश्रम से उकेरा। उनके द्वारा उपलब्ध किये गये स्त्रोतों से आज के शोधार्थी एवं विद्यार्थी काफी लाभान्वित होते हैं। जदुनाथ सरकार एक सच्चे शोधकर्त्ता थे। वे साक्ष्यों को तबतक स्वीकार नहीं करते थे जबतक कि किसी अन्य स्त्रोत या समकालीन साक्ष्य से इसकी पुष्टि न कर लेते हों। उनका सिद्धान्त था 'दस्तावेज नहीं तो इतिहास नहीं।'

जदुनाथ सरकार की धारणा राष्ट्रीय इतिहास के प्रति व्यापक थी। उनका मानना था कि राष्ट्रीय इतिहास ऐसा हो जिसमे तत्वों की व्याख्या हो, सही और गलत दोनों तथ्य रखने चाहिए। सच सामने होना चाहिए लेकिन इस तरह से नहीं कि देश के गुजरे हुए काल को दबाएँ और पूर्ण रूप से सफाया कर दें जो कि शर्मनाक होगा। उनका मानना था कि इतिहास लेखन के दौरान गुजरे हुए काल की बुराईयों को भी शामिल किया जाए और उन चीजों को भी लिखा जाए जो कि अच्छे कारणों के लिए की गयीं थीं ताकि अच्छे काम बुरे काम की छाया को मिटा दे। ''इतिहासकार को जज की तरह होना चाहिए।''[25] अच्छे काम और बुरे काम में तुलना करके उसकी अच्छाई निकालना चाहिए। जदुनाथ सरकार की धारणा भारतीय इतिहास के बारे में बहुत महान थी। राष्ट्रीय इतिहास दूसरे इतिहास की तरह हो जिसमें सच्चाई पूर्णरूप से निष्पक्ष

हो, सच और उचित हो ताकि समझने में आसानी हो। ''इतिहास के प्रयोजन एवं अध्ययन से मनुष्य को उदार एवं शिक्षाप्रद ज्ञान प्राप्त होता है।''[26] उन्होंने ऐतिहासिक तथ्यों के विवरण की अपेक्षा विश्लेषण पर अधिक जोर दिया। उन्हें भारतीय इतिहास में आधुनिक वैज्ञानिक इतिहास लेखन परम्परा का पिता माना जा सकता है। उनका लेखन हमेशा वस्तुनिष्ठता की ओर रहा। उन्होंने कभी भी तथ्यों को तोड़ मरोड़ कर पेश नहीं किया। उनके इतिहास लेखन का मूल मंत्र था ''जैसा था वस्तुतः था।'' इसी को आधार बनाकर उन्होंने इतिहास में अमूल्य योगदान दिया। उनकी पुस्तक बिहार एण्ड उड़ीसा ड्यूरिंग दी फाल ऑफ मुगल एम्पायर नामक पुस्तक से बिहार के क्षेत्रीय इतिहास की जानकारी प्राप्त होती है।

काशी प्रसाद जायसवाल जिनकी कर्मभूमि पटना रही है, पेशे से वकील थे। लेकिन उनकी ख्याति एक इतिहासकार के रूप में हुई। ये पुरालिपि और प्राचीन मुद्रा के अच्छे ज्ञाता थे। इन्होंने इतिहास लेखन के मूल स्त्रोत पुराण, साहित्य, अभिलेख और सिक्के आदि का अध्ययन किया। अशोक के अभिलेख, अशोक के राज्यारोहण की तिथि, ब्राह्मी लिपि की उत्पत्ति, अनेकानेक अभिलेखों एवं तिथिक्रम के अनुसार उनकी व्याख्या करके अपने इतिहास दर्शन को महत्त्वपूर्ण बनाया। अपने लेखन में एक वकील की पद्धति को अपनाते थे। वे किसी भी समस्या पर स्वंय प्रश्न उठाते और समाधान के सभी संभावित सबल और दुर्बल पक्षों की समीक्षा करके अपना उत्तर भी देते थे। इतिहास लेखन में व्रे तुलनात्मक विधि का प्रयोग करने के पक्ष में सदैव रहे। उनकी रचना 'हिन्दू पोलिटी' 1924 ई० में प्रकाशित हुई जिसकी इतिहास जगत में काफी प्रशंसा हुई।

सुविमल चन्द्र सरकार ने इतिहास के शोध के केन्द्र के रूप में पटना कॉलेज को विकसित किया। उन्हें बिहार में पटना स्कूल ऑफ रिसर्च की स्थापना का श्रेय जाता है। सुविमल चन्द्र सरकार प्राचीन भारतीय इतिहास, पटना विश्वविद्यालय के विभागाध्यक्ष थे। उनके निरीक्षण में शोध ने एक यथार्थ स्थिति को प्राप्त किया। उन्होंने बिहार में 'रिसर्च' की एक नई परिपाटी की शुरूआत की। इनका कहना था कि कई अच्छी चीजों की तरह इतिहास की शुरूआत घर पर होती है।

इन्होंने तिब्बत में उपलब्ध प्राचीन इतिहास के स्त्रोतों का अध्ययन किया। ये विभिन्न पत्र पत्रिकाओं एवं गोष्ठियों में चर्चा में भी रहे।

डा० कालीकिंकर दत्त ने डा० सुविमल चन्द्र के निर्देशन में केवल शोध कार्य ही नहीं किया बल्कि इस शोध परम्परा को आगे बढ़ाया। ''वे बिहार और उड़ीसा प्रान्त द्वारा जारी शोध छात्रवृत्ति पाकर शोधकार्य करने वाले प्रथम शोधार्थी थे।''[27] उन्होंने आधुनिक भारत की अन्तिम तीन शताब्दियों के इतिहास का खासकर बिहार और बंगाल के इतिहास का पूरा मंथन किया और इतिहास के प्रांयः सभी पहलुओं पर विचार किया। उन्होंने पटना कॉलेज के इतिहास विभाग में बंगाल के आर्थिक इतिहास पर डा० सुविमल चन्द्र सरकार के निर्देशन में काम करना शुरू किया। डा० सुविमल चन्द्र सरकार के अवकाश ग्रहण करने पर वे पटना विश्वविद्यालय के इतिहास विभाग के विभागाध्यक्ष बनाए गए तथा पटना कॉलेज के प्राचार्य के पद से अवकाश ग्रहण किया। इसके अतिरिक्त वे अनेक पदों पर अपना योगदान देते रहे। बिहार राज्य अभिलेखागर के निदेशक और काशी प्रसाद जायसवाल शोध संस्थान पटना के निदेशक के पदों का प्रभार उन्होंने ग्रहण किया। बोध गया में मगध विश्वविद्यालय की स्थापना हुई तो इन्हें इस विश्वविद्यालय का उपकुलपति (आजकल कुलपति) बनाया गया। ये क्षेत्रीय अभिलेख सर्वेक्षण समिति में बहुत वर्षों तक अध्यक्ष रहे और इंडियन हिस्टोरिक्ल रेकर्ड्स कमिशन से भी जुड़े रहे। बिहार के संदर्भ में लिखी गयी इनकी प्रसिद्ध पुस्तकें, हिस्ट्री ऑफ फ्रीडम मूवमेंट इन बिहार (तीन खण्डों में), बायोग्राफी ऑफ डा० राजेन्द्र प्रसाद, गाँधी जी इन बिहार, लाइफ एण्ड थॉट ऑफ द पिपुल ऑफ बिहार हैं।''[28]

अध्ययन, अध्यापन, अन्वेषण अनेकानेक पक्षों को डा० के० के० दत्त अपने जीवन काल में बहुत ही तन्मयता से निभाते रहे। उनका मानना था कि अगर व्यक्ति अपने शोधकार्य पर प्रतिदिन नियमित रूप से दस पंक्ति भी लिखे तो वे एक वर्ष में अच्छी पुस्तक तैयार कर लेगा।

इतिहास के बारे में जानकारी प्राप्त होती है। इन्होंने अपनी रचनाओं में बिहार के सामाजिक इतिहास–लेखन में आने वाली कठिनाइयों

की ओर ध्यानाकर्षण किया है। उन्होंने अपनी पुस्तक 'इस्लाम एण्ड मुस्लिम इन मिडियवल बिहार''[29] में कहा है कि प्रारम्भिक मध्यकाल में बिहार के समाज और धर्म के बारे में हमारा ज्ञान खंडित असामान्य, अपूर्ण एवं अपर्याप्त रहा है। इस काल के सभी पहलुओं का पूर्ण और सम्बद्ध इतिहास लिखना एक दुष्कर कार्य है। डा० असकरी बिहार के सांस्कृतिक एवं धार्मिक जीवन को जानने लिए महत्वपूर्ण अज्ञात ग्रंथ शर्फनामा–ए–मनेरी को प्रकाश में लाए। इस ग्रंथ में बिहार के समाज का विस्तृत वर्णन प्रस्तुत है।

सय्यद हसन असकरी बिहार के इतिहासकार थे और उन्होंने अपने आप को बिहार के लिए समर्पित किया इतना ही नहीं वे जीवन पर्यन्त बिहार के धार्मिक, सामाजिक और सांस्कृतिक समन्वय के बिन्दुओं को सामने लाते रहे, यही उनका ध्येय एवं लक्ष्य था। ''वे किताबी कीड़ा नहीं थे बल्कि एक सक्रिय खोजकर्त्ता और संग्रहकर्त्ता, पाण्डुलिपि एवं रेकार्डस के उत्खननकर्त्ता एवं पुरातत्ववेत्ता स्वंय थे। अपने कार्यों को पूर करना उनका अकेले का कार्य था। कभी–कभी ही अपने विद्यार्थियों या सहयोगियों की मदद् लेते थे।''[30]

डा० जगदीश नारायण सरकार एक अन्य इतिहासकार थे जिन्होंने बिहार के इतिहास को अपने शोध में समेटा। उनका इतिहास–लेखन विवध क्षेत्रों एवं व्यापक परिधि को समेटे हुए था लेकिन उनका ज्यादा ध्यान मध्यकालीन बिहार के क्षेत्रीय इतिहास–लेखन पर केन्द्रित रहा जो बौद्धिक क्षेत्र में एक नया योगदान है। उन्होंने अपनी रचना ''हिस्टोरियोग्राफी देन एण्ड नाउः मिडिवल बिहार''[31] में एक अध्याय के अन्तर्गत समकालीन फारसी लेखकों द्वारा बिहार के सल्तनतकालीन इतिहास पर लिखे गये अंशों और सूचनाओं का वर्णन किया है जो अभी तक गौण महत्व का रहा था। इसके द्वारा हमें सल्तनतकालीन बिहार के इतिहास की महत्वपूर्ण जानकारी प्राप्त होती है। इस पुस्तक से बिहार का सल्तनतकालीन महत्व एवं स्थानीय भाषाओं, सैनिक महत्व, राजनीतिक एवं धार्मिक स्थिति के बारे में पता चलता है। डा० सरकार के अन्य रचनाओं से भी मध्यकालीन बिहार के इतिहास के स्त्रोतों और इतिहास–लेखन के बारे में जानकारी प्राप्त होती है। इतिहास–लेखन एवं पटना स्कूल ऑफ

रिसर्च' के शोधार्थियों द्वारा किये गये कार्यों का भी जानकारी उन्होंने अपनी रचनाओं में दी है।

डा० सरकार ने अपनी पुस्तक 'स्टडी इन इकोनोमिक लाइफ इन मुगल इंडिया' [32] में बंगाल एवं बिहार खासकर पटना के व्यापारिक संस्थानों एवं उसके, महत्व पर विस्तृत रूप से प्रकाश डाला है। अंग्रेजों द्वारा पटना में व्यापारिक गतिविधियों एवं फैक्ट्री की स्थापना के साथ–साथ अन्य यूरोपीयनों द्वारा व्यापारिक प्रतिस्पर्धा का भी वर्णन किया है। बिहार के आर्थिक जनजीवन का विश्लेषणात्मक वर्णन एवं उन संस्थाओं खासकर उद्योगों एवं व्यापारिक इतिहास पर जोर दिया है।

उन्होंने कहा पटना के मध्यकालीन एवं मुगल काल के व्यापारिक क्षेत्र में अपना महत्व रहा है। उनका कहना था कि "पटना केवल सूती वस्त्र उद्योग ही नहीं बल्कि सिल्क उद्योग के क्षेत्र में भी अंग्रेजों के लिए फायदेमंद था।"[33] अंग्रेजों द्वारा सिल्क उद्योग स्थापित करने के बाद के उद्देश्य एवं लाभों का वर्णन किया है। पटना में सिल्क के विविध प्रकार के बारे में भी उन्होंने लिखा है। उन्होंने "बिहार के शोरा उद्योग तथा व्यापार का वर्णन किया है।[34] शोरा के बारे में एवं इसके उपयोग जिन–जिन क्षेत्रों में होता था उसका वर्णन है। उन्होंने शोरा के व्यापार में प्रशासनिक दखलअंदाजी का भी जिक्र किया एवं यह बताया है कि किस प्रकार प्रान्तीय गवर्नर एवं अधिकारी के स्थान परिवर्त्तन के बाद इसका प्रभाव शोरा व्यापार पर पड़ता था।"[35] इसके व्यापार में बिहार के नवाबों का भी हस्तक्षेप होता था। "बिहार के नवाब को 500रू० की दस्तक पेशकश देने का वर्णन किया है।"[36]

इनकी रचनाओं जो भारतीय इतिहास–लेखन में अमूल्य निधि है को देखने के बाद उनकी विविधताओं एवं विषय के प्रति सुदृढ़ता का पता चलता है। उनका हमेशा यह प्रयास रहा है कि विषय से सम्बन्धित कोई भी पहलू की अनदेखा न की जाय। किसी भी स्थान का वर्णन करते समय बड़े ही सावधानी से स्त्रोतों का निरीक्षण करते थे एवं उसका वर्णन बड़ा ही सूक्ष्म अध्ययन के द्वारा करते थे। वे अपनी पुस्तकों में विषय की पूरी तस्वीर प्रस्तुत करते थे। मध्यकालीन भारतीय इतिहास

के हरेक स्त्रोत का सूक्ष्मता से गहन अध्ययन एवं परीक्षण के बाद ही किसी निष्कर्ष पर पहुँचते थे। वे इतिहास–लेखन में आधुनिक प्रवृत्तियों को आत्मसात करने के पक्षधर थे। उनकी लेखन पद्धति आधुनिक इतिहास–लेखन में मील का पत्थर साबित हुई।

कयामुद्दीन अहमद जिनकी पारिवारिक पृष्ठभूमि ऐतिहासिक रही है। इनका परिवार पटना विश्वविद्यालय के इतिहास में एक मात्र ऐसा है जिसकी चौथी पीढ़ी यहाँ के शिक्षण सेवा में कार्यरत् रही है। इन्होंने सर्वप्रथम बिहार शिक्षा सेवा वर्ग–2 के अन्तर्गत के० पी० जायसवाल शोध संस्थान पटना के 'रिसर्च फेलों' के रूप में योगदान किया, जो इनके लिए काफी फायदेमंद रहा। कयामुद्दीन अहमद मुगल पूर्व बिहार के राजनीतिक गतिविधियों का वर्णन किया है, उन्होंने अपने लेखन में साहित्यिक एवं अभिलेखीय साक्ष्यों का प्रयोग करके बिहार की विभिन्न इकाईयों अर्थात् मिथिला, तिरहुत, मगध, झारखंड तथा चेरों और खोखर क्षेत्रों को एक ही राजनीतिक एवं प्रशासनिक सत्ता के अन्तर्गत सुस्पष्ट किया है।

डा० कयामुद्दीन अहमद की क्षेत्रीय तथा स्थानीय इतिहास लेखन के प्रति गहरी रूचि थी। इन्होंने बिहार के कोने–कोने में फैले 200 शिलालेखों को एकत्रित करके उसका सावधानीपूर्वक अध्ययन किया तथा 'कार्पस आफ अरबिक एण्ड पर्सिअन इन्स्कृपशसन ऑफ बिहार''[37] नामक पुस्तक में संकलित किया। ये किताब 1973 में प्रकाशित हुई। शिलालेखों के अलावा इन्होंने पटना संग्रहालय के मध्यकालीन सिक्कों की वृहद सूची तैयार की। इन्होंने कुछ दिनों तक डा० सय्यद हसन असकरी के अधीन कार्य किया लेकिन पुनः स्वतंत्र रूप से कार्य करने लगे। प्रारम्भ में इसका कार्य दरभंगा तथा बेतिया राज के अभिलेखों के अध्ययन पर था। इन्होंने इस राजघराने के अभिलेखागरों में पड़ी सामग्रियों का काफी अध्ययन किया और महत्वपूर्ण अभिलेखों को उजागर करने में सफल हुए। इन्होंने पंडित श्रीनिवास शर्मा के साथ पटना जिला के भरतपुरा पुस्तकालय जाकर देखा तथा 'शाहनामा' 'सिकन्दरनामा' 'वसलिस' और 'मुतल–उल–हिन्द' की मूल प्रतियों का विवरण जब के० पी० जायसवाल शोध संस्थान के वार्षिक प्रतिवेदन में छपा तो भरतपुरा

पुस्तकालय एकाएक प्रसिद्धि में आ गया।

डा० अहमद ने सूफी संतों के मकबरे पर भी कार्य किया। इनका अगला अनुसंधान कार्य नालंदा जिला के हिलसा के नजदीक असरही गाँव में था। यहाँ वे 16वीं सदी के सूफी संत शाह सुलतान के मकबरे पर उस समय के तत्कालीन राज्यपाल के आग्रह पर कार्य शुरू किया। काशी प्रसाद जायसवाल शोध संस्थान के द्वारा कम्प्रीहेन्सिव हिस्ट्री ऑफ बिहार तीन खंडों में प्रकाशित हुआ। प्रत्येक खंड दो–दो भागों में है। ''मध्यकालीन बिहार पर प्रकाशित खंड का संपादन इन्होंने प्रो० सय्यद हसन असकारी के साथ मिलकर किया।''[38] पहली बार मध्यकालीन बिहार के सभी पहलुओं का विस्तृत प्रमाणिक विवरण प्रस्तुत हुआ। इन्होंनें 'पटना थ्रु द एजेज' पुस्तक का संपादन किया, जिसमें पटना अजीमाबाद का जीवंत चित्र प्रस्तुत किया गया है। जीवनी लेखन भी उनका प्रिय विषय था। इंस्टिट्यूट ऑफ हिस्टोरिकल स्टडीज, कलकत्ता से प्रकाशित ''डिक्शनरी ऑफ नेशनल बायोग्राफी सप्लीमेन्ट में''[39] इनके द्वारा लिखित काफी जीवनियाँ हैं। ये हमेशा क्षेत्रीय एवं स्थानिय इतिहास लेखन पर जोर देते थे। बहुमुखी प्रतिभा के धनी डा० कयामुद्दीन अहमद अपने अंतिम समय तक इतिहास के अध्ययन एवं शोध में तल्लीन रहे।

बी० पी० अम्बष्ठ जीवन पर्यन्त बिहार के क्षेत्रीय इतिहास को उजागर करने के प्रति प्रयासरत् रहे। मध्यकालीन भारतीय इतिहास में गैर फारसी स्त्रोतों के प्रख्यात विद्वान के रूप में भी वे जाने जाते हैं। उन्होंने इतिहस के साथ–साथ भूगोल के अध्ययन पर भी जोर दिया। ''बिहार इन द एज ऑफ द् ग्रेट मुगल्स' नामक पुस्तक की रचना की जिसके आधार पर उन्हें डी० लिट० की उपाधि प्राप्त हुई। उन्होंने तारीखे शेरशाही का संपादन भी किया। इनके अनेकों शोध पत्र बिहार पर प्रकाशित हुए। बिहार के उज्जैनिया शासकों पर भी इन्होंने शोध किया। इनकी असामयिक मृत्यु ने मध्यकालीन बिहार के क्षेत्रीय इतिहास के प्रति समर्पित इतिहासकार को इतिहास जगत ने खो दिया।''[40]

वर्तमान इतिहासकारों के प्रमुख शीर्षस्थ इतिहासकारों में बिहार की

धरती पर रामशरण शर्मा का नाम अग्रणी है। डी० डी० कोसाम्बी और मोहम्मद हबीब द्वारा इतिहास–लेखन में जो मार्क्सवादी परम्परा शुरू की गई उस परम्परा को बिहार में राम शरण शर्मा ने आगे बढ़ाया। ये देश के विभिन्न ऐतिहासिक संस्थाओं एवं संगठनों से जुड़े रहे। इनके संरक्षण में पटना विश्वविद्यालय के इतिहास विभाग का विकास तेजी से हुआ। विभाग के प्रायः सभी शिक्षक शोध की ओर प्रवृत हुए एवं पूरे देश में इतिहास विभाग की पहचान बनी। विभागीय पुस्तकालय काफी समृद्ध हुआ और इतिहास विभाग विश्वविद्यालय अनुदान आयोग की विशेष सहायता योजना में शामिल हुआ। अंत में इनकी परिपक्वता का लाभ दिल्ली विश्वविद्यालय के इतिहास विभाग को मिला और वहीं से 1985 ई० में अवकाश प्राप्त किया। कार्यालय के दायित्वों से मुक्त होते ही इनके लेखनी की रफ्तार बढ़ गयी और इनके द्वारा आज भी अनेक मानक ग्रंथों की रचना की जा रही है।

प्राचीन भारत में नगरों का पतन नामक पुस्तक को सर्वोत्तम पुस्तक का दर्जा मिला। इसमें वैदिक युग से गुप्तकाल तक का अध्ययन प्रस्तुत किया गया है। ''शूद्रों का प्राचीन इतिहास नामक पुस्तक में उन्होंने भारतीय समाज की निचली श्रेणी के लोगों का उच्च्च श्रेणी के लोगों के साथ संबंधों का वर्णन उनके उत्पादन के साधनों के संदर्भ में किया गया है।''[41] इसी पर उन्हें पी–एच० डी० की उपाधि मिली।

भारतीय सामंतवाद एक विवादास्पद विषय रहा है जिस पर इन्होंने सामंतवाद के उद्‌भव और विकास पर प्रकाश डाला है। यहाँ यूरोपीय सामंतवाद की तरह सामंतवाद की कोई धारणा नहीं थी, फिर भी सामंतवाद की कुछ विशेषताओं को ध्यान में रखकर प्रो० शर्मा ने ''भारत में सामंतवाद के उद्‌भव और विकास पर अपनी पुस्तक भारतीय सामंतवाद में प्रकाश डाला है। यह पुस्तक विद्वानों के अपनी ओर खींचने में कामयाब हुयी एवं उनके बीच वाद विवाद शुरू हुआ।''[42] डा० शर्मा की यह पुस्तक लेखन जगत में मील का पत्थर साबित हुई। भारत में प्राचीन नगरों का पतन नामक पुस्तक भारत में सामंतवाद के उद्‌भव एवं विकास संबंधित प्रो० शर्मा के तर्कों को सुदृढ करती है। इसमें इन्होंने पुरातात्विक साक्ष्यों के आधार पर प्रभावशाली ढंग से यह प्रदर्शित करने

का काम किया है कि आरंभिक मध्यकाल में नगरों का ह्रास हुआ।

विकास की समस्या ने भी भारत के क्षेत्रीय ऐतिहासिक अध्ययनों को एक नया आकार प्रदान किया है। प्रत्येक राज्य अपने संस्कृति की जड़ें खोजने का प्रयत्न कर रहा है, इसलिए अपने क्षेत्रीय एवं स्थानीय अतीत का अध्ययन शुरू किया गया है। ''नए ऐतिहासिक अध्ययनों का उद्देश्य भारतीय समाज की पकृति और उसकी कार्यप्रणाली और विकास के लिए समीक्षात्मक, बुद्धिसंगत समझ की भावना पैदा करना भी है।''[43] इतिहास की गति अत्यधिक पेचीदा है जिसे समझने के लिए वृहत और सूक्ष्म तरीके से अध्ययन की जरूरत है। आज जब बिहार के इतिहास पर अध्ययन और शोध दोनों किये जा रहे हैं, उपरोक्त इतिहासकारों के योगदान की उपादेयता हमेशा बनी रहेगी।

संदर्भ

1. J.N. Sarkar,Historiography Then and Now : Medieval Bihar, p-56
2. J.N. Sarkar,History of History Writing in Medieval India, op.cit. p-68
3. विश्वमोहन पाण्डेय, बिहार स्थानीय इतिहास एवं परम्परा प्रस्तावना, जानकारी प्रकाशन पटना 1998, पृष्ठ–1
4. वही
5. गोविन्द चन्द्र पाण्डेय, इतिहास स्वरूप एवं सिद्धान्त, पूर्वोदधृत, पृष्ठ–188
6. विश्वमोहन पाण्डेय, पूर्वोदधृत, पृष्ठ–48
7. R.Douch,Handbook for Hisory teachers, Methuen, London,p. 84
8. मानिक लाल गुप्त, पूर्वोदधृत, पृष्ठ–22
9. गोविन्द चन्द्र पाण्डेय, परिचर्चा इतिहास–पुनर्लेखन, इतिहास लेखन की समस्याएं में संकलित, नीलकांत (संपा०)

पूर्वोदधृत, पृष्ठ–53

10. R.Douch, op.cit, p-76.

11. Prof. S.H.Askari, Medieval Bihar Sultanate & Mughal Period, Khuda Bakhsh Oriental Public Library, Patna-1990, p-3

12. ई० एच० कार, इतिहास क्या है, पूर्वोदधृत, पृष्ठ–42

13. वही, पृष्ठ–2–3

14. इतिहासकार और लोकसाहित्य, वेद प्रकाश बटुक, बायस इन इंडियन हिस्टारियोग्राफी देवाहुति (सं) में संकलित, संपा. पूर्वोदधृत, पृष्ठ–23

15. वही, पृष्ठ–25

16. आर्थर मारविक, पूर्वोदधृत, पृष्ठ–133

17. सतीश चन्द्र, मध्यकालीन भारत के इतिहास लेखन, धर्म और राज्य का स्वरूप, पूर्वोदधृत, पृष्ठ–54

18. J.N. Sarkar, Historiography Then and Now : Medieval Bihar, op. cit, p-58

19. अजीत कुमार, बिहारा का इतिहास, प्राक्कथन प्रो० विजय कुमार ठाकुर, जानकी प्रकाशन पटना नई दिल्ली – 2005

20. लाल बहादुर वर्मा, पूर्वोदधृत, पृष्ठ–50

21. वही, पृष्ठ–49

22. जगदीश नारायण सरकार, हिस्टोरियोग्राफी देन एण्ड नाउ : मिडियवल बिहार, पूर्वोदधृत, पृष्ठ–125

23. लाल बहादुर वर्मा, पूर्वोदधृत, पृष्ठ–50

24. एस० पी० सेन, डिक्सनरी ऑफ नेशनल बायोग्राफी वोल्यूम, पूर्वोदधृत, पृष्ठ–65

25. लेटर टू डा० राजेन्द्र प्रसाद 19 नवम्बर 1937, एस० पी० सेन (संपा०) डिक्सनरी ऑफ नेशनल बायोग्राफी वोल्यूम 4 में संकलित, पूर्वोदधृत, पृष्ठ–65

26. एस० पी० सेन, डिक्सनरी ऑफ नेशनल बायोग्राफी वोल्यूम 4,पूर्वोदधृत, पृष्ठ–67

27. J.N. Sarkar, Historiography theen and Now Medieval Bihar, op. cit. p. 132.

28. वही, परिशिष्ट–बी, पृष्ठ–163.

29. सय्यद हसन असकरी, इस्लाम एण्ड मुस्लिम इन मिडिवल बिहार, खुदाबख्श ओरियन्टल पब्लिक लाइब्रेरी, पटना 19891

30. J.N. Sarkar, Historiography theen and Now Medieval Bihar, op. cit. p. 134.

31. वही, पृष्ठ–16.

32. J.N. Sarkar, Studt In Econimic life in Mughal India,New Delhi-1975..

33. वही, पृष्ठ–15.

34. वही, पृष्ठ–62.

35. वही, पृष्ठ–65

36. वही, पृष्ठ–123

37. Qeyamuddun Ahmad, Corpus of Arbic & Persian inscriptions of Bihar, K. P. Jayaswal Research institute, Patna 1973, p-XXI

38. Dr. S.H.Askari, Qeyamuddun, The Comprehensive History of Bihar Vol II part I&II, OP. CIT.

39. N.R. Roy, Dictionary of National Biography Supplement, Calcutta 1986.

40. J.N. Sarkar,Historiography Then and Now Medieval

Bihar op. cit, p-138/p-183.

41. E. Sreedharan, op. cit, p-474

42. वही, पृष्ठ–475

43. Qeyamuddin Ahmad, Patna Through the Ages, Patna-1987.

5
पटना में इतिहास लेखन

(क) जदुनाथ सरकार

अंतर्राष्ट्रीय ख्याति प्राप्त इतिहासकार जदुनाथ सरकार इतिहास लेखन की वैज्ञानिक लेखन धारा के अग्रणीय प्रवर्तक थे, जिन्होंने इसमें क्रांतिकारी परिवर्तन किये। उन्हें भारतीय इतिहास लेखन का हेरोडोट्स और थूसीडाइडिस माना जाता है क्योंकि पद्धति और विषयवस्तु दोनों की दृष्टि से डॉ. सरकार एक विलक्षण इतिहासकार थे।

19वीं सदी में बिहार में इतिहास लेखन के क्षेत्र में ब्रिटिश विद्धान, पुरातत्ववेता एवं प्रशासक थे। लेकिन 20वीं सदी में बिहार में अनेक भारतीय इतिहासकार जैसे सुविमल चन्द्र सरकार, अनन्त प्रसाद बनर्जी शास्त्री, जोगिन्द्र नाथ समादर आदि विद्धान हुए जिन्होंने औपनिवेशिक इतिहास लेखन के उद्देश्य को समझा और कमियों को सामने रखा। उन सभी विद्वानों की अगली कड़ी थे सर जदुनाथ सरकार। इन्होंने पटना को अपना कार्य क्षेत्र बनाया। ''इस बात को नजरअंदाज नहीं किया जा सकता कि बिहार ने ही इन्हें महान बनाया।''[1]

ये बिहार के प्रति कृतज्ञ थे और पटना को अपनी आध्यात्मिक कर्मभूमि मानते थे। उस समय पटना में शोध के क्षेत्र में सुविधाओं के अभाव के बावजूद उन्होंने व्यक्तिगत तौर पर छात्रों को शिक्षित किया, जिन्होंने आगे चलकर महान इतिहासकार के रूप में प्रसिद्धि पायी और जदुनाथ सरकार की वैज्ञानिक इतिहास लेखन के परम्परा को आगे बढ़ाया।

जीवनवृत्त एवं परिवेश

जदुनाथ सरकार का जन्म 10 दिसम्बर 1870 ई. को करचमरिया (रामपुर बोलिया के निकट, जिला राजशाही वर्तमान में बांग्लादेश के अंतर्गत) में सुसंस्कृत वैष्णव कायस्थ परिवार में हुआ था। ये राजकुमार सरकार तथा हर सुंदरी देवी के तृतीय संतान थे। उनके पिता राजकुमार सरकार एक जमींदार थे तथा स्थानीय सामाजिक कार्यों एवं संगठनों से भी जुड़े रहे। वे जमींदार एसोसिएशन के सेक्रेटरी के साथ–साथ ब्रह्म समाज के सेक्रेटरी भी थे। उन्होंने समाजोत्थान का काम भी किया। अपने गाँव में प्राथमिक पाठशाला, डाकघर और आरोग्यशाला स्थापित की। उन्होंने राजशाहीबासी पत्रिका का प्रकाशन एवं संपादन किया। 1874 ई. में उन्होंने राजशाही कॉलेज को डिग्री स्तर का दर्जा दिलाने के लिए डेढ़ लाख रूपयें का चंदा इकट्ठा किया। जदुनाथ सरकार छः भाई थे, जिनमें से तीन शिक्षा, इंजीनियरिंग और चिकित्सा के क्षेत्र में अपनी ख्याति अर्जित की एवं एक बिजायॅनाथ 1905 ई. में स्वदेशी आंदोलन में भाग लिया। उनके विवाह 10 सितंबर को कादम्बिनी देवी के साथ हुआ। कादम्बिनी देवी का जन्म स्थान नाटोर था।

जदुनाथ सरकार की प्रारम्भिक शिक्षा अपने गाँव की पाठशाला में हुई। आठ वर्ष की उम्र में इनका दाखिला 10वीं कक्षा में राजशाही के कॉलेजिएट स्कूल में हुआ। आइ.ए. तक इन्होंने राजशाही में ही शिक्षा ग्रहण की। 1887 ई. में प्रवेशिका परीक्षा में छठा स्थान और 1889 ई. की एफ.ए. परीक्षा में दसवां स्थान प्राप्त किया। प्रेसिडेंसी कॉलेज कलकत्ता में इन्होंने बी.ए. में दाखिला लिया। खराब स्वास्थय के बावजूद कठिन परिश्रम और सच्चे लगाव के कारण 1891 ई. की बी.ए. की परीक्षा में अंग्रेजी और इतिहास दोनों विषयों में प्रतिष्ठा के साथ सफल हुए'' साथ ही 50 रू. छात्रवृति भी प्राप्त हुई। एम.ए. 1892 ई. में अंग्रेजी साहित्य में प्रथम स्थान रहा। इस परीक्षा के तीन पत्रों में 90 प्रतिशत, 92 प्रतिशत तथा 95 प्रतिशत अंक मिले जबकि अन्य पत्रों में भी इससे थोड़े ही कम अंक प्राप्त हुए।

बचपन में ईश्वरचन्द्र विद्यासागर, देवेन्द्रनाथ टैगोर आदि महापुरूषों

का सानिध्य रहा जिनका उनके जीवन पर गहरा प्रभाव पड़ा। जर्मन इतिहासकार नीवूर की तरह जदुनाथ सरकार भी अपने पिता से काफी प्रभावित थे। उनके पिता भी पुस्तक प्रेमी थे तथा उनका अपना एक पुस्तकालय था। जब गोरे अंग्रेज अवकाश प्राप्त होने पर स्वदेश लौटने लगते थे तब वे (राजकुमार सरकार) उनकी पुस्तकों को खरीद लेते थे। पिता द्वारा संग्रह किए गए पुस्तकों के अध्ययन से जदुनाथ सरकार को अपने ज्ञान का विस्तार विभिन्न विषयों में करने में सुविधा हुई। विवेकानन्द, सिस्टर निवेदिता और रविन्द्रनाथ टैगोर के प्रति उनके दिल में गहरी श्रद्धा थी। वे धार्मिक पुस्तकें, साहित्य (अंग्रेजी, संस्कृत, बंगाली) से प्रभावित रहे।

जदुनाथ सरकार की इतिहास में दिलचस्पी उन्हें अपने पिता से मिली विश्व इतिहास की पुस्तकों के खजाने को पढ़ते–पढ़ते वे इतिहास लेखन की और आकृष्ट होते गये। पश्चिमी इतिहास के अध्ययन ने उनके मन में इतिहास का एक खाका खींचा। कानूनगों के मतानुसार जदुनाथ को इतिहासकार बनाने में योरोपीय इतिहास के इस अध्ययन का सर्वाधिक प्रभाव रहा। 19वीं सदी के प्रसिद्ध इतिहासकार रॉके, मामसेन, एक्टन, मैतलैन्ड, मैकाले और गिब्बन की रचनाओं ने युवावस्था में ही उन्हें विश्व परिपेक्ष्य में इतिहास और इतिहास दर्शन की एक ऐसी दृष्टि दी जिसने भारतीय इतिहास के लेखन के समय उन्हें एक व्यापक और निरपेक्ष बनाया। यही नहीं अंग्रेजी साहित्य के अध्ययन में भी सहायता की। जदुनाथ की हिस्ट्री आफ औरंगजेब और फॉल ऑफ द मुगल एम्पायर से स्पष्ट है कि मैकाले एवं ग्रीन, इरविन इत्यादि ने प्रारम्भिक दौर में उनकी लेखन शैली और पद्धति को प्रभावित किया।

उन्हें इंग्लैंड में जाकर उच्च शिक्षा ग्रहण करने का मौका मिला लेकिन वे देश में ही रहकर 'प्रेमचन्द रायचन्द' स्कॉलरशिप की तैयारी करने लगे। पाँच वर्षों के अथक परिश्रम के बाद 1897 ई. में उन्होंने यह छात्रवृति प्राप्त की, जो कलकत्ता विश्वविद्यालय के शैक्षणिक जगत में सबसे बड़ी छात्रवृति मानी जाती थी। ''1909 ई. में उन्हें ग्रीफिथ पुरस्कार से नवाजा गया।''

प्रारंभ में वे विभिन्न शिक्षण संस्थाओं में अंग्रेजी के अध्यापक रहे। उन्होंने 1893–96 ई. में रिमन कॉलेज (सुरेन्द्र नाथ कॉलेज) में अंग्रेजी के व्याख्याता के रूप में अपना कार्य शुरू किया। तीन वर्ष बाद 1896 ई. में मेट्रोपोलिटन (विद्यासागर) कॉलेज कलकत्ता में अंग्रेजी विभाग में योगदान दिया। 1898 ई. में उनका स्थानांतरण पटना कॉलेज में हुआ लेकिन उन्हें पुनः प्रेसिडेंसी कॉलेज वापस बुला लिया गया। परंतु तत्कालीन प्राचार्य सी.आर. विल्सन के आग्रह पर उन्हें पुनः छः महीने बाद ही पटना कॉलेज भेज दिया गया जहाँ उन्होंने अपने जीवन का महत्वपूर्ण समय बिताया। के.आर.कानूनगों के शब्दों में, ''यद्यपि उन्होंने एम.ए. इतिहास विषय में नहीं किया।'' लेकिन वे लोगों के बीच इतिहासकार के रूप में ही जाने जाते हैं। प्रारंभ में वे यहाँ अंग्रेजी के प्राध्यापक थे लेकिन 1909 ई. से वे इतिहास विषय पढ़ाने लगे। 1917 ई. में इन्होंने इतिहास के वरीय प्राध्यापक एवं विभागाध्यक्ष, के रूप में बनारस हिंदू विश्वविद्यालय में सेवा प्रदान की। वहाँ से दो वर्ष की अवधि पूरा होने के बाद ये रॉवेनशॉ कॉलेज, कटक में अंग्रेजी आर इतिहास के प्राध्यापक बनकर गये। सेवानिवृत्ति के बाद इन्हें 1926 ई. में कलकत्ता विश्वविद्यालय की हालत सुधारने के लिए दो वर्षों के लिए इस विश्वविद्यालय का कुलपति नियुक्त किया गया। इस पद पर काम करते हुए इन्हें अधिक मानसिक और शारीरिक कष्ट उठाने पडे। इससे उनका अध्ययन और लेखन कार्य प्रभावित होने लगा। अपने मित्र जी.एस. सरदेसाई को 4 अगसत 1928 ई. को एक पत्र लिखा जिसमें उन्होंने दूसरी बार कुलपति का पद नहीं स्वीकार करने पर खुशी जाहिर की।

इतिहास के प्रति अपने विशिष्ट योगदान के कारण उन्हें विश्व की सर्वोच्च स्तर की अनेकों शोध एवं शैक्षणिक संस्थाओं द्वारा सम्मानित किया गया। उन दिनों एशिया के वे एकमात्र ऐसे विद्वान थे, जिन्हें विश्व प्रसिद्ध संस्थाओं द्वारा इस तरह का सम्मान प्राप्त हुआ। रॉयल एशियाटिक सोसाइटी ऑफ ग्रेट ब्रिटेन एण्ड आयरलैंड ने भारतीय इतिहास की श्रेष्ठ सेवा के लिए उन्हें अपना मानद सदस्य बनाया, जो सदस्यता उस पूरे विश्व में मात्र तीस व्यक्तियों को प्राप्त थी। रॉयल एशियाटिक सोसायटी, बंबई ने इन्हें कैम्पबेल स्वर्ण पदक के साथ–साथ संस्था की मानद

सदस्यता प्रदान की। अमेरिकन हिसटोरिकल सोसाइटी ऑफ इंग्लैंड के कौरेस्पैडिंग मैम्बर बने। ढाका तथा पटना विश्वविद्यालय के द्वारा 1936 ई. और 1944 ई. में उन्हें डी.लिट्. की मानद उपाधि से नवाजा गया। एशियाटिक सोसायटी ऑफ बंगाल ने इन्हे 'आनरेरी फेलो' बनाया तथा बंगाल विधान परिषद् के सदस्य भी रहे। उन्हे 1929 ई. में सर की उपाधि से भी नवाजा गया। उनके द्वारा प्राप्त विभिन्न पुरस्कारों एवं पदकों की लम्बी सूची हैं।

जदुनाथ सरकार समय के बड़े पाबंद थे तथा अपने से आये मिलने वालों से कम से कम समय में वार्तालाप खत्म करना चाहते थे। वे शोधार्थियों एवं इतिहासकारों को अपना मार्गदर्शन एवं अपनी पुस्तकालय का उपयोग करने की सुविधा प्रदान करते थे। डा. आशीर्वादी लाल श्रीवास्तव, डा. हरिराम गुप्त, डा. के. आर. कानूनगों, डा. के.के. बसु, एस. पी. सेन गुप्ता आदि इतिहासकार थे जिनका उनका सन्निध्य प्राप्त हुआ।

एक रोचक घटना का जिक्र जी.एस. दास (1957 ई. में इतिहास के विभागाध्यक्ष, रॉवेनशॉ कॉलेज, कटक) करते थे। मई 1936 ई. में अपने शोध के क्रम में ये दार्जिलिंग गये हुए थे और सर जदुनाथ के अतिथि थे। एक दिन उन्होंने साढे आठ बजे सुबह का समय उड़ीसा का इतिहास विषय पर समस्याओं के समाधान हेतु विमर्श के लिए रखा था। जब ये दोनों विमर्श में व्यस्त थे तब सुप्रसिद्ध इतिहासकार डा. सुविमल चन्द्र सरकार (पटना कॉलेज में सहकर्मी रहे) अपनी पत्नी के साथ उनसे मिलने पहुंचे। श्रीमती सरकार सर जदुनाथ की पत्नी से मिलने अंदर चली गयी और डा. सरकार उसी कमरे में रूके रहे जिसमें विचार–विमर्श चल रहा था। दो–ढाई मिनट बीतने पर सर जदुनाथ ने डा. सरकार को कहा कि फुलवारी में सुगंध और मनोरम दृश्य का लाभ उठाए। डा. सरकार इनका इशारा समझ न सके। आधा मिनट और बीता तो सर जदुनाथ वहाँ से उठकर दूसरे कमरे में चले गये। इसके बाद सर जदुनाथ तुरंत प्रो. दास के पास वापस आ गये और विचार–विमर्श पुनः शुरू कर दिया। इस तरह पूर्ण निर्धारित कार्य और अपने व्यस्त समय का हनन किसी कीमत पर वे पसंद नहीं करते थे।

जदुनाथ सरकार की प्रसिद्धि भारत में ही नहीं पूरी दुनिया में फैली हुई थी। उनके ऐतिहासिक लेखन को तीन भागों में विभक्त कर सकते हैं। मुगलकालीन, मराठा काल एवं अन्य कृतियाँ। जदुनाथ सरकार की प्रेमचन्द रायचन्द छात्रवृति का विषय था ''इंडिया आफ औरंगजेब : स्टैटिस्टिक्स, टोपोग्राफी एण्ड रोड्स' जो 1901 ई. में प्रकाशित हुई जिसने उन्हें एक स्थापित इतिहासकार के मुकाम पर पहुंचा दिया।''[6] ये उनकी पी–एच.डी. थीसिस थी। मुगलकालीन कृतियों में शाहजहाँ से शाहआलम 2 तक का वर्णन है। हिस्ट्री ऑफ औरंगजेब नामक ग्रंथ जो कि पांच भागों में है (1912–24 ई.) पूरा करने में उन्हें बारह वर्ष का समय लगा।

औरंगजेब पर लिखने वाले वह पहले हिन्दू इतिहासकार थे। उनसे पहले इस्सरदास नागर और भीमसेन बुरहानपुरी ने औरंगजेब के शासन पर लिखने का साहस किया था। जदुनाथ ने यह जानते हुए भी लगभग सारे स्त्रोत फारसी और मराठी में हैं, औरंगजेब के शासन पर लिखने का विचार किया। इस कठिन चुनौती का उत्तर उन्होंने अपने परिश्रम और लगन से दिया। फारसी पांडुलिपियों को पढ़ने के लिए इस भाषा को सीखना ऐसा ही एक उदाहरण है। इसके बाद उनकी पहली उपरोक्त पुस्तक 1901 ई. में आई। बंगभंग के पश्चात् 1909 ई. में उनकी पुस्तक इक्नोमिक्स ऑफ ब्रिटिश इंडिया प्रकाशित हुई जिसका विद्वानों और छात्रों के बीच गर्भजोशी से स्वागत हुआ क्योंकि इसमें विद्वानों धार्मिक नीतियों की शोषणकारी स्वरूप हुआ क्योंकि इसमें ब्रिटिश आर्थिक नीतियों की शोषणकारी स्वरूप को उजागर किया गया था। कानूनगों के अनुसार 1918 ई. तक इस पुस्तक के चार संस्करण आ चुके थे।

1912 ई. में जब औरंगजेब पर पहले दो खण्ड प्रकाशित हुए तो ई. डी. रॉस जेसे इतिहासकार ने यह कहा कि हिन्दू मुस्लिम काल के इतिहास पर लिखने के लिए यह पुस्तक परवर्ती लेखकों के लिए मॉडेल का कार्य करेगी। इस्लाम को समझकर उन्होंने औरंगजेब पर लिखा। औरंगजेब पर तीसरे खंड का प्रकाशन जब 1916 ई. में हुआ तो देश में खलबली मच गयी। हिन्दु और मुसलमान विरोधाभासी कारणों से आहत हुए। इस्लामी संस्थाओं की एक हिन्दू के द्वारा व्याख्या को मुसलमानों ने

नापसंद किया उधर प्रतिक्रियावादी हिन्दुओं ने 'जदुनाथ' का मराठा लड़ाकुओं को लुटेरा कहना बर्दाश्त नहीं किया। इसके बाद जुलाई 1919 ई. में जब शिवाजी एण्ड हिज टाइम्स प्रकाशित हुई और उसी साल दिसम्बर में औरंगजेब का चौथा खंड आया तो महाराष्ट्र में हलचल मच गई। मराठा इतिहासकारों की आलोचना के वे शिकार हुए। उनकी जतिजया के स्वरूप की व्याख्या को अनुचित और गलत बताया गया। 1659 ई. में औरंगजेब द्वारा जारी बनारस फर्मान का उल्लेख उन्होंने नहीं किया। जिसमें औरंगजेब ने विश्वनाथ मंदिर को भूमि अनुदान दिया था। इसकी भी कटु आलोचना की गयी। अत्यधिक आलोचना होने पर सर जदुनाथ ने इसका लिखित उत्तर देकर आलोचकों को मौन कर दिया कि यह फरमान औरंगजेब ने शुजा के विरूद्ध संघर्षरत् अवधि में किया था ताकि हिन्दुओं का समर्थन प्राप्त हो सके। इसका औरंगजेब की सामान्य धर्मसहिष्णु नीति से कोई संबंध नही।[7]

कानूनगों के अनुसार ''जदुनाथ का उचित आलोचना पर धैर्य अद्भुत था''[8] उन्होंने प्रो. ए. एफ. रहमान की इस आलोचना को कि अफजल की हत्या एक 'बचावकारी हत्या' थी का उन्होंने 20 वर्षों बाद शिवाजी के पांचवे संस्करण में उत्तर दिया। इसमें मीर आलम, जोकि निजामुल्मुल्क का वजीर और इतिहासकार था, का कथन उद्धृधित किया कि अफजल खान घमंड में चूर व्यक्ति था और उसने शिवाजी को गले लगने के दौरान काफी कस कर जकड़ लिया और अपने कमर के छुरे से प्रहार किया।[9]

उनकी पुस्तक शिवाजी एण्ड हिज टाइम्स पर कानूनगों की टिप्पणी इस प्रकार है कि जदुनाथ ने शिवाजी के जीवन के वास्तविक महत्व इस प्रकार समझा कि ''शिवाजी ने यह दिखला दिया कि हिन्दुत्व का पेड़ वस्तुतः अभी जीवित है और राजनीतिक दास्ता के सदियों से बोझ तले होने पर भी अभी भी उपर उठ सकता है और नई पत्तियाँ और शाखायें निकल सकती है तथा यह अपना सिर आकाश तक उठा सकता है।''[10] यहाँ सरकार पर हिन्दुत्व समर्थक होने का आरोप लगाया जा सकता है। परंतु यह संभवतः उनके परम्परावादी स्वभाव के अनुरूप व्याख्या थी।

जदुनाथ ने 1919 ई. में स्टडीज इन मुगल इंडिया 1942 ई. में मुगल एडमिनिस्ट्रेशन लिखा। 1933 ई. में 'स्टडीज इन औरंगजेबस रेन' अन्य महत्वपूर्ण प्रकाशन था जिसमें हमें उनमें अनेकों शोध लेख जो मुगल राजकुमारियों जहाँआरा, जेबुन्निसा के अतिरिक्त औरंगजेब के काल में शिक्षा, उद्योग, औरंगजेब की दिनचर्या और पत्रों पर महत्वपूर्ण प्रकाशन डालते हैं।

उनकी छोटी सी पुस्तक इंडिया थ्रू द एजेज के विषय में इतिहासकार कानूनगों का कहना है कि "अगर किसी को सिर्फ सरकार की एक किताब पढ़नी हो उसे तो इस पुस्तक को पढ़ना चाहिए, जिससे उनकी विद्वता, लेखन, समग्रता में विवेचन शक्ति का पता लग सकेगा।"[11] सर जदुनाथ सेवा निवृत्ति के पश्चात् अपने लेखन में संवर्धन और संशोधन भी करते रहे। उनकी हाउस ऑफ शिवाजी 1940 ई. में प्रकाशित हुई। जिसमें हम नयी सूचनाएं और विषय पाते हैं। उनकी प्रसिद्ध पुस्तक जो कि हिस्ट्री ऑफ औरंगजेब के लगभग 25 वर्षों बाद सामने आयी (1932–50 ई.) फॉल ऑफ मुगल एम्पायर थी, यह उनके अथक परिश्रम और शोध साधना की परिचायक है।

जदुनाथ सरकार ने पुस्तकों का सम्पादन एवं अनुवाद भी किया। उन्होंने मूल फारसी स्त्रोतों का अनुवाद करके उसे संपादित किया। उनके द्वारा अनुवादित आधार ग्रंथ अहकाम ई. आलमगिरी (1912 ई.), मासिर–इ–आलमगिरी (अनु. 1947 ई.) एवं सम्पादित ग्रन्थ ए न्यू हिस्ट्री आफ द इण्डियन पिपुल (संप. 1946 ई.) तथा हिस्ट्री ऑफ बंगाल (ढाका विश्वविद्यालय जिल्द–2, 1948 ई.)। जैरेट के द्वारा अंग्रेजी अनुवादित आइन–ए–अकबरी का पुनः अनुवाद दो भाग में, ऐतिहासिक विश्लेषण ग्लिम्पसेज ऑफ मुगल आर्किटेक्चर आदि अनेकों इतिहास विषयक ग्रंथों की रचना की। मिलिट्री हिस्ट्री ऑफ इंडिया उनके मरणोपरांत 1960 ई. में प्रकाशित हुई।[12]

उनकी कुछ अप्रकाशित पुस्तकें थी जिसमें देहली क्रॉनिकल और जयपुर हिस्ट्री। जयपुर हिस्ट्री 1939–40 ई. में ही इसकी पाण्डुलिपि तैयार कर ली गयी थी लेकिन यह किसी कारणवश छप न सकी।

चालीस वर्ष से अधिक समय के बाद जयपुर की राजमाता गायत्री देवी के हस्तक्षेप के बाद यह पुस्तक प्रकाशित हुई और तब यह पुस्तक प्रकाश में आयी।

जदुनाथ सरकार विभिन्न भाषाओं के ज्ञाता थे। उन्होंने हिन्दी, संस्कृत, उर्दू, फारसी, मराठी, राजस्थानी, उड़िया, पूर्तगीज, डच, फ्रेंच और स्पेनिश भाषाओं की जानकारी प्राप्त की। यहीं कारण था कि उन्होंने सारे यूरोपियन कम्पनियों के रेकार्ड्स का सूक्ष्म अध्ययन करने में सफलता प्राप्त की। वे बंगला भाषा के भी महान् लेखक थे। ''ऐसी पुस्तकों व लेखों की सूची जोगेश बंगाल के एक लेख में दी गई थी।''[13] उनके द्वारा लिखित अनुवादित एवं सम्पादित शोध ग्रंथों और लेखों की विस्तृत सूची पर एक दृष्टि डालने से ही हमें यह अनुमान हो जाता हैं कि केवल इतिहास और बंगला साहित्य के ही प्रकांड विद्वान व लेखक नहीं थे। वरन् समकालीन राजनीतिक एवं शैक्षणिक समस्याओं में भी उनकी रूचि थी। के.आर. कानूनगों के शब्दों में ''उन्हें बंगाली गिब्बन भी कहा जा सकता है।''[14]

जदुनाथ सरकार की लम्बी चौड़ी काया उनकी मानसिक दृढ़ता एवं मजबूत चरित्र को दर्शाती है। वे बहुत ही मजबूत दिमाग के व्यक्ति थे अपने पारिवारिक दुख के समय भी वे कभी कमजोर नहीं पड़े तथा उस परिस्थिति का भी दृढ़ता से सामना किया। वे कभी भी किसी चीज से समझौता नहीं करते थे। कभी–कभी उन्हें समझना बहुत ही मुश्किल हो जाता था। जब वे दूसरों पर तीखी प्रतिक्रिया करते थे तो उनकी ये वाणी अपने लिए दुश्मन खड़ा कर लेती थी। यद्यपि उन चीजों पर वे सांत्वना भी व्यक्त करते थे जो उसके लायक होती थी। वे बाहर से बड़े ही सशक्त थे लेकिन अंदर से उनमें एक दयालु दिल मौजूद था बिल्कुल एक नारियल की तरह। इस महान इतिहासकार की मृत्यु 1958 ई. में हुई जो इतिहास जगत में एक बड़ी ही क्षति थी।

इतिहास लेखन

जदुनाथ सरकार द्वारा लिखित पुस्तकों का मूल्यांकन एवं उनके उपरोक्त वर्णित इतिहास–लेखन के कुछ उदाहरण निम्नलिखित हैं–

हिस्ट्री ऑफ औरंगजेब

प्रस्तुत पुस्तक हिस्ट्री ऑफ औरंगजेब की रचना सर जदुनाथ सरकार द्वारा की गई है। यह पुस्तक पांच खंडों में विभक्त है। इसका प्रकाशन ओरियन्ट लांगमैन द्वारा किया गया है।[15]

औरंगजेब की जीवनी और उसके शासनकाल के इतिहास का विस्तारपूर्वक अध्ययन करने में सर जदुनाथ सरकार को पूरे पच्चीस वर्षों का अथक परिश्रम करना पड़ा। इसके अथक परिश्रम का फल है कि औरंगजेब का इतिहास पांच जिल्दों में प्रकाशित हुआ। यह पुस्तक फारसी मूल स्त्रोतों पर आधारित है। ये पुस्तक उस समय से आज तक एक प्रमाणिक इतिहास ग्रन्थ माना जाता है। उनके लेखन की एक खास खूबी यह है कि वे समय–समय पर जो औरंगजेब से संबंधित नई सामग्री प्राप्त होती रही है, उससे पुनः पुस्तक में आवश्यकतानुसार सुधार करते रहे हैं। औरंगजेब का यह ग्रन्थ उनके अनेकों वर्षों की समस्त सूक्ष्मतक खोजों, गहरे अध्ययन तथा गंभीर चितंन का परिणाम है जो ग्रंथ रत्न के रूप में एकत्र मिलता हैं।

इस ग्रंथ करते समय उन्होंने उस काल के इतिहास–विषयक छपे हुए सारे आधार ग्रंथों के सिवाय फारसी, मारठी, अंग्रेजी, फ्रेंच और पुर्तगाली भाषाओं में प्राप्त हस्तलिखित इतिहास–ग्रंथों, समकालीन लेख संग्रहों, शाही दरबार के अखबार आदि स्त्रोतों का पूरे पच्चीस वर्ष तक लगातार अध्ययन किया। औरंगजेब के समय आने वाले विभिन्न यूरोपियन यात्री ट्रेवनियर, बरनियर, करेरी, मनूची आदि ने उसके राज्य एवं शासन का विस्तृत विवरण लिखा है। इन समकालीनों के आंखों देखे विवरणों के आधार पर उस समय की सामाजिक स्थिति व्यापार तथा उद्योग–ध ंधे और भारत में ईसाई धर्म के प्रचार के बारे में पूरी–पूरी जानकारी प्राप्त होती है तथा इन जानकारियों के आधार पर तैयार किया गया यह ग्रंथ एक प्रमाणिक इतिहास माना गया है।

हिस्ट्री ऑफ औरंगजेब के प्रथम एवं द्वितीय खण्ड का प्रकाशन जुलाई 1912 ई. में हुआ। उन्हें तत्काल ही औरंगजेब पर सर्वोत्तम एवं प्रमाणिक ग्रंथ की संज्ञा दी गयी। इस भाग में परिचय में उन्होंने कहा

है कि औरंगजेब का व्यक्तिगत इतिहास भी एक तरह से बहुत कुछ भारत का ही साठ वर्षों का इतिहास है। सत्रहवीं शताब्दी के पूरे उत्तरार्द्ध में एकमात्र उसका ही शासकाल (1658–1707 ई.) रहा है। यह अर्द्ध शताब्दी का काल हमारे देश के इतिहास में काफी महत्वपूर्ण था। औरंगजेब के समय में मुगल साम्राज्य अपनी चरम सीमा पर था तथा यह अवस्था अंग्रेजों के प्रारंभिक उत्कर्ष तक कायम रहीं।

औरंगजेब के साम्राज्य विस्तार तथा कट्टरपन का वर्णन करते हुए कहते हैं कि उसका धार्मिक कट्टपन उसके साम्राज्य विस्तार के साथ अपने चरम पर पहुंच चुका था। यद्यपि औरंगजेब के चरित्र एवं उसकी विद्वता की भूरि–भूरि प्रशंसा करते हैं। औरंगजेब स्वयं प्रकाण्ड विद्वान, सुयोग्य, जागरूक एवं कर्मठ शासक और चरित्रवान् सदाचारी धर्मपरायण व्यक्ति था। वह एक निर्भीक योद्धा तथा चतुर सेनापति भी था। उसकी बुद्धिमता तथा कूटनीति का लोहा उसके विरोधी भी लेते थे। इन सारे गुणों से परिपूर्ण होने के बावजूद इस प्रतिभावान शासक के दीर्घकालीन शासन का अंतिम परिणाम बड़ा दुखद रहा।

हिस्ट्री आफ औरंगजेब के प्रथम एवं द्वितीय भाग में ही उन्होंने औरंगजेब के जन्म और बचपन के बारे में विस्तारपूर्वक वर्णन किया है। इसमें बताया गया है कि औरंगजेब को कुरान तथा मुहम्मद पैगम्बर के परम्परागत कथनों संबंधी ज्ञान गंभीर एवं सम्पूर्ण था। उसे अरबी एवं फारसी भाषाओं पर पूरा अधिकार था तथा उन भाषाओं को पंडित की तरह लिख और बोल सकता था। उस समय तक मुगल दरबार के घरेलू जीवन में हिन्दुस्तानी का प्रयोग होने लगा था और यही उसकी मातृभाषा भी थी। औरंगजेब को हिन्दी का भी ज्ञान तथा बोलचाल की भाषा में हिन्दी के कहावतों का भी प्रयोग करता था। औरंगजेब के काव्य साहित्य के बारे में कहना है कि वह प्रशंसात्मक काव्य तथा काव्य साहित्य पसंद नहीं करता था। उसे उपदेशात्मक और सुसम्मत कविता पसंद थी। धार्मिक ग्रंथों, कुरान की टीकाओं, मुहम्मद के जीवन संबंधी वृतान्त आदि रचानाओं के प्रति उसे काफी लगाव था तथा उसे वह प्रेम से पडता था।

औरंगजेब के शासनकाल में दो हिंदू हुए जिन्होंने फारसी भाषा में

इतिहास लिखा। भीमसेन बुरहानपुरी यह औरंगजेब के सेना नामक दलपतराय बुंदेला के उत्साही कर्मचारी थे। इन्होंने नुस्खा–इ–दिलकश की रचना की। वह बहुत उद्योगी और तीव्र बुद्धिवाला यात्री था। उसने मथुरा में मालावार तक जो कुछ भी देखा उसका पूरा–पूरा विवरण प्रस्तुत किया। उसने बचपन से ही अपना सारा समय दक्षिण में ही बिताया था जिससे उसके ये ग्रन्थ वहाँ की घटनाओं को जानने के लिए बड़ा ही उपयोगी है। गुजरात के पाटन नगर में जीवन भर रहकर शेख–उल–इस्लाम की सेवा करने वाले कर्मचारी इस्सरदास नागर के द्वारा फतूहात–इ–आलमगीरी नामक ग्रंथ की रचना की। इसमें राजपूत–मुगल संबंध का ऐतिहासिक विवरण बहुत ही महत्वपूर्ण है।

''हिस्ट्री ऑफ औरंगजेब'' का तृतीय खण्ड जिसका प्रकाशन 1916 ई. में हुआ।''[16] इस खण्ड में औरंगजेब की गतिविधियों को उत्तरी भारत तक ही सीमित रखा गया है। औरंगजेब के शासनकाल के पहले पूर्वाद्ध में उसका शासनकाल शान्तिपूर्वक रहा केवल अफगानों एवं राजपूतों के साथ लम्बी लड़ाई को छोड़कर। इस खण्ड में औरंगजेब के परिवार एवं मंत्रियों के बारे में भी वर्णन किया गया हैं राज्य के नियम एवं सिद्धांत, राज्यनीति, उसकी धर्मिक कट्टरवादिता की प्रतिक्रिया स्वरूप मथुरा के हिन्दुओं, जाट, सतनामी, सिखों द्वारा विद्रोहों, इस्लामिक राज्यों के मूल विचारों आदि का आलोचनात्मक तरीके से विश्लेषण किया गया है एवं उसके परिणामों को दर्शाया गया है। इस अध्याय में तीन परिशिष्ट दिये हैं जिसमें एक परिशिष्ट के द्वारा 'कर्नल टॉड' के ग्रंथ से मेवाड़ के युद्धों का वर्णन किया गया हैं।

इस खंड में वर्णित 12 अध्याय के शीर्षक इस प्रकार से है। प्रथम अर्ध शताब्दी (1658–1682) तक के साम्राज्य का इतिहास, राजपरिवार एवं दरबार, आदर्श और धार्मिक, बाहरी मुस्लिम दुनिया के साथ संबंध, शाहजहाँ के अंतिम दिनों का वर्णन, कूच बिहार और आसाम का, मीर जुमला की मृत्यु के बाद पूर्वी भारत 1663–1707 ई. तक अफगान युद्ध, इस्लामिक राज्य चर्च भारत में हिन्दुओं की प्रतिक्रिया 1679–1680 का राजपूताना राजकुमार अकबर का विद्रोह और राजपूत युद्ध का अन्त 1681–1709 तक।

''हिस्ट्री आफ औरंगजेब'' के खण्ड 4 का प्रकाशन नवम्बर 1919 में हुआ।17 इस खण्ड में दक्षिणी भारत क 1658 से 1689 तक के इतिहास की व्याख्या की गई है। इस खण्ड में मराठा शक्ति के उत्कर्ष के इतिहास की सच्ची कहानी भी प्रस्तुत की गयी है। शिवाजी का 1660–1669 तक का इतिहास, बीजापुर के राज्यों पर जयसिंह के द्वारा आक्रमण एवं 1685 में बीजापुर का पतन एवं शिवाजी और शम्भू जी के शासनकाल को भी दर्शाया है। 1667–1684 में आदिल शाह एवं कुतुबशाह का पतन, 1687 में गोलकुण्डा राज्य का पतन एवं इस खण्ड का अंत मराठा राज्य के पतन से होता है।

'हिस्ट्री ऑफ औरंगजेब' का अंतिम 5वां खण्ड का प्रकाशन 1924 में हुआ। इस खण्ड में बादशाह औरंगजेब के 1689 से 1707 तक के मुश्किल क्षणों एवं निराशा भरी पीड़ाओं का सार प्रस्तुत किया गया है। मद्रास के तटीय क्षेत्रों के इतिहास के बारे में एवं मैसूर का क्षेत्र जिंजी का आधिपत्य इन सबों के बारे में बताया गया है। मराठा आजादी के लिए सफल राष्ट्रीय संघर्ष कोंकण में मुगल मराठा युद्ध, मराठों का आंतरिक इतिहास का वर्णन है। यूरोपियनों द्वारा पूर्वी समुद्र में चोरी, मराठों का आंतरिक इतिहास का वर्णन है। यूरोपियनों वर्षों की लड़ाई और बहुत सारे प्रांतों के लम्बें शासनकाल के सामान्य इतिहास, लोगों की स्थिति के बारे में वर्णन है। इस खण्ड का अंत होता है साम्राज्य के पतन के कारणों पर।

हिस्ट्री ऑफ औरंगजेब के विस्तृत पांच खण्डों में होने के बावजूद यह पुस्तक देश के सामाजिक इतिहास पर प्रकाश डालने में असफल रहा है। छोटे–छोटे संदर्भों को छोड़कर इन सारे खण्डों में कहीं कोई ज्यादा सामाजिक पहलुओं को नहीं छुआ गया है।

पांचवे संस्करण में औरंगजेब के भाग्य को दोषी माना है। उनका मानना है कि उसने अनेक कठिन एवं बेकार की लड़ाईयां अपने भाग्य के विरूद्ध लड़ी। यद्यपि उसके शासन को गाजी मुस्तफा कमाल पाशा ने भी अपने समय का महान मुस्लिम शासन बताया है।

अपने किताब में जदुनाथ सरकार ने विलियम इरविन के प्रति भी

कृतज्ञता व्यक्त की है। उनका कहना है कि विलियम इरविन जो कि उस समय के अंग्रेजी शासन में एक आई.सी.एस अधिकारी थे ''लेटर मुगल्स'' नामक पुस्तक की उन्होंने रचना की। इरविन ने इस किताब के लेखन में अपने फारसी अनुलिपि, जो कि लंदन लाइब्रेरी में थी देकर सर जनुनाथ काफी मदद की।

जदुनाथ सरकार का कहना है कि औरंगजेब के शासनकाल पर विशिष्ट प्रकाश डालने वाले बहुत से मौलिक साधन उन्हें प्रथम बार प्राप्त हुए, जो इस सरकारी वृतान्तों से भी ज्यादा महत्वपूर्ण थे। शाही दरबार की घटनाओं का तत्कालीन हस्तलिखित दैनिक विवार जो जयपुर राज्य के पास तथा रायल एशियाटिक सोसाइटी लंदर के पुस्तकालय में सुरक्षित है। इसके साथ 17वीं शताब्दी में भारत में ऐतिहासिक रंगमंच कें अभिनेताओ, तत्कालीन महत्वपूर्ण पुरूषों, निजी पत्रों का भी सहयोग उन्होंने लिया। उनका कहना है कि उनके पास निजी संग्रह में औरंगजेब के द्वारा लिखे गये है। इन पत्रों के द्वारा उन्हें उस समय की घटनाओं का ज्यों का त्यों विवरण प्राप्त हो जाता है। इन्हें इतिहासकारों द्वारा काटा छाँटा नहीं गया है। उनका मानना है कि इन स्त्रोंतों से तत्कालीन भारतीय इतिहास निर्माताओं की इच्छाओं, आकांक्षाओं, योजनाओं और उनके व्यक्तिगत विचारों के बारे में सच्चा चित्र प्रस्तुत होता है।

औरंगजेब का इतिहास हमलोगों के लिए बहुत ही उपयोगी एवं शिक्षाप्रद है। औरंगजेब के समकालीन इतिहासकारों में मुसलमानों की संख्या ही अधिक है। औरंगजेब के शासनकाल के 50 वर्षों में जो विवरण लिखा गया है उससे यह बात बिल्कुल स्पष्ट हो जाती है कि मुसलमान उलेमाओं द्वारा निश्चित विधि से संगठित धर्मप्रधान शासन किस प्रकार एक बड़े शक्तिशाली साम्राज्य को भी तहस–नहस कर सकता है तथा इसका दुष्परिणाम वहाँ की जनता चाहे वो हिन्दू हो या मुसलमान दोनों को ही भुगतना पड़ता है। हमें इस धर्मप्रधान शासन के गुण लाभ देखने के लिए औरंगजेब का शासन सबसे अच्छा उदाहरण है। औरंगजेब की विद्वता, सदाचारी, कर्मठता, भोग–व्यसन आदि दुराचारों से दूर एक साधारण मेहनती शासक के सारे गुण विद्यमान थे। इतना ही नहीं पूर्वजों

द्वारा छोड़ा गया अपार धन का खजाना भी उसे प्राप्त हुआ था। उसकी प्रजा ईमानदार, चतुर और प्रारंभ में स्वामिभक्त भी थी। वहीं प्रजा इसके जीवन काल के अंत होते –होते विद्रोही और दरिद्री का रूप में तब्दील हो गई। धर्म पर आधारित कट्टर मुसलमानी राज्य का यही अंत था। उनका मानना है कि सुशिक्षित संसार में यह कथन सुविख्यात है कि भूतकाल का विवेचन कर वर्तमान को शिक्षा देना ही इतिहास का प्रधान कार्य है, जिससे भावी पीढ़ियों को पूरा–पूरा लाभ पहुंच सके। अतएव उसके समकालीनों के आंखों देखे विवरणों के आधार पर लिखा गया औरंगजेब का प्रमाणिक इतिहास भारतीय शासन एवं संस्कृति के नेताओं के एिल स्थायी महत्व का एक बहुत ही हितकर उहाहरण है।

"बेवरीज ने इस पुस्तक की समीक्षा करते हुए यह मत प्रकट किया है कि भारत के इतिहास के लिए समकालीन फारसी ऐतिहासिक ग्रंथों का उपयोग करने वाले इतिहासकारों में जदुनाथ सरकार प्रथम है। उन्हें बंगाली गिब्बन भी कहा जा सकता है।"[19] इस पुस्तक के बारे में इरफान हबीब का कहना है कि "सर जदुनाथ सरकार द्वारा पांच भागों में लिखित 'हिस्ट्री ऑफ औरंगजेब' का दबदबा बना हुआ है।"[20]

इनके इतिहास ग्रंथ सर्वथा प्रमाणिक तथा घटनाओं से परिपूर्ण होते हैं तथा इनकी लेखन शैली इतनी रोचक होती है कि उसमें नीरसता नहीं आ पाती है। यह पाठक को उपन्यास की तरह रोचकता प्रदान करती है। उन्होंने औरंगजेब की जिवनी लिखते समय न तो किसी पक्षपात या कोई असंतुलन का सहारा लिया। वे जिस प्रकार गुणों तथा सफलताओं का वर्णन करते हैं उसी तत्पर और विस्तार के साथ उसकी त्रुटियों और भूलों का भी उल्लेख करते हैं। औरंगजेब के अंतिम वर्षों के शासनकाल में जिस प्रकार मुगल साम्राज्य के पतनोन्मुख एवं बिखरते हुए तथा उसकी विवशता का जो मार्मिक चित्र जदुनाथ सरकार के द्वारा इस पुस्तक में खींचा गया वह भारतीय इतिहास में सर्वथा अद्भुत है।

चैतन्याज लाइफ एण्ड टीचिंग्स

सर जदुनाथ सरकार ने कृष्णदास कविराजकृत चैतन्य चरितामृत जो बंगाली भाषा में लिखी गई है के मध्य लीला खंड का अंग्रेजी अनुवाद

1913 में किया था। जिसका शीर्षक चैतन्य : हिज पिलगिमेजज एंड टीचिंग्स था। इसकी रचना का उद्देश्य था जो पाठक बंगला भाषा से परिचित नहीं है उनको चैतन्य की उस मार्मिक छवि का दर्शन हो सके जिस रूप से उनके समकालीन उनको देखते थे। इस पुस्तक को सबसे अच्छी श्रद्धांजलि सी.एफ. एंडरूज ने दी जब इसे उन्होंने इस आदि से अंत तक मानवीय सरोकार से भरपूर, स्थायी महत्व की कृति कहा था।

इस पुस्तक का दूसरा संस्करण 1922 ई. में ''चैतन्याज लाइफ एंड टीचिंग्स'' नामक शीर्षक से छपा। इसका प्रकाशन ओरिएंट लान्गमैन कलकता ने 1988 में किया।''[21] यह पहला संस्करण का ही एक परिवर्द्धित रूप था जिसमें पिछले अनुवाद को संशोधित किया गया था तथा साथ ही तीसरे खंड से लंबे–लंबे उद्धरणों के अनुवाद दिये गये थे। इस खंड में चैतन्य के जीवन में अंतिम 18 वर्षों की कथा मिलती है। लेकिन पहले संस्करण के 18 वें और 20वें अध्याय के कुछ भाग निकाल दिये गये थे, क्योंकि सर जदुनाथ सरकार का मानना था कि उनके अध्याया में विद्वतापूर्ण वाद–विवाद और शब्द शास्त्रीय बारीकियां मौजूद थी जिनकों केवल संस्कृत व्याकरण और दर्शनशास्त्र के पंडित ही समझ सकते है।

तीसरा संस्करण 1932 ई. में प्रकाशित हुआ उसका शीर्षक भी दूसरे संस्करण वाला था। इसे वृदावनदासकृत चैतन्य भागवत से चैतन्य के गृहस्थ जीवन का विवरण देकर और भी बढ़ा दिया गया था। प्रस्तुत ग्रंथ इसी तीसरे संस्करण का पुनमुर्द्रण है जिसके अनुवाद में चैतन्य के जीवन वृतान्त के अलावा एक प्रस्तावना भी दी गयी है। यह प्रस्तावना कृष्णदास कविराज के जीवन वृंदावन के नववैष्णव केन्द्र तथा चैतन्यचरितामृत और चैतन्य की दूसरी जीवन–गाथाओं की प्रकृति की विवेचना करती है। इसमें चैतन्य का संक्षिप्त जीवन–चरित भी दिया गया है।

इस पुस्तक की एक प्रमुख विशेषत इसका साहित्यिक वर्णन है। सर जदुनाथ सरकार सर्वप्रथम साहित्य के एक प्रतिभाशाली छात्र थे। इतिहास उसका दूसरा सरोकार था। स्वयं वैष्णव होने के कारण वे अपने

युग में प्रचलित विश्वासों के अनुरूप यह मानते थे कि कृष्णदासकृत चैतन्यचरितामृत चैतन्य का सबसे अच्छा ऐतिहासिक जीवन–वृत्तांत था क्योंकि कृष्णदास चैतन्य के लगभग समकालीन थे और वे रघुनाथदास के शिष्य थे जो स्वयं चैतन्य के शिष्य भी थे ओर उसके पंथ के छः संस्थापकों में से एक।

इस पुस्तक के तृतीय संस्करण में ''जदुनाथ सरकार ने वृन्दावनदास के चैतन्य भागवत के खंड एक और दो से चैतन्य के संक्षिप्त जीवन वृत को जोड़ा है।''[22] जिसे वे सबसे मौलिक और विस्तृत स्त्रोत मानते हैं। ''सर जदुनाथ ने पुस्तक के प्रारंभ में कृष्णदास कविराज और उनकी पुस्तक के विषय में एक परिचयात्मक टिप्पणी दी है।''[23] इसके अतिरिक्त चैतन्य चरितामृत के अनुवाद में उनकी यत्र–तत्र दी गयी विद्वतापूर्ण टिप्पणियों में इस ग्रंथ की तुलना वृंदावनदास की चैतन्य भागवत, लोचनदास की चैतन्य मंगल और जयनंदन मिश्र की चैतन्य मंग से की है। लेकिन उसके शब्दों में इनमें से किसी एक रचना की ज्ञान, अभिव्यक्ति की स्पष्टता, साहित्यिक क्षमता और शैली की पूर्णता में चैतन्य चरितामृत से तुलना नहीं की जा सकती है।

सर जदुनाथ सरकार को चैतन्य के इस ऐतिहासिक वृतांत लिखते समय अनेक समस्याओं का सामना करना पड़ा। लेकिन इस श्रेष्ठ पुस्तक का प्रकाशन होने के बाद इस पुस्तक के महत्व में पाठक लाभान्वित हो रहे है। इस तरह सर जदुनाथ सरकार का उद्देश्य था, कि वे उत्तर भारत के महानतम वैष्णव शिक्षक चैतन्य को उन सभी अंग्रेजी के पाठकों तक पहुंचाना चाहते हैं जो बंगाली भाषा नहीं जानते सही मायने में सार्थक हुआ।

शिवाजी एण्ड हिज टाइम्स

प्रस्तुत पुस्तक 'शिवाजी एण्ड हिज टाइम्स' की रचना सर जदुनाथ सरकार द्वारा की गयी है। इस पुस्तक का प्रकाशन ओरियन्ट लांगमैन लिमिटेड ने 1919 में प्रकाशित किया।[24]

'शिवाजी एण्ड हिज टाइम्स' मराठा इतिहास मध्यकालीन भारतीय

ऐतिहासिक जगत के एक अग्रणीय इतिहासकार के द्वारा रचित रचना है। यह कलात्मकपूर्ण रचना विद्यार्थियों एवं शोधार्थियों के लिए महत्वपूर्ण है। यह रचना शिवाजी एवं मराठा सैनिकों के बारे में जानकारी प्राप्त करने के लिए महत्वपूर्ण एवं विस्तृत स्त्रोत है। यह पुस्तक केवल शिवाजी की जीवनी ही नहीं है। 17वीं सदी के दक्कन में शिवाजी एवं मुगलों के संबंधों का विस्तृत ब्यौरा देती है। इसके द्वारा हमें मुगल साम्राज्य की आंतरिक गतिविधियों के बारे में पता चलता है जब वह पतन की ओर अग्रसर था। अंग्रेजों और पुर्तगालियों के साथ मराठों के संबंधों एवं 17वीं शताब्दी में शिवाजी की उपलब्धियां, चरित्र एवं इतिहास में उनके स्थान के साथ अंत होता है।

जदुनाथ सरकार ने इस पुस्तक की भूमिका में कहा है कि उस समय जो विस्तृत एवं विविध स्त्रोत उपलब्ध थे, उन सारे स्त्रोतों को वे उपयोग में लाये। मराठी, संस्कृत, फारसी, अंग्रेजी, पुर्तगाली, फ्रेंच, ग्रीक अंग्रेजी पाण्डुलिपि, रेकार्ड्स, फैक्ट्री रेकाड्स, डच फैक्ट्री रेकार्ड्स, सूरत पत्रों आदि स्त्रोतों का पूरा उपयोग किया। लेकिन जब इस पुस्तक का नया संहकरण छपा तो उन्होंने अपनी ही रचनाओं में मौजूद उन त्रुटियों को दूर किया। नये स्त्रोंतों के आधार पर जो प्रथम संस्करण के छपने के बाद में प्रकाश में आये, जैसे राजपुर रेकार्ड्स यह 1939 में प्रकाश में आया।

इन स्त्रोतों के आधार पर शिवाजी एवं औरंगजेब के वार्ता पर नया अध्याय लिखा गया। शिवाजी का आगरा में बंधक वाले जीवन एंव दक्षिण में कोंकण और कनारा के बारे में पूर्तगाली स्त्रोतों के आधार पर नया प्रकाश डालता है।

सर जदुनाथ सरकार ने नये स्त्रोतों के आधार पर पुस्तकों को पुनः लिखा ही नहीं बल्कि अपने ही किताबों का गहन एवं सूक्ष्म अध्ययन करके छोटी–छोटी जो त्रुटियाँ हो गई थी, उसमें कहा था कि 17वीं सदी में मराठा दक्षिण की राजनीति को समझने का एकमात्र सूत्र था। सच्चे वास्तविक कारणों एवं शिवाजी के विस्तृत नीतियों को समझने के लिए मुगल साम्राज्य की गतिवधियों को समझना जरूरी है एवं बीजापुर को

समझने के लिए मुगल साम्राज्य की गतिविधियों को समझना जरूरी है। इसलिए यह पुस्तक शिवाजी की जीवनी ही नहीं बल्कि उससे कहीं और ज्यादा महत्व की है। यह समकालीन इतिहास के तीन मुस्लिम राज्यों का ब्यौरा प्रस्तुत करता है। हालांकि इस विषय पर गहन अध्यय 'हिस्ट्री ऑफ औरंगजेब' के खण्ड 4 में किया गया है। इसके अतिरिक्त एक अलग रचना 'द हाउस ऑफ शिवाजी' के नाम से की है। जिसका ज्यादातर दस्तावेज वाद–विवाद शिवाजी के जीवन के संबंध में है जो एक पूरक है इस पुस्तक का इसे अध्ययन करना चाहिए।

प्रस्तुत पुस्तक के चार संस्करण छपे–प्रथम अप्रैल 1919, द्वितीय जून 1920, तृतीय दिसंबर 1928, चतुर्थ फरवरी 1948 ई.। संपूर्ण पुस्तक 16 अध्यायों में विभक्त हैं जो इस प्रकार है–प्रथम अध्याय में भूमि और जन शीर्षक के अंतर्गत, वर्तमान वर्षा, मिट्टी और फसल, मराठी भाषा एवं बम्बई प्रेसिडेंसी के अंतर्गत मराठी लोगों उनके द्वारा बोली जाने वाली मराठी भाषा का है। शाइस्ता खाँ द्वारा पूना पर अधिकार, 1661–63 ई. का संघर्ष और शिवाजी की रत्नागिरी जिला पर विजय, शिवाजी द्वारा शाइस्ता खाँ पर रात्रि में आक्रमण, सूरत में अंग्रेजों द्वारा वीरतापूर्वक अपनी रक्षा करना एवं 1664 ई. की सूरत की प्रथम लूट, शिवाजी की हत्या का प्रयास तथा पैसों को छीना एवं लूटा जाना–इन सारे विषयों के साथ परिशिष्ट भी शामिल किया गया है।

अध्याय 5[28] शिवाजी और जयसिंह नामक अध्याय के द्वारा 1665 में शिवाजी के विरूद्ध शाइस्ता खाँ के असफल होने के बाद औरंगजेब ने मिर्जा राजा जय सिंह को दक्कन भेजा। इस अध्याय में जयसिंह द्वारा शिवाजी के विरूद्ध किये गये कार्यों, जयसिंह का चरित्र, उसकी तैयारियां, शिवाजी के दुश्मनों का संगठित होना, जयसिंह के अभियान की शुरूआत, पुरंदर की व्याख्या, समर्पण, अधिग्रहण, मराठा की कोशिश, शिवाजी का समझौता, जयसिंह का शिवाजी के साथ वार्तालाप, 1665 ई. की पुरंदर की संधि, शिवाजी एवं मुगलों की आपसी मदद आदि विषयों का वर्णन है।

अध्याय 6[29] 1666 ई. में औरंगजेब को निरीक्षण के कारण शिवाजी

का भय एवं उम्मीद मुगल दरबार के निरीक्षण से, उसकी अनुपस्थिति के दौरान व्यवस्था, शिवाजी की आगरा यात्रा पर नये तरीकों से प्रकाश डाला गया है। इसमें शिवाजी का औरंगजेब के साथ भेंट करना क्यों गलत था इन बिन्दु पर व्याख्या की गई है। शिवाजी की औरंगजेब के सामने उपस्थित होना, शिवाजी की कैद के समय मुगल नीति, शिवाजी का आगरा से निकलना एवं घर लौटना शामिल है। अंत में एक परिशिष्ट है।

अध्याय 7[30] इस अध्याय में 1667 –1670 के दौरान दक्कन में मुगल नीति एवं 1668 में शिवाजी का मुगलों के साथ शांति बनाना, 1670 का मुगलों के साथ युद्ध 1670 में सूरत की द्वितीय लूट, दीनदोरी का युद्ध, बरार, छत्रसाल और बुंदेला पर आक्रमण का वर्णन है।

अध्याय 831 371–74 में मुगल और बीजापुर के साथ संघर्षों का वर्णन है। 1671 में महाबत खाँ और दाउद खाँ का अभियान एवं 28 नवंबर 1670 को महावत खान को दक्कन का मुख्य भार सौंपा गया। सालहीर का युद्ध तथा सूरत में चौथ संग्रह, 1672 में मराठों की सफलता किंतु खानदेश और बरार पर आक्रमण एवं 1672 ई. में पराजय, 1673 में खानदेश में संघर्ष, बीजापुर से लाभ और 1673 में कनारा पर आक्रमण, 1673 का उमरानी का युद्ध, दिलेर खाँ की 1674 में पराजय, विषयों पर भी प्रकाश डाला गया हैं।

अध्याय 9[32] इस अध्याय में शिवाजी द्वारा किये गये कोंकण, वीजापुर एवं गोवा के खिलाफ गतिविधियों का वर्णन है। शिवाजी द्वारा कनारा के शासन एवं व्यापार तथा शिवाजी का प्रथम आक्रमण राजपुर में 1663 में मराठों के द्वारा दक्षिणी कोंकण का विजय एवं 1664 में बीजापुर को पुनः प्राप्त करना तथा 1665 में दक्षिण कोंकण का खोना शामिल है। 1668 में शिवाजी ने गोवा को अपने अधीन करने की योजना बनाई लेकिन उन्हें इस योजना में असफलता हाथ लगी।

अध्याय 11[34] इस अध्याय में सामुद्रिक शक्ति का वर्णन है। समुद्री शक्ति की देश को जरूरत, उसका आधार, उसके माल चढ़ाने एवं उतारने की जगह, मराठा नाविकीय शक्ति की कमजोरियाँ, लड़ाकू

जहाज शिवाजी का वाणिज्यिक जहाज, शिवाजी द्वारा नाविकीय शक्ति का विकास, 1670 ई. का जंजीरा पर मराठों पर आक्रमण, नाविकीय युद्ध एवं चंदेरी में अंग्रेजों का साथ युद्ध का वर्णन हैं

12[35] इस अध्याय में 1677–78 के दक्षिण में शिवाजी के गतिविधियों का वर्णन है। कर्नाटक पर आक्रमण एवं पूर्वी कर्नाटक पर शिवाजी द्वारा दावा प्रस्तुत करना, मद्रास के तटों को प्राप्त करने की कीमत एवं कूटनीतिक तैयारियां एवं शिवाजी द्वारा हैदराबाद की ओर कूच करना तथा हैदराबाद में प्रवेश, शिवाजी एवं कुतुबशाह के साथ वार्ता, गोलकुण्डा का संगठन, जिन्जी और वेलोर को अपने अधीन करना एवं यूरोपीय व्यापारियों का शिवाजी के आक्रमण के दौरान होना शामिल है।

अध्याय 13[36] इस अध्याय में डा. सरकार द्वारा शिवाजी के अंतिम वर्षों की गतिविधियों का वर्णन है। उन्होंने कहा कर्नाटक आक्रमण में शिवाजी को आश्चर्यजनक सफलता मिली। शिवाजी ने मद्रास को छोड़कर पूर्वी और मध्य भाग – मैसूर के पठारी की ओर कूच किया। इसमें तुंगभद्रा के साथ उनकी घरेलू कठिनाइयों के साथ अंत में उनकी मृत्यु का वर्णन है। शिवाजी 23 मार्च 1680 से 11 दिनों तक बुखार एवं खूनी पेचिश से पीड़ित रहे। उनका शरीर कमजोर हो चला था और सुधार की उम्मीद खत्म हो गई थी। रविवार दोपहर 4 अप्रैल 1680 चैत के महीने में उनकी मृत्यु हो गई।

अध्याय 14[37] एवं 15[38] में शिवाजी का अंग्रेजों एवं पूर्तगालियों के साथ संबंधों तथा प्रशासनिक संस्थाओं एवं उनकी नीतियों के बारे में वर्णन है। शिवाजी की मृत्यु के समय उनका राज्य लगभग पूरे देश में फैल चुका था। उनके बाद की नीतियाँ, कर संग्रह एवं आठ मंत्रियों की मंत्रीपरिषद, सैनिक का संगठन एवं उनकी शक्तियाँ, प्रशासनिक एवं ध ार्मिक नीतियाँ, शिवाजी के शासन के प्रभाव आदि का वर्णन है। जदुनाथ सरकार ने शिवाजी की धार्मिक नीति की लचीला कहा क्योंकि वे सभी पंथो, धर्मों और सम्प्रदायों का आदर करते थे।

अध्याय 16[39] इस अध्याय में शिवाजी की उपलब्धियाँ, चरित्र और

इतिहास में उनका क्या स्थान रहा है इस विषय पर व्याख्या की गई है। डा. सरकार ने कहा शिवाजी की राज्य नीति और उनकी प्रशासनिक संस्था कोई बहुत नई नहीं थी। उनका राज्य नीति हिन्दू राजाओं के समान रही है। शिवाजी की उन असफलताओं के बारे में भी लिखा है जो एक संगठित राज्य के निर्माण में बाधक रही है। उन्होंने कहा क्यों शिवाजी मराठा राजनीति में एक अल्प समय तक ही अपनी भूमिका निभा पाये। इन सारे प्रश्नों को उन्होंने बड़ी ही सूक्ष्मता से परीक्षण करके व्याख्या की है। मराठा द्वारा आर्थिक तत्वों को नजरअंदाज करने को भी उन्होंने इंगित किया है। डा. सरकार ने इस अध्याय में शिवाजी के राजनीतिक विचार और कठिनाइयों के साथ–साथ शिवाजी द्वारा ऊँचाई की बुलंदियों पर पहुंचाना और मराठा राज्य के निर्माण की प्रशंसा की है। उनके शब्दों में शिवाजी एक मूल अंवेषक एवं मध्यकालीन भारतीय इतिहास को एक नया मार्ग प्रशस्त करने वाले थे।

शिवाजी पर सरकार के इस शोध ग्रंथ ने महाराष्ट्र में एक हलचल पैदा कर दी। यद्यपि इस ग्रंथ में सरकार ने शिवाजी के प्रति ग्रांट डफ की अनेक धारणाओं को निर्मूल सिद्ध कर मराठों को संतुष्ट किया था किन्तु जावली पर अधिकार के समय किये गये शिवाजी के कार्य को विश्वासघात और रक्तपात बताना मराठों को पसंद नहीं आए।[40] महाराष्ट्र के उत्साही इतिहासकारों को उनका यह मत पंसद नहीं आया कि शिवाजी एक स्थायी राष्ट्र का निर्माण करने में असफल रहें तथा उनके द्वारा स्थापित की गई अनेक संस्थाओं में मौलिकता नहीं थी किंतु धीरे–धीरे महाराष्ट्र के विद्वानों ने उनके कथनों की सत्यता भी स्वीकार किया।

फॉल ऑफ द मुगल एम्पायर

प्रस्तुत पुस्तक 'फॉल आफ द मुगल एम्पायर' 4 खण्डों में विभक्त है। इसका प्रकाशन ओरियन्ट लांगमैन लिमिटेड द्वारा किया गया। प्रथम खण्ड 1932 में, द्वितीय खण्ड सिंतबर 1934 में, तृतीय खण्ड नवंबर 1938, चतुर्थ खण्ड 1950 में प्रकाशित हुआ।

पुस्तक के प्रथम खण्ड में सर जदुनाथ सरकार ने भूमिका में अपनी

इस पुस्तक की ऐतिहासिक पृष्ठभूमि प्रस्तुत की है। मुगल शासन की पुनर्स्थापना 1556 में हुई। जिसके अधीन भारतीय महादेश के बहुत से राज्यों को एकछत्र के अधीन रखा एवं नये साम्राज्य का सूत्रपात किया। विखण्डित राज्यों एवं प्रांतों को एकीकृत किया। मुगल शासन की इस विजय एवं पुनर्स्थापना का प्रभाव देश की सीमाओं के बाहर भी देखा गया।

उन्होंने इस पुस्तक की रचना करते समय स्त्रोंतों की विविधता एवं अधिकता की ओर ध्यान आकृष्ट किया। पुस्तक की रचना करते समय फारसी, मराठी, अंग्रेजी, फ्रेंच, हिंदी, राजस्थानी और संस्कृत एवं भारतीय मानचित्रों का उपयोग किया। नादिरशाह का 1739 ई. में आक्रमण एवं अंग्रेजों की दिल्ली पर विजय का वर्णन है। प्रथम खण्ड के द्वितीय संस्करण के निर्माण में नये स्त्रोतों का भी उपयोग किया गया है।

पुस्तक की शुरूआत में उन्होंने कहा इस पुस्तक में मुस्लिम साम्राज्य के पतन की सच्ची एवं पूरी कहानी दर्शाने की कोशिश की गई है। तैमूरी राजकुमार बाबर द्वारा 1526 में स्थापित मुगल साम्राज्य के पतन की शुरूआत 1738 से 100 वर्ष पहले ही शुरू हो चुकी थी। उन्होंने कहा इतिहास के गहन अध्ययन की जिज्ञासा रखने वाले लोगों के लिए उनकी रचनाओं का अध्ययन करना चाहिए। उसमें यह दर्शाया गया है कि किस तरह से साम्राज्य का सैद्धांतिक पतन हुआ और यह जहर कैसे–कैसे दिल्ली के साम्राज्य में फैला। मुगल साम्राज्य शाहजहाँ के शासनकाल 1628–58 में सबसे ऊंचे स्थान पर पहुंचा लेकिन उसी के शासकाल में इसके पतन की भी शुरूआत हो गई। पूर्व में लिखित जैसे हिस्ट्री ऑफ औरंगेजेब, एनेकडोट्स ऑफ औरंगजेब, शिवाजी एण्ड हिज टाइम्स, मुगल एडमिनिस्ट्रेशन। डा. सरकार ने विलियम इराविन की 'लेटर मुगल्स' की किताब जहाँ खत्म होती है, वहाँ से इस प्रथम खण्ड की शुरूआत की।

प्रथम खण्ड 42, मुगल साम्राज्य के पतन की शुरूआत नादिरशाह के आक्रमण से करते हैं। 1739 से 1754 तक का इतिहास इस खंड में है। प्रथम खण्ड को 12 अध्यायों में विभक्त किया गया है। अध्याय प्रथम

नादिरशाह के जाने के बाद मुहम्मदशाह के शासन से शुरू होता है। मोहम्मदशाह एवं अहमद शाह के शासन का वर्णन है जिसका अंत होता है 1754 में। इसके बाद गंगा के दोआब में अफगानों का समझौता, बंगाल, बिहार और उड़ीसा में मराठों का आकस्मिक आक्रमण, पूर्वी प्रांतों का वर्णन 1746–1756, 1748 तक पंजाब एवं अहमदशाह अब्दाली का प्रथम आक्रमण, 1741 में राजपूताना 1741–1751, अहमदशाह का शासनकाल, सफदरजंग का अफगानों के साथ मालवा संघर्ष, पंजाब 1748–54 सफदरजंग का विद्रोह, अहमदशाह का पतन। इस तरह इस खंड में बड़े बाह्य आक्रमण ईरानी एवं अफगान का शोधपरक विस्तृत विवरण है।

प्रस्तुत पुस्तक के खण्ड 243 में जदुनाथ सरकार ने 18वीं सदी का 1754 से 1771 तक के काल को सम्मिलित किया है। उनका कहना है कि यह काल भारतीय इतिहास में बड़ा ही महत्वपूर्ण रहा है। इसी काल में मराठा के और अफगान दिल्ली पर अपना आधिपत्य स्थापित करने के उद्देश्य से संघर्षरत् थे। इसी दशक के दौरान भरतपुर में जाट शासकों का पतन हुआ। यह काल प्रत्यक्षदर्शी रहा है दिल्ली की गद्दी पर शासकों को पदासीन करने एवं हटाने तथा शासक के प्रतीक मात्र बनाने का। इस भाग में सिक्खों के राज्यों का वर्णन एवं उनके द्वारा अपने राज्य के उत्थान, कृषि व्यवस्था, आंतरिक सुरक्षा का प्रबंध आदि पर प्रकाश डाला गया है। इन सबके अतिरिक्त दूसरी तरफ बंगाल, बिहार और अवध में ब्रिटिश शासन की स्थापना और व्यापार उद्योग, कृषि के साथ–साथ राज्य स्थापना के दौर में शामिल होना वर्णित है। इस भाग का अंत शाहआलम 2 के राजधानी पर आक्रमण के साथ होता है।

सर जदुनाथ का मानना है कि इस काल का इतिहास बड़ा ही अंधकारमय रहा है। इस पुस्तकर की रचना में उन्होंने मराठी रेकार्ड्स जो प्रचुरमात्रा में विद्यमान थे, का उपयोग किया। कुछ समकालीन फारसी रचनाओं जिसका पहली बार प्रयोग किया गया एवं यूरोपीय भाषा, अंग्रेजी और फ्रेंच रचनाओं का उपयोग कर भारत का वास्तविक चित्र प्रस्तुत किया। इनके अलावे इन स्त्रोतों का भी उन्होंने उपयोग कियाः (1) पानीपत के अभियान के दौरान अहमदशाह अब्दाली के पत्र

(2) फारसी पत्रों (3) मराठी ऐतिहासिक पत्रों (4) फ्रेंच संस्मरण।

संपूर्ण पुस्तक को 13 अध्यायों में विभक्त किया गया है जो निम्नलिखित प्रकार से हैं– आलमगीर 2 के शासनकाल 1753–59 के पंजाब का वर्णन, 1757 का अफगान आक्रमण, 1757 में दक्षिण दिल्ली पर अब्दाली का अभियान, रघुनाथ दाला का उत्तरी अभियान, राजपूताना उत्तर में, दत्ता जी सिंधिया का अभियान, सदाशिव भाउ का दिल्ली अभियान, पानीपत का युद्ध, नजीबुद्दौला का दिल्ली का अधिनायक बनना, जाटों का पतन 1768 मे, 1761–1771 का पंजाब और राजपूताना, 1758–1771 में शाहआलम का लौटना।

प्रस्तुत पुस्तक के खण्ड 3[44] को जदुनाथ सरकार शाहआलम 2 का राजा के रूप में दिल्ली में प्रवेश से शुरू करते हैं। उसका 17 साल का शासनकाल भारतीय इतिहास में खूनी संघर्षों का काल रहा है। इस काल में सत्ता परिवर्तन एवं राजा का शासन मात्र प्रतीक के रूप में स्थापित एवं दरबारों में षडयंत्रों का बोलबाला रहा। सिंधिया द्वारा राज्य के शासन पर अपना प्रभाव बढ़ाना एवं महादजी सिंधिया का अंतिम रूप से शासन पर प्रभुत्व स्थापित करने का वर्णन है। जाट साम्राज्य के उत्थान एवं पतन का भी विवरण है।

इस खण्ड को 12 अध्यायों में विभक्त किया गया है जो इस प्रकार है– उत्तर मं मराठा, दिल्ली व्यापार एवं रूहेला अभियान, जाट शक्ति का पतन, जबीता खान का अंतिम संघर्ष अब्दुल अहदखान का पतन 1778 और 1779 का घटनाक्रम, मिर्जा नजफ का राज्यकाल, महादजी सिंधिया दिल्ली के एक राजप्रतिनिधि के रूप में, जयपुर राज्य और साम्रज्यिक शासन 1768–1787, 1787 का लालसोट अभियान, महादजी सिंधिया का अधिग्रहण, गुलाम कादि की विजय और पतन।

जदुनाथ सरकार ने कहा है कि इस खण्ड की रचना करते समय उन्हें स्त्रोतों की कठिनाई महसूस हुई। उन्होंने कहा तात्कालिक अधिकारियों एवं पूर्वाधिकारियों द्वारा लिखे गये विवरणों दुविधा एवं विरोधाभासों से परिपूर्ण है। फारसी समाचार पत्रों, मराठी स्त्रोतों एवं अंग्रेजी स्त्रोतों में तिथि को लेकर भेद रहा है। उन्होंने फारसी समाचार

पत्रों का संग्रह जो क्लाउड मारर्टीन के द्वारा किया गया है, उदाहरण प्रस्तुत किया। उन्होंने लिखा है कि मराठी, फारसी और अंग्रेजी स्त्रोतों के गहन अध्ययन के बाद ही वे आंकड़ों की व्याख्या करने में सक्षम हो सके। इस प्रकार उनके गहन अध्ययन एवं शोध के परिणामस्वरूप यह तृतीय खण्ड पाठकों के सामने लाया गया।

'फॉल आफ द मुगल एम्पायर' के अंतिम 4[45] खंड में उन्होंने कहा इस खण्ड की विषय–वस्तु उन्हें औरंगजेब स्टैटिस्टिक्स, टोपोग्राफी एण्ड रोड्स की रचना के समय ही प्राप्त हो गयी थी। उनका कहना है कि यह पुस्तक उनके गहन अध्ययन एवं खोज तथा मूल स्त्रोतों पर आध ाारित है। इसमें उन्होंने उन प्रान्तों का वर्णन किया जो साम्राज्य के पतन के लिए सीधे तौर पर उत्तरदायी रहे हैं। आंग्ल–फ्रेंच संबंध, भारत में अपनी प्रभुसत्ता स्थापित करने के लिए प्रांतों में अपना अधिराज्य बनाना, सत्ता संघर्ष और प्रभुसत्ता स्थापित करने के लिए लड़ी गई लड़ाइयाँ एवं तनाव का सामाजिक और आर्थिक इतिहास पर गहरा प्रभाव पड़ा।

उन्होंने इस पुस्तक की रचना 20वीं शताब्दी के पूर्वार्ध के बीत जाने के बाद शुरू की। इस पुस्तक की रचना करने के पहले उन्होंने उन जगहों का भ्रमण किया एवं गहन खोज के परिणामस्वरूप यह पुस्तक सामने आयी। विभिन्न जगहों से प्राप्त स्त्रोंातें जैसे फारसी में लिखे गये रिपोर्ट जो कंपनी के मराठी या अंग्रेजी कर्मचारी द्वारा भेजी गयी थी। मराठी स्त्रोत उन्होंने पेशवा के अभिलेखागार से प्राप्त किये जो 'सेलेक्शन फ्रोम पेशवाज दतर के 45 भाग में है जिसका सम्पादन जी.एस. सरदेसाई द्वारा किया गया था। इसके अतिरिक्त पूना सरकार आदि के दस्तावेजों से जानकारी प्राप्त की। अंग्रेजी, मराठी, फ्रेंच इत्यादि भाषाओं में जो स्त्रोत प्राप्त थे उसका भी उन्होंने उपयोग किया। उन्होंने कहा यह रचना उनकी बड़ी ही अद्भूत प्रयास थी।

सम्पूर्ण पुस्तक को उन्होंने 14 अध्यायों में विभक्त किया है। इसमें 1789–1803 के दौरान हिंदुस्तान के इतिहास में शामिल किया गया है। इसे उन्होंने निम्नलिखित शीर्षकों द्वारा वर्गीकृत किया। 1791–1793 में राजपूताना, सिंधिया होल्कर प्रतिस्पर्धा, भारत में यूरोपीय सैनिकों के

साहसिक कारनामें, पूना में सिंधिया, लखवा दादा के गवर्नरशिप के अधीन हिन्दुस्तान, उत्तर में जसवंत राव होल्कर, मराठा का गृह युद्ध, दिल्ली प्रांत, सिख और जार्ज थामस, जनरल पेरोन का भारतीय जीवन, अंग्रेजों और मराठा युद्ध के लिए तैयारी, आंग्ल मराठा युद्ध दक्षिण में सिंधिया की पराजय, पुरातन एवं नूतन व्यवस्था।

अंतिम अध्याय 'द ओल्ड ऑर्डर एण्ड द न्यू'[46] में उन्होंने मुगल साम्राज्यवाद और शासन एवं ब्रिटिश के बीच तुलना की है। मुगल साम्राज्य के द्वारा राजनीतिक एकता, प्रशासनिक, भाषाई मुद्रा व्यवस्था, लोकसेवा की एकरूपता और उच्च वर्ग के लिए एक सामान्य सभ्यता स्थापित की गई और शांति–व्यवस्था कायम की गयी। अंग्रेजों ने इसी नीति को अधिक कुशलतापूर्वक और व्यापक क्षेत्र में जारी रखा। "परंतु यहाँ ही यह तुलना का अंत होता है।"[47] इसके पश्चात् ब्रिटिश शासन के भारत के उपर पड़ते दुष्प्रभावों को चिन्हित करते हैं। अंत में डा. सरकार ने मुगल साम्राज्य के पतन के कारणों में ब्रिटिश शासन के आर्थिक दोहन, भारतीय शासकों के साथ सहायक संधि और उन पर नियंत्रण इत्यादि पर अपनी टिप्पणियाँ दी है। साथ ही भारतीय समाज के 18वी–19वीं सदी में चारित्रिक पतन और सांस्कृतिक ह्रास को भी मुगलों के पतन का कारण बतलाया।

उपरोक्त अध्याय इतिहास के विद्यार्थियों के लिए आज भी उपयोगी है।

इतिहासकार के रूप में मूल्यांकन

एक इतिहासकार के रूप में जदुनाथ सरकार की भूमिका 57 साल तक रही। उनकी प्रसिद्धि इतिहासकार के रूप में केवल भारत में ही नहीं पूरे विश्व में थी। दृढ़ प्रतिज्ञ, तैयारी की योजना और पुरजोर मेहनत किसी भी व्यक्ति को एक बड़े लक्ष्य कौ प्राप्त करने लिए बहुत होती है। 19वीं सदी के विचारक फ्राउडे, नीवूर, रांके, गिब्बन, मोमसेन आदि विचारकों के आलोचनात्मक इतिहास लेखन का भारत में पहला प्रयोग उन्होंने किया। "उनकी तुलना रांके तथा मोमसेन से की जा सकती है।"[48] सर जदुनाथ सरकार ने मेकाले से खूबसूरत अभिव्यक्ति कालीइल

से जीवनी लेखन, नीवुर से कथाश्रुतियों से सत्य निकालने और आगस्त काम्ते से इतिहास को व्यवस्थित करने का विज्ञान सीखा ताकि समाज को अधिक तार्किक आधार पर चिन्हित करने में सामान्य नियम बनाया जा सके। सर विलियम रसेल जो लंदन टाइम्स के संवाददाता थे उनके साहित्यिक तरीके से इतिहास लेखन से काफी प्रभावित थे और उन्होने इतिहास लेखन में साहित्यिक शैली को इस्तेमाल किया जिसमें पाठकों को इतिहास पढ़ा में रोचकता प्रदान हो।

डा. सरकार भारतीय इतिहास के प्रथम इतिहासकार थे जिन्होंने इतिहास लेखन के वैज्ञानिक दृष्टिकोण को अपनाया और तथ्यों पर आध ारित इतिहास लेखन की वकालत की। उन्होंने शोध का वैज्ञानिक तरीका अपनाया था। इतिवृत को मानचित्रों और भौगोलिक अध्ययन न जोड़कर उन्होंने तथ्यों को सही परिप्रेक्ष्य में स्थापित करने का प्रयास किया था। सरकार ने इतिहास लेखन की अधिकतम ज्ञान की परिपाटी अपनाई। वे भारतीय इतिहास लेखन में वैचारिक विश्लेषण, चिंतन और वैज्ञानिकता की कमी के प्रति सचेत थे।''[49] इतिहासकार के कर्त्तव्यों की याद दिलाते हुए वे कहते हैं। इतिहासकार को निष्पक्ष होकर ऐतिहासिक तथ्यों का विवरण और विश्लेषण करना चाहिए उनकी ऐतिहासिक पद्वति के बारे में एस.आर.तिकेकर का कहना है कि उनकी शोध विधि चार शब्दों में अभिव्यक्त की जा सकती है। ''मानचित्र, पहचान, कालानुक्रम एवं पुष्टिकरण।''[50] इन्हें भारतीय इतिहास का कोलम्बस कहा जाता है। वे इतिहास और भूगोल को बहुत नजदीक से देखते थे। इतिहास लिखने से पहले मानचित्र का अध्ययन करते थे।

जदुनाथ सरकार पुस्तकों की रचना करते समय स्त्रोतों पर अधिक जोर देते थे। उनकी प्रत्येक रचना मूल स्त्रोतों पर आधारित थी ''हिस्ट्री ऑफ औरंगजेब पुस्तक के मुख्य पृष्ठ पर ही उन्होंने मूल फारसी स्त्रोतों पर आधारित ग्रंथ उद्धत किये हैं।''[51] उनकी रचना को देखने के बाद स्त्रोतों की विविधता एवं अधिकता का पता चलता है। औरंगजेब पच्चीस वर्षों की समसत सूक्ष्मतम खोजों, गहरें अध्ययन तथा गंभीर चिंतन का परिणाम है। यह पुस्तक उस समय से आजतक एक प्रमाणिक इतिहास ग्रंथ माना जाता है। इस ग्रंथ की रचना करते समय उन्होंने उस काल

के इतिहास–विषयक छपे हुए सारे आधार ग्रंथों, समकालीन लेख संग्रहों, शाही दरबार के अखबार आदि स्त्रोतों का लगातार अध्ययन किया। इसके अतिरिक्त औरंगजेब के समय आने वाले विभिन्न यूरोपियन यात्री, ट्रेवर्नियर, बर्नियर, करेरी, मनूची आदि ने जो इसके शासन के बारे में आंखों देखा विवरण प्रस्तुत किया था उसको भी अपने लेखन का आध ार बनाया एवं इसी को आधार बनाकर उस समय के व्यापार तथा उद्योग–धंधों और भारत में ईसाई धर्म प्रचार के बारे में जानकारी हासिल की।

उन्होंने इतिहास लेखन बहुत ही कठिन, विकट और विपरीत परिस्थितियों में शुरू किया। डॉ. सरकार स्त्रोतों की खोज, उन्हें पढ़ना, लिपि की अस्पष्टता, दो पांडुलिपियों के शीर्षको में अंतर, शीर्षक पृष्ठों का गायब होना, तिथियों का अंतर जिल्दसाजी में गलतियां जैसी कठिनाइयों के बीच से पांडुलिपि को शुद्ध और शोधनीय बनाया करते थे। उन्होंने नये तथ्यों की खोज कर सभी उपलब्ध साम्रगियों की तुलना कर निष्कर्ष निकाला।

उनके लेखन की एक खास बात यह रही है कि वे समय–समय पर प्राप्त नये स्त्रोतों का अध्ययन करके अपनी पुस्तकों में सुधार करते एवं नयी सूचनाओं को सम्मिलित भी करते थे। उनका उद्देश्य रहा है कि हमेशा प्रमाणिक एवं सच्चाईपूर्ण जानकारी हासिल हो। कानूनगों का कहना है कि फॉल आफ द मुगल एम्पायर के प्रथम एवं द्वितीय खण्ड के निर्माण में नये स्त्रोतों का भी उपयोग किया।

''आर्शीवादी लाल श्रीवास्तव के मतानुसार जदुनाथ सरकार मध यकालीन भारतीय इतिहास लेखन में एक नवीन शैली के जनक थे।'' उनके अनुसार इस शैली की निम्नलिखित विशेषताएं हैं–

1 संस्कृत फारसी, अंग्रेजी, पुर्तगाली, डच और फ्रांसीसी व अन्य भाषाओं का ज्ञान।

2 शोध कार्यों से संबंधित सभी भाषाओं की समकालीन शोध सामग्री की खोज व उनका संग्रह।

3 संग्रहित सामग्री का वैज्ञानिक पद्धति से अध्ययन तथा उनसे प्राप्त प्रमाणों का सावधानी व निष्पक्षत से जांच।

4 विद्वतापूर्ण ढंग से निष्कर्षो का विवेचन।''[52]

जदुनाथ सरकार की जिंदगी भारतीय इतिहास लेखन के क्षेत्र में एक गाथा की तरह है। ''उनका कहना था कि रिसर्च लेखकों की किताबों से नकल या अनुवाद नहीं है, उन्होंने भारतीय इतिहास लेखन में प्राथमिक स्त्रोतों पर जोर दिया। स्त्रोतों तथा साक्ष्यों की उपयोगिता पर जोर दिया।''[53] उन्होंने ऐतिहासिक महत्व के क्षेत्र युद्ध भूमि के क्षेत्र आदि जगहों का विसीतृत भ्रमण करके उनका स्पष्ट रूप से वर्णन किया। इतिहासकार को चाहिए कि वह किसी एक स्थिति में सभी संभव विकल्पों के बारे में सोचे और फिर तय करे कि उसने वह विकल्प क्यों चुना।''[54]

उन्होंने ऐतिहासिक खोजों की मदद की। उत्तर मध्यकाल तथा शुरू के अंग्रेजों के काल का लगभग साठ वर्षों तक इतिहास लेखन में वैज्ञानिक तरीकों का प्रयोग किया ताकि वे 150 वर्ष के भारतीय इतिहास का शाहजहाँ से शाहआलम द्वितीय तक के सर्वे प्रस्तुत कर सके। वे कभी भी भारत से बाहर नहीं गये लेकिन उनका मत पश्चिमी विचारकों से प्रभावित था। अंग्रेजी साहित्य के विद्यार्थी के रूप में उनकी यूरोपीय इतिहास की समझ पहले से अधिक बेहतर हुई। उन्होंने इतिहास लेखन संबंधी विचारकों को जाना और उनकी रचनाओं के अध्ययन के फलस्वरूप इतिहास की वैज्ञानिकता को समझा। सर जदुनाथ ने औरंगजेब, शिवाजी और मुगल साम्राज्य के पतन पर पुस्तकों की रचना के लिए अभिलेखीय साम्रगियो को ढूंढने के लिए अथक परिश्रम किया। सरकार एक सच्चे शोधकर्ता थे। वे साक्ष्यों को तब तक स्वीकार नहीं करते थे, जब तक कि किसी अन्य स्त्रोतों या समकालीन साक्ष्यों से उसकी पुष्टि न कर सके। उनका सिद्धांत था दस्तावेज नहीं तो इतिहास नहीं।

कार्य कारण संबंध के प्रति उनकी धारणा को हम मिला–जुला मान सकते हैं। आर्थिक कारण तो कहीं–कहीं दैवीय शक्ति, भाग्य एवं

प्राकृतिक कारणों को महत्व दिया है। शाहआलम के चरित्र के संबंध में भाग्य के महत्व को उन्होंने स्वीकार किया है तथा भाग्य से ऊपर कोई व्यक्ति नहीं उठ सकता यह माना है।

औरंगजेब के पचास वर्षों के शासन के संदर्भ में औरंगजेब एक अदृश्य शक्ति के विरूद्ध व्यर्थ की लडाइयाँ लडता रहा भाग्य के कारण ही शिवाजी आगरा से निकल भागने में समर्थ हुए। उन्होंने हिस्ट्री ऑफ औरंगजेब में लिखा है कि सबसे प्रबल मानविक प्रयत्न काल की शक्तियों द्वारा परास्त हुए। इसी पुस्तक के पांचवे खण्ड में वे औरंगजेब की असफलता पर लिखते हैं कि धीरे से लेकिन निर्दयतापूर्वक उसका 'भाग्य' अपना काम करता रहा और अन्ततः उसके सारे प्रयत्नों को परास्त किया यद्यपि उसकी असफलता का अदृश्य कारण उसके चरित्र और अतीरित में किये गये कार्यों में निहित था।

जदुनाथ सरकार दैवीय अनुकम्पा में विश्वास करते थे। नादिरशाह के आक्रमण के बाद चारों और आर्थिक उथल–पुथल का वातावरण था। ऐसे समय में भगवान ने बारिश कर लोगों की रक्षा की। खेत लहलहाने लगे फसल अच्छी हुई। उन्होंने प्राकृतिक कारणों के महत्व के बारे में बताया कि किसी भी घटना के घटनें में उसका बड़ा महत्व रहता है। उन्होंने आर्थिक महत्व तथा भारतीयों के आर्थिक दोहन को भी अपने लेखन में दर्शाया तथा भारत को होने वाली हानि एवं इसकी क्षतिपूर्ति के बारे में हम भारतीयों को जागरूक होने की सलाह दी।

मध्याकालीन भारतीय इतिहास के राष्ट्रवादी इतिहासकार के रूप में सर जदुनाथ सरकार की नाम सबसे आगे है। जदुनाथ सरकार की धारणा राष्ट्रीय इतिहास के प्रति व्यापक थी। उनका मानना था कि राष्ट्रीय इतिहास ऐसा हो जिसमें तत्वों को सही व्याख्या हो, उसे सही और गलत दोनों तथ्य रखने चाहिए। सच सामने होना चाहिए लेकिन इस तरह से नहीं कि देश के गुजरे हुए काल को दबाएं और पूर्ण रूप से सफाया कर दें जो कि शर्मनाक होगा।''[55] उनका मानना था कि इतिहास लेखन के दौरान गुजरें हुए काल की बुराइयों को भी शामिल किया जाए और उन चीजों को भी लिखा जाए जोकि अच्छें कारणों के

लिए की गयी थी ताकि अच्छे काम बुरे काम की छाया को मिटा दे। "इतिहासकार को जज की तरह होना चाहिए।"[56] अच्छे काम और बुरे काम में तुलना करके उसकी अच्छाई निकालना चाहिए।

फॉल ऑफ द मुगल एम्पायर में उन्होंने इतिहास से सीख लेते हुए भारत की समस्याओं के समाधान का हल बतलाया है कि यदि आधुनिक भारत की समस्याओं का सच्चा समाधान करना और अतीत की गलतियों को दोहराना नहीं चाहते तो हमें तथ्यों और कारणों का गहरा विश्लेषण और विस्तृत विवरण का विशुद्धता से अध्ययन करना चाहिए। जदुनाथ सरकार ने आगे लिखा है कि हमारे पूर्वजों के अनुभव उन लोगों के मार्ग दर्शन के लिए नितांत आवश्यक है जो वर्तमान में हमारी भारत की जनता के भाग्य पर शासन करेंगे।

इतिहास के अध्ययन के बाद "इतिहासकार को सीख और चेतावनी देते हैं कि भारतीय समस्या पर इतिहासकार का 'त्रिकालदर्शी' विचार होना चाहिए।"[57] मुगल साम्राज्य और इसके साथ ही हिन्दुस्तान में मराठा प्रभुत्व का पतन हुआ क्योंकि भारतीय समाज एवं राजसी वर्ग पूरी तरह से सड़ चुका था। सामन्त स्वार्थी, अल्पदर्शी थे, भ्रष्टाचार, अकर्मण्यता और विश्वासघात ने जनता की सेवा को अपमानित कर दिया था। हिन्दू एवं मुस्लिम दोनों धर्मों को तर्क और विज्ञान के आधार पर विशुद्धिकरण हो और इनका पुनर्जीवन हो।"[58] आज के दिनों में कोई भी राष्ट्र दिमाग के बल पर नहीं रह सकता जब तक कि उसके आर्थिक स्रोत और सैनिक शक्तियां वे ऊंचाई न प्राप्त कर लें जो कि उनके विरोधियों के पास हो सकती हैं।

सर जदुनाथ सरकार ने राजनीति में प्रवेश नहीं किया लेकिन उन्होंने ऐतिहासिक लेखन और पद्धति, आर्थिक राष्ट्रीयता की धारणा के द्वारा राष्ट्रवादी आंदोलन की सेवा की। वे एक सच्चे देशभक्त थे। क्रांतिकारी राष्ट्रवादी होने के बावजूद उन्होंने बहुत ही शांत तरीके से राष्ट्रीय आंदोलन को चलाया था। "क्रांतिकारी होने के शक के कारण अंग्रेजी सरकार ने उनसे कनिष्ठ यूरोपियन सहयोगी को पदोन्नति दी।"[59] 1905 में बंग–भंग आंदोलन और भारतीय शरणार्थियों के साथ

अफ्रीका और फिजी द्वीपों में गोरे के बर्ताव को लेकर उन्हें बहुत दुख हुआ। वे बैठकों में शामिल होते एवं लोगों को स्वदेशी चीजों के बारे में बताते थे। सामाजिक, धार्मिक एवं राष्ट्रहित के लिए दान भी दिया करते थे। उन्होंने ब्रिटिश प्रशासन एवं प्रशासनिक बातों में सुधार करने की आवश्यकता बतलाई।

जदुनाथ सरकार पश्चिमी शिक्षा के पक्षधर थे। उनका मानना था कि अंग्रेजों का शासन एक सुनिश्चित नियम के तहत था जिससे वे उन्नति करते थे। इस अच्छाई को सुधार कर ग्रहण करना चाहिए। उनकों इस बात का दुख था कि पढ़ाई जो कि महत्वपूर्ण है आज दुनिया के लोग इससे आगे बढ़ रहे हैं वही भारत में पढ़ाई की कोई निश्चित व्यवस्था नहीं थी, इसलिए उन्होंने इसकी पुरजोर मांग की। यद्यपि राष्ट्रीय साक्षरता पर उनका कोई स्पष्ट मत नहीं था। नेशनल काउंसिल ऑफ एजूकेशन जादवपुर से जुड़े थे। उन्होंनें यह भी कहा था कि भारत को अच्छे व्यवस्थापक और मार्ग दर्शक एवं बाजार के बिचौलियों की जरूरत है जो बाजार की जोखिम उठा सके।

जदुनाथ सरकार की धारणा भारतीय इतिहास के बारे में बहुत महान थी। राष्ट्रीय इतिहास दूसरे इतिहास की तरह हो जिसमें सच्चाई पूर्णरूप से एवं निष्पक्षता हो सच और उचित हो ताकि समझने में आसानी हो। ''इतिहास का प्रयोजन एवं अध्ययन से मनुष्य को उदार एवं शिक्षाप्रद ज्ञान प्राप्त होता हैं।''[60] उन्होंने ऐतिहासिक तथ्यों के विवरण की अपेक्षा विश्लेषण पर अधिक जोर दिया। जदुनाथ सरकार के प्रशंसक और आलोचक दोनों थे। वी.ए. स्मिथ ने उनकी प्रशंसा करते हुए लिखा है कि वे एक कुशल और आलोचक और निष्पक्ष लेखक हैं। लेकिन किसी ने यह नहीं कहा कि वे तथ्यों को तोड़–मरोड़ कर पेश किया। अपनी सच्चाई की खोज में वे कभी भी मित्रों अथवा समाज की तीखी आलोचना की परवाह नहीं करते थे। डॉ.ए.एल. श्रीवास्तव के शब्दों में ''सर जदुनाथ सरकार भारत के एक महान इतिहासकार थे। उन्होंने मध्यकालीन भारत निष्ठापूर्वक काम किया है।''[61]

जदुनाथ सरकार ने 1915 बंगाली ऐसोसियेशन के ऐतिहासिक

सम्मेलन के सभापति के पद में भाषण देते हुए कहा था कि, ''मैं यह चिंता नहीं करता कि सत्य प्रिय है अथवा अप्रिय, और तत्कालीन दृष्टिकोण के अनुकूल है अथवा विपरीत। मैं इसकी भी तनिक चिंता नहीं करता कि सत्य विचार देश के गौरव को आघात पहुंचाता है अथवा नहीं। आवश्यकता पड़ने पर सत्य के प्रचार के लिए मैं धैर्य के साथ मित्रों और समाज के उपहास और निदां को सहन करूंगा। लेकिन इसके पश्चात भी मैं सत्य को खोजने में लगा रहूंगा तथा सत्य को समझने व स्वीकार करने का प्रयास करूंगा।''[62] एक इतिहासकार का यह दृढ़ निश्चय होना चाहिए।

उन्हें भारतीय इतिहास में आधुनिक वैज्ञानिक इतिहास लेखन परम्परा का पिता माना जा सकता है। इतिहास लेखन में वस्तुनिष्ठता वैज्ञानिक वस्तुनिष्ठता के समान नहीं हो सकती। ''इतिहासकार अपनी सामग्री की छटनी उस तरह से नहीं कर सकता जिस प्रकार कोई वैज्ञानिक दो रसायनों के बीच क्रिया–प्रतिक्रिया के अध्ययन का प्रयोग शुरू करते समय करा है।''[63] उनके इतिहास लेखन का मूलमंत्र जैसा था वस्तुतः था। कानूनगों के शब्दों में, ''उनका उद्देश्य भूतकाल कें संबंध में सत्य, पूर्ण सत्य और सत्य के अतिरिक्त कुछ नहीं खोजना था।''[64] इसी को आधार बनाकर उन्होंने इतिहास में अमूल्य योगदान दिए। ''इरविन ने जदुनाथ सरकार की प्रशंसा करते हुए लिखा है कि इतिहास के रूप में उनकी सबसे बड़ी विशेषताऐं संपूर्णता और सत्यता है, जिसे जर्मन इतिहासकार भी प्राप्त नहीं कर पायें।''[65] वास्तव में भारत में ऐतिहासिक अनुसंधान कार्य को सही मार्ग पर ले जाने का श्रेय जदुनाथ सरकार को है।

जदुनाथ सरकार की रचनाओं को देखकर यह कह सकते हैं कि मध्याकालीन भारत के वह पहले राष्ट्रवादी इतिहासकार थे जिन्होंने यूरोपीय पद्धति को अपनाकर सच्चाई दिखाने का प्रयास किया। यह अलग बात है कि बाद में अलीगढ़ विचारधारा संप्रदाय के इतिहासकारों ने उनकी बहुत सी धारणाओं को गलत साबित किया है। इनमें इरफान हबीब, अतहर अली, सतीश चन्द्र, हरबंश मुखिया जैसे सरीखे इतिहासकार हैं। लेकिन उन्होंने जिस प्रकार स्त्रोतों को खोज ने एवं तथ्यों के परखने

का कार्य किया, वे सभी इतिहासकारों ने निर्विवाद रूप से स्वीकार किया है।

इरफान हबीब अपनी पुस्तक भारतीय इतिहास में मध्यकाल में कहा है कि औरंगजेब के शासन के संदर्भ में दबदबा अभी भी सर जदुनाथ सरकार द्वारा पांच भागों में लिखित 'हिस्ट्री ऑफ औरंगजेब' का बना हुआ है। उनका यह कार्य बहुत लम्बे समय में सम्पन्न हुआ। यह सही है कि जदुनाथ सरकार कभी–कभी पूर्वाग्रहग्रस्त हो जाते हैं लेकिन वे एक ऐसे लेखक हैं जो दोनो को चोट करते हैं। औरंगजेब या शिवाजी को अपना नायक मानने वालों में से कोई भी उनसे प्रसन्न नहीं रह सकता। औरंगजेब या शिवाजी को अपना नायक मानने वालों में से कोई भी उनसे प्रसन्न नहीं रह सकता। हालांकि सर जदुनाथ सरकार ने प्रायः अतिव्याप्तिपूर्ण सामान्यीकरणों का सहारा लिया है, लेकिन उन्होंने तय करके तथ्यों को नहीं दबाया। वे प्रायः ऐसी सूचना देते हैं जो उनकी अवधारणाओं के विरोध में जाती हैं अतः डब्ल्यू. सी. स्मिथ ने जाटों और सतनामियों के विद्रोह को सरकार द्वारा हिन्दू विद्रोहों के रूप में अभिहित किए जाने पर प्रश्न चिन्ह लगाया। उसने अधिकांशतः सर जदुनाथ सरकार द्वारा दिए गए साक्ष्यों के आधार पर ही यह दिखाया कि वे विद्रोह निम्न वर्ग के विद्रोह थे। एक अर्थ में प्रो. अतहर अली ने अपनी पुस्तक ''मुगल नोबिलिटी अंडर औरंगजेब' द्वारा सरकार के कार्य को पूरा किया और उसे संशोधित भी किया है।''[66]

इसी प्रकार सतीश चन्द्र ने सरकार की पुस्तक 'औरंगजेब' तीसरे खण्ड के बारे में कहा है कि ''सरकार की कृतियों की सावधानी से अध ययन करें तो पता चलता है कि औरंगजेब की धार्मिक नीति के बारे में उनका आकलन मुख्यतः उसके शासन के पूर्वार्ध के विश्लेषण पर आध ारित रहा हैं। उनके विचार में जजिया को दोबारा लगाने, मारवाड़ का 'अधिग्रहण' करने और मेवाड़ को अधीन बनाने के उसके प्रयासों के साथ यह नीति अपनी चरम सीमा तक पहुंची। सरकार के अनुसार औरंगजेब के ये तथा दूसरे रूढ़िवादी कृत किए गए कपटपूर्ण प्रयास थे, जिसका अर्थ व्यवहारतः पूरी आबादी को इस्लाम का अनुयायी बनाना तथा हर प्रकार के विरोध का अंत करना था।''[67]

इसी प्रकार उन्होंने कहा अगर धर्म परिवर्तन और जजिया के प्रश्नों का पड़ताल की जाये तो अगर औरंगजेब हिन्दुओं के ब्लात् धर्म परिवर्तन पर आमदा रहा होता जैसा कि सर जदुनाथ सरकार ने अपनी पुस्तकों में वर्णन किया है, तो उसने इसके प्रयास दक्कन के कुछ नवविजित क्षेत्रों में अवश्य किए होते, पर उसके किसी प्रयास का कोई प्रमाण नहीं मिलता। पश्चिमी पंजाब और पूर्वी बंगाल में बहुत पहले धर्म परिवर्तन हुए थे और उनका औरंगजेब या उसकी धार्मिक नीति से कोई सरोकार नहीं है।

एम.अतहर अली ने जदुनाथ सरकार के उत्तराधिकार युद्ध के वर्णन पर अपनी टिप्पणी देते हुए लिखा है कि "प्रो. जदुनाथ सरकार ने अधिकतम विश्वसनीय वर्णनों को चुनकर सुनी–सुनाई बातों और बाद की परंपराओं को खारिज करके उत्तराधिकार के इस युद्ध का सबसे सटीक विवरण प्रस्तुत किया। पर जदुनाथ सरकार की कृति अपना विशिष्ट मूल्य रखने के बावजूद एक कमजोरी का भी शिकार है, क्योंकि उसका जोर शुद्ध वर्णन पर है, जिसमें विश्लेषण का शायद ही कोई प्रयास किया गया है।"[68]

इस प्रकार जदुनाथ सरकार एक अतुलनीय अंतर्राष्ट्रीय ख्याति प्राप्त इतिहासकार थे जिन्होंने मध्यकालीन भारतीय इतिहास के बहुत से अनछुए पहलुओं, स्त्रोतों और व्याख्याओं को अपने शोध और अकथनीय श्रम से स्थापित किया। इसलिए आज भी उनकी उपादेयता बनी हुई है।

संदर्भ

1 जगदीश नारायण सरकार, हिस्टोरियोग्राफी देन एण्ड नाउः मिडियवल बिहार, पूर्वोदधृत, पृ. 125

2 A.L. Srivastvava, Sir Jadunath Sarkar, S.P.Sen (edit), Historians and Historiography in Modern India, Institute of Historical studies calcutta 1973, op. cit. p-135

3 K.R. Qanungo, Historical Essays, Shiva Lal agarwal & company Agra-1968, p-116

4 A.L. Srivastava, op. cit, p-135

5 K.R. Qanungo, op.cit, p-116

6 ई. श्रीधरण, पूर्वोदधृत पृष्ठ 445

7 के. आर. कानूनगीए पूर्वोदधृत 119

8 वही, पृष्ठ 120

9 कानूनगों, पूर्वोदधृत, पृष्ठ 120

10 जदुनाथ सरकार, शिवाजी एण्ड हिज टाइम्स, ओरियन्ट लांगमैन 1952, पृष्ठ 390

11 वही, पृष्ठ 124

12 पुस्तकों एवं लेखों की विस्तृत सूची परिशिष्ट A में दी है।

13 जोगेश सी. बंगाल, जदुनाथ सरकार, एल.पी.माथुर, आधुनिक भारत के इतिहासकार व उनकी ऐतिहासिक, में उद्धृत, जयपुर 2005, पृष्ठ 166

14 K.R. Qanungo, op.cit, p-119

15 Jadunath Sarkar, History of Aurangzeb Vol. 1-4, Orient Longman 1912-24

16 वही, खण्ड 3 अध्याय 1–12, पृष्ठ 1–246

17 वही, खण्ड 4 अध्याय 1–11, पृष्ठ 1–347

18 वही, खण्ड 5 अध्याय 1–16, पृष्ठ 1–390

19 K.R. Qanungo, op. cit, p-119

20 इरफान हबीव, भारतीय इतिहास में मध्यकाल, पूर्वोदधृत, पृष्ठ 18

21 जदुनाथ सरकार, चैतन्याज लाइफ एण्ड टीचिंग्स, ओरियन्ट लांगमैन कलकत्त 1988

22 पृष्ठ 11

23 पृष्ठ 1–5

24 Jadunath Sarkar, Shivaji and His Times, Orient Longman L.T.D. 1952, Chapter 1, p- 1-13

25 अध्याय 2 पृष्ठ 14–47

26 अध्याय 3 पृष्ठ 48–74

27 अध्याय 4 पृष्ठ 75–102

28 अध्याय 5 पृष्ठ 103–133

29 अध्याय 6 पृष्ठ 134–159

30 अध्याय 7 पृष्ठ 160–181

31 अध्याय 8 पृष्ठ 182–200

32 अध्याय 9 पृष्ठ 201–219

33 अध्याय 10 पृष्ठ 220–244

34 अध्याय 11 पृष्ठ 245–275

35 अध्याय 12 पृष्ठ 276–308

36 अध्याय 13 पृष्ठ 309–332

37 अध्याय 14 पृष्ठ 333–355

38 अध्याय 15 पृष्ठ 356–372

39 अध्याय 16 पृष्ठ 373–390

40 K.R. Qanungo, op. cit, p-120

41 एल.पी. माथुर, पूर्वोदधृत–पृष्ठ–168

42 जदुनाथ सरकार, 'फाल ऑफ द मुगल एम्पायर', वोल्यूम 1 ओरियन्ट लांगमैन 1932, पृष्ठ 1–239

43 खण्ड 2 पृष्ठ 1–398

44 खण्ड 3 पृष्ठ 1–294

45 खण्ड 4 पृष्ठ 1–350

46 उपरोक्त, पृष्ठ 339

47 वही, पृष्ठ 340

48 इ. श्रीधरण, ओरिएंट लांगमैन, पृ. 448

49 लाल बहादुर वर्मा, इतिहास के बारे में, पूर्वोदधृत, पृ. 50

50 जगदीश नारायण सरकार, हिस्टोरियोग्राफी देन एण्ड नाउः मिडियवल बिहार, पूर्वोदधृत, प. 128

51 Jadunath Sarkar, History of Aurangzeb, vol-1&4, opcit, p-1

52 एल.पी. माथुर, पूर्वादधृत, पृष्ठ 169

53 एस. पी. सेन, डिस्कनरी ऑफ नेशनल बायोग्राफी, वोल्यूम 4, पूर्वोदधृत पृ. 64–65

54 इरफान हबीब, भारतीय इतिहास की प्रमुख व्याख्याएं, पूर्वोदध्ृत पृं. 11

55 एस.पी.सेन, डिक्सनरी ऑफ नेशनल बायोग्राफी, वोल्यूम 4, पूर्वोदधृत पृ. 65

56 वही

59 एन.एम.पी. श्रीवास्तव, सर जदुनाथ सरकार बिथ बिहार रिभूलोशनरीज, पटना 2004, पृ. 16

60 एस.पी.सेन, डिक्शनरी ऑफ नेशनल बायोग्राफी, वोल्यूम 4, पूर्वोदधृत पं. 67

61 ए. एल. श्रीवास्तव, पूर्वोदधृत, पृ. 143

62 एल.पी. माथुर, पूर्वोदधृत, पृ. 170

63 इरफान हबीब, भारतीय इतिहास की प्रमुख व्याख्याएं, पूर्वोदधृत, पृ. 9–10

64 K.R. Oanungo, op cit, p-118

65 एल. पी. माथुर, पूर्वोदधृत पृष्ठ 170

66 इरफान हबीब, भारतीय इतिहास में मध्यकाल, पूर्वोदधृत पृ. 18–19

67 सतीशचन्द्र, औरंगजेब के शासन के उत्तरार्द्ध में उसकी धार्मिक नीति–कुछ विचार, विवेकानन्द संपादित, इतिहास अंक एक, राजकमल प्रकाशन 1992, पृष्ठ 30

68 एम. अतहर अली, उत्तराधिकार के युद्ध (1658–59) में धार्मिक प्रश्न, इरफान हबीब, मध्यकालीन भारत अंक चार, राजकमल प्रकाशन नयी दिल्ली 1992, पृ. 114

(ख) सय्यद हसन असकरी

सय्यद हसन असकरी, पटना के एक अनन्य इतिहासकार थे, जिन्होंने बिहार के मध्यकालीन इतिहास को निर्मित करने में अमूल्य योगदान दिया। बिहार रत्न सय्यद हसन असकरी विद्या–प्रेम, त्याग, तपस्या एवं करूणा की साक्षात् मूर्ति थे। उनका सम्पूर्ण जीवन शोध एवं अनुसंधान को समर्पित रहा। उनका हमेशा प्रयास रहा मध्यकालीन बिहार से सबंधित नये स्त्रोतों, लेखो, पाण्डुलिपियों की खोज करना एवं उन स्त्रोतों की विवेचना के साथ बिहार की संस्कृति को प्रकाश में लाना। वे इस कार्य में जीवन पर्यन्त लगे रहे एवं नित नई प्रसिद्धि पाते रहे। अंतर्राष्ट्रीय ख्याति प्राप्त डा. असकरी सूफी संत साहित्य के ज्ञात भी थे। इन संतों की जीवनी का अध्ययन करना तथा उनके द्वारा लिखित रचनाओं से तात्कालिक सभ्यता एवं संस्कृति का पता लगाना तथा उसे समाजिक स्त्रोत के रूप में प्रकाश में लाना इस दायित्व को वे बखूबी अपने जीवन काल में निभाते रहे। सरल, स्वभाव, धुनी गवेषक, संत साहित्य के महान ज्ञाता डा. असकरी को भारत सरकार ने 1985 में पद्मश्री उपाधि से नवाजा।

जीवनवृत्त एवं परिवेश

प्रो. सय्यद हसन असकरी का जन्म 1901 में एक मध्यमवर्गीय शिक्षित जमींदार परिवार में अपने पैतृक गांव खुजवा, जिला सारण, बिहार में हुआ था। उनके पिता का नाम सय्यद राजी हसन था। उनकी प्रारंभिक शिक्षा परम्परागत ढंग से घर पर हुई। उन्होंने मैट्रिक की परीक्षा 1918 में छपरा जिला स्कूल से प्रथम श्रेणी में उत्तीर्ण की तथा उन्हें जिला जूनियर स्कॉलरशिप दिया गया। जी.बी.बी. (ग्रीर भूमिहार ब्राह्मण कॉलेज) अब लंगट सिंह कॉलेज मुजफ्फरपुर से 1922 में बी.ए. करने के बाद उन्होंने 1924 में पटना विश्वविद्यालय में एम.ए. इतिहास में तथा इसी विश्वविद्यालय से 1925 में बी.एल. किया। उनका विवाह बेगम उम्मे सलामा के साथ 1926 में हुआ। उनके तीन पुत्र एवं चार पुत्रियाँ है।''[2]

सय्यद हसन असकरी ने अपने शैक्षणिक जीवन की शुरूआत 1926 में पटना विश्वविद्यालय के इतिहास विभाग से की। ''व्याख्याता एवं प्रोफेसर के रूप में लगभग 30 वर्षों तक पटना विश्वविद्यालय में अपना योगदान देने के बाद 1956 में वे सरकारी सेवा से सेवानिवृत हुए।''[3] लेकिन उसी वर्ष यू.जी. सी. की वित्तीय सहायता योजना के अंतर्गत सेवानिवृत शिक्षकों का पूर्ण योगदान की अनुमति देने से उन्हें पुनः पटना विश्वविद्यालय में अध्यापन का मौका मिला। ए.आर. किदवई के अनुसार ''वे प्रथम बिहारी शिक्षक थे जिन्हें इस योजना में शामिल किया गया।''[4] वे 1974 तक स्नातकोत्तर इतिहास विभाग के विद्यार्थियों का पढ़ाते रहे।

प्रो. सय्यद हसन असकरी की सबसे प्रिय जगह थी पुस्तकालय। वे हमेशा पुस्तकालय का निरीक्षण करते रहते थे। पटना विश्वविद्यालय से सेवानिवृत होने के बाद वे सबसे अधिक समय खुदाबख्श खाँ ओरियंटल पब्लिक लाइब्रेरी जिसमें सुबह खुलने से लेकर बंद होने तक अधिकतर समय बिताते थे। एक बार एक जर्मन यहूदी विद्वान पॉल जैक्सन डा. असकरी से मिलने आया। जब वह उनके निवास स्थान पर गया तो उसे एक व्यक्ति उनके बगीचे में साफ–सफाई का काम करता हुआ मिला, उसने उस व्यक्ति से असकरी साहब को बुलाने को कहता है। वह व्यक्ति अंदर जाता है और कहता है कि प्रो. असकरी पुस्तकालय

में मिलेंगे। विदेशी विद्वान पुस्तकालय जाता है तो यह देखकर आश्चर्यचकित रह जाता है कि वही व्यक्ति उसके सामने प्रोफेसर के रूप में विद्यमान हैं।

असकरी मजहबी इंसान थे, वे सप्ताह में दो दिन उपवास रखते थे। जहाँ तक होता नमाज मस्जिद में पढ़ते, कम से कम जुहर और असर की नमाज मस्जिद में ही अदा करते। खुद ही झाड़ू लगाया करते, मस्जिद के आसपास की सफाई करते। अगर मोहर्रम के महीने में कहीं मजलिस में जाते तो चुपचाप एक कोने में जा बैठते और सुनते रहते मजलिस खत्म होते ही किसी के देखने से पहले चले आते। वे अन्याय किसी पर होते नहीं देख सकते थे चाहे मनुष्य हो या जानवर। मजहबी इंसान होने के बावजूद वे बकरीद पर बकरियों के काटने के विरोधी थे।

वे बड़े ही निर्भीक व्यक्ति थे तथा अपने विचार बहुत ही आजादी से व्यक्त किया करते थे। उन्हें किसी राजनीतिक पार्टी या नेता का कोई भय नहीं था। वह बिना लिहाज बेझिझक बातें किया करते। एक बार उन्हें मुर्शिदाबाद "पैलेस लाइब्रेरी" जाने का इत्तिफाक हुआ। अभी लाइब्रेरी देख ही रहे थे कि नवाब मुर्शिदाबाद के बड़े सुपुत्र आये और बातचीत करने लगे। उन्होंने कुछ बातें अपने पूर्वजों के बारे में कही जो ऐतिहासिक दृष्टि से सही नहीं थी। असकरी उन्हें बीच में ही टोक दिया और सही जानकारी देने लगे। नतीजा यह हुआ कि वह नाराज हो गये और इन्हें लाइब्रेरी देखे बिना ही लौटना पड़ा।

अस्सी के दशक की शुरूआत में उसकी दिनचर्या किताबों तथा उनके द्वारा लिखे पन्नों के ढेर से शुरू होती थी। सुबह का नाश्ता वे दूध रोटी लेते थे जो बाद में अण्डा, अखरोट तथा मधु में तब्दील हो गया। बारह बजे स्नान के बाद नमाज अदा करते थे। उनके आंगन में आज भी नीम का वृक्ष है, जो उन्हें नमाज अदा करते समय छाया प्रदान करता हैं। वे अपना सिजदा एक पीपल के पत्ते पर किया करते थे। बाकी समय उनका खुदाबख्श पुस्तकालय में पुस्तकों के बीच गुजरता था। शाम का समय अपने प्रियजनों के साथ किसी बात पर विचार विमर्श में बिताते थे, जिसमें अक्सर फादर जैकसन हुआ करते थे। रात 8.40 में

दूरदर्शन पर समाचार सुनते हुए अपने विचारों में खो जाते थे।

पढ़ने लिखने के अलावा उनकी कुछ दूसरी दिलचस्पियां भी थीं। गाय और बकरी पालने का उन्हें बहुत शौक था। वे स्वयं उसे कुट्टी पानी देने थे तथा उसकी अपने हाथों में सेवा करते थे। उसके लिए चारा भी खरीद कर स्वयं लाते थे, यद्यपि घर के अन्य सदस्य इस कार्य को करने के लिए तैयार रहते भी थे फिर भी वे जब तक अपने हाथ से उसे नहीं खिलाते तब तक आत्म संतुष्टि नहीं मिलती थी। वे कहते थे "सिर्फ ये ही तो मेरी अय्याशी है।"[5] जब वे सड़क से गुजरते और कोई हरा चारा बेचनेवाला जा रहा होता और असकरी को पसंद आ जाता तो उसे खरीदकर अपनी पुरानी साईकिल के कैरियर पर पीछे बांध देते और घर पर ले आते। वे अक्सर कहा करते अपने हाथ से गाय को खिलाकर दूध पीने का मजा ही कुछ और है। इसके अलावा पेड़ पौधे लगाना, कुत्ते पालना, गाना सुनना एवं फिल्में देखना शमिल था। फिल्में देखने के लिए टिकट सिनेमा घर में हमेशा लाइन में लगकर लिया करते थे। समाचार पत्र पढ़ने के शौकीन थे एवं हिन्दी उपन्यास पढ़ने का भी शौक था।

प्रो. असकरी छात्र एवं अंवेषक दोनों थे। काम के प्रति वे सदा समर्पित थे तथा उसका हर नया शोध अपने पुराने शोध से बेहतर होता था। उनका योगदान राज्य में ही नहीं बल्कि राज्य से बाहर भी कई अकेडमिक एवं रिसर्च इन्स्टीच्यूट में रहा। इंडियन हिस्टोरिकल रिकार्ड कमीशन एवं इंडियन हिस्ट्री कांग्रेस 1936 से 1974 तक लगातार सम्मिलित हुए एवं रिसर्च पेपर में अपना योगदान देते रहे। 1946 में इंडियन हिस्ट्री कांग्रेस के मध्यकालीन भारत खंड के अध्यक्ष रहे तथा 1974 में वे 'जनरल प्रेसिडेंट' भी चुने गये। उन्होंने 'रिजनल रिकार्ड सर्वे कमिटि' बिहार के साथ प्रारंभ से 1945 तक अपना योगदान दिया। इसके सेक्रेटी एवं प्रेसिडेंट भी रहे।

अध्यापन एवं शोध उनका मुख्य रूचि रहा। विस्तृत भ्रमण करके दूर के इलाकों मे भी यदि उन्हें किसी शिलालेख या कोई ऐतिहासिक धरोहर का पता चलता तो मौसम कोई भी हो और पहुंचना कितना भी कठिन

क्यों न हो वे वहाँ पहुंच जाते थे। वे बहुत से पाण्डुलिपि, शिलालेख, सिक्के रिकार्ड आदि मूल स्त्रोत जो अभी प्रकाश में नहीं लाए गये थे या उन पर कोई शोध कार्य नहीं हुआ था, उन मूल स्त्रोतों का अध्ययन करके उसे दुनिया की नजर में लाए तथा उसे पुस्तक का रूप देकर पाठकों के सामने प्रस्तुत किया।

वे काशी प्रसाद जायसवाल शोध संस्थान के मानद निदेश (1962–69) रहे। खुदबख्श ओरिएंटल पब्लिक लाइब्रेरी के 'मैनेजमेंट कमिटि' में कुछ दशकों तक सदस्य रहे। 'बिहार रिसर्च सोसाइटी काउंसिल' तथा पटना विश्वविद्यायल सिनेट के सदस्य थे। वे 25 वर्षों तक 'मिडियवल इंडिया क्वार्टरली' नामक जर्नल जो अलीगढ़ मुस्लिम विश्वविद्यालय से निकलता था के संपादन मंडल के सदस्य रहे।

उन्होंने अपने व्याख्यान निम्नलिखित संस्थाओं में दिए–सर अब्दुल्लाह मैमोरियल लेक्चर, कलकत्ता (1958), इशाक मेमोरियल लेक्चर इन्डो इरान सोसाइटी कलकत्ता (1975), खुदाबख्श मेमोरियल लेक्चर पटना (1975), अनूसारी मेमोरियल लेक्चर जामिया मिलिया इस्लामिया, नई दिल्ली (1985) एवं के.पी. जायसवाल मेमोरियल लेक्चर, के.पी. जायसवाल रिसर्च इन्स्टीच्यूट पटना (1986)[6]।

हसन असकरी का प्रिय विषय था, मध्यकालीन भारतीय इतिहास। प्रांरभ में उन्होंने 18वीं सदी का राजनीतिक इतिहास लिखा लेकिन बाद के दिनों में उन्होंने बिहार के प्रान्तीय इतिहास पर अपना ध्यान केन्द्रित कर दिया। उनके लेखन को हम निम्न वर्गों में रखते हैं।

(1) राजनीतिक इतिहास

(अ) सामान्य

(ब) प्रान्तीय–बिहार, बंगाल, उड़ीसा।

(2) धार्मिक एवं सांस्कृतिक इतिहास–सूफी एवं सूफीवाद, पूर्व मध्यकालीन भारत के संदर्भ में।

(3) मूल स्त्रोत

(4) अज्ञात मूल स्त्रोत को प्रकाश में लाना– मलफुजात साहित्य, सूफी संतों के गीत शिलालेख, रेकार्ड सिक्के आदि।

(5) स्थानीय इतिहास, अज्ञात स्मारक आदि।

(6) किताबों का संपादन।

अंग्रेजी और उर्दू में इनके द्वारा लिखे राजनीति, भाषा और साहित्य, संस्कृति, सूफी सिलसिलों पर शोध पत्र, रिव्यू, मूल स्त्रोतों का प्रकाशन, संपादन इत्यादि की संख्या लगभग 175 है जिसकी सूची परिशिष्ट ब में दी गयी है।''[7]

उर्दू भाषा एवं साहित्य के क्षेत्र में भी उनका काफी योगदान रहा। उर्दू भाषा एवं साहित्य में सूफियों एवं सूफीवाद की जो भूमिका महत्वपूर्ण थी, अभी तक वह गौण अवस्था में थी, उसे उन्होंने लोगों के सामने प्रस्तुत किया तथा सांस्कृतिक एवं भाषा संबंधी उत्थान को आत्मसात किया। 1946 तक उनका अध्ययन का मुख्य केन्द्र रहा संतचरित् साहित्य। मलफुजात और मकतूबात जो मध्यकालीन साहित्य में अपना स्थान रखता है, उसका अध्ययन किया। हाल के वर्षों में पर्सिअन भाषा में लिखी पुस्तकों का अंग्रेजी में अनुवाद तथा सम्पादन का काम कर रहे थे।

प्रो. असकरी का संपादन के क्षेत्र में अपना योगदान रहा, उन्होंने फोर्ट विलियम इंडिया हाउस कोरोसपाण्डेंस 1787–91 वोल्यूम 56 (1976) का संपादन किया। कम्प्रिहेन्सिव हिस्ट्री ऑफ बिहार वोल्यूम 2, पार्ट 1 (1983) और 2 (1987) तथा इसके अतिरिक्त और भी बहुत से किताबों का संपादन किया।''[8]

प्रो. सय्यद हसन असकारी को इतिहास के प्रति अपना उत्कृष्ट योगदान के कारण समय–समय पर विभिन्न विश्वविद्यालयों, संस्थाओं, सरकारों द्वारा पुरस्कृत किया जाता रहा है। मगध विश्वविद्यालय द्वारा श्री जयप्रकाश नारायण, राजा राधिकारमण पुरस्कार एवं डी.लिट. (1967) उपाधि दी गई। 1978 में भारत सरकार द्वारा उन्हें एक प्रशस्ति पत्र एवं अनुदान प्रदान किया गया। गालिब इन्स्टीच्यूट दिल्ली एवं उर्दू एकेडमी

बिहार ने क्रमशः 1975 और 1979 में उन्हें सम्मानित किया। बिहार रिसर्च सोसाइटी ने उनके सम्मान में 1968 में एवं के.पी. जायसवाल शोध संस्थान द्वारा 2001 में अभिनंदन जर्नल का प्रकाशन किया गया। इसके अलावे उन्हें बहुत से अन्य पुरस्कार एवं उपाधियों से नवाजा गया, जिसमें गालिब पुरस्कार (1975), प्रेसिडंट सर्टिफिकेट उपाधि (1978) आदि। 1985 में प्रो. सय्यद हसन असकरी को पद्यमश्री एवं बिहार रत्न सम्मान से सम्मानित किया गया।

उनकी ख्याति देश में ही नहीं देश से बाहर भी फैली हुई थी। उनके रिसर्च शोध पत्र पूर्व तथा पश्चिम के इतिहासकारों में अपना महत्वपूर्ण स्थान रखते हैं। ईरान के पर्सिअन राजतंत्र के 250 वर्ष पूरे होने के उपलक्ष्य में मनाये गये उत्सव में उन्हें तथा उनकी पत्नी को सादर आमंत्रित किया गया था।

प्रो. असकरी का अपने छात्रों के प्रति व्यवहार भी सदा स्नेहमय रहा। उनके प्रिय छात्र पॉल जैक्सन, जो जर्मन है, के कथनानुसार ''मैं एक बार आक्सफोर्ड विश्वविद्यालय में बैठा था मैं शेख सर्फुद्दीन मनेरी पर अपना शोध कार्य करना चाहता था मुझे सिमोन दिग्वी ने डा. असकरी नाम का सुझाव दिया। मैं भारत आया और असकरी से अपना निदेशक बनने का प्रस्ताव रखा लेकिन प्रारंभ वे तैयार नहीं हुए लेकिन पुनः उन्होंने मेरा प्रस्ताव मंजूर कर लिया। इस प्रकार में ने उनके निर्देशन में अपना काम प्रारंभ किया। शुरूआत में मुझे विश्वास नहीं था कि मैं ये काम पूरा कर पाऊंगा लेकिन असकरी के सहयोग से मेरा शोध कार्य जो पूर्णतः कठिन था पूरा हुआ ये किताब लंदन तथा न्यूयार्क दोनों जगह से प्रकाशित हुई इस पुस्तक की काफी प्रशंसा हुई। पॉल जैकसन एक और घटना का वर्णन करते हुए बताता है कि ''एक बार उसे क्रिसमस पर आस्ट्रेलिया से कुछ उपहार मिला था उसने उस उपहार का आधा भाग असकरी साहब को एक लिफाफे में डालकर देना चाहा लेकिन उन्होंने उसे बिना देखे बड़े ही नम्रता के साथ कहा इसकी जरूरत नहीं है। उनके इस व्यवहार से मुझे अपने पिता, जिनका देहांत 1971 में हो चुका था, लगा कि वे मेरे दूसरे पिता सामने उपस्थित है।''[9]

प्रो. सय्यद हसन असकरी विद्याप्रेम, त्याग, तपसया एवं करूणा के साक्षात् प्रतिमूर्ति थे। उनसे दूसरों का दुख देखा नहीं जाता था। हमेशा निःस्वार्थ भाव से दूसरों की मदद के लिए तत्पर रहते थे। उनके पोते ने लिखा है, मेरे दादा जी और दादी में झगड़ा इस बात पर होता था कि वे ठंड के दिनों में अपना गमछा कंबस गरीबों में बांट देते तथा पुराना अपने पास रख लेते थे। उनका मानना था कि नेकी कर दरिया में डाल। इतने बड़े इतिहासकार होने के बावजूद अहंकार उन्हें छू नहीं पाया था। बड़ा हो या छोटा सभी को वो पूर्ण सम्मान देते थे। बढ़ती उम्र के बावजूद अपने खोज एवं अन्वेषण के प्रति उत्साह एवं उर्जा अपने आप में एक मिसाल था। 80 वर्ष की अवस्था में भी ख़ुदाबख़्श ओरिएंटल पब्लिक लाइब्रेरी को करीब दिन में दो बार पैदल चलकर आते थे। वे शिष्टाचार के बड़े प्रेमी थे तथा अशिष्टता के प्रति काफी नाराज होते थे। 28 नवंबर 1990 को ये महान इतिहासकार दुनिया को अपनी रोशनी बिखेर सदा के लिए बुझ गये।

इतिहास लेखन

निम्नलिखित पुस्तकों का मूल्यांकन उनके उपरोक्त वर्णित इतिहास लेखन के कुछ उदाहरण हैं।

शाहनामा मुनव्वर कलाम

इस पुस्तक को फारसी में रचना शिवदास लखनवी के द्वारा की गयी थी, जिसका अंग्रेजी अनुवाद सय्यद हसन असकरी ने किया। ''शाहनामा मुनव्वर कलाम के प्रकाशन के लिए आर्थिक सहायता इंडियन काउंसिल ऑफ हिस्टोरिकल रिसर्च, नई दिल्ली से मिली और 1980 में जानकी प्रकाशन ने इस पुस्तक को प्रकाशित किया''[10] डा. एन.एम.पी. श्रीवास्तव ने ''सर्चलाईट में इसका 'रिव्यू' लिखते हुए यह सूचित किया था कि डा. असकरी ने बम्बई अलीगढ़, ब्रिटिश म्यूजियम और सालारगंज के पुस्तकालयों में उपलब्ध इस पुस्तक की मूल प्रति का तुलनात्मक अध्ययन किया ताकि छूटे हुए पन्नों को पढ़ा जा सके।''[11]

इस पुस्तक का अनुवाद और इस पर विस्तृत टिप्पणियां असकरी

की शोध प्रवृति का बहुत ही महत्वपूर्ण उदाहरण है। उन्होंने न केवल एक नये स्त्रोत को शोध के लिए प्रकाशित किया बल्कि सर एच.एम. इलियट द्वारा उपेक्षित पुस्तक 'शाहनामा मुनव्वर कलाम' जिसका अनुवाद उनके लिए लेफ्रटीनेंट पिकार्ड ने किया था, के महत्व को समझा और एक हिन्दू द्वारा लिखित पुस्तक को इतिहास–लेखन में अमूल्यवाद माना।

शाहनामा मुनव्वर कलाम में हम फर्रूखसियर के शासनकाल से प्रांरभ और बादशाह मुहम्मदशाह के शासनकाल के पहले चार वर्षों पर बहुत सी सूचनाएं पातें हैं। फर्रूखसियर जोकि अजीमुरशाह का द्वितीय लड़का था, जून 1711 में राजमहल से पटना आया और उसने 6 मार्च को स्वयं को बादशाह घोषित किया। इसमें हम बिहार के गवर्नर मीर जुमला बहादुर के दमनकारी और क्रूर शासन का विस्तृत विवरण एवं सय्यद बंधुओं अब्दुला खान और हुसैन अलीखान के विषय में भी जानकारी पाते हैं।

इस पुस्तक में हम दरबारी सूचनाओं और कार्यवाहियों का संकलन पाते हैं। असकरी साहब ने इसकी भूमिका में लिखा है "कि एक ही रचना में 124 वाक्य, 20 सरकारी पत्र और 22 फरमान का संकलन मिलना अनुपम उदाहरण है जिसकी सानी नहीं मिलती"[12] में दस्तावेज विभिन्न दृष्टिकोण में महत्वपूर्ण हैं और शोध के स्त्रोत हैं। ये दस्तावेज हमें लेखकों के वास्तविक चरित्र, विचारों और उद्देश्यों के ज्ञानमय दृष्टि देते हैं। असकरी के अनुसार यद्यपि अधिकांश पत्रों की शैली और सामग्री एकरूप है और टालमटोल और शब्द छलावे से भरे हुए हैं। फिर भी इनमें इतिहास संबंधी कुछ विशेष सूचनाएं मिलती हैं। जैसे गिरिधर बहादुर एावं अब्दुस समद खान की अर्जदाश्त। इसी प्रकार मुहम्मदशाह के द्वारा निजामुलमुल्क को भेजे गये लम्बे फर्मान से हमें युवा बादशाह की भविषय में होने वाली दुर्गति के संकेत हैं।

शाहनामा मुनव्वर कलाम का वस्तुतः महत्व असकरी के अनुसार इसलिए भी अधिक है कि हिन्दुओं के द्वारा फारसी में लिखे गये ग्रन्थ बहुत कम हैं। 17वीं सदी में सुजानराय की खुलासत उत तवारीख राय भारतमल के पुत्र बृन्दावन की लुब्बतुतावारीख में लिखी गई। परंतु

खुशहाल चन्द और शिवदास ने 18वीं सदी में लिखा जिसमें इतिहास के मध्यम से चेतावनी और शिक्षा देने का संकेत मिलता है। सय्यद हसन असकरी का मानना है कि हिन्दू इतिहासकार मुसलिमों की अपेक्षा कुछ कुंठाओं से मुक्त थे। वे भावनाओं, पूर्वाग्रहों और संकीर्ण और अवसरवादी भक्ति से प्रभावित नहीं थे और मुगल दरबारों की गुटबंदी और षडयंत्रों में दूर थे। संभवतः हिन्दू इतिहासकार एक वास्तविक मूल्योंकन करने में अधिक सक्षम थे। जीवन के प्रति अनुभव, भाषा और साहित्य का ज्ञान, समकालीन लोगों के तरीके और उद्देश्य की समझ, प्रशासन के विस्तृत ज्ञान के कारण वे समकालीन विवरण देने में समर्थ थे। शिवदास और विशेषतः खुशहाल चन्द की रचनाऐं इसका प्रमाण हैं।

पुस्तक के अनुवाद के अंत में असकरी के द्वारा बहुत से पद टिप्पणियाँ दी गई हैं जिसकी संख्या 280 है।''[13] ये इनकी विद्वता की परिचायक है इस प्रकार यह पुस्तक 18वीं सदी के अवनति के कगार पर खड़े मुगल काल के सामाजिक, आर्थिक जीवन को जानने के लिए अमूल्य स्त्रोत है जिसे प्रकाश में लाने और महत्वपूर्ण बनाने का श्रेय सय्यद हसन असकरी को है।

द कम्प्रिहेन्सिव हिस्ट्री ऑफ बिहार– भार 2, खण्ड 1

द कम्प्रिहेन्सिव हिस्ट्री ऑफ बिहार– भार 2, खण्ड 1 का सम्पादन सय्यद हसन असकरी और कयामुद्दीन अहमद द्वारा किया गया है।''[14] इस पुस्तक का संबंध 1206 से 1526 तक के सल्तनत काल खासकर प्राक मुगल बिहार से संबंधित था, इस क्षेत्र का विस्तृत और व्यापक इतिहास तैयार कराने मं के.पी. जायसवाल शोध संस्थान का बड़ा ही प्रशंसनीय योगदान रहा है। इस पुस्तक का प्रकाशन 1983 में हुआ। प्रस्तुत खंड के प्रकाशन में थोड़ा समय तो लगा लेकिन इसमें प्रस्तुत 'जानकारी की मात्रा और गुणवता' ने इस कमी को पूरा कर दिया। इसमें प्रमुख इतिहासकारों द्वारा अलग–अलग अध्याय को शामिल किया गया है और इसके सम्पादकगण निश्चित ही अपने विषय के योग्यतम विद्वान में से हैं।

प्रथम अध्याय 15 का प्रारंभ कयामुद्दीन अहमद द्वारा बिहार प्रांत के

ऐतिहासिक भूगोल से होता है। प्रो. कयामुद्दीन अहमद ने प्राक मुगल बिहार की राजनीतिक सैनिक प्रक्रिया की छानबीन की है, जिसके कारण अंततः बिहार की विभिन्न इकाईयों अर्थात् मिथिला, तिरहुत, मगध, झारखंड तथा चेरों और खोखर क्षेत्रों को एक ही राजनीतिक एवं प्रशासनिक सत्ता के अंतर्गत सुसपष्ट रूप मिला। साहित्यिक और अभिलेखीय दोनों ही प्रकार के साक्ष्यों का प्रयोग करके प्रो. अहमद ने अकबर के काल तक इस क्षेत्र की राजनीतिक सीमाओं में परिवर्तन का वर्णन किया और इस क्रम में आधुनिक कृतियों की अनेक गलतियों को सामने रखा है। इस अध्याय में उन्होंने मानचित्र भी दिया है जिससे बिहार के जिलों की तत्कालीन भौगोलिक रेखाओं को समझने में मदद मिलती है।

अध्याय 2, 3, 4, 5 और 6 के हसन निशास अंसारी द्वारा लिखित है। अध्याय 2[16] में उन्होंने बिहार में आरंभिक तुर्कों के प्रवेश की रूपरेखा एवं बख्तयार खिलजी के आक्रमणों का वर्णन है उन्होंने कहा कि आंरभिक काल गें मुस्लिम हमलावरों की पहचान उनके नस्ल संबंधी और सामाजिक मूल और कभी–कभी यवन और म्लेच्छ के रूप में की जाती थी। शायद ही कभी उनकी पहचान उनके धर्म और पंथ से की जाती हो।

अध्याय 3[17] 1206 और 1320 के बिहार में दिल्ली और लखनौती के सुल्तानों के संघर्ष की कहानी हैं। साहित्य एवं अभिलेखीय दोनों प्रकार के साक्ष्यों पर आधारित उनका विवरण प्रमाणिक है। बिहार पर तुर्क आधिपत्य के विवरण को पुष्ट करने के लिए वे तिब्बती बौद्ध वृतांतों का कुशल उपयोग करते हैं। लेकिन असारी जब बिहार के बारहवी–तेरहवी सदी के इतिहास के संदर्भ में जागीर और वंशानुगत रूप में प्राप्त भूसंपदा शब्दों का प्रयोग करते हैं तो वे सटीकता से दूर हो जाते हैं।

अध्याय 4[18] राधाकृष्ण चौधरी द्वारा मिथिला के कर्नात राज्य का वर्णन है। कर्नात के अधिकारियों की भूसंपदाओं एवं जागीरों का वर्णन, राजाओं उनके प्रशासनिक संस्थाओं, मंत्री, ग्रामीण प्रशासन, जागीर व्यवस्था, कर्नात शासकों के अधीन मिथिला का सांस्कृतिक जीवन एवं

कर्नात शासकों का मिथिला में पतन आदि का वर्णन है।

अध्याय 5[19] में निशात अंसारी ने 'कर्नात राज्य का अंत' के अंतर्गत उन्होंनें तुगलकपुर उर्फ तिरहुत में 1330 के दशक के अनेक सिक्कों का हवाला दिया है, जो तिरहुत पर दिल्ली के सुल्तानों के आधिपत्य का प्रमाण है। दक्षिण में बिहार शरीफ और आसपास के क्षेत्रों में अनेक ऐसे अभिलेख मिले हैं जो इस इलाके से तुगलकों के घनिष्ट संबंधों के प्रमाण हैं।

अध्याय 6[20] के भाग 1 निशात अंसारी द्वारा एवं भाग 2 सय्यद हसन असकरी द्वारा लिखा गया है। इसमें तुगलकों और जौनपुर के शर्की सुल्तानों के अंतर्गत बिहार के धन धान्य का मूल्यांकन किया गया है एवं तुगलकों का पतन तथा बिहार पर अपना नियंत्रण रखने के संघर्षरत् शक्तियों के विषय में लिखा है।

अध्याय 7[21] प्रो. असकरी एवं प्रो. कयामुद्दीन अहमद के द्वारा लिखा गया है, इसमें नूहानी शासकों के बिहार में उदय एवं स्थापना और जमींदारों की राजनीतिक भूमिका के अनेक संदर्भ मिलते हैं एवं अधिकांश मामलों में ये जमींदार पहले के क्षेत्रीय शासकों के वंशज या उनके स्वरूप थे। अफगान शक्ति के उदय के कारणों एवं भारत में सूर वंश के संस्थापक शेरशाह के उदय की कहानी वर्णित है।

अध्याय 8[22] में मध्यकालीन बिहार की जनजातियों का वर्णन है। यह डा. के.एस. सिंह द्वारा लिखा गया है। मध्यकाल में स्थानीय कबीलों का शक्तिशाली बनना, स्पष्ट ऐतिहासिक क्षेत्र के रूप में आदिवासियों का उदय इस क्षेत्र की प्रमुख विशेषता रही है। 'झारखंड' शब्द का संभवतः पहला प्रयोग गंगा के दोआब से प्राप्त तेरहवीं सदी के एक ताम्रपत्र में हुआ है। यह शब्द आरंभ में उड़ीसा, बंगाल, बिहार और मध्यप्रदेश के पूरे पठारी क्षेत्र के लिए प्रयुक्त हुआ है एवं मध्यकालीन सैनिक अभियानों के संदर्भ में फारसी वृतातों में इसके अनेक उल्लेख मिलते हैं।

अध्याय 9[23] एवं 11 जगदीश नारायण सरकार द्वारा लिखा गया है प्रशासन–केंद्रीय प्रांतीय और ग्रामीण 1206–1526 शीर्षक द्वारा

मध्यकालीन भारतीय राजसत्ता के स्वरूप की संक्षिप्त विवेचना प्रस्तुत है। साथ ही इस क्षेत्र के विशिष्ट प्रशासनिक संस्थाओं के बारे में थोड़ी बहुत जानकारी दी गई है। कुछ स्थानों पर अध्याय की पुनरावृत्ति भी हुई है। इस अध्याय की त्रुटि का एक कारण स्त्रोतों की कमी है। लेकिन फिर भी प्रो. सरकार ने उन स्त्रोतों का उपयोग पूर्णरूपेण किया है।

अध्याय 11[24] प्रारंभिक मध्यकालीन बिहार 1206–1526 के आर्थिक जीवन पर प्रकाश डाला है। बिहार की अर्थव्यवस्था पर उनका विवरण सराहनीय है। ज्योतिरीश्वर कृत वर्णरत्नाकर, तिब्बती बौद्ध विद्वान धर्मस्वामिन् के यात्रावृतांत के स्त्रोतों के आधार पर पूर्व मध्यकाल में बिहार पर लिखा जो भारतीय उपमहाद्वीप के विभिन्न भागों से महासागर पार के देशों से भी व्यापारिक रूप से जुड़ा हुआ था।

10 और 12वां अध्याय रचना की दृष्टि से भी संभवतः सर्वोत्तम है। अध्याय 10[25] चार भागों में विभाजित है (1) गैर मुस्लिम समाज – प्रो. भक्त प्रसाद मजूमदार (2) विद्यापति– प्रो. बिपन बिहारी मजुमदार (3) इस्लाम और मुस्लिम एवं (4) शिक्षा– दोनों प्रो. असकरी द्वारा।

(1) गैर मुस्लिम समाज के अंतर्गत बिहार के गैर मुस्लिम समाज, उनका सामाजिक विभाजन, हिन्दू मुस्लिम संबंध, शादी, औरतों की स्थिति, भोजन, वस्त्र और आभूषण, धार्मिक उत्सव, मेला, लोकप्रिय प्रथाओं इत्यादि का वर्णन है।

(2) प्रो. बी. बी. मजुमदार 15वीं सदी के महान मैथिल कवि विद्यापति का वर्णन करते हैं जिन्होंने संस्कृत, मैथिली और अवहट्ठ तीन भाषाओं में गद्य और पद्य दोनों लिखे हैं। उनके लेखन का विस्तार आश्चर्यजनक है। वे कवि, कथाकार और नारटककार थे तथा कानून, यात्राओं और त्योहारों, पूजा की विधियों पर उनकी कृतियों, खतों और दस्तावेजों से तत्कालीन सामाजिक, सांस्कृतिक और आर्थिक जीवन में उनके उल्लेखनीय योगदान को देखा जा सकता है।

(3) प्रो. असकरी द्वारा लिखित इन अध्यायों में हिन्दू–मुस्लिम

संबंधों एवं संघर्षों का वर्णन एवं शिक्षा के बारे में विस्तार से वर्णन किया गया है। उन्होंने सूफियों पर किया गया अपना कार्य एवं संतों के जीवन संबंधी साहित्य के आधार पर बिहार के सामाजिक जीवन एवं शिक्षा का वर्णन किया है। चौदहवीं सदी के महान सूफी संतों द्वारा इस्लाम के प्रचार एवं प्रसार में योगदान का वर्णन है।

अध्याय 726 में डा. जियाउद्दीन अदहम देसाई ने हिन्दू इस्लामी वास्तुकला की विशिष्ट क्षेत्रीय विशेषताओं को सजीव ढंग से प्रस्तुत किया है। उन्होंने कहा कि महत्वपूर्ण बात यह है कि हिन्दू समाज की एकजुटता तात्कालिक राजनीतिक उथल पुथल से प्रभावित नहीं हुई।

प्रस्तुत पुस्तक विभिन्न इतिहासकारों द्वारा किये गये वर्षों शोध का परिणाम है जो मध्यकालीन क्षेत्रीय इतिहास को जानने के लिए महत्वपूर्ण है। मध्यकालीन बिहार उस प्रकार से सुस्पष्ट और सुपरिभाषित क्षेत्र के रूप में नहीं जाना जाता था जैसे बंगाल, गुजरात और कश्मीर। बिहार और उसकी प्रमुख हस्तियों के बारे में स्वतंत्र रूप से कम ही लिखा गया है। इस खंड के लेखकों को इसका श्रेय जाता है कि उन्होंने इस क्षेत्र के बारे में अनेक प्रकार के स्त्रोतों में बिखरी सामग्री को जमा किया एवं उसे एक पुस्तक का साकार रूप देने में सफल हुए हैं। प्रो. असकरी और प्रो. कयामुद्दीन अहमद ने संस्कृत ग्रंथों और अभिलेखों और अरबी, फारसी अभिलेखों की खोज और स्पष्टीकरण करके इस पुस्तक को बिहार के इतिहास को जानने के लिए महत्वपूर्ण स्रोत के रूप में उपलब्ध कराया है।

परिशिष्ट [27] में इन पुस्तक की रचना में स्त्रोंतों के उपयोग के बारे में लेख दिया गया है। प्रो. सय्यद हसन असकरी, प्रो. अहमद और डा. आर. के चौधरी द्वारा लिखे गए। ये लेख मध्यकालीन भारत के क्षेत्रीय इतिहास को जानने एवं समझने के लिए बड़े ही मूल्यवान हैं।

इस तरह प्रस्तुत पुस्तक प्रो. असकरी के बिहार पर किये गये विभिन्न क्षेत्रों के शोधों का परिणाम है, जिसने मध्यकालीन बिहार के सल्तनतकालीन इतिहास को अन्य विद्वानों की सहायता से प्रमाणिक

बनाया। उनका यह योगदान बिहार के लिए अमूल्यवान है।

द कॅम्प्रिहेन्सिव हिस्ट्री ऑफ बिहार– भाग 2, खण्ड 2

'द कम्प्रिहेन्सिव हिस्ट्री ऑफ बिहार' भाग 2 खण्ड 2 का सम्पादन डा. सय्यद हसन असकरी एवं कयामुद्दीन अहमद द्वारा किया गया है। इस पुस्तक का प्रकाशन काशी प्रसाद जायसवाल शोध संस्थान पटना द्वारा 1987 में किया गया।[28] इस पुस्तक का संबंध मध्यकालीन बिहार से है। यद्यपि इस पुस्तक के प्रकाशन में कुछ समय लगा लेकिन मध्यकालीन इतिहास को जानने के लिए यह महत्वपूर्ण स्त्रोत है। इसमें अनेक विद्वानों द्वारा बिहार के प्रशासन सभ्यता एवं संस्कृति, धर्म, शिक्षा आदि विषयों पर लिखे गये लेख शामिल हैं। सम्पूर्ण पुस्तक को बारह अध्यायों में विभक्त किया गया है।

पुस्तक पी.एन. ओझा की संपादकीय टिप्पणी के द्वारा शुरू होती है, जिसमें उन्होंने इस पुस्तक को बिहार के इतिहास में अमूल्य योगदान के लिए सराहा है। उसके बाद डा. सय्यद हसन असकरी द्वारा लिखित भूमिका दी गयी है। यह पुस्तक बिहार के संदर्भ में सल्तनत से मुगल काल के इतिहास को विवेचित करती है। उन्होंने कहा है कि इस पुस्तक में मुगल पठान संघर्ष एवं शासन, इस्लाम एवं हिन्दुत्व के बीच संघर्ष एवं समन्वय, सूफी, सिख धर्म, शिक्षा के प्रति योगदान, धार्मिक, सामाजिक एवं आर्थिक उत्थान आदि विषयों पर मूल्यवान लेख प्रस्तुत किये गये हैं। बिहार के इतिहास पर प्रकाश डालते हुए यह पुस्तक इतिहास के क्षेत्र में अमूल्य निधि है।

इस पुस्तक में के.पी. जायसवाल शोध संस्थान पटना के पूर्व फेलोशिप प्राप्त डा. बी0 पी0 अम्बष्ठ के द्वारा चार अध्याय 1, 3, 4, 5 पर लिखे गये लेख को शामिल किया गया।[29] बिहार में अपनी प्रभुसत्ता स्थापित करने के लिए मुगल अफगान संघर्ष का वर्णन है। इन्होंने कहा कि 1526 में पानीपत की पहली लड़ाई के बाद भारतीय इतिहास के साथ–साथ बिहार के इतिहास में भी एक नये अध्याय की शुरूआत होती है। इसमें मुगल शासकों द्वारा लोदी शासकों के साथ संघर्ष, शेरशाह का हुमायूं को पराजित करना एवं विजय हासिल करने के बाद चौसा में

अपना विजयोत्सव मनाना एवं अपने नाम का खुतबा पढ़वाना आदि शमिल है।

अध्याय 3[30] में बिहार के प्रांरभिक मुगलों का शासन एवं उनकी वापसी तथा अकबर द्वारा बिहार, प्रांत का शासन अपने हाथों में लेना, सूबेदारों की नियुक्ति तथा नियुक्त किये गये सूबेदारों की शासन पद्धति एवं विद्रोह का विस्तारपूर्वक वर्णन है। 4,5 अध्यायों में दो भागों में मुगल साम्राज्य के सूबा के रूप में बिहार का वर्णन है प्रथम भाग में 1614 से 1660 तक का एवं द्वितीय भाग में 1660 से 1707 तक का काल शामिल है। इस अध्याय में उन्होंने कहा है कि जहांगीर एवं शाहजहां के काल में बिहार एक महत्वपूर्ण सूबा रहा है एवं अनेक राजकुमारों को यहां की मनसबदारी सौंपी गई थी। छोटानागपुर एवं पलामू का क्षेत्र महत्वपूर्ण रहा है। नूरजहां के भाई जफर खाँ और इब्राहिम खाँ को बिहार का सूबेदार नियुक्त किया गया था। सूबेदारों का आपसी संघर्षों का वर्णन है। पीटर मुण्डी जो सितंबर 1632 में पटना आया था उसके द्वारा दिए गए विवरणों को शामिल किया गया है। यह स्थानीय इतिहास लेखन के क्षेत्र में एक महत्वपूर्ण स्त्रोत है।

अध्याय[31] 2, 6, 12 में पटना के प्रो. कयामुद्दीन अहमद द्वारा लिखे लेखों को शामिल किया गया है। उन्होंने इस पुस्तक में अपने तीन लेखों द्वारा बिहार के इतिहास पर प्रकाश डाला है। अध्याय 2 में बिहार का शासन पठानों के अधीन में लिखा है कि यह काल बिहार के लिए बड़ा ही महत्व का रहा है। 'बिहार में परिवर्तन' शीर्षक के अंतर्गत उन्होंने बिहार में ईस्ट इण्डिया कम्पनी की गतिविधियों का उत्कर्ष एवं मुगल साम्राज्य के पतन का वर्णन किया है। इसमें कंपनी द्वारा स्थानीय सूबेदारों एवं जमींदारों को लिखे गये पत्रों का संग्रह है। 'बिहार में मुद्रा एवं टकसाल' के अंतर्गत सिक्कों के बारे में विस्तार से बताया है। सल्तनत एवं मुगल सिक्कों का भारी मात्रा में बिहार में मिलना यहाँ के उन्नत उद्योग धंधों पर प्रकाश डालता है। उन्होंने कहा है कि शासकों द्वारा सिक्कों पर अपने नाम का खुतबा खुदवाना एवं सर्वप्रथम बख्तयार खिलजी द्वारा खुतबा पढ़वाने का वर्णन मिलता है। बिहार के इन महत्वपूर्ण सिक्कों का संग्रह पटना संग्रहालय में विद्यमान है। सय्यद

हसन असकरी एवं कयामुद्दीन अहमद के सम्मिलित प्रयास के द्वारा इन सिक्कों को बिहार के इतिहास के लिए महत्वपूर्ण स्त्रोत के रूप में प्रकाश में लाया गया है।

अध्याय 7[32] पटना विश्वविद्यालय के इतिहास विभाग के प्रसिद्ध विद्वान एवं प्रशासक कालीकिंकर दत्त द्वारा लिखा गया है। इस अध्याय में अली वर्दी खां के अधीन बिहार की शासन व्यवस्था का वर्णन है। इसमें अलीवर्दी खान द्वारा बिहार के शासन का विवरण है। उन्होंने कहा कि उन दिनों बिहार का शासन कोई आसान कार्य नहीं था। सूबा जमींदारों एवं सूबेदारों के विद्रोहों के कारण अशांत रहता था। अध्याय के अंत में बिहार के जमींदार रामनारायण द्वारा कर संग्रह की व्यवस्था भी शामिल है।

अध्याय 8[33] वेद प्रकाश द्वारा लिखा गया है जिसमें बिहार में सिख धर्म के बारे में वर्णन है। उन्होंने कहा बिहार केवल राजनीतिक, आर्थिक और प्रशासनिक कारणों से ही महत्वपूर्ण नहीं रहा है बल्कि प्राचीन काल से ही यह धरती विभिन्न धर्मों एवं सम्प्रदायों के लोगों के लिए आकर्षण का केंद्र रही है। छठी शताब्दी पूर्व जब सभी तरह धार्मिक कर्मकांडों का बोलबाला था तब महावीर एवं बुद्ध के ज्ञान से यह धरती प्रकाशमान हो रही थी।

इसके अतिरिक्त इसी अध्याय में बिहार में सूफियों के विभिन्न पंथों के बारे में वर्णन किया है जैसे चिश्ती, सोहरावर्दी, कादरी और मुख्य रूप से फिरदौसी और सत्तारी पंथ के प्रभाव को देखा जा सकता है। रोमन कैथोलिक धर्म का सबसे पुराने चर्च पटना सिटी में विद्यमान है। ''दबीस्तान–ए–मजाहिब'' नामक पुस्तक की रचना करने वाले जरथ्रुस्त्र संत अजर काइवान के अकबर का शासन काल में बिहार आगमन हुआ था एवं 12 वर्ष बाद यहीं उनकी मृत्यु हुई। इन सारे धर्मों के साथ–साथ सिख धर्म के 10वें गुरू गोविंद सिंह का जन्म स्थल भी बिहार के पटना सिटी में रहा है। इस अध्याय में उनके बचपन उनके द्वारा किये गये कार्य, नानक साहब द्वारा धर्म की स्थापना एवं सिक्किम तथा बिहार प्रांत का 15वीं सदी में निरीक्षण, सिखों के सामाजिक जीवन एवं लंगर

व्यवस्था आदि का वर्णन है। इस अध्याय में सिख धर्म को जानने एवं बिहार में इनके योगदान को समझने, हरमंदिर साहिब में महत्वपूर्ण अभिलेखीय संग्रह– 33 पत्रों का संग्रह जो बिहार के गुरूओं को लिखा गया था, बिहार के सिख धर्म को जानने का एक महत्वपूर्ण स्त्रोत है।

अध्याय 9[34] एवं 11 डा. जगदीश नारायण सरकार द्वारा लिखा गया है। 1526–1756 तक के मुगल शासन के अधीन बिहार का शासन एवं 1520–1757 तक बिहार के आर्थिक जीवन पर प्रकाश डाला गया है।

इसमें उन्होंने प्रशासनिक इतिहास के अंतर्गत बिहार को सूबा में विभक्त करते हुए शासन व्यवस्था को तीन काल खण्डों में विभाजित किया है।

(1) 1526–40 तक के पुराने ढांचे को विद्यमान रखा।

(2) 1540–75 तक सूर शासक शेरशाह द्वारा सुधार एवं शासन का पतन।

(3) 1575 में द्वितीय मुगल शासन के दौरान अकबर द्वारा बिहार का सुधार, प्रांतीय अधिकारी एवं दीवान आदि का वर्णन है। मुगल शासन के अधीन सरकार (जिला) उनकी अधिकारी, तिरहुत और दरभंगा का फौजदार, सूबे के अनुसार उनकी सूची, परगना और उसके अधिकारी, पुलिस व्यवस्था, गुप्तचर व्यवस्था, सैनिक शासन आदि का विस्तार से वर्णन है।

अध्याय 11[35] में बिहार के आर्थिक जीवन पर उन्होंने प्रकाश डाला है। उन्होंने कहा पटना जिसका शाब्दिक अर्थ बाजार होता है ने आर्थिक और व्यापारिक क्षेत्र में एशिया, अफ्रीका एवं यूरोप में अपना महत्वपूर्ण सम्पर्क स्थापित रखा। मुगल काल में बिहार के बाढ़, मुंगेर, भागलपुर आदि स्थानों का अपना अलग ही महत्व था। इस अध्याय में बिहार के गांवों एवं शहरों का वर्णन पटना उपनगर का आंतरिक व्यापार, कृषि उत्पादन, फसल एवं दूसरे प्रकार के कृषि उत्पाद, जंगल उद्योग, पशुपालन एवं दुग्ध उत्पादन, मुद्रा, खान एवं खनिज पदार्थ, हस्तकला, बरतन उद्योग आदि का वर्णन है। पटना आंतरिक व्यापार एवं उत्पादन

के अतिरिक्त दूसरे प्रांतों के साथ व्यापार के लिए भी प्रसिद्ध रहा है।

17वीं एवं 18वीं सदी में पटना का व्यापारिक महत्व बढ़कर अंतर्राष्ट्रीय स्तर पर काफी विस्तृत हो गया। यह व्यापार मध्य एशिया, अफ्रीका, मिश्र के अंतर्राष्ट्रीय व्यापार के साथ–साथ इलाहाबाद, बनारस, आगरा के साथ जल एवं स्थल दोनों मार्गों से होता था। यहाँ की संचार व्यवस्था, आंतरिक परिवहन, जलमार्ग द्वारा परिवहन, आंतरिक सुरक्षा, मुद्रा विनिमय एवं बैकिंग व्यवस्था, सहकारी समिति, प्राकृतिक आपदा, जीवन स्तर आदि विषयों पर प्रकाश डाला गया है।

अध्याय 10[36] सय्यद हसन असकरी, ने बिहार के सामाजिक और धर्मिक पहलूओं पर प्रकाश डाला है। इस अध्याय को उन्होंने दो भागों में विभक्त किया है– प्रथम भाग में सामाजिक पहलुओं का वर्णन है। समाज में विद्यमान वर्ग, उनकी प्रथायें, उत्सव, वेशभूषा ओर भोजन, सूफी संप्रदाय और कुछ प्रमुख सूफियों का वर्णन है। हिंदू और मुस्लिम दोनों ही धर्मों के कर्मकाण्डों, विवाह बच्चों के जन्म के समय मनाये जाने वाले उत्सवों, इन सभी पहलूओं पर सूक्ष्मता से वर्णन किया है।

भाग 2[37] में शिक्षा एवं शिक्षण संस्थाओं का वर्णन है। बिहार में हिंदू एवं मुस्लिम दोनों ही संप्रदायों में शिक्षा व्यवस्था, शिक्षण संस्थानों, प्राथमिक शिक्षा से लेकर उच्च शिक्षा एवं स्त्रियों के प्रति उनका नजरिया इन सबों को शामिल किया है। अंत में परिशिष्ट 38 दिया गया है। जिसमें महत्वपूर्ण आंकड़ों, विदेशी यात्रियों द्वारा समकालीन यात्रियों का विवरण, सूफी संतों की कविताओं, यूरोपीय कंपनी की बिहार में गतिविधियों आदि को शामिल किया गया है।

इस प्रकार बिहार के इतिहास पर इस पुस्तक के दोनों खंड पहली पुस्तक है जिसमें समकालीन विभिन्न भाषा के स्त्रोतों, पुरातात्विक स्त्रोतों जैसे अभिलेख, सिक्के और अन्य सामग्री का भरपूर इस्तेमाल किया गया है।

विभिन्न विशेषज्ञों के द्वारा लिखे जाने के बावजूद भी सम्पादकद्वय ने बिहार के इतिहास का एक सम्पूर्ण चित्र प्रस्तुत करने में कोई कसर

नहीं छोड़ी मध्यकालीन बिहार पर शोध के लिए यह हमेशा प्रमाणिक रहेगी।

अमीर खुसरो एज़ ए हिस्टोरियन

प्रस्तुत पुस्तक 'अमीर खुसरो एज ए हिस्टोरियन' की रचना सय्यद हसन असकरी द्वारा की गयी है। इस पुस्तक के प्रथम संस्करण का प्रकाशन खुदाबख्श ओरियन्टल पब्लिक लाइब्रेरी पटना द्वारा 1988 में तथा द्वितीय संस्करण 1992 में किया गया। ये पुस्तक उनके अलग–अलग लेखों का संकलन हैं।

सम्पूर्ण पुस्तक को 7 अध्यायों में विभाजित किया गया है। प्रथम अध्याय [39] में अमीर खुसरो का एक इतिहासकार के रूप में मूल्यांकन दिया गया है, जिसमें अमीर खुसरो की कृतियों के ऐतिहासिक मूल्य को दर्शाया गया है। अमीर खुसरो ने साहित्य के द्वारा मध्यकालीन इतिहास–लेखन पर प्रकाश डाला है। उन्होंने कहा है कि उस काल की इतिहास दृष्टि आज से एकदम भिन्न थी। अमीर खुसरो के बारे में कहा जाता है कि उन्होंने इतिहास नहीं लिखा बल्कि काव्य रचना की है। इस अध्याय में उनके लेखन शैली का मूल्यांकन गद्य–पद्य कृतियों के आधार पर किया गया है। उनका इतिहास से कोई सरोकार नहीं था। धर्म, कला और साहित्य से प्रेम, सौंदर्य की खोज तथा वैध उपायों से अपनी आर्थिक आवश्यकताओं की पूर्ति ये ही अमीर खुसरो के जीवन को प्रमुख ध्येय था। असकरी साहब ने यह भी लिखा कि प्रशंसा और आलोचना करते समय एक इतिहासकार को संतुलन बनाये रखना चाहिए और उसका नजरिया अनावश्यक रूप से कठोर और निंदामूलक नहीं होनी चाहिए।

अध्याय 2[40] में अमीर खुसरो का वर्णन एक सामाजिक इतिहासकार के रूप में किया गया है। असकरी ने कहा उस काल के इतिहास में केवल राजा एवं उनके दरबार के कारनामों का वर्णन होता था, सामान्य नागरिक के बारे में कोई वर्णन नहीं रहता था। उनका कहना है कि राजनीति और सैनिक कार्यों को ही बढ़ा–चढ़ाकर लिखा गया। सामान्य नागरिकों के व्यवहार, उनकी स्थिति, भारत में उनकी दशा, उनका विश्वास इन सारी बातों को नजरअंदाज कर दिया गया। उन इतिहासकारों

ने बहुत कम ध्यान दिया। सामाजिक स्थिति, उत्थान, पतन, सामाजिक संस्थाओं, सामाजिक ढांचा क्या था, लोगों का रहन सहन, जीवन जीने का तरीका कैसा था उनका कौन आदर्श रहा है यह सब नगण्य था। उनका कहना था कि अलग–अलग जाति, ऊंची जाति, नीची जाति, मध्यवर्गीय लोग, पढ़े–अनपढ़, व्यवसायिक, कलाकार, मजदूर, किसान, गरीब, गुलाम, शहरी एवं ग्रामीण क्षेत्रों के लोग इन सारे लोगों के बारे में बहुत ही कम लिखा गया। अगर कोई व्यक्ति सामाजिक इतिहास जानने के बारे में जिज्ञासू होगा तो उसे स्त्रोतों की कमी महसूस होगी एवं बड़ा ही कठिन कार्य होगा उसके लिए जानकारी हासिल करना। इसलिए अमीर खुसरो अपनी काव्यात्मक रचनाओं में एक सामाजिक इतिहासकार के रूप में उभरता है और विविध प्रकार की सूचनाएं देता है। अमीर खुसरो की रचनाओं को मुख्य महत्व इसमें हैं कि उसने उन भारतीय कथानकों और विषय–वस्तु का चयन किया जो जनजीवन, समाज, संस्कृति, शिक्षा और अन्य पहलुओं से संबंधित थी।

अध्याय 3[41] में अमीर खुसरो की रचनाओं जोकि सामाजिक इतिहास की जानकारी के लिए बहुत ही महत्वपूर्ण स्त्राते हैं को विभिन्न वर्गों में विभक्त किया गया है। उनकी पुस्तक रिसायल उल इजाज जो शुद्ध रूप से साहित्यिक रचना है और अफजल–उल–ुवायद में आध्यात्मिक वार्तालाप शामिल है। रिसायल में कानून का बड़ा ही विस्तृत वर्णन है। उसमें व्याकरण, आदर्शों एवं प्रथाओं आदि का विविध विवरण मौजूद है। इस पुस्तक के द्वारा मानव जीवन की सामाजिक एवं मनोवैज्ञानिक स्थिति उस काल में क्या रही है इन सारी बातों की जानकारी प्राप्त होती है।

अध्याय 4[42] में रिसायल–ए–इजाज–ए–खुसरवी में जीवन और उसकी स्थिति के बारे में वर्णन है। इस अध्याय में असकरी साहब कहा है कि आज सामाजिक इतिहास के प्रति जागृति बढ़ती जा रही है। मध्यकालीन भारतीय समाज कैसा था इसका अध्ययन शुरू हुआ है। सामाजिक क्षेत्र के अध्ययन की विविधताओं के प्रति जिज्ञासा बढ़ी है। उनका कहना है कि एक कामचलाऊ सामाजिक इतिहास तब तक नहीं लिखा जा सकता जब तक ध्यानपूर्वक हर संभव स्त्रोतों का गहन

अध्ययन न कर लिया जाय। अमीर खुसरो के रिसाइल–उल–इजाज में राजनीतिक एवं आर्थिक महत्व के स्त्रोत भी प्राप्त होते है। राजनीतिक, आर्थिक सामाजिक एवं लोगों के व्यवहार आदि पहलूओं पर अमीर खुसरों ने अपने साहित्यिक शैली में प्रकाश डाला है। इस पुस्तक में अमीर खुसरों ने खलजी सल्तनत के राज्य के सिद्धांत, सरकार की नीति, उनकी उपलब्धियाँ, न्याय और संभावनाएं इन सारे पहलुओं पर विस्तृत रूप से प्रकाश डाला है। उनका लगाव हमेशा समाज की प्रथाओं, सामाजिक नीतियों, इस्लाम की रूढ़िवादिता, मध्यकाल के संदर्भ में राजनीतिक विचारधाराओं के प्रति रहा।

अध्याय 5[43] में असकरी ने इजाज–ए–खुसरवी में ऐतिहासिक सामग्री को चिन्हित किया है। इस कठिन कार्य को करते हुए उन्होंने इस लेख के प्रारंभ में लिखा है कि अमीर खुसरो की सभी मसनवी का इस्तेमाल सल्तनत काल के आधुनिक लेखकों ने किया परंतु इजाज–ए–खुसरवी, जोकि 719 में पत्र लेखन कला पर लिखी गयी, की अंलकारिक, दुरूह और बौद्धिक शैली के कारण अधिकांश विद्वानों ने छुआ ही नहीं। सिर्फ डा. वाहिद मिर्जा ने 'द लाइफ एण्ड वर्क्स ऑफ अमरी खुसरो' में इसकी विषय वसतु पर ध्यान दिया। इसमें हम 13वी और 14 वीं शताब्दी के प्रथम चतुर्थांश के उत्तर भारतीय सामाजिक और सांस्कृतिक जीवन की झलक पाते हैं। विभिन्न फरमान, तौका और हुकुमनामा का विवरण देते हुए वे सुल्तान बलबन से लेकर अलाउद्दीन खलजी उसके वंशजों के काल के विभिन्न वाकयात पर दिलचस्प सूचनाएं देते हैं। उस प्रकार अभी भी शोधकर्त्ताओं के लिए इन पर आधारित शोध की आवश्यकता प्रतीत होती है।

अध्याय 6[44] में उन्होंने रिसायल उल इजाज का एक मूल्यांकन प्रस्तुत किया है। सामाजिक इतिहास के स्त्रोत की कमी बतलाते हुए उन्होंने लिखा है कि यह इतिहास राजाओं का क्रमिक इतिहास रहा है। इन सबों में राजनीतिक उत्थान, राजघरानों, राजवंशों के परिवर्तन, युद्ध विजय इन सारे घटनाओं से भरा होता थो। इसमें आर्थिक तत्वों के बारे में बहुत कम लिखा गया है। यद्यपि इन पुस्तकों का गहन अध्ययन करने पर सामाजिक जीवन, लोगों की स्थिति, उत्थान, पतन, सांस्कृतिक

नियम इन सारे तत्वों पर कुछ महत्वपूर्ण स्त्रोत प्राप्त हो जाते है। इस पर किया गया परिश्रम बेकार नहीं जाता एवं सामाजिक महत्व के स्त्रोत की जानकारी कुछ अंश में हमें प्राप्त हो जाती है जोकि ऐतिहासिक खोज के क्षेत्र में बहुत ही महत्वपूर्ण है। यद्यपि ये स्त्रोत जो हमें इनके द्वारा प्राप्त होती हैं वह अधूरे टूटे–फूटे एवं अपर्याप्त हैं। ये हमारे ज्ञान में ज्यादा बढ़ोतरी नहीं करते हैं। कभी–कभी इन साक्ष्यों से कुछ जानकारी प्राप्त हो जाती है– बीते हुए काल एवं लोगों एंव उनके चीजों के बारे में। आज अगर कोई विद्यार्थी सामाजिक इतिहास के प्रति जिज्ञासू है तो उनके सामने विस्तृत एवं विश्वसनीय रचनाओं की कमी महसूस होती है। उसके लिए किसी भी साक्ष्य–साहित्यिक, धार्मिक, संतचरित्, मुद्रा, काव्य, विदेशी रेकार्डस इन सारे स्त्रोतों जो कि सामाजिक संस्थाओं पर प्रकाश डालता है, उसे नजरअंदाज करना संभव नहीं है। रिसायल एक ऐसी ही पुस्तक है जिसे पढ़ा जाना चाहिए। इसमें हमें प्रशासनिक और राजस्व अधिकारियों शिल्पकारों, व्यापारियों किसानों, दासियों, औरतों के बारे में विशेष जानकारी मिलती है। विभिन्न तबकों की महिलाओं पर विशेष रूप से प्रकाश डाला गया है।

अध्याय 7[45] इस अध्याय में अमीर खुसरो के संगीत का वर्णन है। सय्यद हसन असकरी ने इस अध्याय में कहा है कि भारतीय संगीत का अपना एक बहुत ही अच्छा इतिहास रहा है। ऐसा कहा जाता है कि वैदिक काल से ही इसका लगातार विकास होता रहा है और भारतीय संगीत बहुत सारे परिवर्तनों से गुजर कर अभी की स्थिति में पहुंचा है। जो पहले की शैली थी उसे दो अलग–अलग शैलियों में विभक्त किया गया है। ये अलग–अलग धाराओं में विभक्त हुआ हिन्दुस्तानी एवं कर्नाटकीय। उन्होंने कहा कुछ लोगों का कहना है कि प्राचीन एवं सांस्कृतिक संगीत की विरासत को दक्षिणी धारा ने ज्यादातर बेहतर तरीके से संरक्षित रखा है, उत्तरी धारा की तुलना में यहाँ अरब–फारसी संस्कृति का प्रभाव नहीं के बराबर रहा। लेकिन इस मत से बहुत से लोग सहमत नहीं हैं। एलेन डेनियलों ने यहां तक कहा है कि विदेशियों का कोई प्रभाव नहीं था और फारसी प्रभाव तो बिल्कुल नहीं।''[46] लेकिन एलेन के मतों से भी सभी लोग सहमति नहीं रखते हैं जैसे एच.जी.

फारमर उन्होंने अपनी किताबों एवं लेखों में दर्शाया है कि अरब, फारसी संगीत कितनी पुरानी एवं विकसित थीं। सय्यद हसन असकरी के अनुसार जब देशी एवं विदेशी संस्कृति के बीच हम एक–दूसरे के संपर्क में आते है तो एक–दूसरे की संस्कृति का समन्वय होता है। इस बात को कहना बेवकूफी होगा कि सिर्फ एक का ही प्रभाव रहा जबकि दोनों एक–दूसरे से प्रभावित होता है। अमीर खुसरो ने हिन्दुस्तानी संगीत को जन्म दिया। इस लेख में असकरी साहब ने अमीर खुसरों का संगीत से लगाव एवं विभिन्न रागों की रचना का विस्तृत रूप से विश्लेषण किया है। यही नहीं विभिन्न संगीत वाद्य यंत्र और उनके विभिन्न वादकों की भी हमें जानकारी मिलती है।

उस तरह यह संकलन अमीर खुसरों के योगदान के नये पहलुओं का शोधपरक विश्लेषण है जो असकरी साहब की ऐतिहासिक दृष्टि और शोध साधना का भी परिचायक है।

इस्लाम एण्ड मुस्लिम इन मिडियवल बिहार

इस्लाम एण्ड मुस्लिम इन मिडियवल बिहार[47] पुस्तक की रचना प्रो. सय्यद हसन असकरी द्वारा की गई है। इस पुस्तक के प्रथम संस्करण का प्रकाशन 1989 ई. में एवं द्वितीय संस्करण का प्रकाशन 1998 में खुदाबख्श ओरियन्टल पब्लिक लाइब्रेरी पटना द्वारा किया गया।

यह पुस्तक उनके कलकत्ता विश्वविद्यालय में 'सर अब्दुल्लाह सोहरावर्दी लेक्चर्स' में इस्लामिक विचार एवं संस्कृति विषय पर दिए गए वक्तव्यों का संग्रह है। यह तीन भागों में विभाजित है। सर्वप्रथम प्रारंभ में उन्होंने कहा कि उन्हें इस विषय पर कोई महारत हासिल नहीं है बल्कि मलफुजात और मकतूबात पर शोध कार्य करने के दौरान उन्हें सूफी संतों के बिहार में कार्यों एवं कविताओं आदि के बारे में जानकारी प्राप्त हुई। प्रस्तुत पुस्तक के दो खण्ड हैं प्रथम खंड में 'मध्यकालीन बिहार में इस्लाम और मुस्लिम।'

प्रस्तुत पुस्तक में उन्होंने कहा अन्य भारतीय प्रांतों की तरह बिहार में भी मध्यकालीन अभिलेखों को सुरक्षित रखा गया है। सूफी विचारधारा

एवं संस्कृति का बिहार में अपना ही योगदान रहा है। सूफी संतों उनके सिलसिलों उनकी विचारधाराओं ने बिहार एवं अन्य जगहों पर इस्लामिक विचारधारा को फैलाने में अपनी महत्वपूर्ण भूमिका अदा की है। भक्ति आंदोलन के दौरान सूफी संतों का भारत एवं खासकर बिहार के प्रति योगदान को दर्शाया है।

सूफी संतों के बारे में कहा सूफी प्रतिबिम्ब है प्यार, सहिष्णुता, धार्मिक उदारता का। सबों से प्यार विश्व बंधुत्व एवं खुदा के प्रति समर्पण सूफियों का स्वरूप है। सूफी संतों ने सर्वधर्म समभाव एवं सभी पंथों के लोगों से प्यार के महत्व पर जोर दिया। इन्होंने कुरान की आध्यात्मिक व्याख्या की एवं मनुष्य का अंतिम मकाम खुदा के पास जाना कहा।

उन्होंने कहा पूर्वी भारत में 14वीं 15वीं सदी में इस्लाम के पुनर्निर्माण एवं मुहम्मद बिन बख्तयार खिलजी के विजय के बाद बिहार और उड़ीसा में इस्लाम के प्रभाव को देखा जा सकता है। यद्यपि उन्होंने यह स्वीकार किया है कि 14पीं और 15वीं सदी का कोई भरोसेमंद ऐतिहासिक स्त्रोत नहीं है। मोहम्मद बिना बख्तार खिलजी का सोहरावर्दी पंथ के अनुयायियों के प्रति लगाव, उनके मतों, पंथों, आध्यात्मिक एवं शैक्षणिक प्रभाव से प्रभावित होना शामिल है। इसके अतिरिक्त स्थानीय प्रथाओं एवं अभिलेखों तथा हिन्दूओं के प्रति उनका नजरिया एवं बिहार एवं उड़ीसा प्रांत में सुल्तान के राजनीतिक महत्व को दर्शाया है।,

सोहरावर्दी पंथ के मुख्य अनुयायी शेख जलाल तबरीज का बिहार आगमन एवं बंगाल प्रस्थान का वर्णन है। बिहार में सोहरावर्दी पंथ के प्रभाव एवं शेख जलाल तबरेजी, मखदूम याहया मनेरी की दरगाह जो बरही के नाम से मनेर में प्रसिद्ध है, का वर्णन है। इस अध्याय में सूफी संतों उनके कार्य शासकों द्वारा इस संतों को संरक्षण देना, इनके अनुयायियों इनका विश्वास, सोहरावर्दी पंथ के अनुयायियों एवं संतों के कार्यों का वर्णन सम्मिलित है। इन संतों द्वारा शिक्षा एवं नैतिक आदर्श के प्रति योगदान, मदरसा एवं अन्य शिक्षण संस्थाओं द्वारा शिक्षा के क्षेत्र

में कार्यों का वर्णन है। उन्होंने कहा मलफुजात का ऐतिहासिक एवं सामाजिक महत्व रहा है।

अध्याय 2 'मध्यकालीन बिहार में इस्लाम और मुसलमान' शीर्षक के अंतर्गत बिहार के सामाजिक एवं धार्मिक पहलूओं पर अध्ययन प्रस्तुत किया गया है। लेखक का मानना है कि उनके अनुसार प्रारंभिक मध्यकाल में बिहार की सामाजिक और धर्म के बारे में हमारा ज्ञान खंडि, असामान्य, अपूर्ण एवं अपर्याप्त रहा है। इस काल के सभी पहलुओं, रूपों और दौर का एक पूर्ण और सम्बद्ध इतिहास लिखना एक दुष्कर कार्य है। विविधता को समेटे यह प्रान्त सामान्य नागरिक की विविध मतों वाली यह धरती, दृढ़ विश्वास, विविध संस्कृतियों का समन्वय अलग–अलग विचार, विविध सामाजिक प्रवृतियां और स्तर, अलग–अलग संस्थायें एवं संगठन, आदत एवं तरीके, अलग–अलग लोगों के आचार–व्यवहार एवं खान–पान, उत्सव अनुष्ठान एवं संस्कार इत्यादि विविध पहलुओं को ध्यान में रखना आवश्यक है।''[48]

उन्होंने कहा पूर्वी भारत खासकर बिहार इस्लाम का एक प्रमुख क्षेत्र माना जाता है। यहां सामाजिक एवं धार्मिक जीवन अलग–अलग क्षेत्रों में अलग–अलग रहा है। इस्लाम धर्म का प्रभाव सामाजिक, धार्मिक और सांस्कृतिक जीवन पर स्थापित हो चुका था। मुस्लिम या फारसी इतिहासकारों के साक्ष्य इस काल के इतिहास–लेखन में ज्यादा मददगार साबित नहीं हुए हैं क्योंकि ये स्त्रोत मुख्य रूप से राजनीतिक विजेताओं एवं संघर्षों का ही क्रमिक वर्णन का लेखा–जोखा प्रस्तुत करते हैं।

उन्होंने कहा स्त्रोतों के अभाव में बिहार का सांस्कृतिक एवं धार्मिक इतिहास–लेखन बड़ा ही कठिन कार्य रहा है। असकरी ने क्षेत्रीय इतिहास यानि बिहार के सांस्कृतिक धार्मिक जीवन को जानने के लिए कुछ महत्वपूर्ण स्त्रोतों का उल्लेख किया जैसे फिरदौसी और शत्तारी पंथ के मलफुजात और मकतूबात, सूफी साहित्य, विद्यापति एवं ज्योतिश्वर ठाकुर और मुख्य रूप से वर्णरत्नाकर इत्यादि। इसके अतिरिक्त फारसी भाषा के एक महत्वपूर्ण अज्ञात ग्रंथ शर्फ–नामा–ए–मनेरी जो 1575 में बंगाल में लिखी गयी को महत्वपूर्ण बतलाया।

उन्होंने कहा इस्लामी दर्शन, बिहार के प्रमुख सूफी पंथ जैसे चिश्ती, सोहरावर्दी, फिरदौसी, कादरिया और मादरिया में विभक्त था। उन्होंने बिहार के सूफी द्वारा शासकों को अपने अनुयायी बनाना एवं उनके द्वारा धर्म फैलाने मे सहायता लेना इन सारे विषयों पर प्रकाश डाला है। यद्यपि सोहरावर्दी सम्प्रदाय के संतों का बिहार में प्रीााव पहले से ही रहा है और उनके द्वारा पुस्तकों की भी रचना की जाती रही। सय्यद हसन असकरी ने इसमें बिहार के प्रमुख सूफी मत मख्दूम शरफुद्दीन मनेरी और उनके फिरदौसी सिलसिलों के प्रसार के अलावा उनका बिहार के समाज पर प्रभाव का भी विस्तृत विवरण दिया है।

इसके पश्चात् असकरी ने समकालीन संत साहित्य में उद्‌घाटित मुस्लिम सामाजिक जीवन की झलक प्रस्तुत की है। सामाजिक समूह, धर्मानांतरण, मुस्लिम हिन्दू संस्कृतियों का एक–दूसरे पर प्रभाव, सामाजिक प्रथाएं, विश्वास, अंधविश्वास, नैतिक स्तर, संगीत गोष्ठियां, शिक्षा इत्यादि का विस्तृत बिहार की पृष्ठभूमि में किया है।

इस प्रकार सय्यद हसन असकरी के भाषणों का यह लिखित संकलन 'इस्लाम एण्ड मुस्लिम इन मिडियवल बिहार' हमारे लिए मूल्यवाद स्त्रोत–ग्रंथ है जो अरबी, फारसी, मैथिली, तिब्बती के मूल ग्रन्थों पर आधारित है। इसी के आधार पर हम मध्यकालीन बिहार के सामाजिक और सांस्कृतिक इतिहास का निर्माण कर पाते हैं।

इतिहासकार के रूप में मूल्यांकन

इतिहासकार के बारे में कहा गया है कि "इतिहासकार की व्यक्तिगत प्रतिभा, विवेक, आकांक्षा, उद्देश्य, साधना और संघर्ष उनके लेखन को बहुत गहरे स्तर पर प्रभावित करते हैं।"[49] आज इतिहास का दायरा काफी विस्तृत हो गया है। इतिहासकार अलग–अलग तरीके से इतिहास लेखन करते हैं। कुछ इतिहासकारों के विवरण युद्धों और विजयों पर तो कुछ के कानून, सरकार, राजसत्ता और राजनीति पर केंद्रित होते हैं। कुछ अन्य इतिहासकार आर्थिक, सामाजिक, धार्मिक और सांस्कृतिक शक्तियों को महत्वपूर्ण मानते हैं। असकरी साहब के शब्दों में "आज हम यह मानते हैं कि वास्तव में घटित घटनाक्रम के तथ्यपरक

ब्योरों का नीरस वर्णन ही महत्व नहीं रखता और उसे इतिहास नहीं कहा जा सकता। सबसे अधिक महत्व यह बतलाने का होता है कि घटनाओं से इतिहास की उत्पत्ति किस प्रकार हुई।''[50]

सय्यद हसन असकरी की रचनाओं में छिटपुट रूप से इतिहास दर्शन की झलक मिलती है जो बहुत ही महत्वपूर्ण है। इतिहास क्या है, उसकी उपयोगिता क्या होनी चाहिए, इतिहासकार का क्या दायित्व है–इन सब विषयों पर उनकी टिप्पणियाँ हमारे लिए एक दिशा–निर्देश देती हैं। उन्होंने कहा इतिहासकार से यह आशा की जाती है कि वह घटनाओं के कारणों और परिणामों की पड़ताल करें एवं घटना क्यों घटी या क्यों हुई शक्तियों का पता लगाए। अतीत की छानबीन, सत्य के प्रति समर्पण, वस्तुनिष्ठता, घटनाओं और आंदोलनों में कार्य–कारण संबंधों का पता लगाने, गंभीर और आलोचनात्मक निष्कर्ष तथा ऐतिहासिक व्याख्या में उपयुक्तता की भावना में ही इतिहास का सार निहित है। ''जब तक छानबीन के लिए घटनाओं के ताने बाने से कुछ बातों का चयन न किया जाये, इतिहास नहीं लिखा जा सकता।''[51]उनका कहना था कि इतिहासकार का कार्य विविध एवं बहुपक्षीय स्त्रोत सामग्री की जांच परख करके उनका मूल्यांकन करना हैं, उसे वकील की तरह घटना को सिद्ध या असिद्ध नहीं करना, बल्कि एक न्यायाधीश और निर्णायक की तरह काम करना होता है। उसका मुख्य कार्य है उपलब्ध और सत्य साक्ष्यों के आधार पर सभी स्त्रोतों का उपयोग करके किसी निर्णय पर पहुंचा जाए एवं उन सारे उपयोग किये गये स्त्रोतों का उल्लेख करे।

प्रो. असकरी का मानना था कि ''इतिहास भाग्य के अगम्य और अबोध कार्यकलाप तथा मानवजीवन में ईश्वर के हस्तक्षेप की मान्यताओं पर आधारित नहीं होता। न ही वह शासकों दरबरियों और कुलीनों के कृत्यों के घिसे–पिटे वर्णनों पर आधारित होता है। यह सत्ताधारियों की भोंडी प्रशंसा नहीं होता और न ही यह अच्छे–बुरे, उचित अनुचित, धार्मिक–अधार्मिक कृत्यों को पूरी तरह अनदेखा करके उन व्यक्तियों की निंदा करना होता है जिनकों अपने जीवन में निराधार प्रशंसा मिलती

थी।''[51] उन्होंने इतिहास में दैवीकृत से ज्यादा मानवीय निर्णयों को महत्वपूर्ण माना एवं अतीत का अध्ययन करना जरूरी माना है। ''इतिहासकार का सरोकार व्यक्तियों से अधिक समूहों से, दैवी कृत्यों से अधिक मानवीय निर्णयों से, व्यक्ति के जीवन काल के तथ्यों और परिणामों के वर्णन और मूल्यांकन से अधिक अतीत के अध्ययन से होता है।''[52] वे इतिहासकार के कर्तव्यों को याद दिलाते हुए लिखते हैं कि ''प्रशंसा और आलोचना करते समय एक इतिहासकार को संतुलन बनाये रखना चाहिए और उसका नजरिया अनावश्यक रूप से कठोर और निंदामूलक नहीं होनी चाहिए।''[54]

मध्यकालीन मुसलमान इतिहासकारों और जीवनी लेखकों के लिए मानवीय घटनाओं का घटना ईश्वर के द्वारा तय माना जाता था लेकिन उनका यह मत पाश्चात्य इतिहासकारों के मतों से मेल नहीं खाता है। इन इतिहासकारों के मतों के अनुसार इतिहास में असाधारण व्यक्तियों का महत्व होता है, लेकिन उनके भाग्य के बनने बिगड़ने में कभी–कभी एक अदृश्य शक्ति भी बड़ी भूमिक निभाती है। व्यक्ति के प्रयास और कृत्य घटनाओं के परिणामों के लिए वास्तव में उत्तरदायी होते हैं लेकिन मानवीय कृत्य हमेशा ही ईश्वरीय विधान के अधीन होते हैं।

प्रो. असकरी ने कभी भी धन उपार्जन के उद्देश्य के कार्य नहीं किया बल्कि मध्यकालीन इतिहास पर किया गया शोध कार्य उनका जुनून था। वे अपने इस कार्य में जीवन अंतवेषक, पुरातित्ववेता, साहित्यिक और संत साहित्य के विशेषज्ञ भी थे। सूफी संतों की जीवनी एवं उनके साहित्य के अध्ययन में महारत हासिल थी। यद्यपि वे इस बात से इंकार करते थे। उनका कहना था ''उन्हें इस विषय पर कोई महारत हासिल नहीं है बल्कि मलफुलाज और मकतूबात पर शोध कार्य के दौरान उन्हें सूफी संतों के बिहार में कार्यों एवं कविताओं आदि के बारे में जानकारी प्राप्त हुई।''[56] मलफुजात और मकतूबात की सर्वप्रथम उनहोंने ही खोज की। अपनी पुस्तक 'इस्लाम एण्ड मुस्लिम इन मिडियल बिहार' मे सूफी संतो, उनके सिलसिलों एवं विचारधाओं का वर्णन है। इनके बारे में अपनी पुस्तक में विस्तार पूर्वक व्याख्या की जो बिहार के सूफी संप्रदायें के बारे में हमें महत्वपूर्ण जानकारी देती है। इन सूफी संतों ने बिहार में

इस्लामिक विचार धारा को फैलाने में अपनी महत्वपूर्ण भूमिका निभाई इसकी भी जानकारी इमें इस पुस्तक से प्राप्त होती है।

उनके द्वारा किये गये अन्वेषण ने बिहार के क्षेत्रीय इतिहास को एक नई दिशा प्रदान की। वे हमेशा बिहार के क्षेत्रीय इतिहास एवं सभ्यता और संस्कृति, जो प्राचीन काल से ही उन्नत अवस्था में था को प्रकाश में लाने के लिए प्रयासरत् रहे। इख्ति्सान देहलवी की दुर्लभ कृति वसातीन–उस–उनस की खोज से पूरा इतिहास जगत उनका ऋणी है। इस खोज का बिहार के इतिहास में बड़ा महत्व है। इसमें गयासुद्दीयन के तिरहुत का आंखों देखा विस्तृत विवरण है।

प्रो. असकरी ने 1938 में पटना सिटी के शेख अली हाजिन जो एक फारसी कवि थे, उनकी पाण्डुलिपि की खोज की। इस पाण्डुलिपि से यह ज्ञात होता है कि पटना में 18वीं सदी में साम्प्रदायिक सौहार्द का माहौल रहता था। उन्होंने पुस्तक ''द कम्प्रिहेन्सिव हिस्ट्री ऑफ बिहार भाग–2 खण्ड 1––[57] में लिखे अपने लेखों के द्वारा बिहार में नूहानी शासकों के उदय एवं जमींदारों की भूमिका पर प्रकाश डाला जो बिहार के इतिहास को जानने का एक महत्वपूर्ण स्त्रोत है। ''द कम्प्रिहेन्सिव हिस्ट्री ऑफ बिहार भाग 2 खण्ड 2 में भी उनके द्वारा बिहार में शिक्षा, स्त्री शिक्षा, सूफी संतों द्वारा प्रचार एवं धार्मिक सौहार्द बनाने इत्यादि पर महत्वपूर्ण जानकारियों दी गयी है।''[58]

उन्होंने बिहार के सामाजिक इतिहास लेखन के क्षेत्र में बड़ा ही महत्वपूर्ण योगदान दिया है। बिहार में अभिलेखों की बहुलता यहाँ की सामाजिक इतिहास–लेखन में स्त्रोंतों की कमी महसूस की जाती रही है। मलफुजात और मकतूबात की सर्वप्रथम उन्होंने ही खोज की। अपनी पुस्तक इस्लाम एण्ड मुस्लिम इन मिडियल बिहार' में सूफी संतों ने, उनके सिलसिलों विचारधाराओं का वर्णन है। इनके बारे में अपनी पुस्तक में विस्तार पूर्वक व्याख्या की जो बिहार के सूफी संप्रदायों के बारे में महत्वपूर्ण जानकारी देती है। इस सूफी संतों ने बिहार में इस्लामिक विचार धारा को फैलाने में अपनी महत्वपूर्ण भूमिका निभाई इसकी भी जानकारी हमें इस पुस्तक से प्राप्त होती है।

उनके द्वारा किये गये अन्वेषण ने बिहार के क्षेत्रीय इतिहास को एक नई दिशा प्रदान की। वे हमेशा बिहार के क्षेत्रीय इतिहास एवं सभ्यता और संस्कृति, जो प्राचीन काल से ही उन्नत अवस्था में था को प्रकाश में लाने के प्रति प्रयासरत् रहे। इख्तिसान देहलवी को दुर्लभ कृति, वसातीन–उस–उनस की खोज से पूरा इतिहास जगत उनका ऋणी है। इस खोज का बिहार के इतिहास में बड़ा महत्व है। इसमें गयासुद्दीन के तिरहुत विजय का आंखों देखा विस्तृत विवरण है।

प्रो. असकरी ने 1938 में पटना सिटी के शेख अली हाजिन जो एक फारसी कवि थे, उनकी पाण्डुलिपि की खोज की। इस पाण्डुलिपि से यह ज्ञात होता है कि पटना में 18वीं सदी में साम्प्रदायिक सौहार्द का माहौल रहता था। उन्होंने पुस्तक "द कम्प्रिहेन्सिव हिस्ट्री ऑफ बिहार भाग 2, खण्ड 1"57 में लिखे अपने लेखों के द्वारा बिहार में नूहानी शासकों के उदय एवं जमींदारों की भूमिका पर प्रकाश डाला जो बिहार के इतिहास को जानने का एक महत्वपूर्ण स्त्रोत है। "द कम्प्रिहेन्सिव हिस्ट्री ऑफ बिहार भाग 2 खण्ड 2 में भी उनके द्वारा बिहार में शिक्षा, स्त्री शिक्षा, सूफी संतो द्वारा प्रचार एवं धार्मिक सौहार्द बनाने इत्यादि पर महत्वपूर्ण जानकारियाँ दी गयी है।"[58]

उन्होंने बिहार के सामाजिक इतिहास लेखन के क्षेत्र में बड़ा ही महत्वपूर्ण योगदान दिया है। बिहार में अभिलेखों की बहुलता के बावजूद यहाँ की सामाजिक इतिहास–लेखन में स्त्रोतों की कमी महसूस की जाती रही है। मलफुजात और मकतूबात संतचरित से बिहार के सामाजिक इतिहास के बारे में जानकारी प्राप्त होती है। प्रो. असकरी ने अपनी रचनाओं में बिहार के सामाजिक इतिहास–लेखन में आने वाली कठिनाईयों की ओर ध्यानाकर्षण किया है। "प्रारंभिक मध्यकाल में बिहार का समाज और धर्म के बारे में हमारा ज्ञान खंडित, असामान्य, अपूर्ण एवं अपर्याप्त रहा है। इस काल के सभी पहलुओं, रूपों और दौर का एक पूर्ण और सम्बद्ध इतिहास लिखना एक दुष्कर कार्य है।"[59]

रिसायल–ए–इजाज–ए खुसरवी असकरी साहब की महत्वपूर्ण खोज है जिसके द्वारा उन्होंने सामाजिक इतिहास के बारे में जानकारी

प्रस्तुत की है। रिसायल–ए–इजाज के द्वारा हमें तात्कालिक सामाजिक पहलुओं एवं जन–सामान्य, आचार, व्यवहार की जानकारी हासिल होती है। यह पुस्तक यद्यपि साहित्यिक शैली में लिखी गई है, जिसमें विभिन्न फरमान, तौका और हुकुमनामा का विवरण दिया गया है। इन विवरणों में वर्णित सामाजिक ऐतिहासिक स्त्रोतों को असकरी साहब ने चिन्हित कर इतिहास के क्षेत्र में महत्वपूर्ण योगदान दिया है। इजाज –ए–खुसरवी को अभी तक विद्वानों ने छुआ तक नहीं था उसका ऐतिहासिक स्त्रोत के रूप में प्रकाश में लाना असकरी के शोध जुनून को दर्शाता है।

मध्यकालीन बिहार एवं बिहारवासियों, उनकी प्रथाओं, उनके इतिहास के बारे में स्वतंत्र रूप से बहुत कम ही लिखा गया है। असकरी ने बिहार के इतिहास के विभिन्न स्त्रोतों में बिखरी सामग्री को जमा करके उसे पुस्तकों में संकलित कर बिहार के शोधार्थियों एवं विद्यार्थियो का मार्ग दर्शन किया। उन्होंने संस्कृत ग्रंथों और अभिलेखों तथा अरबी–फारसी अभिलेखों की खोज और स्पष्टीकरण करके बिहार के इतिहास को जानने के महत्वपूर्ण स्त्रोतों की खोज की। विभिन्न भाषा के स्त्रोंतों पुरातात्विक स्त्रोतों जैसे अभिलेख, सिक्कों और अन्य सामग्री का पूरा इस्तेमाल किया एवं बिहार के इतिहास का एक सम्पूर्ण चित्र प्रस्तुत किया। ''पूर्ण इतिहासकार वह है जिसके लेखन में उस काल का चरित्र और आत्मा संक्षेप में प्रदर्शित हो जाए।''[60] उनकी ये रचनाऐं बिहार के इतिहास पर शोध के लिए प्रमाणिक ग्रंथ माने जाते हैं।

प्रो. असकरी ने अमीर खुसरो को एक सामाजिक इतिहासकार के रूप में स्थापित किया है। उन्होंने कहा है कि अमीर खुसरो की रचनाओं से पता चलता हैं कि उस काल में लेखन मुख्य रूप में राजाओं एवं दरबारें के इर्द–गिर्द घूमता रहता था। सामान्य नागरिक के लिए उनके लेखन में कोई स्थान नहीं था इतिहासकार राजनीतिक एवं सैनिक कार्यों को ही बढ़ा–चढ़ाकर लिखते थे। इन इतिहासकारों का मुख्य आकर्षण राजनीतिक लड़ाईयाँ एवं शासकों की बुद्धिमत्ता भरी कहानी का वर्णन करना। समाज की स्थिति, उत्थान, पतन, सामाजिक संस्थाओं, सामाजिक ढांचा लोगों जीवन स्तर इन सारे सामाजिक पहलुओं पर ध्यान नहीं गया। समाज एवं जनसामान्य की स्थिति, शिक्षा–दीक्षा क्या रही एवं

उनका समाज में क्या स्थान था इन सारी बातों को इतिहास नजरअंदाज करते रहे। लेकिन अमीर खुसरो की रचनाओं में काव्यात्मक शैली में ही सही वे सारे तत्व समाहित है जिसे असकरी ने उजागार किया एवं बिहार के शोधार्थिया के लिए मार्ग प्रशस्त किया।

सय्यद हसन असकरी ने अमीर खुसरो के संगीत पर किये गये वर्णन पर भी काफी कार्य किया है। उनका कहना है कि ''अमीर खुसरो हिन्दुस्तानी संगीत का प्रर्वतक रहा, जिसमें भारतीय और अरब–फारसी संगत को मिलाकर हिन्दुस्तानी संगीत को जन्म दिया।''[61] अमीर खुसरो का सगीत के प्रति बेहद लगाव रहा है एवं वे अपनी रचनाओं में संगीत के बारे में काफी जानकारी देते हैं। असकारी ने अमीर खुसरो के संगीत प्रेम, वाद्ययत्रं एवं वादकों के बारे में विस्तृत रूप से वर्णन एवं विश्लेषण प्रस्तुत किया है।

अन्य भारतीय प्रांतों की तरह बिहार ने भी मध्यकालीन अभिलेखों को सुरक्षित रखा। इन अभिलेखों के द्वारा वे स्थानीय प्रथाओं एवं हिंदुओं और मुसलमानों के बीच संबंधों का वर्णन करते हैं। इनकी रचनाओं के द्वारा बिहार के प्रशासन, सभ्यता एवं संस्कृति, धर्म शिक्षा, धार्मिक प्रथाएं उत्सव आदि विषयों के बारे में जानकारी प्राप्त होती है। उन्होंने बिहार के सिक्कों का भी अध्ययन किया एवं बिहार के इन महत्वपूर्ण सिक्कों का संग्रह पटना संग्रहालय में संग्रहित है। उन्होंने अपने शिष्य कयामुद्दीन अहमद के द्वारा 'कॉरपस ऑफ अरबिक एवं पर्सियन इन्सक्रिप्शनस् ऑफ बिहार' को प्रोत्साहित किया। यह बिहार के महत्वपूर्ण स्त्रोत के रूप में प्रकाश में आया। कयामुद्दीन अहमद ने इस पुस्तक की भूमिका में लिखा है कि ''अभिलेख एक प्रकार से समय की बालू पर पूर्ववर्ती पीढ़ियों के पदचिन्ह होते हैं ... इसलिए हमारा कर्त्तव्य है कि इन बचे हुए अभिलेखों की सुरक्षा करें।''[62] उन्होंने जहाँ एच. ब्लाखमैन की प्रशंसा करते हुए लिखा है कि बंगाल और बिहार के भूगोल और इतिहास खड़ा करनें में वहां के अनछुए अभिलेखों और सिक्कों को प्रकाश में लाने में ब्लाखमैन का अमूल्य योगदान रहा है, वहीं दूसरी ओर इस परंपरा को जारी रखते हुए असकरी ने इस क्षेत्र में अग्रणीय कार्य किया और 'अभिलेखीय सामग्री क आधार पर पहले एक शोध पत्र में तुर्क–अफगान काल के इतिहास

का सर्वेक्षण किया। ब्लाखमेंन के विपरीत उनमें एक 'अन्वेषणकर्त्ता और विद्वान' दोनों ही समाये थे। उन्होंने बिहार के सुदूर आंतरिक क्षेत्रों में जाकर बहुत से अभिलेखों का सारा कार्य अकेले करते थे, स्त्रोतों की खोज से लेकर रचनाओं एवं लेखों को पूरा करना संपूर्ण कार्यों का संपादन स्वंय करते थे।[63]

जगदीश नारायण सरकार ने अपनी पुस्तक ''हिस्टोरियोग्राफी देन एण्ड नाउः मिडियवल बिहार में असकरी के बारे में कहा है कि वे किताबी कीड़ी नहीं थे बल्कि वे एक सक्रिय खोजकर्त्ता और संग्रहकर्त्ता, पाण्डुलिपि एवं रेकार्डस के उत्खननकर्त्ता एवं पुरातत्ववेता स्वयं थे। अपने कार्यों को पूरा करना उनका अकेले का कार्य था कभी–कभी ही अपने विद्यार्थियों या सहयोगियों की मदद लेते थे।''[64]

उन्होंने अपनी पुस्तक ''द कम्प्रिहेन्सिव हिस्ट्री ऑफ बिहार भाग 2 खण्ड 2'' के एक लेख में बिहार में हिन्दू मुस्लिम दोनों ही सम्प्रदायों में होने वाले कर्मकांडों, शिक्षण संस्थाओं, शिक्षा व्यवस्था, प्राथमिक शिक्षा से लेकर उच्च शिक्षा एवं स्त्रियों के प्रति उनका नजरिया इन सबों का गहन अध्ययन कर के वर्णन किया है।''[65]

उन्होंने कहा मुस्लिम या फारसी इतिहासकारों के साक्ष्य बिहार के इतिहास को जानने में ज्यादा मददगार साबित नहीं हुए, क्योंकि उनका लेखन मुख्य रूप से राजनीतिक विजेताओं एवं संघर्षों का ही क्रमिक वर्णन का लेखा–जोखा प्रस्तुत करता है। बिहार, जो कि इस्लाम का एक प्रमुख क्षेत्र माना जाता था, सामाजिक, धार्मिक एवं सांस्कृतिक जीवन पर इस्लाम का प्रभाव स्थापित हो चुका था। असकरी साहब बिहार के सांस्कृतिक धार्मिक जीवन को जानने के लिए कुछ महत्वपूर्ण स्त्रोंतों को प्रकाश में लाए जैसे फिरदौसी और शत्तारी पंथ के मलफुजात और मकतूबात, सूफी साहित्य, विद्यापति एवं ज्योतिश्वर ठाकुर और मुख्य रूप से वर्णरत्नाकर आदि। इसके अतिरिक्त फारसी भाषा के एक महत्वपूर्ण अज्ञात ग्रंथ शर्फ–नामा–ए–मनेरी को महत्वपूर्ण माना। इसमें बिहार के समाज पर विस्तृत वर्णन प्रस्तुत है। समकालीन संत साहित्य में उद्घाटित मुस्लिम सामाजिक जीवन की झलक प्रस्तुत की है। सामाजिक

समूह, धर्मान्तरण, मुस्लिम हिन्दू संस्कृतियों का एक दूसरे पर प्रभाव, सामाजिक प्रथाएं, विश्वास, अंधविश्वास, नैतिक स्तर, संगीत गोष्ठियाँ, शिक्षा इत्यादि का विस्तृत विवरण बिहार की पृष्ठभूमि में किया है।

उन्होंने अपने लेखन में तुलनात्मक अध्ययन पर जोर दिया। उनकी पुस्तक ''शाहनामा मुनव्वर कलाम्''[66] के बारे में डा. एन.एम.पी. श्रीवास्तव ने सर्चलाईट में इसका 'रिव्यू' लिखते हुए कहा था कि प्रो. असकरी ने बम्बई, अलीगढ़ ब्रिटिश म्यूजियम और सलारगंज के पुस्तकालयों में उपलब्ध इस पुस्तक की मूल प्रति का तुलनात्मक अध्ययन किया ताकि छूटे हुए पन्नों का पढ़ा जा सके। वे किसी भी पुस्तक का अनुवाद करते समय उस पर स्वयं टिप्पणियाँ भी देते थे जो उनके शोध प्रवृत्ति का बड़ा ही महत्वपूर्ण उदाहरण है। ''वस्तुतः साहित्यकार की भांति इतिहासकार की लेखन प्रक्रिया भी जितनी सामाजिक और सांस्कृतिक होती है, उतनी व्यक्तिक भी।'[67] वे न केवल शोध के नये स्त्रोतों को प्रकाश में लाते थे बल्कि उसके महत्व और बिहार के इतिहास–लेखन में उसके योगदान पर स्वयं टिप्पणियाँ भी देते थे। 'शाहनामा मुनव्वर कलाम' जो कि हिन्दू इतिहासकार शिवदास लखनवी के द्वारा फारसी में लिखी गई, रचना के महत्व को समझा और इतिहास–लेखन को मूल्यवान माना। उन्होंने कहा इस पुस्तक का महत्व इसलिए भी है कि हिन्दुओं द्वारा फारसी में लिखे ग्रंथ बहुत कम हैं। इस पुस्तक के बारे में उनका कहना है कि ये दस्तावेज विभिन्न दृष्टिकोण से महत्वपूर्ण हैं। इन दस्तावेजों के द्वारा लेखकों के वास्तविक चरित्र विचारों और उद्देश्यों का हमें ज्ञान प्राप्त होता है।

मध्यकाल के हिन्दू इतिहासकार की महत्ता को समझते थे और उनके लेखन को निष्पक्ष माना। उन्होंने कहा हिन्दू इतिहासकार मुस्लिमों की अपेक्षा कुछ कुंठाओं से मुक्त थे। वे भावनाओं पूर्वाग्रहों और संकीर्ण और अवसरवादी प्रवृति से प्रभावित नहीं थे एवं गुटबंदी और षडयंत्रों से दूर थे तथा वे अपना विचार बड़ा ही निर्भीक रूप से रखते थे। वे शिवदास और विशेषतः खुशहाल बंद की रचनाओं का प्रमाण देते हुए लिखते हैं कि संभवतः हिन्दू इतिहासकार एक वास्तविक मूल्यांकन करने में ज्यादा सक्षम थे। जीवन के प्रति अनुभव भाषा एवं साहित्य के प्रति

ज्ञान, समकालीन लोगों के तरीके और उद्देश्य की समझ और सरकार व प्रशासन के विस्तृत ज्ञान के कारण वे समकालीन विवरण देने में समर्थ थे।

सय्यद हसन असकरी द्वारा मुनव्वर कलाम के प्रकाश में लाने के बाद हमें 18वीं सदी के अवनति के कगार पर खड़े मुगल काल के सामाजिक, आर्थिक जीवन को जानने का एक अमूल्य स्त्रोत प्राप्त हुआ। जिसे प्रकाश में लाकर प्रो. असकरी ने अपनी विद्वता का प्रमाण प्रस्तुत किया है। उन्होंने कहा कि इन स्त्रोतों के अध्ययन के बाद हमें यह अनुभव होता है कि कुल मिलाकर उस काल की इतिहास दृष्टि आज से एकदम भिन्न थी। मध्यकाल में इतिहास–लेखन की यह परंपरा रही है कि ऐतिहासिक कृतियां एक खास शैली में ही लिखी जाती थी तथा उनमें भाषणमाला और कविता का भी समन्वय रहता था, लेकिन मध्यकालीन इतिहास लेखन के वे पुराने ढर्रों को आधुनिक इतिहासकारों द्वारा मान्यता प्रदान नहीं किया गया है।

आधुनिक इतिहास–लेखन में इतिहास की जो अवधारणा रही है उस पर उनकी लेखनी खरी उतरी है, एक प्रतिभाशाली रचनाकार के रूप में। हमेशा व्यापक ऐतिहासिक परिदृश्य, वस्तुनिष्ठ, आलोचनात्मक, कालक्रमबद्धता, यथार्थमूलक विवरण को आवश्यक माना एवं इन्हीं को आधार बनाकर अपनी पुस्तकों की रचना की। उन्होंने हमेशा जातीय, वर्गीय, धार्मिक आग्रहों, दुराग्रहों, प्रचलित बातों एवं परंपराओं से ऊपर उठकर अपना लेखन कार्य किया। उन्होंने कभी भी अर्थ उपार्जन के उद्देश्य से कार्य नहीं किया। इतिहास उनके लिए प्रमुख सरोकार एवं मुख्य ध्येय रहा है। वे अपने ज्ञान एवं बुद्धि के आधार पर आलोचनात्मक और कालक्रमबद्ध ढंग से ऐतिहासिक विषयों की विवेचना अतीत की सुसंबद्ध और व्यवस्थित व्याख्या और तर्कपूर्ण ऐतिहासिक विश्लेषण करते थे।

प्रो. असकरी ने चूंकि पुस्तकें नहीं लिखी इसलिए इनके संकलित लेखों एवं भाषणों से प्रकाशित पुस्तकें यद्यपि एक ही विषय पर हैं परंतु उनमें बिखराव है। इसलिए क्रमबद्ध तरीके से अध्ययन में बाधा पहुंचती

है और समग्रता में एक छवि नहीं उभरती।

इस प्रकार असकरी एक सच्चे इतिहासकार थे। वे नेशनल और रेशनल पूंजीवादी और साम्यवादी के विवादों से परे थे। 1990 में उनकी मृत्यु के समय तक भारत में कट्टरपंथी ताकतें उभर चुकी थी और बाबरी मस्जिद का विवाद उभर रहा था परंतु सय्यद हसन असकरी निर्विकार रूप से काम करते रहे।

उन्होंने प्राक् स्वतंत्रता और स्वातन्त्रोत्तर काल में भारतीय इतिहास लेखनधाराओं को विकसित होते ओर इतिहासकारों को समूहों में बंटते हुए देखा परंतु वे कभी भी किसी के पक्ष में खड़े नहीं हुए। तटस्थता उनके इतिहास लेखन का सर्वाधिक मजबूत पक्ष थी। सय्यद हसन असकरी बिहार के इतिहासकार थे और उन्होंने उसके लिए स्वयं को समर्पित किया। साथ ही धार्मिक, सामजिक और सांस्कृतिक समन्वय के बिंदुओं को सामने लाना उनका लक्ष्य रहा। इस प्रकार सय्यद हसन असकरी पटना के इतिहासकारों में अग्रणीय थे जिन्होंन एक तटस्थ, निरपेक्ष और निर्भीक लेखन का प्रतिमान स्थापित किया।

संदर्भ

1 N.R.Ray (Ed). Dictonary of National Biography, Suppliment, op.cit., p-67

2 वहीं

3 वहीं

4 A.R. Kidwai, Askari Saheb- An inspiring example, Readings in Indian History (Syed Hasan Askari Centenary volume) Kashi Prasad Jayaswal Reserch Institute Patna, p.1

5 Asiya Kabir, Reminiscences of My Grandfather, Reading in Indian History op. cit p-71

6 N.R. Ray, op.cit. p-67

7 देखें उनकी रचनाओं की वर्गीकृत सूची के लिए परिशिष्ट B

8 J.N. Sarkar, Historiography Then and Now Medieval Bihar, op.cit. Appendix-A-p-21

9 Paul Jackson, What Askari Sahib Meant to me, Reading in Indian History, op.cit. p-44

10 Syed Hasan Askari, Shahnama munawwar Kalam, Janaki Prakashan, 1986

11 डा. एन.एम0 पी श्रीवास्तव, प्रो. असकरी, 'एज आई न्यू हिम' रीडिंग्स इन इन्डियन हिस्ट्री, पूर्वोदधृत, पृष्ठ 51

12 शाहनामा मुनव्वर कलाम, पूर्वोदधृत, पृष्ठ 15

13 वही, पृष्ठ–155–213

14 सय्यद हसन असकरी एवं डा. कयामुद्दीन अहमद द्वारा संपादित, कम्प्रिहेन्सिब हिस्ट्री ऑफ बिहार भाग 2 खण्ड 1, के.पी. जायसवाल शोध संस्थान पटना 1983

15 वही– अध्याय 1 पृष्ठ 1

16 वही– अध्याय 2 पृष्ठ 29

17 वही– अध्याय 3 पृष्ठ 55

18 वही– अध्याय 4 पृष्ठ 107

19 वही– अध्याय 5 पृष्ठ 157

20 वही– अध्याय 6 पृष्ठ 184

21 वही– अध्याय 7 पृष्ठ 233

22 वही– अध्याय 8 पृष्ठ 255

23 वही– अध्याय 9 पृष्ठ 290

24 वही– अध्याय 11 पृष्ठ 443

25 वही– अध्याय 10 पृष्ठ 325

26 वही– अध्याय 12 पृष्ठ 492

27 परिशिष्ट 1 – 530

2–549

3– 572

28 डा. सय्यद हसन असकरी एवं डा. कयामुद्दीन अहमद द्वारा संपादित, द कम्प्रिहेन्सिव हिस्ट्री ऑफ बिहार वोल्यूम 2, भाग–2, काशी प्रसाद जायसवाल रिसर्च इन्स्टीच्यूट, पटना 1987

29 वहीं अध्याय 1– पृष्ठ–1, अध्याय 4, पृष्ठ 134, अध्याय 5, पृष्ठ 162

30 अध्याय 3 पृष्ठ 83

31 अध्याय 2 पृष्ठ 4 अध्याय 6, पृष्ठ 192, अध्याय 12 पृष्ठ 459

32 अध्याय 7 पृष्ठ 239

33 अध्याय 8 पृष्ठ 254

34 अध्याय 9 पृष्ठ 297

35 अध्याय 11 पृष्ठ 405

36 अध्याय 10 पृष्ठ 365

37 भाग 2, पृष्ठ 386

38 परिशिष्ट पृष्ठ 517, 547, 568, 588, 595

39 एस.एच. असकरी, अमीर खुसरो एज ए हिस्टोरियन, खुदाबख्श ओरियन्टल पब्लिक लाइब्रेरी पटना, 1988, अध्याय 1– पृष्ठ 1–15

40 अध्याय 2 पृष्ठ 16–44

41 अध्याय 3 पृष्ठ 45–80

42 अध्याय 4 पृष्ठ 81–108

43 अध्याय 5 पृष्ठ 109–128

44 अध्याय 6 पृष्ठ 129–149

45 अध्याय 7 पृष्ठ 150–165

46 पृष्ठ 150

47 सर सय्यद हसन असकरी, इस्लाम एण्ड मुस्लिम इन मिडिवल बिहार, खुदाबख्श ओरयिन्टल पब्लिक लाइब्रेरी, पटना 1989

48 वही, पृष्ठ 89

49 इरफान हबीब, इतिहास और विचारधारा, संपादकीय, पूर्वोदध्ृत 2005

50 सय्यद हसन असकरी, अमीर खुसरों : एक इतिहासकार के रूप में विवेकानन्द झा (संपा.) इतिहास अंक दो में संकलित लेख, भारतीय इतिहास अनुसंधान परिषद् की शोध पत्रिका 1993 पृष्ठ 101

51 वही, पृष्ठ 102

52 वही, पृष्ठ 101–102

53 वही, पृष्ठ 102

54 S.H. Askari, Amir Khursrau As a Historian, op. cit, p-1

55 J.N. Sarkar, Historiography Then and Now, op.cit, p-134

56 S.H. Askari, Islam and Muslims in Medieval bihar, op.cit. P-3

57 S.H. Askari, The comprehensive History of Bihar, Vol 2 Par 1 op.cit, p.

58 Dr. Syed Hasan Askari and Dr. Qeyamuddin Ahmed (edi).The Comprehensive History of Bihar, Vol-II,op. cit, p-365.

59 S.H. Askari, Islam and Muslim in Medieval Bihar, op.cit. p-89

60 आर्थर मारविक, पूर्वोदधृत, पृष्ठ – 42

61 S.H. Askari, Amir Khusrau As a Historian, op.cit. p-165.

62 Qeyamuddin Ahmed, Corpus of Arabic & Persian inscriptions of Bihar, K.P. Jayaswal Research Institute, Patna 1973, p-XXI.

63 Qeyamuddin Ahmed, Syed Hasan Askari : A Profile, Reading in Indian History, op. cit., p-5

64 J.N. Sarkar, Historiography, Then and Now Medieval Bihar, op. cit., p-134.

65 Dr.Syed Hasan Ansari & Dr. Qeyamuddin Ahmed, The Comprehensive History of Bihar, Vol-II, Part-II, op.cit., p-365.

66 Syed Hasan Askari, Shahnama Munawwar, Kalam, op.cit.

67 इरफान हबीब, इतिहास और विचारधारा, संपादकीय, पूर्वोदधृत, पृष्ठ 101.

(ग) जगदीश नारायण सरकार

बिहार में इतिहास विषयक शोध की परंपरा को अग्रसारित करने वाले 'सौम्य एवं सुंदर व्यक्तित्व' एवं निर्विकार भाव वाले शोधी इतिहासकार डा. जगदीश नारायण का नाम इतिहास जगत में सर्वविदित है। डा. सरकार ने अपने गुरू सर जदुनाथ सरकार की शोध परंपरा को बिहार में आगे बढ़ाया। विलक्षण प्रतिभा के धनी डा. सरकार ने अपने गहन अध्ययन एवं शोध के मध्यकालीन इतिहास मुख्यतः क्षेत्रीय इतिहास में

अपना एक अलग स्थान बनाया और मध्यकालीन भारतीय इतिहास के विविध पहलुओं का मंथन करके एवं सभी पहलुओं पर सूक्ष्मतापूर्वक अध्ययन के द्वारा अपने शोध कार्य को निरंतर जारी रखा। उनकी लेखनी असाधारण रूप से कार्य करती थी। उन्होंने अपनी प्रथम पुस्तक मीर जुमला के द्वारा भारतीय मध्यकालीन इतिहास में एक अमूल्य योगदान दिया। इस तरह के सारगर्भित विषय को लिखने वाले डा. सरकार इसके प्रकाशन के बाद शीर्षस्थ इतिहासकारों के रूप में विख्यात हो गये।

जीवनवृत्त एवं परिवेश

जगदीश नारायण सरकार मध्यकालीन भारतीय इतिहास–लेखन के एक प्रख्यात इतिहासकार थे। उनका जन्म 12 सिंतबर 1907 को वर्धमान में हुआ था। उनके पिता पूरण चन्द्र सरकार मिदनापुर जिले के घटाल अनुमंडल के चन्द्रकोना निवासी थे। वे बिहार न्यायिक सेवा में कार्यरत थे। इनके पूर्वज भुसना के प्रसिद्ध बागी जमींदार राजा सीताराम राय जो बंकिम चन्द्र चट्टोपध्याय की लेखनी से प्रसिद्ध हुए, वे वंशज थे। जगदीश नारायण सरकार का प्रारंभिक जीवन बिहार में बीता। 1916 में उनके पिता के निधन के बाद बिहार प्रशासनिक सेवा में कार्यरत उनके मामा उन्हें पटना ले आए और 1917 में एंग्लो संस्कृत स्कूल में उनका दाखिला हुआ। कुछ ही समय बाद वे अपने मामा के साथ भागलपुर चले गये और वहीं सी.एम.एस. हाई स्कूल से उन्होंने प्रवेशिका परीक्षा पास की। 1923 में पटना विश्वविद्यालय द्वारा संचालित इस परीक्षा में उन्होंने बिहार और उड़ीस प्रांत में प्रथम स्थाना पाया। आई. ए. में उन्होंने अपना नामांकन बी.एन. कालेज पटना में कराया और 1925 की परीक्षा में उनका दूसरा स्थान रहा। इसके पश्चात् इतिहास में इन्होंने बी.ए. और एम.ए. की परीक्षा 1927 और 1931 में पास की और दोनों परीक्षाओं में उनका प्रथम स्थान रहा।

डा. सरकार शैक्षाणिक जीवन में हमेशा अव्वल रहे। आई. ए. से एम. ए तक के अध्ययन के लिए उन्हें छात्रवृति मिली, आई.ए. को छोड़ अन्य परीक्षाओं में प्रथम स्थान प्राप्त करने के कारण उन्हें स्वर्ण पदक भी मिला। उन्हें 1932 में 100 रूपये प्रतिमाह की राजकीय शोध छात्रवृति

मिली। लेकिन दो माह बाद 19 सिंतबर 1932 को व्याख्याता के रूप में पटना कालेज में योगदान करने के कारण उन्हें यह छात्रवृत्ति छोड़नी पड़ी। यह छात्रवृति प्राप्त करने वाले वे दूसरे व्यक्ति थे। इनसे पहले डा. के.के दत्त को यह सौभाग्य प्राप्त हुआ था।

1946 में उन्होंने सर जदुनाथ सरकार के निर्देशन में कलकत्ता विश्वविद्यालय में अपना शोध प्रबंध समर्पित किया। "उसी शोध प्रबंध के आधार पर 1948 में पी–एच.डी की उपाधि मिली। उनके शोध का विषय था मीर जुमलाः द ग्रेट जनरल ऑफ औरंगजेब"[1]। उन्हें फारसी का ज्ञान नहीं होने के कारण सर जदुनाथ सरकार ने उनका निर्देशक बनना अस्वीकार कर दिया। लेकिन जगदीश नारायण ने अथक परिश्रम द्वारा फारसी का ज्ञान हासिल किया और जदुनाथ सरकार के निर्देशन में ही अपना शोध कार्य किया। शोध प्रबंध पर आधारित पुस्तक लाइफ ऑफ मीर जुमसा जेनरल ऑफ औरंगजेब जब प्रकाशित हुई तब इस पुस्तक की काफी प्रशंसा हुई और जगदीश नारायण सरकार इतिहास जगत में लोकप्रिय हो गये। इसके बाद वे उत्तरोत्तर आगे बढ़ते रहे।'[2]

उन्हें आर्थिक इतिहास में रूचि थी। यही कारण था कि बिहार सरकार की छात्रवृत्ति पाने पर उन्होंने अपने अध्ययन का विषय रखा 'भारत की आर्थिक स्थिति 1793–1833' लेकिन उन्हें अपना विषय बदल लेना पड़ा। क्योंकि उन्हें पटना कॉलेज में मध्यकालीन इतिहास पढ़ाना पड़ रहा था। उन्होंने महसूस किया कि उनके अध्यापन कार्य के कारण ही उनका शोध कार्य बाधित रहा। डा. सरकार को "अपना शोध प्रबंध पूरा करने में 16 वर्ष का लम्बा समय लगा।"[3] सर जदुनाथ सरकार ने इनके शोध प्रबंध को इंडो–मुस्लिम इतिहास में प्रथम श्रेणी का योगदान कहा था। उन्होंने मध्यकालीन बिहार के आर्थिक इतिहास पर कई शोध पत्र लिखे। समकालीन अभिलेखों के अभाव में मध्यकालीन भारत का आर्थिक इतिहास लिखना असाधारण कार्य था जिसे उन्होंने पूरा कर दिखाया।

पटना कॉलेज से उनका एक भावनात्मक लगाव था। पटना कॉलेज में उन्होंने बिहार शैक्षणिक सेवा वर्ग 2 में रहते हुए इतिहास विषय के

व्याख्याता के रूप में काम किया। उन्होंने पटना कॉलेज का इतिहास लिखा। इसके अतिरिक्त अपनी पुस्तक ग्लिम्पसेज ऑफ मिडियवल बिहार इकोनॉमी को इसी कॉलेज के नाम समर्पित किया। उनकी पुस्तक 'ए हिस्ट्री ऑफ पटना कॉलेज, पटना कॉलेज के शताब्दी वर्ष के उपलक्ष्य में प्रकाशित हुई थी। यह पुस्तक पूर्ण एवं विस्तृत विवरण के साथ है। वे पी–एच.डी. कार्य पूरा करने के बाद पटना कॉलेज के कोषाधीक्षक भी रहे।

डा. सरकार संवेदनशील एवं भावुक प्रवृत्ति के व्यक्ति थे। उनका जिन–जिन लोगों एवं संस्थाओं से लगाव रहा है उन सबके नाम अपनी पुस्तक को समर्पित कर उन्होंने अपनी श्रद्धा अर्पित की है। उन्होंने अपनी प्रथम पुस्तक को अपने माता–पिता की पावन स्मृति में समर्पित किया था। डा. सुविमल चन्द्र सरकार के सानिध्य का असर उनके जीवन पर बहुत था। उन्होंने उनके नाम अपनी पुस्तकों को समर्पित किया है।

जगदीश नारायण सरकार ने यह अनुभव किया कि शोध के पहले अध्यापन का कार्य उनके शोध कार्य में बाधा उत्पन्न कर रहा है। इन्टर से लेकर पी.जी. तक की कक्षाओं के भार के अलावे कॉलेज के अतिरिक्त कार्य भी उन्हें देखने पड़ते हैं जिससे उनका शोध कार्य बाधित हो रहा है। यद्यपि आर्थिक रूप से यह फायदे मंद था। इसलिए उनकी पी–एच. डी. थीसिस इतने वर्षों बाद प्रकाशित हुई।

डा. सरकार के द्वारा लेखन की श्रृंखला बड़ी लंबी है। उनकी लेखन की लम्बी सूची देखने के बाद यह सहज अनुमान हो जाता है कि वे मध्यकालीन भारतीय इतिहास के श्रेष्ठ इतिहासकारों में से एक है। उन्होंने केवल पुस्तकों की रचना ही नहीं की बल्कि संपादन एवं अनुवाद भी किया है। इसके अतिरिक्त अनेक किताबों जिसमें इनके द्वार लिखित लेखों को शामिल किया गया है। जैसे–हिस्ट्री ऑफ बंगाल भाग दो के अलावा बिहार थ्रू द एजेज, हिस्ट्री ऑफ बंगाल कंप्रिहेसिव हिस्ट्री ऑफ बिहार, जिल्द 2, भाग 1 एवं 2 आदि ग्रंथों में इनके द्वारा लिखित अध्याय शामिल है। अंग्रेजी और बंगला में सौ से भी अधिक शोध–निबंध प्रकाशित है।

उन्होंने यादवपुर विश्वविद्यालय में रीडर पद पर अपना योगदान दिया। उनका कार्यकाल 1961 से 1962 तक रहा जिससे इन्होंने अनेक महत्वपूर्ण कार्य किये। उस समय वहाँ स्नातकोत्तर कक्षा में मध्यकालीन भारत का कोइ विशेष पत्र नहीं था इसलिए वे स्नातकोत्तर कक्षा में इंग्लैंड में औद्योगिक क्रांति संबंधित पत्र तथा स्नातक कक्षा में मध्यकालीन भारत से संबंधित पत्र पढ़ाना शुरू किया। अक्ट्बर 1964 में यहाँ इनकी प्रोन्नति विश्वविद्यालय प्राध्यापक के रूप में हुई। इसी वर्ष मगध विश्वविद्यालय द्वारा प्रोफेसर एवं अध्यक्ष के पद पर काम करने के लिए आमंत्रित किया गया जिसे उन्होंने स्वीकार नहीं किया। यादवपुर विश्वविद्यालय के इतिहास विभागाध्यक्ष का पद भी इन्हें प्राप्त हुआ। यहां विभागाध्यक्ष के रूप में दो वर्ष की अवधि में ही कई महत्वपूर्ण कार्य किए। विभाग में शोध एवं अध्ययन की सुविधा में बढ़ोत्तरी हुई। शोध संबंधी सामग्री संकलन हेतु शिक्षकों के लिए निधि की व्यवस्था, विभागीय पुस्तकालय की स्थापना, वर्ष में दो बार ख्याति प्राप्त बाहरी विद्वानों द्वारा व्याख्यान, जर्नल ऑफ हिस्ट्री का प्रकाशन आदि किये। उन्होंने 12 सिंतबर 1972 में अवकाश ग्रहण किया। लेकिन पुनः तीन वर्ष विश्वविद्यालय की सेवा में अपना समय व्यतीत किए अंतिम रूप से 1975 में विश्वविद्यालय से अवकाश ग्रहण किया।

इतिहास के प्रति उनके सेवाओं के कारण उन्हें ऐतिहासिक संस्थाओं की अध्यक्षता करने का भी मौका मिला। इतिहासकारों की सबसे प्रमुख संस्था भारतीय इतिहास कांग्रेस (कलकत्ता, 1955) के अधि ावेशन में इन्हें मध्यकालीन इतिहास की अध्यक्षता करने के लिए बुलाया गया। 1976 में कालिकट विश्वविद्यालय में आयोजित इसके सैंतीसवें अधिवेशन में इन्हें जनरल प्रेसीडेंट के रूप में सभापतित्व करने का मौका मिला। कुछ समय के लि अनुग्रह नारायण इन्स्टीच्यूट ऑफ सोशल स्टडी पटना के डायरेक्टर भी रहे हैं।[4] इंडियन हिस्टोरिकल रेकार्डस कमीशन, अखिल भारतीय प्राच्य सम्मेलन, बिहार और उड़ीसा की क्षेत्रीय अभिलेख सर्वेक्षण समिति, बिहार रिसर्च सोसाइटी, पटना, इन्स्टीच्यूट ऑफ हिस्टोरिकल स्टडीज, कलकत्ता, कलकत्ता हिस्टोरिकल सोसायटी, द एशियाटिक सोसायटी कलकत्ता, दि ईरान सोसायटी कलकत्ता आदि

संस्थाओं में वे बराबर किसी न किसी रूप से जुड़े रहे और इनकी सभा–समितियों एवं गोष्ठियों में भाग लेते रहे। इनकी प्रसिद्धी देश की सीमा लांध चुकी थी। आस्ट्रेलिया के कैनबेरा में आयोजित 28वं इंटरनेशनल कांग्रेस ऑफ ओरिएंटलिस्ट्स (1971) तथा बंगलादेश की इतिहास समिति के प्रथम सम्मेलन (1973) में इन्हें शामिल होने के लिए भेजा गया।

ये विभिन्न संस्थाओं द्वारा व्याख्यान देने के लिए भी आमंत्रित किये जाते रहे हैं। दिल्ली विश्वविद्यालय, जामिया मिलिया नयी दिल्ली, पटना विश्वविद्यालय द्वारा आयोजित प्रमुख गोष्ठियों में उन्हें भाग लेने के लिए बुलाया गया। इसके अतिरिक्त व्याख्यान के लिए आमंत्रित करने वाले विश्वविद्यालयों में प्रमुख थे– विश्व भारती 1973), उत्कल भुवनेश्वर (1964), भागलपुर (1964, 1973), कलकत्ता (1967), मगध, बोधगया (1969), पटना (1973), बीकानेर (1974), गुवाहाटी (1975), मिथिला, दरभंगा (1978–79), रवीन्द्रभारती, कलकत्ता (1983), नार्थ बंगाल, जलपाइगुड़ी (1985), ऐशियाटिक सोसायटी आदि। 1975 में अमीर खुसरो पर आयोजित राष्ट्रीय सम्मेलन में इनके कई व्याख्यान हुए। एशियाटिक सोसायटी कलकत्ता ने इन्हें इंस्टीच्यूट ओर इस्लामिक कल्चर का प्रोफेसर और निदेशक भी नियुक्त किया था। एशियाटिक सोसायटी ने इन्हें सर जदुनाथ सरकार स्वर्ण पदक से भी विभूषित किया था। 27–28 नवंबर 1987 को पटना के काशी प्रसाद जायसवाल शोध संस्थान द्वारा जायसवाल स्मृति व्याख्यान देने के लिए इन्हें आमंत्रित किया गया। इसी वर्ष भारतीय इतिहास कांग्रेस की स्वर्ण जयंती वाले अधिवेशन में इनका विशेष सम्मान गोवा में हुआ। बिहार पुराविद परिषद द्वारा पूर्वी भारत में कला एवं संस्कृति पर 15–17 फरवरी 1990 को आयोजित राष्ट्रीय गोष्ठी के समय इन्हें ताम्रपत्र और शाल से सम्मानित किया गया। 18 अप्रैल 1991 को वर्धमान विश्वविद्यालय ने इन्हें डी.लिट. की मानद उपाधि प्रदान की।

1963 में इन्स्टीच्यूट ऑफ हिस्टोरिकल स्टडीज, कलकत्ता के वार्षिक सम्मेलन में इनका भाषण हुआ। इस भाषण को उन्होंने एक पुस्तक के रूप में ए सर्वे आफ मेडियवल इंडियन हिस्टोरियोग्राफी नाम

से प्रकाशित कराया। उसी संस्थान में अगले दिया गया भाषण आइडियाज ऑफ हिस्ट्री राइटिंग इन मेडियवल इंडिया (1965) प्रकाशित हुई। इनकी अन्य पुस्तकें हैं – दि मिलिटरी डिस्पैचेज ऑफ ए सेवेंटींथ सेंचुरी इंडियन जनरल (कलकत्ता, 1969 और अपने गुरू सर जदुनाथ सरकार की पावल स्मृति में समर्पित), प्राइवेट ट्रेड इन सेवेंटीथ सेंचुरी इडिया, इस्लाम इन बंगाल (तेरहवीं से उन्नीसवीं सदी, कलकत्ता, 1972 और डा. सुविमल चन्द्र सरकार को समर्पित) सम आस्पेक्ट ऑफ मिलिटरी थिंकिग एण्ड प्रैक्टिस इन मेडियवल इंडिया, इंडिया एण्ड ईरान इन दे मेडियवल पीरियड ए बर्डस आर्ठ व्यू, स्टडीज इन इकोनॉमिक लाइफ इन मुगल इडिया (दिल्ली, 1975 और अपने प्रिय छात्राों को समर्पित), एशियन बैलेंस ऑफ पावर इन द लाइट ऑफ मुगल–पर्सिअन राइवलरी इन द सिक्सटींथ एण्ड सेवेंटींथ सेंचुरीज ए स्टडी ऑफ एटींथ सेंचुरी इंडिया जिल्द एक (कलकत्ता, 1976 और यादवपुर विश्वविद्यालय को समर्पित जिसने उन्हें शैक्षाणिक पुनर्जीवन दिया), हिस्ट्र ऑफ हिस्ट्री राइटिंग इन मेडियवल इंडियाः कंटेम्परारी हिस्टोरियन्स ग्लिम्पसेज ऑफ मेडियवल बिहार इकोनामी हिस्टोरियोग्राफी देन एण्ड नाउः मेडियवल बिहार आदि ग्रंथों की लम्बी सूची है। ये सारी पुस्तकें अंग्रेजी में है। इसके अतिरिक्त इन्हों बंगाल में 'अष्टादश शतके मुगल शासक पद्धति स्वरूप' तथा 'मध्ययुगीन भारते गुरिल्ला संग्राम' आदि लिखी।[5]

जगदीश नारायण सरकार की पुस्तकों शोध लेखों इत्यादि की पूरी लम्बी सूची उनके निरंतर, अध्येता एवं शोध अन्वेषक होने का प्रमाण है। इनके द्वारा रचित रचनाओं की संख्या लगभग 252 होगी जो विविध विषयों पर आधारित थी, इसके अतिरिक्त बंगाली एवं अंग्रेजी के अलग–अलग जर्नलों में लगभग 300 लेख छपे। इनकी महत्वपूर्ण रचना स्टडी इन इकोनोमिक लाइफ इन मुगल इंडिया थी। वे जीवन पर्यन्त लिखते रहे। उनका निधन 16 नवंबर 1991 में कलकत्ता में हुआ जो इतिहास जगत के लिए अपूरणीय क्षति थी।

इतिहास लेखन

उनके द्वारा निम्नलिखित कुछ पुस्तकों का वर्णन एवं मूल्यांकन

प्रस्तुत है–

द लाइफ ऑफ मीर जुमला द जेनरल ऑफ औरंगजेब

'द लाइफ ऑफ मीर जुमला द जेनरल ऑफ औरंगजेब' पुस्तक की रचना जगदीश नारायण सरकार द्वारा की गयी। यह पुस्तक उनकी 'थीसीस' है इसी के आधार पर उन्हें पी–एच.डी. की उपाधि मिली। इस पुस्तक का प्रथम संस्करण 1951 में एवं दूसरा संस्करण कुछ सुधार के बाद 1979 में राजेश पब्लिकेशनस के द्वारा प्रकाशित हुआ। पुस्तक का प्रारंभ सर जदुनाथ सरकार की प्रस्तावना से होता है। उसके बाद जगदीश नारायण सरकार के द्वारा भूमिका दी गयी है।

जदुनाथ सरकार ने प्रस्तावना में लेखक को उनकी इस रचना के लिए जो भारतीय मुस्लिम इतिहास में अमूल्य है बधाई दी। सात साल के गहन अध्ययन के बाद मीर जमुला का एक ऐसा चालू पेश किया गया जो उसकी सुदृढ़ता को दर्शाता है। मीर जुमला के जीवन का एक पूर्ण वर्णन है। कुछ तथ्यों में उनकी अपनी पुस्तक 'हिस्ट्री ऑफ औरंगजेब' जोकि एक बड़ी ही प्रसिद्ध पुस्तक है के कुछ पहलुओं में संवर्धन है। इन दोनों पुस्तकों में 1647–1663 का काल समान है लेकिन 'मीर जुमला' हिस्ट्री ऑफ औरंगजेब को दुहराता नहीं है।

जदुनाथ सरकार ने इस पुस्तक की प्रशंसा करते हुए कहा कि जगदीश नारायण सरकार ने बहुत ही गहन एवं सूक्ष्म अध्ययन द्वारा इस पुस्तक की रचना की जबकि मैं सतही अध्ययन कर सका।[8] ऐसे तथ्यों का भी वर्णन किया गया है जिसका वे हिस्ट्री ऑफ औरंगजेब के समय नहीं कर सके। इस तरह से इस पुस्तक का अपना एक स्वतंत्र महत्व है। मीर जुमला के शुजा के खिलाफ बंगाल और बिहार में अभियानों का वर्णन है वह बड़ा ही गहन एवं विस्तृत है। मीर जुमला में कुछ ऐसे नये स्त्रोतों का इस्तेमला किया जो हिस्ट्री ऑफ औरंगजेब में छूट गये थे।

मीर जुमला की जीवनी में सम्पूर्ण सूचनाओं का उपयोग किया गया है। उन्होंने ज्यादातर फारसी स्त्रोतों, पुस्तकालयों का उपयोग किया। जदुनाथ ने कहा जे.एन. सरकार ने मीर जुमला की रचना करते समय

उनके अपने पुस्तकालय के फारसी स्त्रोतों का उपयोग किया जो भारत में और कहीं भी उपलब्ध नहीं थे। आलोचनात्मक एवं अथक गहन अध्ययन एवं उपलब्ध स्त्रोतों के बाद मीर जुमला के जीवन चरित्र का पूर्ण वर्णन प्रस्तुत है। उन्होंने कहा सभी पहलुओं पर ध्यान दिया गया है। यह कार्य मध्यकालीन भारतीय इतिहास जगत में अद्वितीय है। किसी और के द्वारा इसका आधा भी नहीं देखने को मिलता है। सर जदुनाथ सरकार ने लिखा है 'मीर जमुला' मध्यकालीन भारतीय इतिहास के महान चरित्रों में से एक है, यह एक विश्वसनीय जीवनी है।''[9]

जे.एन. सरकार ने इस पुस्तक की रचना करते समय निम्नलिखित स्त्रोतों का उपयोग किया । प्राथमिक स्त्रोत–पाण्डुलिपि, सामान्य कार्य, पत्रों, प्रकाशित या अनुवादित यूरोपियन रेकार्डस्, यूरोपीय यात्रियों एवं लेखकों की 17वीं सदी की रचनाएं, फ्रेंच, डच, तमिल, तेलगू और संस्कृत, मैसूर का ऐतिहासिक एकाउन्टस्, पुरातत्व विभाग, शिलालेख एवं मुद्राएं। द्वितीय स्त्रोत के रूप में फारसी, असमी, संस्कृत, पत्रों, जर्नलों में लेख, पत्रिकाएं और कार्यवाहियां, नक्शे और मानचित्र, संदर्भ किताबें इन सबों का उपयोग किया।

जे. एन. सरकार ने भूमिका में कहा है कि यह पुस्तक कुछ संशोधनों के साथ विस्तृत रूप में प्रस्तुत है। सम्पूर्ण पुस्तक को आठ अध्यायों में विभक्त किया गया है। प्रथम अध्याय में मीर जुमला का प्रारंभिक जीवन दिया गया है। फुटनोट गोलकुण्डा राज्य के कार्य पर प्रकाश डालते हैं जो मीर जुमला के उत्कर्ष को समझनें के लिए जरूरी है। प्रथम अध्याय10 में मीर जुमला के प्रारंभिक जीवन, 'फारस से गोलकुण्डा' के अंतर्गत उसकी जन्म तिथि, जीवनी, फारस निवास, गोलकुण्डा में प्रवेश तथा उसका कार्य, गोलकुण्डा के वजीर के रूप में मीर मुहम्मद, कुतुबशाह की यात्रा मसूलीपट्टनम में, गोलकुण्डा राज्य पर मीर मुहम्मद के प्रभाव का वर्णन है।

अध्याय 2[11] को तीन खण्डों में विभाजित किया गया है। इसमें मीर जुमला की कर्नाटक में गतिविधियों को अलग–अलग भागों में विभाजित करके वर्णन किया गया है। बीजापुर द्वारा पश्चिमी कर्नाटक की विजय

का क्रमिक वर्णन है। यह युद्ध बड़ा ही प्रसिद्ध रहा है। पश्चिमी कर्नाटक का गोलकुण्डा के अधीन मीर जमुला द्वारा बलपूर्वक पूननिर्माण की कहानी अलग स्त्रोतों द्वारा पता चलती है।

खण्ड B में मीर जुमला का कर्नाटक में प्रशासनिक वर्णन है। उसने कर्नाटक विजय के पश्चात् अपनी सर्वोच्च सत्ता स्थापित करने के लिए सर्वप्रथम प्रशासनिक क्षेत्र में कार्य किया। प्रशासनिक बुद्धिमता, यूरोपियन पद्धति द्वारा सैनिक संगठन, गृहप्रशासन का वर्णन, उसकी वाणिज्यिक गतिविधियाँ, मीर जुमला की कर्नाटक विजय के बाद धार्मिक प्रभाव, मीर जुमला की प्रभावशाली सत्ता का वर्णन है।

खण्ड सी में 1655 तक यूरोपीय कम्पनी के साथ मीर जुमला का संबंध, मीर जुमला का मसुलीपट्नम का गर्वनर बनना, अंग्रेजी के साथ वित्तीय संबंध, मीर जुमला और अंग्रेजी के बीच संबंधों में खिंचाव, कंपनी की शक्ति में वृद्धि, मीर जुमला का यूरोपीयनों के साथ संबंध का एवं कर्नाटक विजय का प्रभाव, पुर्तगालियों के साथ संबंधों का वर्णन है।

अध्याय 3[12] में मीर जुमला द्वारा किये गये विद्रोहों का वर्णन है। इस अध्याय में मीर जुमला का मुगल साम्राज्य की सेवा में प्रवेश की कहानी का वर्णन है। इसमें उन्होंने उन नये स्त्रोतों का उपयोग किया जिसका अभी तक प्रयोग नहीं किया गया था। जगदीश नारायण सरकार द्वारा सुल्तान कुतुबशाह के साथ मीर जुमला के संघर्षों पर नये रूप से प्रकाश डाला गया है। औरंगजेब का गोलकुण्डा अभियान में मीर जुमला का योगदान का वर्णन साथ ही साथ कूटनीतिक षडयंत्र खासकर ईरान एवं श्री रंगा रायल के विरूद्ध। मीर जुमला के कूटनीतिक संबंध और मराठा नेता शाहजी भौंसले के वर्णन के कारण यह अध्याय विद्यार्थियों के लिए बड़ा ही महत्वपूर्ण रहा है।

अध्याय 4[13] में मीर जुमला की मुगल वजीर के रूप में गतिविधियों का वर्णन है। यह 5 खण्डों में विभक्त है इसमें प्रथम दो और अंत एक अध्याय मुख्य है। ए मीर जुमला के औरंगजेब के एजेंट के रूप कूटनीतिक एवं प्रशासनिक कार्यों पर प्रकाश डाला गया है। बी में मीर जुमला का भाग्य कर्नाटक राज्य में कर्नाटक के राज्य में मीर जुमला द्वारा नयी

व्यवस्था की प्रति संबंध, दक्षिणी शक्ति का प्रतिरोध, नयी व्यवसाी के साथ मीर जुमला का व्यवहार एवं औरंगजेब द्वारा मीर जुमला के दुविध ाा को हटाने की कोशिश आदि वर्णन है।

खण्ड सी में बीजापुर अभियान 1657—58 एवं डी में मीर जुमला का हारलेड ऑफिस के बारे में वर्णन दिया गया है। इन्होंने कहा इसके बारे में जदुनाथ सरकार ने अपनी पुस्तक हिस्ट्री ऑफ औरंगजेब में वर्णन किया है। लेकिन मीर जुमला के कूटनीतिक गतिविधियों के बारे में जगदीश नारायण सरकार ने इस अध्याय में विस्तृत ब्यौरा प्रस्तुत किया है। उन्होंने यह दर्शाया है कि औरंगजेब के बीजापुर के अभियान को मीर जुमला ने किस प्रकार नियंत्रित किया। किस प्रकार बीजापुर के अधि ाकारियों को प्रलोभित करके बहकाया एवं किस प्रकार दारा के उत्तराधि ाकार युद्ध को विफल किया। यह बात बड़ी ही महत्वपूर्ण है कि औरंगजेब इन मामलों में पूर्णतः मीर जुमला पर निर्भर था एवं यही कारण था कि बाद में उसे खान देश का गवर्नर नियुक्त किया गया। खण्ड ई में मुगल वजीर के रूप में नियुक्ति एवं यूरोपीयनों साथ संबंधों का वर्णन।

अध्याय 5[14] उत्तराधिकार के युद्धों का वर्णन है। यह छः खण्डों में विभक्त है। औरंगजेब के शासनकाल में शुजा के विरूद्ध लड़े गये युद्ध में मीर जुमला की भूमिका का वर्णन है। इस अध्याय को अगर जदुनाथ सरकार की पुस्तक हिस्ट्री ऑफ औरंगजेब से तुलना किया जाये तो यह ज्यादा विस्तृत है। ये अध्याय मूल स्त्रोतों पर प्रकाश डालता है।

खण्ड ए कोरा में मीर जुमला के पहुंचने की तिथि में सुधार करता है। जसवंत सिंह का साम्राज्यिक सेना से पलायन एवं उसके प्रभाव को मीर जुमला द्वारा कम करना इसका भी वर्णन है एवं इस अध्याय में ही औरंगजेब की जीत के कारणों पर भी नये रूप से प्रकाश डाला गया है। भाग बी में साम्राज्यिक सेना की गतिविधियाँ जो पटना से राजमहल तक के मार्च पर नये स्वरूप में लिखी गयी है। उनका विवरण है भाग सी मीर जुमला द्वारा सूती में साहसिक समुद्री कार्य, उसकी तेयारियाँ, नये तरीके से आक्रमण की तैयारी करना की व्याख्या सम्मिलित है। 3 मई 1659 की सीमा पर उसके आक्रमण करने की योजना असफल हो गई, इसलिए

उसने अपनी साहसिक नाविकीय योजना शुरू की एवं उसकी कोशिश थी उड़ीसा में औरंगजेब के प्रभुत्व की स्थापित करना। यहाँ पर उन्होंने फिर कहा है कि शूजा को घेरने की योजना बनाना मीर जुमला का कार्य था न कि औरंगजेब का। मुहम्मद सुल्तान और मीर जुमला द्वारा अच्छे तरीके से स्थिति को संभालना इसका भी इस अध्याय में वर्णन किया गया है।

खण्ड डी में मीर जुमला के दक्षिण पश्चिम बंगाल की गतिविधियों का वर्णन मुख्य रूप से हुगली के संदर्भ में मिलता है। इसके अतिरिक्त दाउद खां के पटना से मालदह की ओर बढ़त का वर्णन एवं अंत में उस लड़ाई का वर्णन है जो बेलघाट एवं गिरिया के बीच लड़ा गया था।

खण्ड ई इसमें एक नया विस्तृत वर्णन है जुमला से संबंधित नए योजनाओं का जो गंगा के पश्चिमी किनारे को बचाने के लिए किया गया था। उसके द्वारा सामदाह में की गयी गतिविधियों और मुहम्मद सुल्तान की साम्राज्यिक सेना के लौटने के बारे में वर्णन है। खण्ड एफ में उत्तराधिकार के युद्ध के समय यूरोपियनों के साथ मीर जुमला के संबंध की कहानी वर्णित है।

अध्याय 6[15] में मीर जुमला का बंगाल के गवर्नर के रूप में प्रशासन का मूल रूप से वर्णन है। औरंगजेब के फरमान में पहली बार लिखा गया था कि मीर जुमला को बंगाल का गवर्नर नियुक्त किया जा रहा है।

अध्याय 7[16] में कूच बिहार और आसाम का वर्णन है। मीर जुमला का अंतिम सैनिक अभियान जो कि राजमुकुट के लिए था, कूच बिहार और आसाम पर आक्रमण के रूप में है। इस विषय को मेसर्स के द्वारा विवेचित किया गया था। ब्लाचमैन और गेट, सर जदुनाथ सरकार और डा. सन.एन. भॅट्ाचार्य ने भी इस विषय पर कार्य किया। लेकिन जगदीश नारायण सरकार ने इस अध्याय का वर्णन मीर जुमला के नजरियें से किया जो औरों की तुलना में वृहद एवं विस्तृत है। पुराने एवं नये स्त्रोतों का बड़ा ही गहन अध्ययन एवं परीक्षण किया। नये स्त्रोत जो अभी–अभी छपे थे जैसे अहोम, बुरंजी का भी योगदान इस अध्याय के निर्माण में रहा। सम्पूर्ण अध्याय को 5 खण्डों में विभक्त किया गया है। खण्ड ए कूच

बिहार को जीतने के बारे में वर्णन है एवं पूर्वी अभियान और उसकी तेयारियों पर प्रकाश डालता हैं खण्ड बी में आसाम की शानदार विजय का वर्णन है यह तीन सहायक अध्यायों में विभक्त है जिसमें मीर जुमला का कामरूप और आसाम में प्रशासनिक एवं सैनिक में प्रशासनिक एवं सैनिक योजनाओं के संदर्भ में है। खण्ड सी मीर जुमला द्वारा आसाम में किये गये कार्यों के आने वाले कठिनाइयों के बारे में है। बाढ़ और सूखे से उसकी गतिविधियों में जो बाधा उत्पन्न हुई इसका वर्णन है। खण्ड डी में फिर से इसके आक्रमण की तैयारी एवं उसकी उस घातक बीमारी का वर्णन जो उसे मृत्यु के करीब लाया। निष्कर्ष के रूप में शांति का वर्णन। खण्ड ई में आसाम से पीछे हटना और उस समय उत्पन्न हुए प्रशासनिक और सैनिक बाधाओं का वर्णन है। अंतर में मीर जुमला की मृत्यु का वर्णन प्रस्तुत किया गया है।

अध्याय 7[17] मीर जुमला के मूल्यांकन एवं उपलब्धियों पर प्रकाश डाला गया है। उसका एक व्यक्ति, राजनीतिज्ञ, सेना नायक एवं कूटनीतिज्ञ के रूप में मूल्यांकन है। अंत में निष्कर्ष के रूप में डा. सरकार ने लिखा कि मीर जुमला मुगल इतिहास में एक शक्ति नहीं बन सका क्योंकि एक तरफ उच्च आदर्शवाद की कमी थी, दूसरी और सक्षमता, बुद्धि और दूरदर्शिता होते हुए भी वह दक्कन के वायसराय के पक्ष में खड़ा था। इस तरह मुगल साम्राज्य के हितों की रक्षा नहीं कर सका।

इस तरह मीर जुमला डा. जगदीश नारायण सरकार के अथक परिश्रम से लिखी पहली रचना है जो जीवनपरक इतिहास का एक श्रेष्ठ उदाहरण है।

स्टडी इन इकोनोमिक लाइफ इन मुगल इंडिया

प्रस्तुत पुस्तक का प्रकाशन ओरियंटल पब्लिशर्स एण्ड डिस्ट्रीब्यूटर्स ने 1975 में किया। इस पुस्तक के कुछ लेख विभिन्न जर्नलों में पहले ही शोध लेखों के रूप में प्रकाशित हो चुके थे।

'स्टडी इन इकोनॉमिक लाइफ इन मुगल इंडिया''[18] को 11 अध्यायों में विभक्त किया गया है। इस पुस्तक में इतिहासकार ने मुगल काल की

आर्थिक स्थिति पर प्रकाश डाला है। इस पुस्तक में बंगाल एवं बिहार खासकर पटना के व्यापारिक संस्थानों एवं उसके महत्व पर विस्तृत रूप से प्रकाश डाला गया है।

इस पुस्तक की रचना में उन्होंने विभिन्न स्त्रोतों का उपयोग किया–यूरोपियन फैक्ट्री रेकार्डस्, प्रकाशित एवं अप्रकाशित अंग्रेजी, फ्रेंच, डच, पुर्तगाली, विदेश यात्रियों के विवरण जिसका उन्होंने क्रमानुसार वर्णन भी दिया है। जेसूइट एकाउन्टस, फारसी इतिवृत, पत्र एवं किताब, पुरातात्विक साक्ष्य, शिलालेख, सिक्के, समकालीन साहित्य, बंगाली, उड़िया, मराठी रचनाएं संदर्भ ग्रंथ, गजेटियर, मानचित्र आधुनिक रचनाऐं आदि। यह पुस्तक मुगल भारत के आर्थिक इतिहास पर आधारित है। इसमें उन्होंने आर्थिक जीवन का विश्लेषणात्मक वर्णन एवं संस्थाओं खासकर उद्योगों एवं व्यापारिक इतिहास पर जोर दिया है। इस पुस्तक के अध्ययन के बाद पाठकों को मुगलकाल के आर्थिक जीवन एवं उनके प्रभावों को जानने में सहायता मिलती है।

प्रथम अध्याय [19] 17वीं सदी का भारत में वस्त्र व्यापार–को उन्होंने तीन भागों में विभक्त किया है। प्रारम्भिक 17वीं सदी के पटना में सूती कपड़ा व्यापार, पटना के सिल्क व्यापार एवं 1622–23 का गुजरात में कपड़ा उद्योग एवं व्यापार। इसमें उन्होंने अंग्रेजों द्वारा पटना के मुख्य व्यापारिक केन्द्र के रूप में स्थापित होने पर जोर दिया। 1620 में अंग्रेजों ने पटना में फैक्ट्री की स्थापना की इसमें 17वीं सदी के पटना का सूती उद्योग, उसके उत्पादन, व्यापारिक संस्थाएं, व्यापारिक प्रतिस्पर्धा एवं योगदान, पूर्तगालियों के साथ व्यापारिक प्रतिस्पर्धा का वर्णन है।

उन्होंने कहा पटना केवल सूती वस्त्र उद्योग ही नहीं बल्कि सिल्क उद्योग के क्षेत्र में भी अंग्रेजों के लिए फायदेमंद था। उन्होंने अंग्रेजों द्वारा सिल्क उद्योग स्थापित करने के बाद के उद्देश्य एवं लाभों का वर्णन किया है। उनका कहना था कि पटना में सिल्क के विभिन्न प्रकार मौजूद थे। इससे पहले अंग्रेजों को दूसरे देशों से सिल्क मंगानी पड़ती थी जो महंगी होती था। अंग्रेज कच्चे माल बंगाल के मुर्शिदाबाद और साहिबाबाद से मंगाते थे। इसी तरह 1622–23 में गुजरात के सूती उद्योग का वर्णन

है जो उत्पादन केन्द्र एवं उत्पादित वस्तुओं के विभिन्न प्रकार, व्यापारिक संस्थान के अंतर्गत वस्तुओं का निर्यात, प्रशासन की दखलअंदाजी, व्यापारिक प्रतिस्पर्धा, बाजार, दलालों की भूमिका, सूती एवं ऊन वस्त्रों की रंगाई, यातायात व्यवस्था, वितरण प्रणाली इन्हीं सारे विषयों के इर्द–गिर्द घूमता रहा है। इस क्षेत्र में दलालों की भूमिका का भी वर्णन है।

अध्याय 2[20] में भारत में 17वीं सदी के शोरा उद्योग और व्यापार का वर्णन है। इस अध्याय में उन्होंने शोरा उद्योग खासकर बिहार के संदर्भ में इसका वर्णन किया है। शोरा के बारे में एवं उसके उपयोग जिन–जिन क्षेत्रों में होता है उसका वर्णन है। उन्होंन कहा शोरा नमक की तरह एक प्रकार का कृत्रिम उत्पादन है, जो भारत के अतिरिक्त विश्व के और भी दूसरे भागों में पाया जाता है। जैसे– अमेरिका, पेरिस, स्पेन, हंगरी, यूरोप के दक्षिणी भाग और चीन में पाया जाता है। इसका उपयोग बारूद, लाह बनाने, दवा और एन्टी सेप्टिक बनाने, भोजन एवं मछली, मांस को सुरक्षित रखने, भोज, ग्लास बनाने, कपड़ों की रंगाई आदि में होता है। 17 वी सदी में शोरे का जल एवं स्थल दोनों भागों से ढुलाई होती थी।

इन्होंने कहा 17वीं सदी में प्रशासनिक दखलअंदाजी शोरा व्यापार में बढ गयी। प्रांतीय गवर्नर एवं अधिकारी के स्थान परिवर्तन के बाद इसका प्रभाव शोरा व्यापार पर देखा जा सकता है। इन्होंने ''बिहार के नवाब को 500 रू. की दस्तक पेशकश देने का वर्णन किया है।''[21]

अध्याय 3[22] में 17वी सदी के नील उद्योग के अंतर्गत भारत के नील उत्पादन एवं व्यापार का वर्णन किया है। नील उद्योग का बड़ा ही महत्व रहा है। नील कपड़ों की रंगाई के लिए उपयोग किया जाता था। इस फसल का उत्पादन गर्म तापमान वाले क्षेत्र में होता है। इसका उत्पादन प्राचीन एवं मध्यकाल में भी होता था लेकिन इसका उतना महत्व नहीं था। 16वी सदी में इसका घरेलू कार्यों में ही उपयोग किया जाता था। परंतु इसके स्वरूप में परिवर्तन पुर्तगालियों द्वारा 16वीं सदी के अंत से शुरू हुआ।

अध्याय 4[23] में उनहोंने मध्यकालीन भारत के एकाधिकार के अंतर्गत

17वीं सदी में उन्होंने मुगल शासकों द्वारा नील और शोरा उद्योग पर एकाधिकार का वर्णन किया है।

अध्याय 5[24] में मध्यकालीन भारत में नगरीय व्यवस्था के अंतर्गत अध्याय को ए और बी में विभक्त किया है। उन्होंने कहा इस काल मे सामाजिक एवं आर्थिक दृष्टिकोण से नगरों का निर्माण किया जाता था। भाग ए में उन्होंने मध्यकालीन भारत के नगरों को इस प्रकार वर्गीकृत किया है।

1 साम्राज्यिक राजधानी–आगरा, फतेहपुर–सिकरी एवं दिल्ली।

2 प्रांतीय राजधानी

  1 बंगाल–राजमहल, ढाका और मुर्शिदाबाद

  2 बिहार– पटना अजीमाबाद

  3 अवध–लखनऊ

  4 दक्कन–हैदराबाद

3 तीन प्रेसिडेन्सी शहर– मद्रास, बंबई और कलकत्ता

4 व्यापारिक केन्द्र और बंदरगाह

  थट्टा, भड़ौच, सूरत, गोआ, मसूलीपटनम्, बालासोर, हुगली आदि।

5 घरेलू बाजार–अहमदाबाद, बडौदा, लाहौर।

6 धार्मिक केन्द्र–बनारस, मुल्तान, पुरी आदि।

भाग बी में डा. सरकार ने पटना के नगरीकरण पर प्रकाश डाला है और कहा कि पटना का महत्व प्राचीन, मध्य एवं ब्रिटिश शासन के दरम्यान भी रहा है। पटना ने हमेशा अपने प्रशासनिक एवं व्यापारिक महत्व को बनाए रखा। शेरशाह के शासनकाल में यह प्रांतीय राजनीति का एक मुख्य केन्द्र रहा। व्यापार एवं वाणिज्य परिवहन आंतरिक एवं जलमार्ग के द्वारा पटना के रास्ते ही होता था। गंगा नदी पर बसा यह

शहर देश के अन्य प्रमुख शहरों में से एक है। यह शहर विदेशी यात्रियों के ध्यानाकर्षण का केन्द्र भी रहा है जिन्होंने यहां के लोगों, उनके रहन–सहन, मकान आदि का वर्णन अपनी रचनाओं में दिया है।

उत्पादन एवं व्यापार के बारे में उन्होंने लिखा कि यहाँ कृषि, जंगल उद्योग, खनिज पदार्थ शोरा, हस्तकला लकड़ी का काम, ग्लास निर्माण, खिलौने आदि प्रमुख रहे हैं। इसके अतिरिक्त पटना में दूसरे भागों से आयातित वस्तुओं का भी वर्णन इस अध्याय में है। पटना का सांस्कृतिक महत्व भी रहा है। शिक्षा, कलात्मक रूचि प्रशासनिक, सैनिक एवं वित्तीय क्षेत्रों का अलग–अलग वर्णन किया है। इस प्रकार इस अध्याय में पटना के उत्थान, पतन एवं पुनरूत्थान का वर्णन है।

अध्याय 6[25] में 17वीं सदी में जहाजों द्वारा जल परिवहन एवं सामुद्रिक व्यापार पर प्रकाश डाला है। फारस की खाड़ी, तुर्की, लाल सागर, मिस्र आदि देशों के साथ जल परिवहन द्वारा व्यापार एवं जहाजों पर लूटपाट एवं आक्रमण का वर्णन है। अध्याय 7[26] में 17वीं सदी की व्यापारिक हड़ताल का वर्णन है।

भाग बी में 17वीं सदी में बालासोर के हिन्दू व्यापारी एवं दलालों का वर्णन है। इस अध्याय में उन्होंने बताया कि विदेशी व्यापारी इन दलालों की सहायता से अपना व्यापार चलाते थे एवं इस्ट इंडिया कंपनी के साथ इनका सहयोग मुख्य रूप से वितीय कारणों से था।

भाग सी में उड़ीसा गर्वनर और बालासोर का व्यापार है। इसमें यूरोपीय फैक्ट्री रेकार्ड, एकाउन्टस, डायरी, यूरोपियन यात्री एंजेंटों की बालासोर के व्यापार में भूमिका एवं मुगल शासकों द्वारा बालासोर में विशेष सुविधा प्रदान करने का ब्यौरा है। फ्रेंच और डेनिश व्यापारियों का बालासोर में होना भी वर्णित है।

अध्याय 10[29] में औरंगजेब की मृत्यु के बाद मुगल साम्राज्य की आर्थिक स्थिति का वर्णन है। इसमं उन्होंने कहा मुगल शासन में, जोकि हर क्षेत्र में उन्नति एवं शिखर पर था, औरंगजेब के बाद बड़ी ही तीव्र गति से राजनीतिक परिवर्तन हुआ। औरंगजेब के काल में ही बहुत

आर्थिक खर्च हुआ। साम्राज्य का पतन, राजगद्धी के लिए संघर्ष, हत्या, प्रशासनिक एवं सैनिक पतन, विदेश आक्रमण, हिन्दू शक्ति का उत्थान, मराठा, राजपूत, जाट, बुंदेलखंड, अवध, बंगाल एवं दक्षिण के राज्यों का होना, पुराने प्रशासन कोखत्म करके नई तरह की प्रथा का उत्कर्ष मनसबदारों की मनमानी इन सारे तत्व ने मुगल आर्थिक स्थिति को प्रभावित किया। उन्होंने कहा कृषि व्यवस्था का जटिल होना, जोतदारी की अच्छी स्थिति का न होना एवं किसी नई तकनीक का विकास नहीं होना भी एक कारक रहा है। औरंगजेब के जीवन काल में ही आर्थिक स्थिति खराब हो रही थी एवं उसकी मृत्यु ने इसे पतन की ओर अग्रसारित कर दिया। इस्ट इण्डिया कंपनी ने इसे पूर्णरूपेण खत्म कर दिया।

अध्याय 11[30] में उन्होंने इतिहास लेखन की नई प्रवृतियाँ एवं सुझाव का वर्णन किया है। इसमें उन्होंने आधुनिक इतिहास लेखन के झुकाव सामाजिक और आर्थिक की ओर बतलाये। उन्होंने कहा पिछले 50 वर्षो में मध्यकालीन इतिहास लेखन में एक महत्वपूर्ण बदलाव आया है। खासकर पद्धति एवं उद्देश्य के क्षेत्र में सामाजिक–आर्थिक, धार्मिक और सांस्कृतिक इतिहास के प्रति इतिहासकार का झुकाव हुआ है। अब इतिहास राजाओं एवं युद्धों की कहानी मात्र नहीं रहा बल्कि जनसामान्य ने इतिहास में अपनी जगह बनानी शुरू कर दिया है। लेकिन आज की जो नई प्रवृत्तियाँ विकसित हुई हैं वह नयी नहीं है बल्कि अरब इतिहासकार खासकर इब्न खल्दून के इतिहास लेखन में हम इस प्रवृति को देख सकते हैं। लेकिन मध्यकालीन मुस्लिम इतिहासकारों ने उसके इस नजरिये को पूर्णतः नजरअंदाज करके इतिहास–लेखन को राजाओं एवं दैवीय प्रेरणाओं के इर्द–गिर्द ही रखा। इस अध्याय में उन्होंने इन्डो–मुस्लिम इतिहासकारों, ब्रिटिश इतिहासकारों, पश्चिमी देशों के इतिहास–लेखन का वर्णन किया है। इसमें उन्होंने सामाजिक एवं आर्थिक इतिहास लेखन में शोधकर्त्ताओं की कठिनाईयों का भी वर्णन किया है।

इस प्रकार यह पुस्तक डा. जगदीश नारायण सरकार के लेखन की

विविध पहुंच और सारगर्मिता का प्रमाण है जो यद्यपि मुगलकालीन भारत पर नामित है परंतु वस्तुतः भारतीय संदर्भों में क्षेत्रीय यानि बंगाल, बिहार, उड़ीसा के आर्थिक जीवन पर प्राथमिक प्रकाश डालती है।

हिस्ट्री ऑफ हिस्ट्री राइटिंग इन मिडियवल इंडिया

प्रस्तुत पुस्तक का संबंध मूल रूप से मध्यकाल में इतिहास–लेखन से संबंधित है। इस पुस्तक के द्वारा जगदीश नारायण सरकार ने इतिहास लेखन के क्षेत्र में अमूल्य योगदान दिया है। उन्होंने समकालीन इतिहासकारों के विचारों उनके इतिहास लेखन की शैली, पुस्तकों का विश्लेषण इन सारे तथ्यों को शामिल किया है। रत्ना प्रकाशन, कलकत्ता द्वारा 1977 ई. में प्रकाशित 31 अंग्रेजी भाषा की ये पुस्तक पाठकों के लिए अमूल्य निधि के समान है।

पुस्तक का आरंभ32 हिन्दू इतिहासकारों द्वारा इतिहास लेखन से किया गया है। कल्हण, राजपूतों के द्वारा साहित्य का निर्माण, अहोम, आसाम, सिखों द्वारा जो इतिहास लिखा गया उसकी विस्तृत चर्चा की गई है। उनके लेखन में जो आलोचनात्मक शैली की कमी थी उसे भी जगदीश नारायण रेखांकित करते हैं।

अध्याय 2[33] मुस्लिम इतिहास लेखन से संबंधित है। भारतीय मध्यकालीन इतिहास में अरब एवं फारसी इतिहास लेखन पर आधारित इतिहास की रचना एक नया विषय था। जगदीश नारायण सरकार ने इस अध्याय में मुस्लिम इतिहास लेखन के विभिन्न चरण, अरब इतिहासकारों द्वारा इतिहास लेखन, उसका वर्गीकरण, अरब इतिहास के महत्व सभी पहलुओं को शामिल किया है।

अध्याय 3[34] में चार खण्डों के अंतर्गत मध्यकालीन भारतीय मुस्लिम इतिहास लेखन को रखा है। खण्ड ए को भी पुनः दो भागों में विभाजित करके 7वीं सदी से 10वी सदी के अरब आक्रमण एवं विजय का वर्णन है।

1. में अरब के भौगोलिक क्षेत्र, इस्लामिक साम्राज्य, व्यापारिक गतिविधियां, प्रशासन, मक्का एवं हज के बारे में वर्णन

प्रस्तुत किया है।

2. में सिंध के इतिहासकारों द्वारा अरब के इतिहास का वर्णन है।

भारतीय इस्लामिक इतिहास में इतिहासकारों द्वारा पहली बार सिंध के वर्णन के द्वारा क्षेत्रीय इतिहास–लेखन का संकेत मिलता है। 'मलफुजात' एवं 'मक्तूबात' के द्वारा सामाजिक एवं धार्मिक जीवन पर प्रकाश डाला गया है। इसके अतिरिक्त संतों, कवियों एवं सूफी संतों ने फारसी का प्रयोग किया, इसका भी वर्णन है।

अध्याय 3 के भाग बी को पुनः 6 भागों में बांटा गया हैं, इसमें 11वी सदी से 16वीं सदी तक के तुर्क और दिल्ली सल्तनत के इतिहास के विभिन्न चरणों को प्रस्तुत किया गया है।

ऐतिहासिक साहित्य, दरबारी अभिलेख, दरबारी इतिहास, शासकों की जीवनियां एवं संस्मरण, गैर सरकारी एवं स्वतंत्र इतिहास या ऐतिहासिक जीवनियां, क्षेत्रीय या स्थानीय इतिहास या ऐतिहासिक जीवनियां, जीवन वृत साहित्य को शामिल किया गया है। इस अध्याय से यह पता चलता है कि मुगल इतिहास–लेखन में तीन नई परंपराओं की शुरूआत हुई है प्रथम तुर्क–अफगानकालीन फारसी इतिहास लेखन परंपरा को जारी रखा गया, दूसरा मध्य एशियाई मंगोल इतिहासकारों द्वारा एक नई प्रथा यानि पुरालेखनीय सामग्री का इस्तेमाल हुआ एवं तीसरा सरकारी तौर पर इतिहास–लेखन, जीवनियों का महत्व एवं क्षेत्रीय इतिहास पर बल।

हिन्दू इतिहासकारों द्वारा फारसी भाषा में मुगल भारत के वर्णन की विशेषताओं को भी तीसरे अध्याय में दर्शाया गया है। यद्यपि इन इतिहासकारों की मातृभाषा फारसी नहीं थी, फिर भी इन्होंने फारसी में इतिहास की रचना की। ये इतिहासकार उसी प्रकार मुस्लिम इतिहासकारों का अनुसरण कर रहे थे जैसा उस समय के समकालीन इतिहासकार कर रहे थे। 18वीं सदी के इतिहास–लेखन पर एक नया प्रभाव यूरोपीय शिक्षाविदों एवं प्राच्वादियों का रहा। उसका भी संकेत हमें इस अध्याय

में मिलता हैं।

इसके अतिरिक्त एक परिशिष्ट में 18वीं सदी के फारसी इतिहास लेखन की विस्तृत सूची दी गई है।[35]

अध्याय 43 के अंतर्गत छः भागों में मध्यकालीन भारतीय मुस्लिम इतिहासकारों के आदर्श एवं उपलब्धियों का वर्णन है। भारतीय मुस्लिम इतिहासकारों के इतिहास के प्रति जो विचार एवं सिद्धांत रहे हैं उसे समकालीन इतिहासकारों द्वारा एवं यूरोपीय इतिहासकारों द्वारा आधुनिक संदर्भ में आलोचनात्मक रूप से प्रस्तुत किया गया है। इन इतिहासकारों का समाज में क्या स्थान रहा है एवं उनकी उपलब्धियां क्या रही इनका विस्तार से वर्णन है। पूर्व मुगल इतिहासकारों द्वारा जो रचनाएं की गई उनसे समाज एवं धर्म के प्रति उनका दृष्टिकोण परिलक्षित होता है। अलबरूनी, अल उत्बी, अल बैहाकी, हसन निजामी, मिनहाज उस सिराज, जियाउद्दीन बरनी, शमसुद्दीन सिराज अफीक, याहया बिन अहमद सरहिंदी, अमीर खुसरो, इसामी आदि इतिहासकारों ने अपनी रचनाओं में सल्तनत काल के समाज एवं धार्मिक दृष्टिकोण को प्रस्तुत किया है।

अध्याय 4 के 4 भाग पुनः तीन भागों में विभाजित किया गया है। इसमें मुगलकाल के इतिहास का आरंभ होता हैं, जिसमें तैमूर, बाबर एवं जहांगीर की जीवनियों के द्वारा हमें मुगल काल के धार्मिक, आर्थिक एवं राजनीतिक नीतियों का पता चलता है। संक्षिप्त जीवनियां–गुलबदन बेगम मिर्जा हैदर दोगलत, जौहर मिर्जा, नाथन आदि इतिहासकारों की रचना है। इस अध्याय से हमें मुगल काल में स्त्रियों की उच्च शिक्षा के प्रमाण मिलते हैं। गुलबदन बेगम द्वारा हुमायूंनामा से यह पता चलता है कि मुगलकाल में स्त्री विदुषी थी। उनमें इतिहास जैसी रचना करने की क्षमता विद्यमान थी। गुलबदन बेगम एशिया की प्रथम महिला इतिहासकार थीं।

भाग सी में मुगल सरकारी इतिहासकारों द्वारा उनके विचारों को शामिल किया गया है। अबुल फजल, अब्दुल हमीद लाहौरी, मिर्जा मुहम्मद काजीम, मुहम्मद सकी, मुस्तैद खान द्वारा उचित रचनाओं का

तथा उनकी रचनाओं द्वारा मुगल शासन के उत्थान, पतन, उनकी उपलब्धियां कमियों के बारे में में हमें यह जानकारी हासिल होती है। अबुल फजल ने इतिहास लेखन संबंधी शैली एवं धर्म निरपेक्षता, इतिहास–लेखन में निष्पक्षता जैसे पहलूओं पर सूक्ष्मता से वर्णन किया है। इस भाग में यह भी लिखा गया है कि किस प्रकार अकबर ने अपने शासनकाल में शाही इतिहासकारों को इतिहास लेखन के लिए नियुक्त किया जो औरंगजेब के शासन के 11वें वर्ष तक कायम रहा। अबुल फजल के बाद हमीद लाहौरी का नाम प्रमुख है।

भाग डी में स्वतंत्र रूप से जीवनियां लिखने वाले इतिहासकारों द्वारा लिखित रचनाएं एवं जीवनियों का वर्णन है। निजामुद्दीन अहमद, अब्दुल कादिर बदायूंनी, फरिश्ता, मुहम्मद हाशिम अली खान जो यह इतिहासकार के रूप में खफी खां के नाम से विख्यात है, मिर्जा मुहम्मद हसन आदि इतिहासकारों द्वारा इतिहास के महत्व की जानकारी दी गई है। इन इतिहासकारों ने इतिहास लेखन में वस्तुनिष्ठता, मुगली शासन की राजव्यवस्था, अकबर की सहिष्णु नीति, औरंगजेब की कट्टरपंथी विचारधारा का वर्णन किया है।

जगदीश नारायण सरकार ने इस खंड के द्वारा मध्यकालीन इतिहासकारों में आलोचनात्मक इतिहास–लेखन के अभाव की ओर भी ध्यान आकृष्ट किया है। इन इतिहासकारों ने दरबार एवं शासकों की गतिविधियायों के अलावे कोई नये पक्षों की ओर ध्यान नहीं दिया। इनके मूल्यांकन करने की कमी की ओर भी इंगित किया है। उनके अनुसार मध्यकालीन इतिहासकार सिर्फ घटनाओं को दर्ज करते थे, परंतु उनमें शोध की प्रवृति का अभाव था।[37]

डा. सरकार के अनुसार इतिहास को इन रूढ़िवादी इतिहासकारों ने सिर्फ धर्म एवं राजनीतिक घटनाओं के इर्द गिर्द ही रखा। इनके लेखन में सामाजिक पहलुओं पर विचार के लिए कोई स्थान नहीं था। टर्नर ने कहा है कि इतिहास सामाजिक व्यवस्था के प्रचार का माध्यम है या कहा जाता है कि इतिहास गुजरी हुई राजनीति है। लेकिन यहां इतिहास को प्रचार करने का अस्त्र माना गया है। ये इतिहासकार

इतिहास से किसी न किसी रूप से उपदेशात्मक निष्कर्ष निकालते थे। उनका मानना था कि इतिहास का कार्य नैतिक एवं आदर्श प्रस्तुत करना है। वे घटनाओं के निष्कर्ष के रूप में लोगों को कोई न कोई उपदेश देते थे। यानी उनके हर घटना का निष्कर्ष उपदेशात्मक होता था।

जगदीश नारायण सरकार ने स्पष्टतः यह मान्यता दी कि इन रूढ़िवादी इतिहासकारों ने इतिहास को धर्मप्रचार के एक अस्त्र के रूप में इस्तेमाल किया। इनकी ये धारणा तुर्क अफगान से मुगल काल तक जारी रही। इन इतिहासकारों का लेखन शासक, धर्म एवं राजनीति के इर्द–गिर्द ही घूमता था। जिसमें धर्म की रक्षा प्रमुख थी। इतिहास–लेखन में निष्पक्षता एवं वस्तुनिष्ठता की जो वकालत की वह भी खरी नहीं उतरी और उनके लखेन में पक्षधरता एवं आत्मनिष्ठता इतिहास लेखन को प्रभावित करती है।

अध्याय 5[38] में अलबरूनी द्वारा वैज्ञानिक इतिहास लेखन, बरनी का इतिहास दर्शन, अबुल फजल की धर्मनिरेपक्ष राज्य की वकालत करना, बदायूंनी की धर्मनिरपेक्षता एवं रूढ़िवादिता का मिला जुला मिश्रण एवं भीमसेन का सामाजिक इतिहासकार के रूप में चित्रण किया गया है।

अध्याय 6[39] निष्कर्ष के रूप में यह बताया गया है कि इतिहास लेखन में वस्तुनिष्ठता को शामिल करने की कठिनाइयां क्या हैं?

पुस्तक के अंतर में ग्रंथ सूची दी गयी है।

इस प्रकार मध्यकालीन इतिहास लेखन पर जगदीश नारायण सरकार की यह पुस्तक अपने आप में एक अद्वितीय रचना है जिसमें मध्यकालीन इतिहास लेखन और आधुनिक इतिहास लेखन एवं दर्शन का एक समग्र, तुलनात्मक चित्रण किया गया है।

हिस्टोरियोग्राफी देन एण्ड नाउ : मिडियवल बिहार

हिस्टोरिओग्राफी देन एण्ड नाउ : मिडियवल बिहार काशी प्रसाद जायसवाल रिसर्च इन्स्टीच्यूट पटना द्वारा 1989 में प्रकाशित की गयी।[40]

इस पुस्तक के आंरभ में के.पी. जायसवाल शोध संस्थान का

इतिहास एवं शोध के क्षेत्र में योगदान के बारे में बताया गया है। इसके बाद जगदीश नारायण सरकार द्वारा प्रस्तावना दी गयी है।[41] जिसमें पुस्तक का सार–संक्षेप में वर्णन है एवं इतिहास–लेखन के महत्व की व्याख्या की गई है। डा. सरकार ने इस पुस्तक के बारे में कहा है कि यह पुस्तक आधुनिक इतिहास लेखन में मध्यकालीन बिहार क क्षेत्रीय इतिहास लेखन के योगदान पर केंद्रित है जो कि बौद्धिक क्षेत्र में एक नया योगदान है। इस पुस्तक में तीन खण्ड हैं जिनमें पांच अध्याय है।

डा. सरकार ने भूमिका में इतिहास के महत्व एवं सभ्यता के प्रति योगदान के बारे में बताया है। उन्होंने कहा इतिहास का विचार समय–समय पर देश–देश एवं अलग–अलग इतिहासकारों द्वारा बदलता रहा है। मनुष्य का स्वभाव है प्रत्येक चीजों के प्रति जानकारी हासिल करना, उस जानने और समझने की कोशिश करना और इस प्रकार अपने अतीत किी जानकारी प्राप्त करने के उद्देश्य से इतिहास की रचना करना। मुस्लिम इतिहासकार एक नई प्रकार की धारणा लाए बाद में इसका प्रभाव भारतीय हिन्दू इतिहास लेखन एंव अन्य स्त्रोतो पर भी पड़ा।

अध्याय प्रथम में [42] 700–1750 के दौरान मध्यकालीन इतिहास का क्या प्रवृतियां थी एवं यूरोपियनों के साथ उसका तुलनात्मक वर्णन है। उन्होंने इस अध्याय में कहा है कि इतिहास शब्द की उत्पत्ति ग्रीक शब्द इस्टोरिया से हुई, जिसका अर्थ होता है अध्ययन के लिए खोज। भारत में संस्कृत इतिहास शब्द का अर्थ है 'वास्तव में ऐसा हुआ।' अरबी शब्द इल्मअल तारीख का अर्थ है सामान्य क्रमिक इतिहास। डा. सरकार ने इस अध्याय में इतिहास की उत्पत्ति से लेकर विकास तक का विवरण दिया है। यूनानी, भारतीय, इस्लामिक, यूरोपीय इतिहास लेखन के प्रारंभिक विकास का एक तुलनात्मक एवं समीक्षात्मक विवरण इस अध्याय की विशेषता है।

अध्याय 2[43] पूर्व मुगल काल के भारतीय इस्लामिक इतिहास लेखन के संदर्भ में है। इस अध्याय का मुख्य आकर्षण है–समकालीन फारसी लेखकों के द्वारा बिहार के सल्तनतकालीन इतिहास पर लिखे गये अंशों

और सूचनाओं को प्रस्तुत करना। सामान्य तौर पर तुर्क अफगान काल के संदर्भ में हसन निजामी, मिनहाज उद्दीन उस सिराज, अमीर खूसरो, इख्तीसान, इसामी, जियाउद्दीन बरीन, शम्सुद्दीन सिराज अफीक, याहया बिन अहमद सर हिंदी जैसे इतिहासकारों का लेखन शामिल है।

उनका कहना था कि बिहार का सैनिक कारणों से सल्तनत काल में भी महत्व रहा है लेकिन फारसी या अन्य किसी स्थानीय भाषा में बिहार का क्षेत्रीय इतिहास देखने को नहीं मिलता है। हसन निजामी के तुर्क अफगान काल के सामान्य इतिहास का वर्णन मिलता है। लेखक के अनुसार प्रारंभिक मुस्लिम और धार्मिक उत्साही थे। जिसका प्रारंभिक उद्देश्य राजनीति से ज्यादा धार्मिक था। हसन निजामी ने अपनी रचनाओं में बिहार के बारे में वर्णन किया है। मिनहाज के द्वारा पूर्व इस्लामिक इतिहास लेखन का क्रमिक वर्णन छः भागों में किया है।

डा. सरकार ने फारसी लेखकों की रचनाओं को निम्नलिखित श्रेणियों में बांटा है–

1 तबकात ए नासिरी मिनहाज उद्दीन उस सिराज द्वारा मुस्लिम जगत का सामान्य इतिहास।

2 याहया बिन अहमद सरहिन्दी द्वारा तारीख ए मुबारक शाही में उत्तर भारत में इस्लाम का क्षेत्रीय इतिहास।

3 शम्सुद्दीन सिराज अफीक की तारीख ए फिरोजशाही।

4 तारीख–ए–फिरोजशाही में जियाउद्दीन बरनी ने उपदेशात्मक इतिहास प्रस्तुत किया है।

5 अमीर खुसरों एवं हसन निजामी द्वारा काव्यात्मक छन्दोबद्ध इतिहास।

6 सल्तनत काल का इतिहास–जीवनियां, आत्मकथा, संस्करण के रूप में।

डा. सरकार ने इस अध्याय में इख्तीसान देहलवी की पुस्तक बसातीन उल उन्स को बिहार पर एक नए स्त्रोत के रूप में सम्मिलित

किया है। इस पुस्तक की खोज सय्यद हसन असकरी द्वारा की गयी। बिहार के इतिहास लेखन में यह पुस्तक नये स्त्रोत के रूप में सामने आयी जिसका जगदीश नारायण सरकार ने अपनी इस पुस्तक की रचना करते समय उपयोग किया। इख्तीसान ने 1325 में इस रचना को पूर्ण किया जिसमे उसने सुल्तान गियासुद्दीन तुगलक की तिरहुत विजय का आंखों देखा विवरण लिखा है। सरकार ने कहा है कि इन सारे इतिहासकारों का लेखन शासक एवं राज्य के इर्द–गिर्द घूमता रहता था।

भाग 2[44] के अध्याय 3 में मुगल काल में बिहार से संबंधित इतिहास–लेखन है। जे. एन. सरकार ने कहा है कि मुगल काल में प्रवेश करते हैं तो एक अलग तरह का इतिहास लेखन देखने को मिलता है। अध्याय तीन को दो खंडों में विभक्त किया गया है–

खण्ड ए45 में अभिलेखीय साम्रगी, जीवन कृत साहित्य, शासकों की जीवनियां और स्वतंत्र इतिहासकारों द्वारा संस्मरण एवं 18वी सदी के मुगलों का क्रमिक इतिहास, हिन्दू इतिहासकारों का फारसी लेखन, छन्दोबद्ध इतिहास स्थानीय इतिहास, जन इतिहास, प्रशासनिक साहित्य इत्यादि का विस्तृत वर्णन है। छन्दोबद्ध इतिहास में गैर फारसी भाषा में विद्यापति की कीर्तिलता एवं बंगला में मंगल काव्यों की चर्चा करते हैं। इसके अतिरिक्त फारसी के लेखक हकीरी जिसका असली नाम रोज बिहानी था, के औरंगनामा को उन्हें 18वीं सदी के बिहार में मुगलों की गतिविधियों का जानने का एक महत्वपूर्ण स्रोत बताया।

खण्ड बी[46] में सल्तनत और मुगल काल का सामान्य प्रारूप है। इंशा साहित्य, सामाजिक एवं आर्थिक कार्यों पर साहित्य द्वारा वर्णन, यात्रा वृतांत एवं साहित्यिक रचनाएं हैं। इस प्रकार यह अध्याय मध्यकालीन बिहार से संबंधित स्रोत एवं इतिहास लेखन को जानने के लिए अमूल्य निधि है।

भाग 3 के अध्याय 4[47] को विभिन्न वर्गों में विभाजित किया गया है।

यह अध्याय पिछले दो अध्यायों की सामग्री का मूल्यांकन है। इसमें

जगदीश नारायण सरकार ने मध्ययुगीन इतिहास लेखन की अवधारणा, लेखन पद्धति, बोधगम्यताएवं उनकी कमियों एवं विशेषताओं का वर्णन किया है।

अध्याय 5[48] में आधुनिक मध्यकालीन इतिहासकारों द्वारा मध्यकालीन बिहार इतिहास –लेखन पर प्रकाश डाला गया है एवं पटना स्कूल ऑफ रिसर्च की स्थापना एवं शोध के क्षेत्र में उसके योगदान को दर्शाया गया है। पटना स्कूल ऑफ रिसर्च के शोधार्थियों द्वारा विभिन्न विश्वविद्यालयों में योगदान का विवरण विश्वविद्यालयों के अनुसार दिया गया है। यह इनका अमूल्य योगदान है। जदुनाथ सरकार जिन्हें भारत की आधुनिक इतिहास–लेखन के जनक के रूप जाना जाता है उनकी जीवनी एवं उपलब्धियों का वर्णन है। सुविमल चन्द्र सरकार प्राचीन भारतीय इतिहास लेखन के क्षेत्र में ख्याति प्राप्त व्यक्ति थे उन्होंने ही पटना स्कूल ऑफ रिसर्च की स्थापना की। कालीकिंकर दत्त ने बिहार एवं उडीसा प्रांत द्वारा फेलीशिप प्राप्त की। उनकी शोध पद्धति थी सभी उपलब्ध स्त्रोतों का संग्रह कर आलोचनात्मक अध्ययन के द्वारा किसी निष्कर्ष पर पहुंचना।

इस अध्याय में सय्यद हसन असकरी के बिहार के इतिहास के प्रति योगदान एवं जीवनी का वर्णन है। उन्होंने कहा जदुनाथ सरकार जहां भारतीय इतिहास लेखन में वैज्ञानिक इतिहास लेखन के जनक के रूप में जाने जाते हें वही सय्यद हसन असकरी को मध्यकालीन बिहार के क्षेत्रीय इतिहास लेखन को महत्वपूर्ण बनाया है। उन्होंने अपने शोध एवं खोज में बिहार के सूदूर इलाकों को शामिल किया। उन्होंने गौण स्त्रोतों को प्रकाश में लाकर बिहार के उपेक्षित इतिहास को प्रकाशित किया। बिहार एवं पटना के इतिहास लेखन में उन्होंने अमह भूमिका निभाई। उनकी पुस्तक कम्प्रिहेन्सिव हिस्ट्री ऑफ बिहार, बिहार के मध्यकाल के संदर्भ में मील का पत्थर साबित हुई है।[49] वे हमेशा बिहार के क्षेत्रीय इतिहास को उजागर करने के लिए प्रयासरत रहे।

इसी प्रकार हरिरंजन घोषाल जो संथाल परगना के निवासी थे उन्होंने भारत में 1793–1833 के आर्थिक स्थिति पर अपना शोधकार्य

किया उसका वर्णन है।

पुस्तक के अत में परिशिष्ट दिया गया हैं।[50] जिसमें इन इतिहासकारों की प्रसिद्ध रचनाओं की सूची दी गई है।

इस प्रकार जगदीश नारायण सरकार की पुस्तक हिस्टोरियोग्राफी देन एण्ड नाउः मिडियवल बिहार बिहार के इतिहास के स्त्रोतों और इतिहास लेखन को जानने के लिए अमूल्य स्त्रोत ग्रंथ है। इसके अतिरिक्त क्षेत्रीय इतिहास लेखन एवं पटना के इतिहासकारों द्वारा अपने समय में लिखा गया एक अद्वितीय एवं अथक प्रयास है।

इतिहासकार के रूप में मूल्यांकन

जगदीश नारायण सरकार की इतिहास विषयक धारणा काफी व्यापक थी। वे इतिहास को घटनाओं की एक धारावाहिक धारा मानते थे जो मानवीय कार्यों, विचारों, आदर्शों, राजनीति, समाज और संस्कृति, साहित्य दर्शन, धर्म और कला को अपने में समेटती है। डा. आर.सी मजुमदार ने उनकी पुस्तक हिस्ट्री ऑफ हिस्ट्री राइटिंग इन मिडियवल इंडिया में अपनी टिप्पणी में लिखा था कि डा. सरकार ने भारतीय इतिहास लेखन की विशेषताओं के विश्लेषण में अथक परिश्रम किया और आधुनिक इतिहास दर्शन से तुलना करते हुए मध्यकालीन ग्रंथों की कमियों की ओर ध्यान आकर्षित किया।[51]

डा. सरकार इतिहास के महत्व एवं सभ्यता के प्रति उसके योगदान के बारे में सजग थे। मनुष्य का स्वभाव है, प्रत्येक चीजों के प्रति जानकारी हासिल करना, उसे जानने और समझने की कोशिश करना। इसलिए मनुष्यों द्वारा अपने अतीत को जानने एवं समझने के लिए इतिहास की रचा की गई। उनका कहना था कि इतिहास का विचार समय–समय पर देश–देश एवं अलग–अलग इतिहासकारों द्वारा बदलता रहता है। मुस्लिम इतिहासकारों द्वारा एक नई पद्धति एवं धारणा का सूत्रपात किया गया। बाद में इसका प्रभाव भारतीय हिन्दू इतिहास–लेखन एवं अन्य स्त्रोतों पर भी पडा।

जगदीश नारायण सरकार अपनी पुस्तकों में विषय की पूरी तस्वीर

प्रस्तुत करते हैं। मध्यकालीन भारतीय इतिहास के हरेक स्त्रोत के गहन अध्ययन एवं परीक्षण के द्वारा ही कोई निष्कर्ष पर पहुंचते हैं। उन्होंने अपनी पुस्तकों की रचना करते समय निम्नलिखित प्राथमिक स्त्रोतों का उपयोग किया–पाण्डुलिपि, सामान्य रचनाएं, पत्रों, प्रकाशित या अनुवादित, यूरोपियन रेकार्डस, यूरोपीय यात्रियों एवं लेखकों की 17वीं सदी की रचनाएं, फ्रेंच, डच, तमिल, तेलगू और संस्कृत, मैसूर का ऐतिहासिक एकाउन्टस, पुरातत्वविभाग, शिलालेख एवं मुद्राओं। द्वितीय स्त्रोत के रूप में फारसी, असमी, संस्कृत, पत्रों, जर्नलों मे लेख, पत्रिकाएं और कार्यवाहियां, नक्शों और मानचित्रों, संदर्भ किताबों–इन सबों का उपयोग किया।[52]

इसके अतिरिक्त विविध एवं विस्तृत स्त्रोतों के आधार पर जैसे अभिलेखीय सामग्री, जीवनकृत साहित्य, शासकों की जीवनियां ओर स्वतंत्रा इतिहासकारों द्वारा संस्मरण एवं 18वीं सदी के मुगलों का क्रमिक इतिहास इन्शा साहित्य, हिन्दू इतिहासकारों का फारसी लेखन, छन्दोबद्ध इतिहास, स्थानीय इतिहास, जन इतिहास प्रशासनिक साहित्य इत्यादि की विस्तृत सूची हमें देखने को मिलती है। उन्होंने गैर फारसी एवं बांग्ला के स्त्रोतों का भी उपयोग किया।

यद्यपि उनकी रूचि आर्थिक इतिहास लेखन के प्रति रही लेकिन वे इस विषय पर ज्यादा कार्य नहीं कर पाये। उन्होंने अपनी पुस्तक स्टडी इन इकोनोमिक लाइफ इन मुगल इंडिया में बंगाल एवं बिहर के आर्थिक इतिहास पर विस्तृत रूप से प्रकाश डाला है। यह पुस्तक बंगाल, बिहार और उडीसा के क्षेत्रीय इतिहास की आर्थिक स्थिति को जानने का एक प्राथमिक स्त्रोत है।[53] इस पुस्तक की रचना करते समय भी उन्होंने विभिन्न महत्वपूर्ण स्त्रोतों का उपयोग किया। वे अपनी रचनाओं में पुराने और नये स्त्रोतों का अध्ययन करके नये स्त्रोत जो गौण अवस्था में थे, विदेशी यात्रियों के एकाउन्ट एवं फारसी इतिवृत्त साहित्य आदि का गहन अध्ययन किया। उनकी लेखन की यह विशेषता रही है कि घटनाओं के तह में जाकर उसका विश्लेषण करना, यह उनकी हरेक रचनाओं में परिलक्षित होती है। उनकी पुस्तक मीर जुमला के संदर्भ में जदुनाथ सरकार ने कहा है कि जगदीश नारायण सरकार ने बड़े ही गहन एवं सूक्ष्म अध्ययन द्वारा इस पुस्तक की रचना की है।[54] उनकी पुस्तकों के

बारे में विभिन्न इतिहासकारों ने अपना–अपना मत प्रकट किया है। प्रो. एच.शेरवानी का कहना है कि उनकी पुस्तक सम एस्पेक्ट ऑफ मिलिटरी थिन्किंग एण्ड प्रैक्टिस इन मिडियवल इंडिया उनके गहन अध्ययन एवं खोज का परिणाम है। यह मध्यकालीन भारत के संदर्भ में विस्तृत एवं सच्चाईपूर्ण खोज है।[55]

डा. सरकार का लेखन विविध क्षेत्रों को अपने में समेटे हुए था। उनके विविध प्रकार रहे हैं। उन्होंने मध्यकालीन इतिहास–लेखन पर अपनी रचनाएं की। क्षेत्रीय इतिहास लेखन, जीवन चरित्र, सैनिक इतिहास, आर्थिक इतिहास, समकालीन इतिहासकारों का वर्णन, इरान के मध्यकाल का वर्णन, विभिन्न लेखों, पुस्तकों का सम्पादन प्रशासनिक इतिहास आदि शामिल हैं। उन्होंने चीन से लेकर अरब तक तथा मनु से लेकर हिटलर तक के विस्तृत क्षेत्र को शामिल किया बिना किसी कठिनाई के। जगदीश नारायण सरकार का सामाजिक, आर्थिक, धार्मिक, सांस्कृतिक इतिहास और इतिहास दर्शन के प्रति झुकाव रहा है लेकिन उन्होंने इस क्षेत्र में स्त्रोतों की कमी की बात कही है। बिहार के क्षेत्रीय इतिहास की आकृति प्रदान करने में इनका महत्वपूर्ण योगदान रहा है।

उनके लेखन की एक और विशेषता रही है क्रमिक इतिहास लेखन। उन्होंने घटनाओं का विवरण क्रमानुसार किया। डा. सरकार ने हिस्टोरियोग्राफी देन एण्ड नाउ के एक अध्याय में इतिहास की उत्पत्ति से लेकर विकास तक का क्रमिक विवरण प्रस्तुत किया है।''[56] अरबी शब्द इल्म–अल–तारीख का अर्थ सामान्य क्रमिक इतिहास का उल्लेख किया है। इसी पुस्तक में मिनहाज के द्वारा पूर्व इस्लामिक इतिहास–लेखन का क्रमिक वर्णन छः भागों में है। इसके अतिरिक्त जसूइट एकाउन्टस, विदेशी यात्रियों के विवरणों, वर्णन 18वीं सदी के मुगलों का एवं विदेशी यात्रियों का क्रमानुसार वर्णन प्रस्तुत किया है।

डा. सरकार का इतिहास–लेखन यद्यपि विविध क्षेत्रों एवं व्यापक परिधि को समेटे हुए था लेकिन उनका ज्यादा ध्यान मध्यकालीन बिहार के क्षेत्रीय इतिहास लेखन पर केन्द्रित रहा जो बौद्धिक क्षेत्र में एक नया योगदान है। उन्होंने अपनी रचना हिस्टोरियोग्राफी देन एण्ड नाउः

मिडियवल बिहार में एक अध्याय के अंतर्गत समकालीन फारसी लेखकों द्वारा बिहार के सल्तनतकालीन इतिहास पर लिखे गये अंशों और सूचनाओं का वर्णन किया है जो अभी तक गौण अवस्था में था। इसके द्वारा हमें सल्तनतकालीन बिहार के इतिहास की महत्वपूर्ण, जानकारी प्राप्त होती है। इस पुस्तक से बिहार का सल्तनतकाल में महत्व एवं सथानीय भाषाओं, सैनिक महत्व राजनीतिक एवं धार्मिक स्थितियों के बारे में पता चलता है। ''उनके द्वारा रचित रचनाओं से हमें मध्यकालीन बिहार के इतिहास के स्त्रोतों और इतिहास लेखन के बारे में जानकारी प्राप्त होती है। इसके अलावा क्षेत्रीय इतिहास–लेखन एवं पटना के इतिहासकारों द्वारा 'पटना स्कूल ऑफ रिसर्च' पर जानकारी प्राप्त करने का एक महत्वपूर्ण स्त्रोत है।''[57] आधुनिक मध्यकालीन इतिहासकारों द्वारा जिन्होंने मध्यकालीन बिहार के संदर्भ में लिखा और पटना स्कूल ऑफ रिसर्च के शोधार्थियों द्वारा इतिहास के प्रति दिए गए योगदानों का भी उल्लेख किया है।

उनकी रचनाएं जो भारतीय इतिहास लेखन में अमूल्य निधि है उसे देखने के बाद उसकी विविधताओं एवं विषय के प्रति सुदृढता का पता चलता है। इतिहासकार का दायित्व है इतिहास को सिर्फ उस रूप में दिखाना जैसा कि वह सचमुच था। उनका हमेशा यह प्रयास रहा है कि विषय से संबंधित कोई भी पहलू को अनदेखा न किया जाए वे किसी भी स्थान का वर्णन करते समय बड़े ही सावधानी से रेकार्डों का निरीक्षण कर अस्पष्ट नामों को सुधार कर वर्णन करते थे।

मीर जमुला की बिहार, बंगाल, आसाम एवं पटना में की गयी सैनिक गतिविधियों के वर्णन से हमें बिहार में मुगल काल में होने वाली सैनिक गतिविधियों को जानने में सहायता मिलती है। यद्यपि मीर जुमला द्वारा बिहार और आसाम पर किये गये सैनिक अभियानों पर विभिन्न इतिहासकारों ने इससे पहले भी लिखा है लेकिन डा. सरकार ने इस विषय पर मीर जुमला के नजरियें से लिखा जो औरों की तुलना में अधिक सटीक एवं व्यावहारिक है।

वे हमेशा नये विषयों के खोज के प्रति जिज्ञासु रहें है। किसी भी

चरित्र या स्थितियों का वर्णन करते समय उसके गुणों के साथ खामियों का भी आलोचनात्मक वर्णन किया है। अपनी पुस्तक मीर जुमला की रचना करते समय विभिन्न स्त्रोतों के साथ–साथ फारसी के स्त्रोत का इस्तेमाल करना एवं मीर जुमला के कारनामों का वर्णन करते समय आलोचनात्मक व्याख्या देना उनकी गहन अध्ययन एवं विषय पर तार्किक समझ को दर्शाता हैं[59]

इतिहास में अचानक हमला या संयोग के द्वारा युद्ध के परिणाम में बदलाव या युद्ध को परिणाम तक पहुंचाना कहा है। इसी तरह सम एस्पेक्ट ऑफ मिलिटरी थिकींग और प्रैक्टिस इन मिडियवल इंडिया में उन्होंने युद्ध के सिद्धांतों के बारे में वर्णन किया है एवं अनेक सिद्धांतों के साथ अचानक हमले के द्वारा किसी परिणाम तक युद्ध को पहुचांने को महत्वपूर्ण माना है।[60] क्योंकि अचानक हमला में लोग तैयार नहीं होते औरसंयोग से सफलता या असफलता प्राप्त होती है।

उन्होंने कारणत्व पर विश्व परिप्रेक्ष्य में चर्चा की। वे सच्चाई, निष्पक्षता, वस्तुनिष्ठता इन सारी बातों के पक्षधर थे। इतिहासकारों के बारे में कहा गया है कि जिन कारणों को इतिहासकार मान्यता देता है, उन्हीं से वह जाना जाता है।[61] जगदीश नारायण सरकार ने कारणों के विश्लेषण में मानकृत कार्यों को ऊपर रखा है। जहाँ मध्यकालीन इतिहासकारों का इतिहास लेखन धर्म के इर्द–गिर्द ही घूमता रहा। वहीं इन्होंने मानव के द्वारा घटित घटनाओं एवं परिणाम को माना, उन्होंने इतिहास में संयोग को शामिल किया है। इसी को आधार बनाकर अपनी रचनाएं भी की। किसी भी पात्र का वर्णन करते समय उसकी खूबियों के साथ–साथ उन्होंने बड़ा ही स्पष्ट शब्दों में उसकी कमियों को भी सामने रखा। उन्होंने मीर जुमला का वर्णन करते समय कहा कि मीर जुमला मुगल इतिहास में एक शक्ति नहीं बन सका क्योंकि एक तरफ उच्च आदर्शवाद की कमी थी तो दूसरी ओर सक्षमता, बुद्धि और दूरदर्शिता होते हुए भी वह दक्कन के वायसराय के पक्ष में खड़ा था। इस तरह मुगल साम्राज्य के हितों की रक्षा नहीं कर सका। उनका लेखन हमेशा सच्चाईपूर्ण रहा एवं बहुत ही सटीक शब्दों में तथ्यों का वर्णन करते थे। एक इतिहासकार को राजनीतिक पेचीदगियों के सामने झुकना नहीं

चाहिए।''[62] डा. सरकार ने हमेशा इन बातों को ध्यान में रखा एवं निष्पक्ष और आलोचनात्मक इतिहास–लेखन की पद्धति को बनाए रखा।

जगदीश नाराण सरकार ने इतिहास लेखन में आधुनिक प्रवृतियों को आत्मसात करने के पक्षधर थें उनकी लेखन पद्धति आधुनिक इतिहास लेखन में मील का पत्थर साबित हुई है। वे हमेशा राष्ट्र के हितों के प्रति सचेत रहे एवं उनका दृष्टिकोण राष्ट्र के प्रति समर्पित रहा है। उन्होंने कहा मध्यकालीन इतिहासकारों ने इतिहास लेखन को राजाओं एवं दैवीय प्रेरणाओं के इर्द–गिर्द ही रखा। यद्यपि उस समय भी इब्न खल्दून जैसे इतिहासकार थे जिसने इतिहास में जन सामान्य के इतिहास लेखन को शमिल करने की बात कही लेकिन उसके इस झुकाव को समकालीन इतिहासकारों ने नजरअंदाज कर दिया। लेकिन यह विवेचना अब पुरातन और प्रसांगिक हो चुकी है। डा. सरकार ने कहा ''आधुनिक इतिहास लेखन का झुकाव सामाजिक और आर्थिक इतिहास लेखन की ओर रहा है। उनहोंन कहा पिछले 50 वर्षों में मध्यकालीन इतिहास लेखन में एक महत्वपूर्ण बदलाव आया है।[63] मुख्य रूप से पद्धति एवं उद्देश्य के क्षेत्र में, सामाजिक, आर्थिक, धार्मिक और सांस्कृतिक इतिहास के प्रति इतिहासकार का झुकाव हुआ है। उनके लिए इतिहास राजाओं एवं युद्धों की कहानी मात्र नहीं रहा बल्कि जनसामान्य ने इतिहास में अपनी जगह एक हद तक बना लिया है। यद्यपि डा. सरकार ने सामाजिक एवं आर्थिक इतिहास–लेखन के क्षेत्र में स्त्रोतों की कमी से उत्पन्न कठिनाइयों की ओर भी संकेत किया है। लेकिन विद्वानों एवं शोधार्थियों के अथक परिश्रम एवं झुकाव इस मुश्किल कार्य को आगे बढ़ा रहे हैं।

जगदीश नारायण ने इतिहास में जातीय दुराग्रह से प्रेरित इतिहास लेखन को समाज के लिए घातक बताया। उनके अनुसार मध्यकालीन इतिहासकारों का लेखन धार्मिक प्रवृत्ति से प्रेरित था तथा उनका लेखन मध्यकालीन मुस्लिम इतिहासकार अपने लेखन के निष्कर्ष के रूप में किसी न किसी रूप में समाज को उपदेश देते थे। इनके लेखन का निष्कर्ष उपदेशात्मक होता था। कोई भी गंभीर इतिहासकार आज मध्यकालीन भारत की तुर्क सत्ता को धर्मराज्य नहीं कहता है। इन मध

यकालीन इतिहासकारों में मूल्यांकन करने की कमी भी रही है तथा वे केवल घटनों को दर्ज करते थे। उनमें शोध की प्रवृति का अभाव था। इतिहासकार का कार्य वकील की तरह किसी प्रमुख घटना को सिद्ध या असिद्ध करना नहीं बल्कि विविधतापूर्ण और बहुपक्षीय स्त्रोत सामग्री की जांच परख और उनका मूल्यांकन करना होता है।[64]

एक सच्चे इतिहासकार का कर्तव्य होता है कि वह कैंची और गोंद पद्धति को न अपनाकर सच्चे अर्थों में पूरे युग के विचारों को प्रस्तुत करने की क्षमता रखता हो उसमें गहराई से छानबीन एवं सही अर्थों को प्रस्तुत करने की योग्यता हो। डा. सरकार ने मध्यकालीन इतिहास लेखन के क्षेत्र में निष्ठापूर्वक कार्य किया एवं मध्यकालीन इतिहास लेखन को एक नया स्वरूप प्रदान किया। जगदीश नारायण सरकार सच्चे इतिहासकार थे जिनमें शोधपरकता तथ्यपरता और वस्तुनिष्ठता प्रथम श्रेणी की थी। यद्यपि इतिहास लेखन में उनकी तुलना उनके गुरू जदुनाथ सरकार से नहीं की जा सकती, लेकिन फिर भी वे मध्यकाल के एक अध्यवसायी और उद्यमशील इतिहासकार कहे जायेंगे जिन्होंने जदुनाथ सरकार की परंपरा को आगे बढ़ाया।

संदर्भ

1 J.N. Sarkar, Islam in Bengal (thirteenth to nineteenth century) Biography, Ratna Prakashan Calcutta 1972, p-1

2 वहीं

3 J.N.Sarkar, Historiography Then and Now Medieval Bihar, op.cit, page, 132

4 J.N.Sarkar, Islam in Bengal, op.cit, P-II

5 वहीं, Appendix-H. p-190

6 उनके पुस्तकों एवं लेखों की सूची परिशिष्ट सी में देखे।

7 J.N. Sarkar, The life of Mir Jumla, The general of Aurangzeb, Rajesh Publication 1951

8 प्रस्तावना पृष्ठ 9

9 वही पृष्ठ 11

10 वही, प्रथम अध्याय– पृष्ठ– 1–26

11 वही, प्रथम अध्याय 2– पृष्ठ– 27–102

12 वही, प्रथम अध्याय 3– पृष्ठ– 103–124

13 वही, प्रथम अध्याय 4– पृष्ठ– 125–201

14 वही, प्रथम अध्याय 5– पृष्ठ– 202–268

15 वही, प्रथम अध्याय 6– पृष्ठ– 269–284

16 वही, प्रथम अध्याय 7– पृष्ठ– 285–346

17 वही, प्रथम अध्याय 8– पृष्ठ– 347–378

18 जगदीश नारायण सरकार, स्टडी इन इकोनोमिक लाइफ इन मुगल इंडिया, ओरियन्ट पब्लिशर्स एण्ड डिस्ट्रीब्यूटर्स, 1975

19 वही, प्रथम अध्याय 2– पृष्ठ– 1–64

20 वही, प्रथम अध्याय 2– पृष्ठ– 65–128

21 वही, पृष्ठ 123

22 वही, अध्याय – 3, पृष्ठ– 129–176

23 वही, अध्याय – 4, पृष्ठ– 177–203

24 अध्याय – 5, पृष्ठ– 204–257

25 वही, अध्याय– 6, पृष्ठ– 258–283

26 वही, अध्याय – 7, पृष्ठ– 284–292

27 वही, अध्याय – 8, पृष्ठ– 293–309

28 वही, अध्याय – 9, पृष्ठ– 310–345

29 वही, अध्याय – 10, पृष्ठ– 346–373

30 वही, अध्याय – 11, पृष्ठ– 374

31 J.N. Sarkar, History of History writing in Medieval India, Ratna Prakashan Calcutta, 1977

32 अध्याय 1– पृष्ठ – 1–9

33 अध्याय 2– पृष्ठ – 10–29

34 अध्याय 3– पृष्ठ – 30–64

35 परिशिष्ट, पृष्ठ – 55–64

36 अध्याय 4, पृष्ठ–65–132

37 वही, पृष्ठ 121

38 अध्याय 5, पृष्ठ – 133–141

39 अध्याय 6, पृष्ठ – 142–144

40 J.N. Sarkar, Historiography Then and Now medieval Bihar, Kashi Prasad Jayaswal, Research Institute, Patna 1989

41 प्रस्तावना– पृष्ठ 1–4

42 अध्याय 1– पृष्ठ – 5–14

43 अध्याय 2– पृष्ठ – 15–36

44 भाग 2– अध्याय 3–39–101

45 अध्याय 3– खण्ड ए–40–69

46 अध्याय 3– खण्ड बी–70–101

47 भाग–3 अध्याय 4–105–123

48 भाग–3 अध्याय 5 – 124–157

49 J.N. Sarkar, op cit, p 135

50 परिशिष्ट 159–204

51 J.N. Sarkar, History of History writing in Medieval India, op. cit, p-196

52 J.N. Sarkar, Historiography Then and Now Medieval Bihar, op cit.

53 J.N. Sarkar, Study in Economic life in Mughal India, op.cit. p-1-3

54 J.N. Sarkar, The life of Mir Jumla The general of Aurangzeb, Foreword, op.cit., p-9

55 J.N.Sarkar, Some Aspects of Military thinking and practice of Medieval India, Ratna Prakashan-1974

56 J.N.Sarkar, Historiography then and Now Medieval bihar, op. cit. p-5

57 वहीं

58 ई. एच. कार पूर्वोदधृत, पृष्ठ 2

59 J.N. Sarkar, The Life of Mir Jumla, Op.cit., p.-XI

60 J.N. Sarkar, Some Aspects of Military thinking and Practice in Medieval India, op. cit, p-32

61 ई.एच.कार, पूर्वोदधृत, पृष्ठ 76

62 इरफान हबीब, भारतीय इतिहास में मध्यकाल पूर्वोदधृत, पृष्ठ 16

63 J.N. Sarkar, Study in Economic life on Mughal India, op.cit., p.-374

64 J.N.Sarkar, History of History writing in Medieval India, op.cit., p.-122

उपसंहार

इतिहास लेखन का अध्ययन और आलोचना, उसके नये स्वरूप और योगदान की खोज आज के शोध की आवश्यकता है। जब तक विभिन्न क्षेत्रों और देशों के इतिहास–लेखन के स्वरूप और योगदान को नहीं समझा जाये इतिहास के स्त्रोत की उपादेयता स्थापित नहीं हो सकती।

प्रस्तुत शोध प्रबंध का उद्देश्य क्षेत्रीय इतिहास लेखन को प्रकाश में लाना है। बिहार यद्यपि हमेशा बंगाल का अपेन्डेज बनकर रहा, आधुनिक काल में बिहार में प्रतिष्ठित इतिहास लेखकों के समूह ने राष्ट्रीय, अंतर्राष्ट्रीय और क्षेत्रीय इतिहास–लेखन में प्रचुर योगदान दिया और पटना स्कूल ऑफ हिस्टोरियोग्राफी की रचना की।

18वीं–19वीं सदी में योरोप में इतिहास दर्शन के विकास का दौर था, जो मुख्यतः परिकल्पनात्मक और आलोचनात्मक धाराओं में पल्लवित हुआ। वाल्तेयर, जिसे इतिहास दर्शन का जनक माना जाता है, से लेकर विको, आगस्त काम्ते, हेगल, नीबुर, रांके, कार्ल मार्क्स, क्रोसे, कालिंगवुड, स्पेन्गलर, टायनबी, फाब्र एवं मार्क ब्लाख इत्यादि आधुनिक इतिहास दर्शन के मुख्य निर्माता है। विचार ही इतिहास है, यह परिकल्पनात्मक दर्शन का मुख्य बिन्दु रहा। इसमें इतिहास में पैटर्न यानि ऐतिहासिक विकास के नियम ढूंढने का प्रयास किया गया। आलोचनात्मक धारा के लोगों में प्रमुखता प्रत्यक्षदर्शियों की थी जिन्होंने प्रत्यक्ष प्रमाणों ओर तथ्यों के बल पर इतिहास को विज्ञान के नजदीक ले जाने का प्रयत्न किया।

कार्ल मार्क्स 19वीं सदी के प्रमुख विचारकों में से एक हैं, जिन्होंने न केवल इतिहास के विकास का एक नया पैटर्न दिया, जिसका आधार

भौतिकवाद था, जिसे ऐतिहासिक भौतिकवाद कहा गया बल्कि उनका दर्शन एक वाद बन गया जो आज भी इतिहास लेखन, विचारों एवं व्यवस्था को प्रभावित कर रहा है। इतिहास लेखन की नई धारा अनाल इतिहासकारों की थी जिसका केन्द्र फ्रांस रहा। लुसियां फाब्र एवं मार्क ब्लाख ने टौअल हिस्ट्री यानि सम्पूर्ण इतिहास की बात कही। व्यापक और गहरा इतिहास लिखा जाए जो अंतरविषयक हो और जिसमें विशेष अध्ययन क्षेत्रों के विद्वानों की भागीदारी हो– यह उनका मूलमंत्र था। इस प्रकार आधुनिक इतिहास दर्शन अपनी विभिन्न व्याख्याओं, धाराओं और वाद में विभाजित होकर एक–दूसरे को कभी स्वीकार तो कभी खंडित करते हुए आगे बढ़ रहा है।

भारतीय इतिहास लेखन भी आधुनिक संदर्भों में अपना स्वरूप बदलने लगा है और मध्यकालीन इतिहास लेखन के केंचुल से बाहर निकल रहा है जिसपर योरोपीय इतिहास दर्शन का प्रभाव भी पड़ा। यूरोप में 19वीं सदी इतिहास–लेखन में सक्रिय गतिविधियों का काल थी। भारत में भी ब्रिटिश औपनिवेशिक शासन में इतिहास–लेखन की जो धारा प्रवाहित हुई, वह अन्य धाराओं में बंटकर अपने स्वरूप को बदलती हुई आज तक बह रही है और आगे भी बहेगी। इसके मुख्य चरण थे– औपनिवेशिक, राष्ट्रवादी, मार्क्सवादी, सबाल्टर्न और उत्तर आधुनिकतावादी आदि।

भारत में औपनिवेशिक काल में इतिहास के महत्व और उसकी पहुंच में अभूतपूर्व वृद्धि हुई। औपनिवेशिक शासन को उचित ठहराने और सर्वश्रेष्ठ घोषित करने के उद्देश्य से यूरोपीय इतिहासकार भारत के इतिहास को लिखते रहे। उपयोगितावादी इतिहास लेखन में जेम्स मिल और टी.वी. मैकाले की भूमिका प्रमुख रही। मध्यकालीन इतिहास को साम्प्रदायिक घोषित करना भी इन इतिहासकारों का लक्ष्य रहा।

इस औपनिवेशिक लेखन के विरूद्ध भारतीय इतिहासकारों का एक बड़ा समूह सामने आया। जिन्होंने भारत के अतीत की औपनिवेशिक छवि जो धुंधली, भ्रामक और दुराग्रह–ग्रसित थी, उसको साफ करने का प्रयत्न किया और भारत के गौरवशाली अतीत को महिमामंडित किया।

मूल स्त्रोतों पर आधारित प्रमाणिक इतिहासलेखन का प्रयास किया गया। आर.सी.मजूमदार, पट्टाभि सीतारमैया, सुंदरलाल, के.पी.जायसवाल प्रारंभिक राष्ट्रवादी इतिहासकार थे। 19वीं सदी के अंत में राष्ट्रवादी आंदोलन ने भारतीय इतिहासकारों को प्रभावित किया। राष्ट्रीय भावना को उत्प्रेरित करने के कर्त्तव्य से ओत–प्रोत हो इतिहास लिखा जाने लगा। परिणामतः संकीर्ण दृष्टिकोण भी इतिहास–लेखन में दिखलाई दिया। एक ओर इतिहास का साम्प्रदायिक विभाजन हुआ। तो दूसरी ओर इसी काल के राष्ट्रवादी इतिहासकारों द्वारा मध्यकालीन भारत में सामुदायिक सद्‌भाव और सामाजिक संस्कृति के विकास को चिन्हित किया गया। ताराबंद, आर.पी. त्रिपाठी, बी.पी. सक्सेना इसी विचारधारा के इतिहासकार थे जिन्हें 'इलाहाबाद समूह' कहा जाता है। मध्यकालीन इतिहास–लेखन का उजागर करने में अग्रणीय नाम जदुनाथ सरकार का है जिन्होंने तथ्यपरक इतिहास–लेखन पर बल दिया।

भारतीय इतिहास लेखन की तीसरी धारा मार्क्स की इतिहास विषयक धारणा ऐतिहासिक भौतिकवाद और भौतिक द्वंद्ववाद से प्रभावित हुई। इसका सूत्रपात डी.डी. कोसाम्बी ने किया। इतिहास का केन्द्र राजनीतिक प्रशासनिक विवरण से आगे बढ़कर आम इंसान और उसकी आर्थिक गतिविधियां हुईं। मार्क्सवादी समूह के लेखकों मुहम्मद हबीब, इरफान हबीब, सतीशचन्द्र बिपनचन्द्र, बी.एन.एस. यादव, अतहर अली शीरीन मूसवी आदि ने सामाजिक शोषण की पहचान मुख्यतः आर्थिक आधार पर की है। इस तरह साम्राज्यी और धार्मिक व्याख्या का खंडन और संवर्धन हुआ और इतिहास के नये पक्ष उजागर हुए। भारतीय इतिहास–लेखन में वाद–प्रतिवाद नेशनल और रैशनल का एक नया दौर शुरू हुआ जो आज तक जारी है।

20वीं सदी के अंतिम दो दशक में आधुनिक भारतीय इतिहास–लेखन के क्षेत्र में एक नयी धारा सबाल्टर्न यानि उपाश्रयी या जनोन्मुखी प्रवाहित हुई जिसके प्रमुख इतिहासकार रणजीत गुहा हैं। इन्होंने किसान, मजदूर, आदिवासी, दलित जैसे इतिहास के हाशिये पर रहने वाले निम्नवर्गीय जन को अपने लेखन का केन्द्र बिन्दु बनाया।

मध्यकालीन भारत में इतिहास–लेखन की एक समृद्ध परंपरा विकसित हुई जो तुर्कों के आगमन की देन थी। भारत में 12वीं सदी के हसन निजामी की ताजुल मासिर से 18वीं सदी में मुन्नालाल की तारीखे शाहआलम तक एक अनवरत इतिहास–लेखन की श्रृंखला बनी। यह सभी फारसी शैली और फारसी भाषा में लिखे गये ग्रंथ थे। परंतु मुगलकाल में इतिहास–लेखन में हिन्दुओं द्वारा भी फारसी में लेखन शुरू हुआ जैसे 17वीं सदी के सुजनराय, भीमसेन और इस्सरदास नागर। जियाउद्दीन बरनी और अबुल फजल मध्यककाल के दो ऐसे चर्चित और विवादास्पद इतिहासकार रहे जिन्होंने इतिहास की परिभाषा, पद्धति, उद्देश्य, कारणत्व को समृद्ध किया और इतिहास का दर्शन दिया। बरनी की तारीखे फीरोजशाही और अबुल फजल का अकबरनामा एवं आइने अकबरी इतिहासकारों के लिए अमूल्य स्त्रोत हैं जिनका इस्तेमाल औपनिवेशिक, राष्ट्रवादी और मार्क्सवादी इतिहासकारों ने अपने–अपने तरीके से किया है।

क्षेत्रीय इतिहास लेखन अपेक्षाकृता नया है। जब भी सत्ता का विकेन्द्रीकरण हुआ और क्षेत्रीय शक्तियां सत्ता में आई तो स्थानीय परंपरा, संस्कृति और साहित्य को बढ़ावा मिला। कल्हण की राजतरंगिणी और चचनामा जो क्रमशः कश्मीर और सिंध के इतिहास थे, क्षेत्रीय इतिहास लेखन के प्रारंभिक उदाहरणों में से है। वसतुतः मुगल काल के पतन के बाद क्षेत्रीय चेतना का विकास तीव्र हुआ टौर पंजाब, अवध, हैदराबाद, बंगाल, मालवा, गुजरात, दक्कन का इतिहास लिखा जाने लगा। बंगाल और बिहार को जानने के लिए दो मानक इतिहास लिखे गये– सलीमुल्लाह द्वारा तारीखे बंगालाह और दूसरा गुलाम हुसैन सलीम द्वारा लिखित रियाज उस सलातीन। पटना के इतिहासकार गुलाम हुसैन तबताबई द्वारा रचित सियार उल मुतख्खीरीन पूर्वी क्षेत्र का इतिहास है। बुकानन और हैमिल्टन ने उपलब्ध स्त्रोतों का अध्ययन कर बिहार पर समकालीन जानकारी दी।

19वीं सदी में आधुनिक इतिहास लेखन का प्रारंभ हुआ, ब्रिटिश शासन के अंतर्गत बिहार में उच्च शिक्षा का विकास हुआ, कॉलेज और आगे चलकर विश्वविद्यालय खुले। बिहार के क्षेत्रीय इतिहास की

शुरूआत 20वीं सदी में है जब पटना कॉलेज इतिहास शोध केन्द्र कें रूप में विकसित हुआ जिसका श्रेय सुविमल चन्द्र सरकार को जाता है। लेकिन पटना में जदुनाथ सरकार के रूप में राष्ट्रीय ख्याति प्राप्त इतिहासकार का उदय हो चुका था, जिन्होंने मध्यकालीन भारतीय इतिहास विशेषकर मुगल काल से संबंधित शोधपरक गंथ लिखे जो चर्चा में रहे। डा. कालीकिंकर दत्त प्रथम शोधार्थी थे, जिन्हें बिहार और उड़ीसा प्रांत द्वारा जारी छात्रवृति मिली और उन्होंने बंगाल और बिहार पर विशेष कार्य शुरू किया।

पटना स्कूल ऑफ रिसर्च के प्रारंभिक प्रमख इतिहासकारों में जदुनाथ सरकार सुविमलचन्द्र सरकार, के.के. दत्त, के.पी. जयसवाल एच.आर. घोषाल, सय्यद हसन असकरी, जगदीश नारायण सरकार, कयामुद्दीन अहमद, बी.पी.अम्बष्ठ, आर.एस. शर्मा, बी.पी. सिंहा, योगेन्द्र मिश्र इत्यादि थे जिन्होंने न केवल बिहार के इतिहास को राष्ट्रीय संदर्भो में प्रकाशित किया, नये स्त्रोतों की खोज करके उनके महत्व को स्थापित किया, बल्कि राष्ट्रीय इतिहास लेखन में भी अमूल्य योगदान दिया।

प्रस्तुत शोध अध्ययन के दौरान पटना स्कूल ऑफ हिस्टोरियाग्राफी के मध्यकालीन इतिहास के तीन ऐसे प्रसिद्ध इतिहासकारों के लेखन का मूल्यांकन किया गया, जिनका बहुमुखी योगदान राष्ट्रीय और क्षेत्रीय इतिहास लेखन में रहा है। जदुनाथ सरकार, सय्या हसन असकरी और जगदीश नारायण सरकार इस शोध की विषय वस्तु है। जदुनाथ सरकार सय्यद हसन असकारी और जगदीश नारायण सरकार तीनों ही वर्ग की दृष्टि से जमींदार वर्ग एवं संभ्रान्त परिवार से थे। जहाँ जदुनाथ सरकार की पारिवारिक पृष्ठभूमि बौद्धिक और सुसंकृत थी, तो सय्यद हसन असकरी के पिता शिक्षित जमींदार थे, वहीं जगदीश नारायण सरकार के पिता बिहार न्यायिक सेवा में थे। कलकत्ता विश्वविद्यालय के अंग्रेजी के टॉपर रहे और अंग्रेजी के शिक्षक से इतिहास के व्याख्याता बने तो जगदीश नारायण ने पटना विश्वविद्यालय बी.ए. और एम.ए. की परीक्षाओं में प्रथम स्थान प्राप्त किया। सय्यद हसन असकरी ने पटना विश्वविद्यालय से इतिहास में एम.ए. किया। जदुनाथ सरकार को ढाका एवं पटना विश्वविद्यालय, जगदीश नारायण सरकार को वर्द्धमान

विश्वविद्यालय एवं सय्यद हसन असकरी को मगध एवं पटना विश्वविद्यालय से डी.लिट. की उपाधि दी गयी। जदुनाथ सरकार विद्वानों के सिरमौर थे, उस समय वह एशिया के एकमात्र ऐसे विद्वान थे जिन्हें विश्व की सर्वोच्य स्तरीय अकादामिक संस्थाओं ने सम्मानित किया, फेलोशिप और मेम्बरशिप प्रदान की। सय्यद हसन असकरी को ईरान सरकार ने सम्मानित किया।

बिहार के इन तीनों इतिहासकारों ने शोध के प्रति स्वयं को जीवनपर्यन्त समर्पित किया। जदुनाथ सरकार ने मुगलकालीन विभिन्न भाषाओं जैसे फारसी, राजस्थानी, मराठी, बंगाली, असमी एवं यूरोपीय पुरालेखीय सामग्री को संशोधित और सम्पादित कर प्रकाशित किया–उनका अनुसरण सय्यद हसन असकरी और जगदीश नारायण सरकार द्वारा भी किया गया। पटना सकूल के इन इतिहासकारों की विशेषता रही कि वे स्त्रोतों के कोलम्बस थे जिन्होंने वर्तमान और भावी पीढ़ी के इतिहासकारों के लिए शोध का मार्ग प्रशस्त किया। पूर्वी भारत में इतिहास लेखन का एक नया अध्याय प्रारंभ हुआ।

जदुनाथ सरकार पहले भारतीय इतिहासकार थे जिन्होंने इतिहास–लेखन के वैज्ञानिक अर्थात् तथ्यपरक इतिहास–लेखन की दृष्टि दी। एक पुस्तक को लिखने में अथक परिश्रम, जांच–पड़ताल और सूक्ष्म विश्लेषण उनके लेखन की विशेषता थी। उनकी हिस्ट्री ऑफ औरंगजेब पच्चीस वर्षों की सूक्ष्मतम खोजों, गहरे अध्ययन तथा गंभीर चिंतन का परिणाम है। स्थल पर जाकर जांच पड़ताल करना वहां की जलवायु, निवासियों, परिवेश एवं भौगोलिक विशेषताओं का पता लगाना उनकी खासियत थी जिसका इस्तेमाल वे युद्धों एवं राज्यों के विवरण में करते थे। यह परंपरा सय्यद हसन असकरी ने भी निभाई। स्वयं स्थान विशेष पर जाकर अभिलेखों का अध्ययन ही उन्हें योरोपीय अन्वेषणकर्त्ता ब्लाखमैन से उंचा स्थान दिया। गांव देहातों की यात्राा करके वे गौण स्त्रोतों को प्राथमिक बना देते थे। उन्होंने उर्दू में बहुत से शोध पत्र प्रस्तुत किये जिसका मुसलमान होने के कारण उन्हें जन्मजात लाभ प्राप्त था। असकरी का विशेष योगदान सूफी संतों के जीवन, उपदेश पत्रों और रचनाओं को प्रकाश में लाना था। सूफियों के मलफजात और

मकतूबात की सर्वप्रथम उन्होंने ही खोज की। जगदीश नारायण सरकार भी बहुभाषा विज्ञ थे और जदुनाथ सरकार की भांति विभिन्न भारतीय और योरोपीय भाषाओं एवं फारसी के स्त्रोतों को खंगाल कर तथ्यों को ढूंढ निकालते थे। उन्होंने अपनी पुस्तक मीर जुमला की रचना करते समय विविध स्त्रोतों का उपयोग किया–जैसे पाण्डुलिपि, सामान्य इतिहास, पत्र प्रकाशित या अनुवादित यूरोपियन, रेकार्डस्, यूरोपीय यात्रियों एवं लेखकों की 17वीं सदी की रचनाएं, फ्रेंच, डच, तमिल, तेलगू और संस्कृत, रचनाएं, मैसूर के ऐतिहासिक एकाउन्टस, पुरातत्तव शिलालेख एवं मुद्राऐं।

विषय वस्तु की दृष्टि से तीनो इतिहासकारें का क्षेत्र और केन्द्र बिन्दु अलग रहा, यद्यपि सभी ने मध्यकालीन भारतीय इतिहास के विकास के विभिन्न पक्षों पर शोध कार्य किया। जदुनाथ सरकार ने मुगलकाल के राजनीतिक इतिहास विशेषकर औरंगजेब, शिवाजी और मुगल साम्राज्य के पतन पर प्रसिद्ध ग्रंथ लिखे जो अंतर्राष्ट्रीय तौर पर मान्य हुए और विवाद के घेरे में भी गये।

सय्यद हसन असकरी का मुख्य विषय धार्मिक सांस्कृतिक इतिहास रहा। बिहार में सूफीवाद के उदय, सूफी सिलसिलों का विकास और बिहार में समन्वीत संस्कृति का विकास उनके प्रिय विषय थे जो इतिहास–लेखन की दृष्टि से अनछुए पहलू थे। इख्तिसान देहलवी की दुर्लभ रचना बसातीन उस–उनस जिसे असकरी ने खोज निकाला। यह 14वीं सदी के उत्तर बिहार अर्थात कर्णात राज्य पर तुगलक अधिकार की गाथा है। यद्यपि असकरी की कोई महत्वपूर्ण स्वतंत्र रचना नहीं है। खुदाबख्श ओरियन्टल पब्लिक लाइब्रेरी द्वारा उनके शोध लेखों का पुस्तक के रूप में संकलन और उनके द्वारा कम्प्रिहेन्सिव हिस्ट्री ऑफ बिहार का दो खण्डों में संपादन ही उनके श्रेय में जाता है, यद्यपि उनके शोधपत्रों की संख्या सैकड़ों में है। जगदीश नारायण सरकार की मुख्य दिलचस्पी आर्थिक इतिहास लेखन ओर इतिहास दर्शन में रही। बंगाल बिहार और उड़ीसा के आर्थिक जीवन पर उनका विशेष अध्ययन रहा। मध्यकालीन इतिहास लेखन और बिहार के इतिहासकारों और लेखन पर उनकी पुस्तकें अमूल्य निधि है।

इन इतिहासकारों ने कार्य–कारण संबंध में मिली–जुली व्याख्याये दी है। कहीं आर्थिक कारण तो कहीं दैवीय या अदृश्य शक्ति को कारण मानते हैं जिसके विरूद्ध वह जीवन भर लड़ता रहा। वे मुगल साम्राज्य और मराठा प्रभुत्व के पतन का कारण भारतीय समाज एवं राजसी वर्ग के नैतिक पतन, भ्रष्टाचार, अकर्मण्यता और विश्वासघात को मानते थे। उन्होंने ब्रिटिश साम्राज्यवादियों द्वारा भारतीयों के आर्थिक दोहन से होने वाली हानि से सावधान किया। सय्यद हसन असकरी ने यथार्थ के ध रातल पर कारणों का विश्लेषण किया। उन्होंने इतिहास में दैवीकृत से ज्यादा मानवीय निर्णयों को महत्वूपर्ण माना एवं अतीत का अध्ययन करना जरूरी माना है। वे मानते हैं इतिहास भाग्य के सहारे नहीं होता और न ही मानव जीवन में ईश्वर के हस्तक्षेप या शासकों एवं दरवारियों के घिस–पिटे कारनामां के वर्णन पर आधारित होता है बल्कि इतिहास में मानव निर्णयों का महत्व होता है। इस प्रकार मानवीयकृत हमेशा ही ईश्वरीय विधान के उपर होता है। जगदीश नारायण सरकार के कारणत्व पर विश्व परिप्रेक्ष्य में चर्चा की। वे राच्चाई, निष्पक्षता, वस्तुनिष्ठता इन सारी बातों के पक्षघर थे। वे घटनाओं के कारणों और परिणाम में मनुष्य के दायित्व को सर्वोपरि मानते थे। उन्होंने संयोग के महत्व पर भी जोर दिया है। अपनी रचनाओं में युद्ध के अनेक सिद्धांतों के साथ–साथ अचानक हमले के द्वारा किसी परिणाम तक युद्ध को पहुंचाने को महत्वपूर्ण माना है।

जदुनाथ सरकार की इतिहास विषयक धारणा काफी व्यापक थी। उनका मानना था कि राष्ट्रीय इतिहास ऐसा हो जिसमें तथ्यों की सही व्याख्या होनी चाहिए। इतिहासकार को सही और गलत दोनों तथ्य रखने चाहिए लेकिन इस तरह से नहीं कि देश के गुजरे हुए काल को दबाये और पूर्ण रूप से सफाया कर दे। उन्होंने औरंगजेब और शिवाजी का वर्णन करते समय दोनों की ही सही स्थिति का वर्णन किया है। औरंगजेब की धार्मिक नीति के प्रति भी वे विवादास्पद रहे। सय्यद हसन असकरी ने हमेशा धार्मिक आग्रहों, दुराग्रहों, प्रचलित बातों एवं परंपराओं से उपर उठकर अपना लेखन कार्य किया। वे अपनी शोधपरक पद्धति के आधार पर आलोचनात्मक और कालक्रमबद्ध ढंग से ऐतिहासिक

विषयों की विवेचना करते थे। वे नेशनल और रैशनल, पूंजीवादी और साम्यवादी के विवादों से परे थे। वहीं जगदीश नारायण सरकार ने जातीय दुराग्रह से प्रेरित इतिहास लेखन को समाज के लिए घातक बताया। जदुनाथ सरकार की लेखन मुगलकाल के वृहत क्षेत्र को समेटे रही है लेकिन उन्होंने अपनी लेखनी में सामाजिक एवं सांस्कृतिक इतिहास को शामिल नहीं किया। उनका जोर हमेशा प्रशासनिक रहा। असकरी ने पुस्तकें नहीं लिखी। इनके संकलित लेखों एवं भाषाणों से प्रकाशित पुस्तकें एक ही विषय पर हैं, परंतु उनमें बिखराव है। इसलिए सुसम्बद्ध तरीके से अध्ययन में बाधा पहुंचती है और समग्रता में एक छवि नहीं उभरती। जगदीश नारायण सरकार ने सामाजिक, आर्थिक, धार्मिक और सांस्कृतिक इतिहास की ओर ध्यान आकृष्ट किया है लेकिन उन्होंने इस क्षेत्र में स्त्रोतों की कमी की बात कही है।

इन इतिहासकारों के लेखन में जनता का इतिहास यानि निम्नवर्गीय प्रसंग जैसी कोई लेखन ढूंढना भी उचित नहीं होगा क्योंकि संभवतः संभ्रातवर्गीय दृष्टि ने उन्हें आम जन तक पहुंचने नहीं दिया। इस प्रकार पटना स्कूल आफ रिसर्च के ये तीन इतिहासकार जदुनाथ सरकार, सय्यद हसन असकरी और जगदीश नारायण सरकार भारतीय इतिहास लेखन के महत्वपूर्ण रहे हैं। जिन्होंने राजनीतिक, प्रशासनिक, आर्थिक सामाजिक और सांस्कृतिक पक्षों पर अपनी–अपनी सीमाओं में लिखा और बिहार के क्षेत्रीय इतिहास को आकृति प्रदान करने में इनका महत्वपूर्ण योगदान रहा।

पटना स्कूल ऑफ हिस्टोरियोग्राफी की शोध और तथ्यपरक इतिहास लेखन का पयार्य बनाने में इनका अमूल्य योगदान रहा। आशा करनी चाहिए कि इनकी परंपरा को पटना एवं बिहार के इतिहासकार जारी रखेंगे।

संदर्भ ग्रंथ सूची

Jadunath Sarkar, History of Aurangzeb, 5 Vols, (1912-24), Orient Longman.

House of Shivaji, Calcutta-1940.

Fall of the Mughal Empire, 4 vols. Orient Longman Ltd.-(1932-50).

Shivaji and his Times, Orient Longman Ltd.-1952.

The History of Bengal Muslim Period, Academica Asiatica India-1973.

Chaitnya's Life and Teaching, Orient Longman-1988.

Mughal Administration, M.C. Sarkar& Sone Private Ltd., Calcutta.

J.N. Sarkar, Life of Mir Jumla, General ofAurangzeb, Thacker spink & Co. Ltd. Calcutta-1951.

Military Despatches of the Seventeenth Century, India General in Calcutta Scientific Book Agencies-1969.

Islam in Bengal (thirteenth to nineteenth century), Ratna Prakashan, Calcutta-1972.

Some Aspects of Military Thinking and

Practice in Medieval India, Ratna Prakashan-1974.

Study of Economic life in Mughal India, Oriental Publishers & Distributers New Delhi-1975.

History of History Writing in Medieval India, Ratna Prakashan, Calcutta-1977.

Glimpses of Medieval Bihar Economy (13th to Mid. 18th Century), Calcutta-1978.

Art of Vlbr in Medieval India, New Delhi-1984.

Historiography Then and Now Medieval Bihar, Kashi Prasad Jayaswal

Research Institute, Patna-1989.

Private Trade in Seventeenth Century India. Scientific Book Agency, Calcutta it

Ideas of History in Medieval India, Scientific Book Agency, Calcutta.

Jigdish Narain Sarkar & Jagdish Chandra Jha, A History ofPatna College, Patna-1963.

Syed Hasan Askari, Aspects of the Cultural History of Medieval Bihar, K.P Jayaswal

Memorial Lecture Series, Vol-2, K.P. Jayaswal-1984.

Collected Works of Prof. S. H. Askari, K.B.O.P. Library, Patna-1985

Shahnama Munawwar Kalam, Janaki Prakashan, Patna-1986.

Comprehensive History of Bihar, Vol. JJ,

Parts I & II, K.P.J. Research Institute, Patna-(1983, 1987).

Amir Khusrau as a Historian, K.B.O.P. Library, Patna, 1988.

Islam and Muslims in Medieval Bihar, K.B.O.P. Library, Patna-1989.

Medieval Bihar Sultanate & Mughal Period, K.B.O.P. library, Patna-1990.

Collected Works of Prof. S.H. Askari, K.B.O.P. Library, Patna-1992.

अंग्रेजी द्वितीयक ग्रंथ

A.L. Srivastava, The Mughal Empire 152+-1803, Agra 1977

A. Mahdi Husain The Rise and Fall of Muhamad Bin Tughluq, Delhi 1972.

Bharti S. Kumar Some Persian Chronclers of Sultanate Period, Ph.D. Thesis, 1983, Book Under Publication.

Devahuti Bias in Indian Historiography, D.K. Publication, Delhi-1980.

C.H. Philips Historians of India, Pakistan and Ceylon, London, 1961

E. Sreedharan A Text Book of Historiography, Orient Longman-2004.

Elliot The history of India as told by its own Historians, Vol. 1 & VI. Pub. Kitab Mahal, Allahabad.

HG Raverty Vol. II, Tabakat-i-Nasiri A General History of the Muhammadan dynasties of Asia including Hindustan, Amir Publications, Lahore- 1977.

Harbans Mukhia	Historians and Historiography During the Reign of Akbar, Vikas Publishing House Pvt. Ltd. Delhi-1976.
Hetukar Jha	Perspectives on Indian Society & History : A Critique, New Delhi-2002.
Irfan Habib,	The Agrarian System of Mughal India 1556-1707, Second Revised edition, Oxford University Press-1999.
James Tod,	Annals and Antiquities ofRajasthan, London-1829.
John. C.B. Webster,	Studying History, Macmillan India Limited-1997.
K.A, Nizami,	Some Aspects of Religion and Politics In India During Thirteenth Century, Delhi-1974.
	On History and Historians of Medieval India, Munshiram Manoharlal.
K.R. Qanungo,	Historical Essays, Shiva Lai Agarwala'& Company-1968.
Kamal S. Srivastava,	Indian History Historians and Historiography I A Study Sangeeta Prakashan, Patna-1999.
Kiran Pawar,	Sir Jadunath Sarkar IA Profile in Historiography, New Delhi-1985.
MoWbbul Hasan,	Historians of Medieval India, Meenakshi Prakashan, New Delhi-1968.
N.M.P. Srivastava,	11 Jadunath Sarkar with Bihar Revolutionaries, Patna-2004.
Struggle for Freedom :	Some Great Indian Revolutionaries, Patna-1988.
N.R. Ray (ed),	Dictionary of National Biography,

Supplement Calcutta-1986.

Nisar Ahmad Farukhi, Early Muslim Historiography, Delhi-1979.

R Hardy, Historians of Medieval India, London-1960.

Qeyamuddin Ahmad, Carpus of Arabic & Persian Inscriptions of Bihar, K.P. Jayaswal it

Research Institute, Patna-1973,

Patna Through the Ages, Patna-1987.

R Vajreswari, A Handbook for History Teachers, Allied Publishers, Bombay-1966

Ramesh Chandra Sharma & Others, Historiography and Historians in India Since Independence, M.G. Publishers, Agra-1991.

हिन्दी द्वितीयक ग्रंथ

एरिक हाब्सबाम, इतिहासकार की चिंता, ग्रंथ शिल्पी–2007.

ए० एल० वाशम, अद्भुत भारत, शिवलाल अग्रवाल एण्ड कम्पनी आगरा–1996

ए० के० वार्डर, भारतीय इतिहास लेखन की भूमिका, हरियाणा साहित्य अकादमी, चण्डीगढ़–1687.

आर्थर मारविक, इतिहास का स्वरूप, ग्रंथ शिल्पी–2003.

अजीत कुमार, बिहार का इतिहास, जानकी प्रकाशन, पटना–2005.

विपन चन्द्र, भारत का राष्ट्रीय आन्दोलन, अनामिका पब्लिशर्स एंड डिस्ट्रीब्यूटर्स (प्रा०) लिमिटेड–2000.

दयानन्द राय, पाटलिपुत्र का इतिहास, जानकी प्रकाशन पटना,

नई दिल्ली–1999.

ईoएचo कार, इतिहास क्या है, मैकमिलन प्रकाशन–2001.

ईoएचo डान्स, इतिहास एक प्रवंचना–पूर्वाग्रह परीक्षण, हिन्दी समिति सूचना विभाग, यूoपीo (लखनऊ)।

गार्डन चाईल्ड, इतिहास का इतिहास, हरियाणा साहित्य अकादमी, चण्डीगढ़–1998.

गोविन्द चन्द्र पाण्डेय, इतिहास स्वरूप एवं सिद्धान्त, राजस्थान हिन्दी ग्रन्थ अकादमी, जयपुर–1998.

हरिहर दास, मध्यकालीन बिहार,जानकारी प्रकाशन, पटना–1996

हरिश्चन्द्र वर्मा (संपाo),मध्यकालीन भारत, भाग–1, भाग–2, हिन्दी मायम कार्यान्वय निदेशालय, दिल्ली विश्वविद्यालय– 1993.

हीरालाल गुप्त, प्राचीन भारत के आधुनिक इतिहासकार, विश्वविद्यालय प्रकाशन, वाराणसी–1990.

हरबंस मुखिया, मध्यकालीन भारत नए आयाम, राजकमल प्रकाशन, नई दिल्ली–पटना।

इरफान हबीब, इतिहास और विचारधारा, ग्रंथ शिल्पी–2005. मध्यकालीन भारत 1 से 8 अंक तक, राजकमल प्रकाशन, नई दिल्ली–पटना–1983. भारतीय इतिहास में मध्यकालीन भारत.

जॉन बेलेमी फास्टर, इलेन मिकसिन्स वुड, इतिहास के पक्ष में, ग्रंथ शिल्पी–2007.

जेo एलo मेहता, मध्यकालीन भारत का वृहत इतिहास, प्रथम, द्वितीय एवं तृतीय खंड, जवाहर पब्लिशर्स एंड डिस्ट्रीव्यूटर्स, नई दिल्ली–2000.

कयामुद्दीन अहमद (संपाo), भारत : अल बिरूनी, नेशनल बुक टस्ट इंडिया1992

कोलेश्वर राय — बिहार का इतिहास, किताब महल, पटना 2007

इतिहास दर्शन किताब महल 1997

के.एल.खुराना — आर के बंसल, इतिहास लेखन, धारणांए तथा पद्धतियों, लक्ष्मी नारायण अग्रवाल, आगरा 2004

एल.पी.माथुर — आधुनिक भारत के इतिहासकार व उनकी ऐतिहासिक जयपुर 2005

लाल बहादुर वर्मा — इतिहास के बारे में, प्रकाश संस्थान, नई दिल्ली

मार्क ब्लाख — इतिहासकार का शिल्यप, ग्रंथ शिल्पी 2005

मानिक लाल गुप्त — इतिहास लेखन, धारणायें एवं पद्धतिया, अमित पब्लिकेशन कानपुर

राम विलास शर्मा — मार्क्स और पिछडे हुए समाज, राजकमल प्रकाशन, नई दिल्ली, पटना 1986, पाश्चात्य दर्शन औरर सामाजिक अन्तविरोधी थलेस में मार्क्स तक, राजकमल प्रकाशन, नई दिल्ली पटना

राम शरण शर्मा — प्रारंभिक भारत का परिचय, ओरियंट लौगमैन, हैदराबाद 2004

रामजी राय — इतिहास की राजनीति, समकालीन प्रकाशन पटना 2003

रामलखन शुक्ल — आधुनिक भारत का इतिहास, हिन्दी माध्यम, कार्यान्वय निदेशालय, दिल्ली विश्वविद्यालय, दिल्ली 2001

रोमिला थापर — इतिहास की पुनर्व्याख्या, राजकमल प्रकाशन, नयी दिल्ली, पटना 1991

आर.के.सक्सेना, डा. एल.पी.माथुर मुगलकालीन इतिहासकार व इतिहास लेखन, पब्लिकेशन स्कीम जयपुर 1987

आर सी मजूमदार	दिल्ली सल्तनत, भारतीय विद्या भवन सीरीज, बम्बई 1967
शाहिद अमीन	निम्यनवर्गीय प्रसंग, भाग 1 राजकमल प्रकाशन, नयी दिल्ली, पटना 1995
ज्ञानेन्दे पाण्डेय	निम्नवर्गीय प्रसंग, भाग 2 राजकमल प्रकाशन, नई दिल्ली 2002
सुमित सरकार	सामाजिक इतिहास लेखन की चुनौती, ग्रंथ शिल्पी 2001
सतीश चन्द्र	मध्यकालीन भारत में इतिहास लेखन धर्म और राज्य का स्वरूप, ग्रंथ शिल्पी, नई दिल्ली 1999
	मध्यकालीन भारत राजनीति, समाज और संस्कृति, ओरियंट लांगमैन 2007
ताराचन्द	भारतीय संस्कृति पर इस्लाम का प्रभाव, ग्रंथ शिल्पी 2006
विश्मोहन पाण्डेय	बिहार : स्थानीय इतिहास एवं परंपर, जानकी प्रकाशन 1998

परिशिष्ट ए

जदुनाथ सरकार के शोध ग्रन्थ एवं लेख

क्रमांक	ग्रंथ का नाम	प्रकाशन का वर्ष
1	इंडिया ऑफ औरंगजेब, टोपोग्राफी, स्टेटिस्टिक्स एण्ड रोड्स	1901
2	इकोनॉमिक्स ऑफ ब्रिटिश इंडिया	मार्च, 1909
3	हिस्ट्री ऑफ औरंगजेब, प्रथम व द्वितीय खण्ड	जुलाई 1912
	तृतीय खण्ड	1916
	चतुर्थ खण्ड	नवम्बर,1919
	पंचम खण्ड	दिसम्बर,1924
	(बाद में हिन्दी में भी प्रकाशित)	
4	एनेक्टोड्स ऑफ औरंगजेब एण्ड हिस्टोरिकल एसेस	नवम्बर,1912
5	चैतन्य हिज पिलीग्रिमेज एण्ड टीचिंग्स	1913
	(1912 ई० में चैतन्यस् लाइफ एण्ड टीचिंग्स नाम से पुनः प्रकाशित)	
6	शिवाजी एण्ड हिज टाइम्स	जुलाई,1919

7	स्टडीज् इन मुगल इंडिया	अक्टूबर,1919
8	मुगल एडमिनिस्ट्रेशन	
	प्रथम सिरीज – 1920, कलकत्ता	1925
	द्वितीय सिरीज – 1925, पटना विश्वविद्यालय	(संयुक्त रूप में)
9	इंडिया थ्रू दी एजेस	1928
10	शॉर्ट हिस्ट्री ऑफ औरंगजेब	1930
11	बिहार एण्ड उड़ीसा ड्यूरिंग दी फाल मुगल एम्पायर	1932
12	फॉल ऑफ दी मुगल एम्पायर	
	प्रथम खण्ड	
	द्वितीय खण्ड	1932
	तृतीय खण्ड	सितम्बर, 1934
	चतुर्थ खण्ड	नवम्बर, 1938
13	स्टडीज् इन औरंगजेब रेन	1950
14	हाउस ऑफ शिवाजी	1933
	(बाद में हिन्दी में भी प्रकाशित)	मई, 1950
15	ढाका विश्वविद्यालय द्वारा प्रकाशित हिस्ट्री ऑफ बंगाल	
	द्वितीय खण्ड का सम्पादन व 1/2 अध्याय के लेखक	
16	नवाब्स् ऑफ बंगाल (सर विलियम जोन्स	

बाई–सेन्टिरी सिरीज)

संख्या 1, एशियाटिक सोसायटी, कलकत्ता।

17 शिवाजी, ए स्टडी इन लीडरशिप 1949

(डी० ए० वी० कॉलेज, शोलापुर मैगजीन)

18 हिस्ट्री ऑफ दसनामी सेक्ट, प्रथम व द्वितीय खण्ड

(बाद में हिन्दी में भी अनुवाद प्रकाशित)

19 मिलीटरी हिस्ट्री इन इंडिया 1960

20 केम्ब्रीज हिस्ट्री ऑफ इंडिया, चतुर्थ खण्ड

(चार अध्याय)

2 ऐतिहासिक शोध ग्रन्थों का सम्पादन

1 इरविन द्वारा लिखित लेटन मुगल्स, 1922

प्रथम व द्वितीय खण्ड

नोट–इसमें उन्होंने तीन अध्याय और लिखे।

3 सरकारी अभिलेखों का सम्पादन

1 पूना रेजीडेंसी कॉरेस्पोण्डेंस

प्रथम खण्ड 1930

अष्टम खण्ड 1945

चतुर्दश खण्ड 1949

4 फारसी ग्रंथों का अनुवाद अथवा सम्पादन

1 मासिरे आलमगीरी (बिबलिओथिका इंडिया) अक्टूबर 1949

2 आईने अकबरी, जेरेट द्वार अनुवादित का
बिबलिओथिका इंडिया के लिए सम्पादन

	द्वितीय खण्ड	1948
	तृतीय खण्ड	1950
3	तारीखे आलमगीरी सानी	
4	डे टू डे न्यूज–देहली क्रॉनिकल	1738–1798
5	सैयद नुरूद्दीन हुसैन खाँ–लाइफ ऑफ नजीबुद्दौला	जुलाई, 1933
	इस्लामिक कल्चर नामक पत्रिका में प्रकाशित	अक्टूबर, 1939

5 फारसी अभिलेखों का अनुवाद

1	परशियन रेकॉर्ड्स ऑफ मराठा हिस्ट्री	अक्टूबर, 1939
	प्रथम खण्ड–पूना लेटर्स फ्रॉम देहली	अप्रैल, 1939
	द्वितीय खण्ड	
	तृतीय खण्ड–महादजी सिंधिया एज रिजेन्ट ऑफ देहली	

6 विभिन्न पत्र–पत्रिकाओं में प्रकाशित ऐतिहासिक व अन्य विषयों पर लेख

(अ) मॉडर्न रिव्यू

1	लाइफ ऑफ शिवाजी	1907
2	गाइड टू इंडियन हिस्ट्री	1907
3	युटोपिया	1908
4	लाइफ स्टोरी ऑफ ए ग्रेट पेरिया राज नारायण बोस	1909
5	रिक्लेक्श्ंस ऑफ सिस्टर निवेदिता	1911

6	डायर, टीचिंग ऑफ हिस्ट्री बेलजियम	1915
7	कन्फेशंस ऑफ ए हिस्ट्री टीचर	1916
8	न्यू लाइट ऑन मराठा हिस्ट्री	1917
9	ओरियंटल मोनार्किस्	1917
10	राइज ऑफ शाहजी भोंसले	1917
11	पोस्ट ग्रेजुएट टीचिंग एट कलकत्ता	1918
12	वर्नाक्यूलर मीडियम	1918
13	कलकत्ता यूनिवर्सिटी रिफोर्म	1918
14	प्रेजेंट कण्डीशन ऑफ दी हिन्दू यूनिवर्सिटी	1919
15	मूवमेंट्स इन इंडियन लिटरेचर	1919
16	शिवनाथ शास्त्री	1919
17	वर्किंग ऑफ दी हिन्दू यूनिवर्सिटी	1919
18	इंडियन इन्फ्लूएंस ऑन दी आर्ट ऑफ इंडोचाईना	1920
19	हिन्दू इन्फ्लूएंस ऑन फरदर इंडिया	1920
20	सुरेन्द्र नाथ बनर्जी	1920
21	यूनिवर्सिटी प्रोबलम्स ऑफ टू डे स्टूडेन्ट अनरेस्ट	1921
22	देहली ड्यूरिंग दी ग्रेट एनार्की	1921
23	कलकत्ता यूनिवर्सिटी रिफार्म	1921
24	डिफेन्स ऑफ इंडिया	1921
25	प्रजेन्ट कंडीशन ऑफ दी कलकत्ता यूनिवर्सिटी	1922
26	ए लेसन फोर टूडे	1922
27	एन एजूकेशन प्रोगाम फोर बंगाल	1922

28	प्रताप ऑफ बंगाल	1922
29	यूनिवर्सिटी रिफार्म	1923
30	ए फलावर ऑफ राजपूत सिवेलरी–दुर्गादास	1923
31	दी फर्स्ट प्रिंटेड लाइफ ऑफ शिवाजी (फ्रेन्च से अनुवादित)	1924
32	हिस्टोरिकल रिकार्ड्स ऑफ नॉर्दन इंडिया	1925
33	ऑन दी डेथ ऑफ सी० आर० दास	1925
34	पिटफाल्स ऑफ दी इंवेस्टिगेटर ऑफ इंडियन हिस्ट्री	1925
35	कलकत्ता यूनिवर्सिटी टू डे	1925
36	कलकत्ता यूनिवर्सिटी एण्ड रिफार्म	1925
37	लेसेंस ऑफ इंडियन हिस्ट्री	1925
38	एण्ड (अन्त) आफ नादिरशाह	1929
39	लास्ट ड्रीम ऑफ नादिरशाह	1929
40	इंडियाज मिलिट्री डिफेंस वाट–इट इंम्प्लाइस	1929
41	राजपूत्स इन दी मुगल एम्पायर	1930
42	फ्री सोर्सेस ऑफ मराठा हिस्ट्री	1930
43	यूनिटी ऑफ इंडिया	1942
44	यूनिटी इन स्पाइट ऑफ डाइवर्सिटी (अकबर)	1943
45	इंडियाज मिलिट्री डिक्लाइन इन दी एटीन्थ सेंचुरी	1943
46	रामानंद चटर्जी	1943
47	महादजी सिंधियाज एण्ड (अन्त)	1944

48	ए ट्वन्टीथ सेंचुरी कृषि–सर पी० सी० राय	1944
49	ए स्कीम–आर ए ड्रीम ?	1945
50	बैटल ऑफ पानीपत–दी विक्टर्स डिस्पेचेस	1946
51	फ्री इंडिया–ए रिव्यू	1974
52	ए कार्पस ऑफ ओरिजनल सोर्सेस ऑफ लेटर बंगाल हिस्ट्री	1947
53	फ्रोम आसफजाह फर्स्ट टू उसमान अली	1948
54	ब्रदर्स फ्रोम ओवर दी रिवर	1948
55	ओवर डमिडियट फ्यूचर	1948
56	ईस्टर्न इंडिया अंडर दी किंग्ज	1948
57	यूनिवर्सिटी रिफार्म	1949
58	एन ओल्ड मेन्स लास्ट होप	1951
59	हाउ दी ब्रिटिश लोस्ट इंडिया	1961
60	हिस्ट्रीस् वार्निंग टू इंडिया	1953

(ब) बंगाल पास्ट एण्ड प्रजेन्ट

1	वारेन हेस्टिंग्ज एज सीन बाई मराठा एनवाय	दिसम्बर, 1953
2	ए सेंचुरी ऑफ हिस्टोरिकल प्रिंटस	जनवरी–जून, 1954
3	दी जाट डाईनेस्टी ऑफ भरतप्रर	जुलाई–दिसम्बर, 1955

(स) प्रोसिडिंग्ज ऑफ दी हिस्टोरिकल रिकार्ड्स कमीशन

1	दी मिसिंग लिंक्स इन दी हिस्ट्री ऑफ मुगल इंडिया फ्रोम 1658 से 1961	जनवरी, 1920

2	देहली ड्यूरिंग दी अनार्की (1749–1788), एज टोल्ड इन दी कोंटपरेरी रिकार्ड्स	1924
3	औरंगजेब सीज ऑफ सतारा	1922
4	दी अफेयर्स ऑफ दी इंग्लिश फैक्टरी एट सूरत	1923
5	शिवाजी इन दी मद्रास–कर्नाकटक (फ्रोम अनपब्लिश्ड रिकॉर्ड्स इन पेरिस)	जनवरी, 1924
6	हिस्टोरिकल रिकॉर्ड्स रिलेटिंग टू नार्दन इंडिया, 1700–1817	जनवरी 1925
7	दी मराठा फेमिली रिकॉर्ड्स इन दी सेवेटींथ सेन्चुरी	1926
8	इंगलिश रेजीडेन्ट्स विद महादजी सिंधिया	1927
9	दी हाउस ऑफ जयपुर	दिसम्बर,1929
10	जनरल दी बोई इन इण्डिया	दिसम्बर,1938

नोट– इसके अतिरिक्त सरकार ने इस पत्रिका में तीन और शोध प्रकाशित किये।

(द) हिन्दुस्तान स्टैंडर्ड, कलकत्ता

1	कंडीशंस अंडर मुस्लिम रूल	अक्टूबर, 1951
2	विदर यंग इंडिया	नवम्बर, 1951
3	प्लेस ऑफ सिक्ख्स इन इंडियन हिस्ट्री	दिसम्बर, 1951
4	लेंड ऑफ किंग्ज्	फरवरी, 1952
5	अलबेरूनी	मार्च, 1952
6	न्यू डान इन राजस्थान	मार्च, 1952
7	वाट महाराष्ट्र टिचेस अस	मई, 1952

8	रानी ऑफ झांसी	जून, 1952
9	मिलिट्री हिस्ट्री, नम्बर 1	जुलाई, 1952
10	मिलिट्री हिस्ट्री, नम्बर 3	अगस्त, 1952
11	सिस्टर निवेदिता	अक्टूबर, 1952
12	स्टेच्यूस ऑफ फोरिनर्स	दिसम्बर, 1952
13	फुट प्रिंट्स ऑफ विवेकानन्द	जनवरी, 1953
14	व्हाई लिंग्विस्टिक ओविसेंस	जनवरी, 1953
15	प्रसेंटिंग क्रिस्टियेनिटी टू इंडिया	जून, 1953
16	1974–53, डेबिट एण्ड क्रेडिट	अगस्त, 1953
17	फ्यूचर ऑफ ओवर मिडिल क्लास	अक्टूबर, 1953
18	कांग्रेस, लुक विद इन	जनवरी, 1954
19	पाक–यू० एस० पेक्ट	जनवरी, 1954
20	इंडियन मिलिटरी हिस्ट्री, नम्बर 5	फरवरी, 1954
21	सेंचुरिस् ऑफ हिस्टोरिकल प्रिंट्स	मार्च, 1954
22	हिन्दू यूनिटी ए ड्रीम	मार्च, 1954
23	दी टू सिस्टर्स	सितम्बर, 1954
24	लाइट ऑन गाड	अक्टूबर, 1954
25	होमेज टू फ्रांस	दिसम्बर, 1954
26	स्टेट्स ऑफ वूमेन इन हिन्दूइज्म	दिसम्बर, 1954
27	प्रफुल्ल कुमार सरकार	1955
28	आफ्टर नेहरू ?	1957

(न) कृतनाथ कॉलेज सेन्टिनरी वाल्यूम

1 ओल्ड मुर्शिदाबाद

(ह) दी स्टेट्समैन, कलकत्ता

1 दी दुर्गा पूजा सेवेंटी ईयर्स अगो 1952

2 ब्रिटिश मोनार्की इन इंडियन हिस्ट्री 1953

3 सीड एण्ड फ्रूट ऑफ प्लासी 1954

(क्ष) प्रेसीडेंसी कॉलेज मैगजीन,कलकत्ता

1 बायोग्राफिकल स्केचेस ऑफ सी० एच० टानी एण्ड एफ० जे० रे० 1953

(त्र) जवाहर लाल नेहरू बर्थ डे बुक

1 कंडीशन ऑफ कश्मीरी पीपुल अंडी मुस्लिम रूल 1954

(ज्ञ) इस्लामिक कल्चर

1 अहमदशाह अब्दाली इन इंडिया अप्रैल, 1932

2 ओरिजनल अकाउण्ट ऑफ अहमदशाह केंपेन जुलाई, 1933

7 ऐतिहासिक ग्रन्थों की भूमिका

1 मीराते अहमदी का फारसी भाषा का संस्करण 1926

2 के० के० बसु द्वारा अंग्रेजी में अनुवादित तारीखे मुबारकशाही

3 दी फर्स्ट टू नवाब्स् ऑफ अवध, लेखक आशीर्वादी लाल श्रीवास्तव 1933

4 सरदेसाई द्वारा सम्पादित हिस्टोरिकल पेपर्स रिलेटिंग टू सिंधिया ऑफ ग्वालियर

5 हरिराम गुप्ता द्वारा लिखित

	दी हिस्ट्री ऑफ दी सिक्ख्स, 1736–68	1939
6	वी० जी० डिगे द्वारा लिखित बाजीराव प्रथम	
7	जी० एस० सरदेसाई द्वारा लिखित मराठी रियासत	
8	सरदेसाई द्वारा सम्पादित परमानंद काव्य का संस्कृत संस्करण,	1952
9	अमरेन्द्र गोस्वामी की कृति, ग्लिम्पसेस ऑफ मुगल आर्कीटेक्चर	1953
10	धर्मभानु की पुस्तक, दी हिस्ट्री एण्ड एडमिनिस्ट्रेशन ऑफ दी नार्थ वेस्टर्न प्रोविसेंस।	

परिशिष्ट बी

Writings of Syed Hasan Askari as Prepared By

Qeyamuddin Ahmad, Anawarul Haque & Atia Begum

[A] Writings of Syed Hasan Askari :

In English

I. Political History : (a) General

1. Sidelight on Firuz and his times: PUJ, xiii, 1959.
2. Discursive notes on the Sharqi monarchy of Jaunpur: Progs. IHC, xiii, 1960.
3. Indo-Persian relations with special reference to the Deccan: Progs. Asian History Congress, Delhi, 1961.
4. Indo-Persian political relations in the age of the Great Mughals: JBRS, xl, pv. iv, 1954. .
5. Versified account in Persian of Islam Khan's campaign in Assam: Progs. IHC, 1960.
6. An unknown phase of Mughal-Koch relations: Progs. IHRC, xvii, 1940.
7. Unpublished correspondence relating to Maharaja Madho Singh of Jaipur and some of his contemporaries: Ibid, xxiv, 1947.
8. Raja Ram Das Kachhwaha: Progs. IHC, xvi, 1953.
9. Mughal naval weakness and Aurangzeb's attitude towards traders and pirates on the western coast: JBRS, xlvi, pts. i-iv, 1960.
10. A contemporary account of the sack of Delhi by Nadir Shah: *Progs. MRC,* xxviii, 1951.
11. Contemporary correspondence describing events at Delhi at the time of Nadir Shah's invasion: *Progs. MC,* x, 1947.
12. Raja Jugal Kishore's dispatches regarding the sack of Delhi

by Nadir Shah: *Progs. MRC,* xxv, 1948.

13. A rare contemporary account of affairs of Delhi after the battle of Karnal, 1739, *Ibid,* xxxvii, 1962.
14. Durrani-Rajput negotiations 1759-1761: *Progs. MC,* ix, 1945.
15. Zaman Shah and Prince Mirza Ahsan Bakht: *JBRS,* xxxiii, pts. iii-iv, 1947.
16. Timur Shah and an Indian prince. *Ibid,* xxxiii, pts. i-ii, 1947.
17. An unpublished letter of Mir Qasim: *Progs., MRC,* xv, 1938.
18. A newly discovered letter of Shah Alam II to George III: *Ibid., xx,* 1943.
19. Chait Singh and Hastings (from Persion sources): *Ibid.,* xxx, 1954.
20. The Nizam and Cornawallis: *Progs., IHC,* xiv,1952.
21. Movement of Nizam Ali Khan and the Marathas Nov. 1773-June 1774: Progs., Deccan History Congress, 1st session, 1945.
22. Some letters of and relating to Tipu Sultan: *Progs., MRC,* xxxii, 1956.
23. Political significance of the movement of Syed Ahmad Barelvi: *Ibid.,* xxxi, 1955.
24. Versified contemporary account in Persian of Sepoy Mutiny of 1857 by an Anglo-Indian: *Ibid.,* xxi, 1944.
25. Maratha Activities as known from some Persian Literary Sources: *Prof. D.V. Potdar Commemoration Volume* (ed..) S.N. Sen, Delhi, 1950.

(b) Provincial - Bihar

26. A review of Bihar during the Turco - Afghan period, based on epigraphical sources: *CS,* January, 1954.
27. Bihar in the time of the last two Lodi Sultans: *JBRS,* xli, pt. iii, 1955.
28. Bihar in the time of Babar and Humayun: *CS,* 1956.
29. Bihar in the time of Akbar (i-ii): *BPP,* lxiv, 1940; lxv, 1941.
30. Bihar in the first quarter of 17 century: *Progs., IHC,* vi, 1943.
31. Bihar in the time of Shahjahan: *Ibid.,* vii, 1944.
32. Bihar in the time of Aurangzeb: (i-iii) *JBRS,* xxxi, pt. i; xxxii, pts, i-ii, 1945-46.
33. Bihar in the first quarter of 18th century: *Progs. IHC,* v, 1941.

34. Raja Ramnarain (I-III), *MQ,* 1937-38.

35. Bengal Revolution of 1757 and Raja Ramnarain: *JIH,* xviii, 1939.

36. Unpublished letters of Raja Ramnarain: *BPP,* lxii, 1942.

37. Some unpublished letters of Raja Ramnarain regarding Shah Alam IPs invasion of Bihar: *Progs., IHC,* iii, 1939.

38. Raja Ram Narain and post-Plassey affairs: *JIH,* xxiii, 1944.

39. Political significance of Hazin's carrer in India: *BPP.*

40. Fresh light on Shaikh Ali Hazin and his tours in eastern Hindustan : *Progs., JHC,* ii, 1938.

41. Correspondence of Shaikh Ali Hazin and Raja Ramnarain: *Progs., AIOC,* (Benares session).

42. Nawab Muniruddaula, a minister of Shah Alam II: *JBRS,* xxvii, pt, ii, 1940.

43. Raja Dhiraj Narain; *PUJ,* I, 1944.

44. Maharaja Kalyan Singh Ashiq, the last native Governor of Bihar: *JBRS,* xxvi pt.i, 1940.

45. A Critical Study of Kalyan Singh's Khulasat-ul-Tawarikh: *IHQ,* xvii, 1941.

46. The Ujjainiya ancestors of Babu Kunwar Singh: *Ibid.,* xli, pt.i, 1955.

(c) Provincial - Bengal

47. New light on Raja Ganesh and Sultan Ibrahim of Jaunpur from contemporary correspondence of two muslim saints : *BPP,* xiii, 1943.

(d) Provincial - Orissa

48. Ruqquat-i-Hasan: Progs., *JHRC,* xxxiii, 1958.

49. Dawn of Alivardi's fortune: *Journal of Orissa Academy,* iii, 1940.

(II) Religious and Cultural History:

50. Sufism in medieval Bihar: (Lectures delivered under the auspices of the Calcutta University in 1958 as Sir Abdullah Suhrawardy Memorial Lectures) Lectures i-ii, published in CS, viii, 1958 and lecture iii in *PUJ,* xii, 1958.

51. Historical value of hagiological literature: Progs., of International Congress of Orientalists, New Delhi. 1964 (also published under the title ^Historical Value of Sufic hagiological

works of the Sul-tanate period': *JBRS,* lii, pts.i-iv, 1966).

52. Malfuzats and Maktubats of a 14 century Sufi saint of Bihar: *Ibid.,* xxxiv, pts. iii-iv. 1948.

53. Hazarat Ahmad Chirmposh, a 14 century Sufi saint of Bihar: *PUJ,* viii, 1954.

54. The correspondence of two 14 century Sufi saints of Bihar with contemporary sovereigns of Delhi and Bengal: *JBRS.* Xlii, pt.ii, 1956.

55. Contemporary biography of a 15 century Sufi saint: *Progs., IHRC,* xxvii, 1950.

56. A 15th century Shuttari Sufi saint of north Bihar: *JBRS,* xxxvii, pts. i-ii, 1951.

57. A Madari Sufi Saint of Hilsa: *BPP,* lxviii, 1949.

58. Hazarat Hesamuddin, the 15 century Chishti saint of Manikpur, *CS,* May, 1953.

59. Tazkira-i-Murshidi-a rare Malfuz of the 15th century Sufi saint of Gulbarga: *Progs., JHC,* xv, 1952.

60. Hazarat Abdul Quddus Gangohi: *PUJ,* xi, 1957.

61. A Malfuz of a 17 Century Shuttari saint of Jandaha: *CS.*

62. Documents relating to an old family of Sufi saint of Bihar: *Progs., IHRC,* xxvi, 1949.

63. Medicines and Hospitals in Muslim India: *JBRS,* xliii, pts. i-ii, 1957.

64. Betel Chewing Custom among the early Muslims of India: *Jour-nal of Madhya Pradesh Itihasa Parishad,* Bhopal, no. v, 1967.

65. Hunting in early Medieval period: Golden Jubilee number of Bhandarkar Oriental Reasearch Institute, xlviii-xlix, 1968, Poona.

66. Music in the early Indo-Persian literature: *Malik Ram Commemora-tion Volume,* ed. S.A.J. Zaidi, New Delhi, 1972.

67. Amir Khusrau on Music: *Dr. Satkari Mookerji Felicitation Volume, Varanasi,* 1969 (also published in JIH).

68. Amir Khusrau on music in Rishi-i-Ijaj, *PUJ.*

(III) Language and Literature:

69. Some trends of linguistic assimilation in the early medieval pe-riod: *Progs. Seminar on Medieval Indian History,* New Delhi, 1965.

70. A newly discovered volume of Awadhi works, including Padmavat and Akhrawat of Malik Muhammad Jaisi, *JBRS,* xxxix, pts.i-ii,1953.

71. Qutban's Mirgavat, a rare ms. In Persian script: *Ibid.,* xli, pt. iv, 1955.

72. Mulla Daud's Chandain and Sadhan's Mainasat: *PUJ.* Xv, 1960.

73. Rare fragment of Chandain and Mirgavati: *CS.* January, 1955.

74. Bihar manuscript of Padmavat, *CS.*

75. A Critical study of the Diwan of 17 century saint Syed Raja: *Progs., AIOC,* xiv, Darbhanga, 1948.

(IV) Original Sources:

(a) Critical assessment of standard works

76. Taj-ul-Maasir by Hasan Nizami: *PUJ,* xviii, no.3, 1963.

77. Awn's Jawami-ul-Hikayat: *Ibid,* xxi, no.l, 1966.

78. Historical Matters in Ijaj-I-Khusravi, *Progs. IHC,* xxvi, 1964.

79. Amir Khusrau as an historian-an appraisal: *Historians of Medi-eval India,* ed. Mohibbul Hasan, Meerut, 1968.

80. Life and conditions as depicted in Risail-i-Ijaz-Khusravi, *Journal of Historical Reasearch,* Ranchi, x, no.i, 1967.

81. Political and Economic fragments from Risail-i-Ijaz-Khusravi: *JBRS,* liii, pts. i-iv, 1967.

82. Risail-i-Ijaz-i-Khusravi of Amir Khusrau-an appraisal: *Dr. Zakir Husain Presentation Volume,* 1968.

83. Works of Amir Khusrau as sources for social history: *Dr. Abid Husain Commemoration Volume.*

84. Wit and Honour in the works of Amir Khusro. Life and Times of Amir Khusro Dehlavi, 7th Centenary National Amir Khusro Soci-ety New Delhi.

85. Historical value of Afsana-i-Badshahan or Tarikh Afgani, *JIH,* xliii, pt.i, 1965.

86. Historical value of Basatin-ul Uns (a rare literary work of the 14th Century *JBRS,* xlviii, pts.i-iv, 1962).

87. Two Hindu Historians of the early Eighteenth Century. *Abid Husain Felicitation Volume,* (ed.) Malik Ram, New Delhi, 1974.

117. Studies in Indo- Muslim History by S.H.Hodivala, JBRS, xxvi, pt.iii, 1940.

118. *History of Bengal,* vol. ii, (ed.) J. N. Sarkar, *Ibid.*

In Urdu

119. Nuskha-i Dilkusha, (i-iii) The *Maasir* (a monthly re-search magazine in Urdu) published by Daira-i-Adab, Patna: November-December, 1940, January 1941.

120. Nuskha-i-Mufid-ul Insha *Ibid.,* April 1941.

121. Jangnama, (i-v) *Ibid.,* April-June and August-September 1942.

122. Tarikh-i-Kashmir (i-ii) *Ibid.,* May-June, July-August, 1943.

123. Zafar-Nama-i Alamgiri *Ibid.,* May-June, 1945.

124. Nuskha (Khulasat ul-Ansab) *Ibid.,* March-April, 1946.

125. Gharib Ka Urdu Kalam The *Maasir,* (New Series in book size), pt.3, Dec. 1952

126. Shumali Hind ke Sufia-i Karam ki Hindi Dosti *Ibid.,* pt.4.

127. Jaisi aur chand Musalman Hindi *Ibid.,* 4*, December, 1953. shoara ke kalam ka ek qadim nuskha

128. Diwan Syed Raja *Ibid.,* 5.

129. Dakani Urdu Makhtutat par ek nazar. *Ibid.,* 5.

130. Urdu Hindi zabanen *Ibid.,* 6 April, 1954.

131. Awraq-i Parina *Ibid.,* 7.

132. Wali Vellori *Ibid.,* 8.

133. Syed Abdul Quddus Gangohi aur unka Hindi kalam *Ibid.,* 11, December, 1957.

134. Chandain az Mulla Daud aur Mainasat az Miyan Sadhan (I-II). *Ibid.,* 16-17, Apr., July, 1960.

135. Hindi fanun-i latifa aur Chandain ki chand tasviren. *Ibid.,* 17.

136. Masnavi-i-Gauhar-i Jauhari. *Urdu,* (Quarterly, Anjuman-i-Taraqqi-i-Urdu, April, 1940).

137. Awwalin Musalman aur desi Bhashaen. *PUJ,* x, 1955.

138. Suba-i Bihar ke akhri Hindustani *Nadim* (monthly Urdu Jour-nal, Gaya: Bihar Number), 1940. Governor, Intdzamul mulk Mumtazuddawla, Maharaja Kalyan Singh, Bahadur Tahawwur Jung.

139. Sandesh Rasak, ek Musalman *Mutala* (Urdu Quarterly, Patna). ki Apbharamshai Hindi mein no.1 Nov-Dec, 1968. manzoom kitab.

140. Qurun-e Wusta ke Bihar mein Islami Tasawwuf ki Tarikhi Ahmiyat *Saathi* (Urdu newspaper published from Patna) Annual Number, 1952.

Abbreviations used

BPP Bengal: Past and Present

CS Current Studies

IHQ Indian Historical Quarterly

JBORS Journal of Bihar and Orissa Research Society

JIH Journal of Indian History

PUJ Patna University Journal

JBRS KBLJ

Journal of Bihar Research Society Khuda Bakhsh Library Journal

Progs. IHC Proceedings Volume, Indian History Congress

Progs. IHRC Proceedings Volume, Indian Historical Records Commission

Progs. AIOC Proceedings Volume, All-Indian Oriental Conference

{*Courtesy :* Journal of the Bihar Research Society, Patna, Special Issue, 1968, Professor Syed Hasan Askari Felicitation Volume, Ed. Dr. S. V. Sohni, I.C.S.)

Section B ADDENDA TO SECTION A

Md. Anwarul Haque 'Tabassum'

Books

1. *Fort William-India House Correspondence* 1787-91, vol. xlvi, 1976 for the National Archives of India.
2. *Shahnamah-i-Munawwar Kalam,* a history of the reign of Farrukhsiyar by Sheodas Lakhnavi, (Persian Text, 1968); English Translation, 1980, Patna.
3. Sirat-i-Firoz Shahi, an important work by an anonymous writer (Eng. Tr.) under print.
4. Tabaqat-i Baburi, a paraphrasing in Persian of some portions of the Babar Namah by Shaikh Zainuddin (Ed. 8B Tr.), 1982.
5. Iqbal Namah by an anonymous writer (Ed. 8B Tr.), 1983.
6. *A Comprehensive History of Bihar,* vol. ii, pt. I, edited with Dr. Q. Ahmad, K. P. Jayaswal Research Institute, Patna, 1984.
7. *Collected Works of Prof S. H. Askari,* vol. i (collection of five ar-ticles), Published by Khuda Bakhsh Oriental Public Library,

Patna, 1985.

8. *Aspects of the Cultural History of Medieval Bihar,* K. P. jayaswal Memorial Lecture Series, 1986.

9. *A Comprehensive History of Bihar,* vol. ii, pt. II, edited with Dr. Q. Ahmed, K. P. Jayaswal Research Institute, Patna, 1987.

10. *Amir Khusraw* as a Historian, Collected Works, vol. ii (collection of eight articles, K. B. L., Patna).

11. *Islam and Muslims in Medieval Bihar;* Collected Works, vol. iii (collection of two articles, K. B. L., Patna, 1989).

12. Medieval Bihar, Sultanate and Mughal period, Collected Works, vol. iv, (collection of ten articles), K.B.L., Patna, 1990.

13. Some aspects of the Social Life in Medieval Bihar as glimpsed from works of Lexicon, JBRS, vol. lxiii-xiv, 1977-78.

14. Superstitious Beliefs and Practices in India, Prajna-Bharti, a Jour-nal of the K. P. Jayaswal Research Institute, Patna, vol. ii, 1982.

15. A unique copy of Maktubat-i-Sadi - A second study. Prajna-Bharti, vol. iv, 1984.

16. Historical Fragments Relating to Malik Bayyu and His Times; *Indo-Iranica,* vol. 35, Iran Society, Calcutta, 1982.

17. Princess Zebun-Nisa, Facts and Fiction, *Prajna-Bharti,* vol. v. 1988.

Unpublished Articles (mimeographed copies available at Khuda Bakhsh Library)

I. Sources : Provincial - Bihar

1. Sources of the History of Education in Medieval Bihar,

ii. **Political History - General**

2. *Firoz Shah Tughlaq and His Times :* A study of the rare Mss of Tarikh-i Firoz Shahi.

3. *The Progeny of Aurangzeb.*

4. Baba Nanak in History.

5. Guru Gobind Singh on Himself and as seen by others.

6. Baba Nanak in Persian sources.

7. The Maktubat of a Sufi of Firdausi Order of Bihar,

8. Authorship of Dabistan-i Mazahib.

III. On contemporaries

9. Kali Babu, My Friend-Reminiscences. *JBRS. special issue, K.*

K. Dutta Felicitation Volume, LIX (I-IV) 1973.

10. Kalim Saheb - An Appreciation; Nazr-i-Kalim, a Felicitation Volume, published by Bihar Urdu Writers Circle, Patna on 15th Sep. 1974.

IV. Reviews

11. *Sharqi Kingdom of Jaunpur* - A Political and Cultural History by

Lakshamichandar. Written on 30.7.73; *K. B. L.'s Collection,* vol. ii, no. 134.

12. *Sur Vansh ka Itihas,* by S.P.B. Nigam, written on 10.11.73. *Ibid.*

13. Career of Shujauddin Muhammad Khan, by Sm. Jayati Rai, *Ibid.*

14. Hindu Nobility under Akbar (1556-1605) by Nain Singh Yadav, *Ibid.*

15. The Baharul-Ashar (Travelogue of South Asia) Mahmud b. Amir Wali Balkhi, Ed. Riyazul Islam, The Indian historical Review, vol. ix, nos. 1-2.

Section C ADDENDA TO ARTICLES IN URDU

1. Bihar Sharif mein Qalmi Nuskhonke Zakhire *Maasir,* 1957
2. Bahadur Shah Rangoon mein *Ibid.,* 1962. *Ibid.,* pt. 23, 1972
3. Dastur Mulla Firoz, musannif 'Jarjnamah' *Ibid.,* pt. 27, 1974 *Saaghar* (Urdu magazine), 1964, 65
4. Kuchh Hazrat Makhdum-i-Bihar ke Malafeez O Makateeb ke Mutalliq *Maasir,* 1975
5. Afsana-i Badshahan ya Tarikh-i Afghani ka ek kamyab Nuskha (i-ii) *Ibid.,* 1983
6. Kai Kard ke Na Yaft Reprinted by Khuda Bakhsh Oriental Library, 1995.
7. Ilm ut-Tarikh
8. Hazrat Husamuddin, Pandrahveen Sadi ke Chishti Sufi Buzurg.*

   (Possibly first published in Sanam (Urdu magazine) Bihar Issue, November, 1959.
9. Ganj-i Fayyazi, Khanwada-i Rasheediya ke ek Buzurg ka Malfuz
10. Sikh-Mughal Talluqat Mughal Ahd mein
11. Istidrak bar Nuskha-i Mufeed ul-Insha *(A Rejoinder by Prof. Askari to a letter of Hakim Habib Khan of Dacca)*

Other

12. Ujagar Chand Ulfat ka Urdu Kalam (A Note by Prof. Askari)
13. Lala Ujagar Chand Ulfat aur Unki Naadir Ghair-Matbua

Tasaaneef

14. Tabqat-i Baburi of Zainuddin
15. Do Makhtute
16. Diwan-e Nanak Shah

Hayat-e Kalim (Kalimuddin Ahmad Felicitation Volume) ed.

17. Lala Ujagar Chand Ulfat (possibly the same as no. 13) *Sada-e Aam* (Urdu Newspaper) published from Patna) Eid Is-sue, 1953.
18. Kuchh Hashr' se Mutalliq *Aaj Kal* (Urdu Journal), 1979.
19. Husaini Miyana *Zareef *Ibid.,* October, 1972
20. Sitara Ya Baadbaan *Maktaba Satrang,* Karachi, 1967
21. Qazi Saheb, Alim aur Insaan *Mkasir* (Qazi Abdul Wadood Felicitation Volume)
22. Professor Mahfooz ul-Haque (Obituary) *Maasir,* Aug.-Sept., 1946.

परिशिष्ट सी

Works of J. N. Sarkar

I. Books, Monographs & Pamphlets

1. Life of Mir Jumla, General of Aurangzeb, 1st edn (1951), Calcutta; 2nd revised and enlarged edition, New Delhi, 1979.
2. History of Patna College, jointly with J.C. Jha, 1963 Patna.
3. A Survey of Medieval Indian historiography, QRHS. Calcutta, 1963, (Separate monograph).
4. Ideas of History Writing in Medieval India. QRHS. Calcutta, 1963, (Separate monograph).
5. The military Despatches of a Seventeenth Century Indian Gen-eral, Calcutta, 1969.
6. Private trade in Seventeenth Century India, Calcutta, 1969.
7. Islam in Bengal, Calcutta, 1972.
8. Some Aspects of Military Thinking and Practice in Medieval In-dia, Calcutta. 1974.
9. Studies in Economic Life in Mughal India, Delhi, 1975.

10. Asian Balance of power in the light of Mughal-Persian Rivalry in the 16th 8B 17th Centuries, Calcutta, 1975.
11. India 8B Iran in the Medieval Period : A Bird's Eye View, Calcutta, 1975.
12. A Study of 18th Century India vol. I, Calcutta, 1976.
13. History of History Writing in Medieval India : vol. 1. Contempo-rary Historians, Calcutta, 1977.
14. Glimpses of Medieval Bihar Economy (13th to Mid/18th Century), Calcutta, 1978.
15. Romance of Historiography From Shah Alam I to Shah Alam II (Non-European), Calcutta, 1982.
16. The Art of War in Medieval India, New Delhi, 1984.
17. Thoughts on Trends of Cultural Contacts in Medieval India, Calcutta, 1984.
18. Mughal Polity, Delhi, 1984.
19. Hindu-Muslim Relations in Medieval Bengal, Ramlal-Haripriya En-dowment lectures, Bangiya Sahitya Parishad, (in Bengali). Calcutta. 1980, published later.
20. Same in English, Delhi, 1985.
21. Mughal Economy : Organization 8B Working, 1987.
22. Freedom Struggles in Medieval Assam. The first series of Prof. H. K. Barpujari Endowment Lectures, Dibrugarh University, 1987.
23. Historiography then and Now : Medieval Bihar. K. P. Jayaswal Birthday Commemoration Lectures, K.P.J. Research Institute, 1987, Patna.
24. A Seventeenth Century Metrical History of War for Delhi throne, Abstract Translation and editing of 'Aurangnamah' by "Haqirr".
25. A Seventeenth Century Persian History of Assam. Translation and editing of Shihbu'dDin Tlish's *Fathiyyah-i-ibriyyah* with contem-porary Assamese sources.
26. Private Trade in Mughal India (Revised edn. of no. 6).

II. Contribution to Learned Works :

1. *History of Bengal' vol. II, ed. by Sir Jadunath Sarkar, Dacca Uni-versity. 1948.
2. Bihar Through the Ages ed. by R. R. Diwakar, Governor of Bihar, 1959.

3. 'History of Bengal', Calcutta University, ed. by N. K. Sinha
4. 'Historians of Medieval India', ed. by M Hasan, Jamia Millia Islamia, New Delhi, 1968.
5. "The Indian Press", ed. by S. P. Sen, Institute of Historical Stud-ies, Calcutta, 1968.
6. "The North and the South in Indian History : Contact & Adjust-ment", Do, Calcutta, ed. by S. P. Sen.
7. 'Studies in the Foreign Relations of India : H. K. Sherwani Fe-licitation Volume, ed. by P. M. Joshi — Asian Balance of Power in the light of Mughal-Persian Rivalry in the 16th and 17th Cen-turies'.
8. *Historical Biography in Indian Literature', ed. by S. P. Sen/ N. R. Ray, I.H.S. Calcutta, 1979.
9. 'Sources of the History of India vol. Ill', Do. ed. by N. R. Ray, Calcutta, 1980.
10. 'Sources of the History of India vol. IV, Do. ed. by N. R. Ray, Calcutta, 1982.
11. 'Chhatrapati Shivaji, Architect of Freedom'.
12. 'Commemoration volume on Amir Khusrau (in English & some other Languages)' National Conference, Delhi.
13. 'Felicitation volume to Dr. Gyanchand', Patna.
14. Religion in Bihar in Modern Age-Patna, R. K. Mission Ashram.
15. K. P. Jayaswal Commemoration volume, Patna, 1981.
16. 'Comprehensive History of Bihar', vol. II. Pt. I, 1983.
17. 'Comprehensive History of Bihar', vol. II. Pt. II, 1987.
1.8. Cultural Heritage of India, vol. on Science and Technical litera-ture.
19. 'Comprehensive History of Assam', vol. II. (Medieval Period).
(i) Assam's Political Relations with Delhi & Bengal (contributed).
(ii) Ahom Polity (contributed).
20. 'Dictionary of National Biography' ed. by S. P. Sen, IV. s-z, Jadunath Sarkar.

C. Editing Work :

1. Edited Shahabad and Bhagalpur Reports of Dr. Alexander Hamilton Buchnan (jointly with K. K. Dutta & A. P. Banerji Shastri) under the auspices of the Bihar Research Society.
2. Member of Editorial Board of Bihar University Journal for some time.

3. Editor, Jadavpur University Journal of History, vol. 1, No. 1, 1972.
4. Chief Editor, *Indo-Iranica,* Iran Society, Calcutta.
5. Engaged in editing and translating (i) the *Haft Anjuman* of Udairj *alias* Tleyr Khn, (ii) translating the *Aurangnmah* of 'Haqiri'; edit-ing and (iii) translating the *Fathiyyah-i-ibriyyah* of Shihbu'dDin Tlish.

III. Articles :

These have been grouped analytically.

(A) Political and Diplomatic :

1. Early Relations of Mir Jumla with the English up to 1650 (Pr. IHC 1939).
2. English Mission to Mir Jumla 1650-2 (IHQ. 1940).
3. The English in Madras 8B Mir Jumla (1652-55) (Pr. IHC. 1941).

4 & 5. Mir Jumla 8G the English in Madras (JBRS 1940-1941).

6. Mir Jumla — Iran Correspondence — JBRS, 1942.
7. Correspondence between the Deccani Sultanates and Mir Jumla and the Court of Iran, JBRS, 1942.
8. Mir Jumla — Iran Correspondence, JBRS, 1943.
9. The Last Phase of Mir Jumla's Relations with the Europeans (JIH. 1945).
10. Mir Jumla's Diplomatic Relations with Sir £anga Rayal & Shahuji Bhonsla (JBRS, 1944).
11. A few letters of Qutb Shah and Mir Jumla relating to Karnatak Affairs, JBRS, 1944.
12. Mir Jumla's Diplomatic Relations with Sri Ranga Royal and Shahuji Bhonsle, JBRS, 1944.
13. The Fate of Mir Jumla's Karnatak Dominions (JIH. 1949).
14. The Mutiny of 1857-58 : the Palamau Jagirdars (JBRS, 1955).
15. The Mutiny of 1857-58 and the Palamau Jagirdars, JBRS, 1955.
16. The Mutiny in Manbhum (Pr. IHRC, 1956).

(IV) Original Sources:

(a) Critical assessment of standard works

76. Taj-ul-Maasir by Hasan Nizami: *PUJ,* xviii, no.3, 1963.
77. Awn's Jawami-ul-Hikayat: *Ibid,* xxi, no.l, 1966.
78. Historical Matters in Ijaj-I-Khusravi, *Progs. IHC,* xxvi, 1964.

79. Amir Khusrau as an historian-an appraisal: *Historians of Medi-eval India,* ed. Mohibbul Hasan, Meerut, 1968.

80. Life and conditions as depicted in Risail-i-Ijaz-Khusravi, *Journal of Historical Reasearch,* Ranchi, x, no.i, 1967.

81. Political and Economic fragments from Risail-i-Ijaz-Khusravi: *JBRS,* liii, pts. i-iv, 1967.

82. Risail-i-Ijaz-i-Khusravi of Amir Khusrau-an appraisal: *Dr. Zakir Husain Presentation Volume,* 1968.

83. Works of Amir Khusrau as sources for social history: *Dr. Abid Husain Commemoration Volume.*

84. Wit and Honour in the works of Amir Khusro. Life and Times of Amir Khusro Dehlavi, 7th Centenary National Amir Khusro Soci-ety New Delhi.

85. Historical value of Afsana-i-Badshahan or Tarikh Afgani, *JIH,* xliii, pt.i, 1965.

86. Historical value of Basatin-ul Uns (a rare literary work of the 14th Century *JBRS,* xlviii, pts.i-iv, 1962).

87. Two Hindu Historians of the early Eighteenth Century. *Abid Husain Felicitation Volume,* (ed.) Malik Ram, New Delhi, 1974.

88. Ganj-i Arshadi: *KBLJ,* nos. 7,8, 1978-9.

89. Maktub Literature as a source of Social history: *KBLJ,* no. 1, 1977.

90. The Malfuzat of some Sufi Saints of Bihar, *KBLJ,* no. 5, 1978.

91. Isherat: ascribed to the Makhdum of Bihar: *KBLJ,* no. 6, 1978.

92. Sirat-i-Firoz Shahi- an introduction, *KBLJ,* no.Ill, 1998.

93. Glearings from a unique manuscript of epistlary Collection, *KBLJ,* 116, 1999.

94. Muzaffarnama by Karam Ali- a critical study: *Journal of Histori-cal Reasearch,* Aligarh.

95. A rare and unique eighth century Arabic manuscript (on embas-sies and amanuenses of the Prophet of Islam) *PUJ.*

(b) New source material brought to light

96. Dasturul-Imla: *JBORS,* xxiv, pt.iv, 1938. .

97. Insha-i-Gharib and Insha-i-Ulfat of Lala Ujagar Chand Ulfat (Mil) *Hindustan Review,* Patna, 1938.

98. Historical contents of a newly discovered Persian ms.: *Progs., JHRC,* xvi, 1939.

99. A copy of Dastur-ul-Amal, *Progs., MRC,* xix, 1942.
100. Majmua-i-Yusufi by the historian Yusuf Ali Khan: *Ibid.,* xxii, 1945.
101. Historical contents of three scrap books or Bayaz: *Ibid.,* xxiii, 1946.
102. A newly discovered manuscript of Inayatullah's Ahkam-i-Alamgiri: *Ibid.,* xxix, 1952.
103. Maadan-ul-Insha, a rare collection of historical letters: *Ibid.,* xxxiv, 1959.
104. Muntakhab-ul-Insha and Inayatnama-i-Nasar, two unknown col-lection of letters: *Ibid,* xxxv, 1960.
105. Two important collections of letters: *Ibid.,* xxxvi, 1961.
106. Munshaat-I-Husaini, a collection of Browne's correspondence: *Ibid,* xvii, 1941.
107. Mahmud Gawan and his book Manazir-ul-Insha, *Indo-Iranica,* April, 1953, Calcutta.
108. Fragments of a newly discovered Persian ms. by a Hindu newsprinter: *JBRS,* xxxvi, pts.iii-iv, 1948.
109. Mirat-ul-Muluk, a contemporary work containing references on later Mughal administration: Indica : Indian Historical Reasearch Institute, Bombay, *Silver Jubliee Commemoration Volume,* 1953.
110. A source book of mid-eighteen century Indian History: *PUJ;* iv, no.l, 1949.
111. A Journal of an 18 century officer: Collegian.

(V) Miscellaneous

112. Mausoleum of Nawab Haibat Jung: *Patna College Magazine.*
113. Presidential Address in the Medieval Section of Indian History Congress: *X session,* 1947.
114. Mirza Muhammad Baqar Najm-I-Thani, *Imtiaz Ali Arshi Presenta-tion Volume,* 1965.

(VI) Reviews

115. Humayun Badshah by S.K.Benerjee: JBRS, xxv, pt.i, 1939.
116. The Rise and Fall of Muhammad Tughlaq by Mehdi Husain, Ibid.

17. Restoration of Order in Manbhum after the Mutiny 1857-58 (JBRS, 1957).

18. Mirza Rajah Jai Singh 8B Shivaji (JIH, 1964).
19. New Light on Mirza Rajah Jai Singh's Policy in Bijapur (JIH, 1965).
20. Recall of Mirza Rajah Jai Singh 8B His Death (Pr. IHC, 1966, also 'East' 1968).
21. Punishment 8B Pardon of Ram Singh (JIH, 1967).
22. New Light on Mughal-Portuguese Relations 1965-67, Based on Portuguese Sources (JMPHS. 1971).
23. A Little Known Chapter in Indo-Iranian Diplomacy in mid-17th Century (Indo-Iranica). vol. 25. 1972 (3 8B 4)
24. A Survey of Economic condition in India during the first half of the eighteenth century. IJAPA. Vol. I (1), 1973.
25. Significance of Shivaji's Coronation, 1974 (in Chhatrapati Shivaji, Architect of Freedom).
26. Shivaji, the Mughals 8B the Europeans 1664-67, A study in diplo-macy (JIH) vol. LIII (ii), 1975.
27. (Review) History of Medieval Deccan ed. by H. K. Sherwani and P. M. Joshi, vol. 1 (Indo-Iranica).
28. 'History of Qutb Shahi Dynasty by H. K. Sherwani' Review article, 1.1. vol 31 (1 8B 2), 1978.
29. Place of Dara Shikoh in India's Cultural History, I. I. Vol. 35. Nos 1-2. 1982.
30. Seeds of Economic Decline in the Century before Plassey, QRHS Vol. XXII. No. 1, 1982-83.
31. New Light on Medieval Indian History from a study of a few Asi-atic Sources, Journal Asiatic Society, Bi-Centenary No. Vol. XXVII. No. 2, 1985.
32. The Story of Sind by R. D. Choksey', Review article in QRHS. xxv (1), 1985-86.
33. 'Pre-British State System in S. India', by Nikhilesh Guha, QRHS. xxv (1) 1986.
34. 'Assam 8B the Husain Shahis', in Lik Phan Tai (In memory of Dr. P. Gogoi) vol. III. 1986.
35. Turbak In Assam History' (sent to Tai History Congress, Dec. 1986).

(B) Administrative :

1. Some Aspects of the Qutb Shahi Administration of Golkunda (JBRS 1944).

2. Mir Jumla's Administration in the Karnatak (JBRS, 1947).
3. Police System in Medieval India in Theory 8B Practice (Bihar Po-lice Magazine, 1954).
4. Corruption in Public Life in Medieval India (QRHS 1965-66).
5. News-writers of Mughal India (Indian Press 1968).
6. Akbar : His Inheritance 8B Institutions (Rev.). QRHS 1969-70.
7. Influence of Political Expediency on Muslim Polity in pre-Akbar period (JHR, 1971).
8. Some Reflections on Mughal Nobility (Bihar 8B Orissa Secondary Teachers' Journal).
9. Nobility under the Sultans of Delhi A. D. 1206-1398 (Rev. QRHS).

(C) Economic :

1&2. Cotton Trade/Silk Trade of Patna in early 17th century (IHQ 1936, •39).
3. Saltpetre Industry of India with special reference to Bihar (JBRS, 1937).
4. Organisation of Saltpetre Industry of India (IHQ, 1938).
5. Transport of Saltpetre in India in 17th Century (JBRS, 1939);
6. Administrative Interference in the Saltpetre Trade India (JIH. 1941).
7. Mir Jumla's Overseas Commercial Activities (JBRS. 1945).
8. Patna 8B its environs in the 17th century, a study in Economic History (JBRS. 1948).
9. Medieval Orissa's Seaports; Balasore (JBRS. 1950).
10. The Rape of Indian Ships in Indian Waters, 1612, (JBRS. 1949).
11. Indian Merchant Ships & their Skippers in the Red Sea Ports 1611 (JIH 1949).
12. Bihar's Old Industries (Historical Miscellany, Patna College).
13. Customs Houses *(chaukis)* in Bengal and Bihar in 1670-71 (JBRS. 1951);
14. A 17th century Hindu Merchant 8B Broker of Balasore (JBRS, 1954)
15. Two years of the Cotton Industry 8B Trade of Gujrat (1622-23) (JBRS, 1954)
16. Orissa Governors 8B the Trade of Balasore (1670-74) (Journal of Bihar University 1958).

17. Problems of Writing Socio-Economic History of Medieval India (QRHS. 1962).
18. Private Trade in Seventeenth Century India (JBRS. 1963).
19. Imperial Monopoly in Indigo (1633-35) (JBRS. 1964).
20. Monopolies 8B Monopolistic Controls in Mughal India (QRHS. 1964-65).
21. Indigo as a form of Commercial Agriculture during the first half of the 17th century (Dr. Satkari Mookerji Cummemoration Vol. Dec. 1965).
22. Some problems of socio-economic history of Mughal India (sub-mitted to Indian Institute of Advanced Study, Simla, June, 1966).
23. 24 8B 25. Economic Conditions in Bihar during Turko-Afghan Period; Economic Life in Bihar C. 1526-1757; Advent of European Companies in Bihar (for K. P. Jayaswal Research Institute, Patna).
26. A mercantile strike of the 17th century (Proc. IHRC 1967).
27. The North 8B the South in Indian History : Contact 8B Adjustment (Soc. 8B Econ), Institute of Historical Studies Calcutta, Tirupati Ses-sion 1971.
28. Towns in Mughal India (JUJH, 1972).
29. Economic Position of the Mughal Empire after the death of Aurangzeb (IJAPA, 1973).
30. Famines in Medieval India, — Itihas vol VII no. 2, July-Dec, 1979.
31. Mughal Economy at a Glance — Special Lecture No. 1. at His-tory Department. North Bengal Univesity (mimeo) 1985.

(D) Socio-Cultural :

I. Some Aspects of the Political Philosophy of Sri Aurobindo (Modern Review, 1954).

2 to 5. Early History of Patna College up to 1909 (BPP. 1942-45).

6. Notes on the History of Patna College (Patna College Magazine, 1938).
7. A short History of the Origin & Development of Patna College (Patna College Magazine, 1942).
8. The Patna College as I have known it (Bihar Herald).
9. Time Perspectives 8B Study of Cultural History (Bulletin, A. N. Sinha Institute of Social Studies).

10. Traditional Values in Indian and American Life (Speech in Unesco Seminar-Jadavpur University, Sept., 1963).

II. Impact of Muslim Rule on Indian Life and Thought (speech at Ramakrishna Mission Institute, Calcutta, Aug., 1966).

12. Islam in Bengal Thirteenth to Eighteenth Century (JIH, 1970).

13. Islam in Bengal (Abstract : History of Bengal 1757-1905. C. U. 1968).

14. Friedrich Max Mueller : The Man 8B His Ideas (Rev. QRHS. 1968-9).

15. A Note on International Congress of Orientalists, Canberra, Janu-ary, 1971 (QRHS. 1970-71).

16. Some Aspects of Mughal Architectural Decorations (Rev. QRHS. 1972).

17. On Understanding the Universalism of Raja Ram Mohan Roy (1, 1) vol 25. 1972 Oct.

18. India & Iran in Medieval Period, a Bird's Eye View (1, 1). vol. 26. 1973.

19. Hazrat Amir Khusrau Dehlavi (1253-1325) — 1.1, vol. 26. 1975.

19a. S. P. Sen as an Organiser, in S. P. Sen vol. Institute of Histori-cal Studies.

20. Thoughts on the Study of Indian History. General President's Ad-dress, Indian History Congress, Calicut, 1976.

21. Calligraphic Art Review article of R. Nath's article 1.1. Vol. 32 (3 & 4), 1979.

22. The Seljuq Renaissance and Omar Khayyam' 1.1. vol. 33, 1980.

23. 'A layman's homage to Avicenna', 1.1, vol. 34, 1982.

24. Islam in Bihar' (19th 8B 20th Centuries) — in Religion in Bihar on the Modern Age, R. K. Mission, Patna. march, 1983.

25. Tradition of Protest and Non-conformity in Indian History, Presi-dential Address, Institute of Historical Studies, Annual Confer-ence, Gaya Session, 1983, QRHS.

26. —A Study of Sufism — Its background and its Syncretic Signifi-cance in Medieval India — 1.1. vol. 38, 1985 (1 & 2).

27. 'Calcutta, Past and Present' 1.1.

28. Thoughts on Social Changes in Bengal (mid-18th to mid-19th cen-tury); Presidential Address on Seminar on Social Change in 18th 8B 19th centuries organized by W. B. State Archives on 75th an-niversary 17.3.86.

29. Tagore 8B Iran (A few side-lights on Tagore's Discovery of Persia) — 1.1. vol. 39, 1986.

30. The Asiatic Society and Arabic and Persian Studies, 'All India Ori-ental Conference XXXIII session Cal, 1986 Souvenir.

31. The problems of Studying Hafiz Shiraji' (Presidential Address).

32. 'Hafiz Shirazi and some contemporary Rulers' (both in Hafiz Septingenary Celebrations, March, 1987 Iran Society.

33. Sir William Jones : The Scholar 8B the Organizer (in Sir William Jones Seminar, Iran Society Dec, 1987) Indo-Iranica.

34. 'A few Suggestions for Research on Islamic Studies', (Presidential Address. Do).

35. —'Hafiz Shirazi' — Presidential Address in Sarat Memorial Lec-tures organised by Calcutta University, delivered by Prof. Parbati Charan Bhattacharya, at R. K. Mission Institute of Culture, (in Bengali).

36. —'Meaning of Indian History', Professor H. K. Barpujari Lectures 1987 by M. Subramanian. Institute of Historical Studies Presiden-tial Address.

(E) Military :

1. Role of Daud Khan in Mir Jumla's Campaigns in Bihar and Ben-gal (PUJ. 1945).

2. Some Principles of Tactics 8B Strategy in Medieval India Read at International Congress of Orientalists, Canberra, January, 1971 (JHR 1968).

3. Art of War in Medieval India (for Cultural Heritage of India, R. K. Mission Institute, 1968).

4. Some Aspects of Warfare in Medieval India (BPP. 1971)

5. Some Aspects of Military Thinking 8B Practice in Medieval India (QRHS, 1971-72).

6. Limitations of the Art of war in Medieval India (O. C. 1971).

7. Aspects of Military Engineering in Medieval India (For G. H. Khare Felicitation Vol. 1971).

8. Some Aspects of Siege Craft in Medieval India (JHR, 1972).

9. Guerrilla Warfare in Medieval India (QRHS. 1972-3).

10. Men 8B Beasts in Medieval Indian Warfare (JIH Silver Jubilee No. 1972).

11. Amir Khusrau 8B the Art of War in Medieval India (1.1.1972)

12. Aspects of Military Administration in Medieval India (JIH Dec. 1973).
13. Arms 8B Armour in Medieval India (Bulletin, Victoria Memorial Vol. VI, VII).
14. Use of Artillery in Medieval India (JHR, Aug. 1974).
15. Bhimsen Burhanpuri and the Art of war in Medieval India (IJAPA) vol. II (1974).
16. Essentials of Military Policy in Medieval India (Siddiqi Felicitation Vol.).
17. Military Morality in Medieval India (Amir Khusrau National Con-ference).
18. Report on Work on History of Warfare in Medieval Period since 1947 (ICHR Aug. 1975).
19. Some aspects of the Science and Art of War in Medieval India— Itihas. Journal, A. P. State Archives vol. XIV. No. 1. Jan. 1988.

(F) Source Materials :

1. Correspondence between the Deccani Sultanates and Mir Jumla and the Court of Iran (JBRS. 1942).

2&3. Mir Jumla-Iran Correspondence (JBRS 1942, 43);

4. A Few Letters of Qutb Shah and Mir Jumla relating to the par-tition of the Karnatak (Pr. IHRC).
5. A few letters of Qutb Shah and Mir Jumla relating to Karnataka Affairs (JBRS. 1944).
6. A few letters of Aurangzeb to Emperor Shahjahan relating to Mir Jumla and Sri Ranga Rayal (P.U.J);

7tol3. The Haft Anjuman of Udairaj Munshi of Mirza Rajah Jai Singh (BPP. 1962-66).

14. New Light on Mughal-Portuguese Relations (1665-67), based on Portuguese Records, JMPHS, 1968.
15. Collection and Preservation of Sources relating to Bangladesh me-dieval period (Itihas Samity, Chittagong, April, 1973).
16. Sources for the study of Medieval Indian History (PPP. Vol. VIII PT. II Oct. 1974).
17. A Rajasthani Letter on Temple Destruction in Amber (read at Ind. Hist. Congress Jadavpur Session, 1974 (BPP).

(G) Historiography :

1. Sir Jadunath Sarkar and His Historical Writings (JBRS, 1960).

2. Medieval Indian Historiography (QRHS 1963-64).
3. Ideas of History in Medieval India (QRHS, 1964-5).
4. Personal History of some Medieval Historians and their writings (Jamia Millia Seminar, Delhi, Jan. 1966).
5. Writing of Indian History in Medieval Period; Retrospect and Pros-pect (Visva-Bharati, Seminar, 1966).
6. Sir Jadunath Sarkar's Historical Beliefs (JHR Jan. 1967).
7. Stages in the growth of Historical Literature in Medieval India (Patna Univ. Seminar on Periodisation of History, 1967);
8. Thoughts on Acharya Jadunath Sarkar (1.1, 1971 Jadunath No.)
9. Historical Biography in Indian Literature (Persian) (Dr. S. P. Sen's Kolhapur seminar, 1973); also 1.1. vol. 39. 1976.
10. The Political Biography of a Mughal Noble, Munim Khan, Khan-i-Khanan, by Iqtidar A. Khan. Review article in Indian Historical Review, Vol. II no. 1. 1975.
11. Bibliographical Note on Sir Jadunath Sarkar (Diet. Nat. Bio. Vol. IV)
12. On the History 8B Historians of Medieval India by K. A. Nizami (1983) — Reviewed, 1. 1. 1984.

Bengali :

1. Saptadas Satabdite Patnar Bastrasilpa O Banijya, *Prabhati* (Patna 1937).
2. Mughal Yuge Gabesana, 'Itihas' (Calcutta).
3. Durnitir darpane (Madhya Kalin Bharat) *(Jugantar,* Puja issue, 1964).
4. Madhya Kalin Bharate Durniti *(Itihas* Vol. No. 1, 1373 B. S. New Series).
5. Madhya Kalin Bharate Kazir Bhumika *{Itihas,* Vol. 1 No. 3, BS. 1373).

6 to 26. Various notices, *Bharat Kosh* Vol. 1 (1964), Vol. 2 (1966), Vol 3 (1968).

27. Diwan i Am O Diwani Khas *(Itihas).*
28. Ashtadash Satabdits Mughal Prashasan O Rananiti (Read at Bangiya Sahitya Parishat, Published in *Itihas,* Vol. 7, Pt. 4).
29. Madhya Yugiya Bharate Guerrilla Sangram *[Satarupa).*
30. Acharya Jadunather Itihas Darshan *(Sahitya O Sanskriti,*

B.S. 1377).

31. Jadunather Itihas Bodh *(Satarupa* BS 1377).

32 to 34. Mughal Chitrakala, Alekhya (3 issues). Illyr. 1379 B.S. nos. 1-4.

35. Dakhin Chabbis Pargana.

36. Shivjir Rajybhiseker Ttparya *(Swastika);* in Chhatrapati Shivji Sankhy, BS 1381 (Transl).

37. Amir Khusrau *(Alekhya,* 1382 B.S. No. 6).

38. Shivaji O Bartaman Bharat *(Swastika).*

39. Jadunath Rachana Panji (Rev.) *Itihas,* Vol. VIII Pts. 2 & 3.